U0670442

语言与思辨融合教学
LaCTIT丛书

总主编
孙有中
张 莲

思辨英语教学研究

理论与实践

主编 孙有中

Introduction to LaCTIT Research

Theory and Practice

外语教学与研究出版社
FOREIGN LANGUAGE TEACHING AND RESEARCH PRESS
北京 BEIJING

图书在版编目（CIP）数据

思辨英语教学研究 ：理论与实践 / 孙有中主编. -- 北京 ：外语教学与研究出版社，2024. 9. --（语言与思辨融合教学 LaCTIT 丛书 / 孙有中，张莲总主编）. -- ISBN 978-7-5213-5428-7

I. H319.3

中国国家版本馆 CIP 数据核字第 2024NT2820 号

出 版 人　王　芳
项目负责　孔乃卓
责任编辑　程　序
责任校对　闫　璟
封面设计　郭　莹
版式设计　锋尚设计
出版发行　外语教学与研究出版社
社　　址　北京市西三环北路 19 号（100089）
网　　址　https://www.fltrp.com
印　　刷　北京九州迅驰传媒文化有限公司
开　　本　787×1092　1/16
印　　张　29.5
字　　数　718 千字
版　　次　2024 年 9 月第 1 版
印　　次　2024 年 9 月第 1 次印刷
书　　号　ISBN 978-7-5213-5428-7
定　　价　118.90 元

如有图书采购需求，图书内容或印刷装订等问题，侵权、盗版书籍等线索，请拨打以下电话或关注官方服务号：
客服电话：400 898 7008
官方服务号：微信搜索并关注公众号“外研社官方服务号”
外研社购书网址：https://fltrp.tmall.com

物料号：354280001

总 序

语言能力和思辨能力的关系可以形象地理解为中国传统文化中的阴阳鱼太极图。两者相互依存，浑然一体。当人们运用语言表达自己的思想和情感的时候，所展现的既是语言能力，也是思辨能力。两者相互转化，彼此促成。语言能力促进思辨能力发展并通过思辨能力得到发展，思辨能力通过语言能力得以表达。这便意味着，在语言的学习过程中，必须重视思辨能力的培养，将语言学习与思辨学习融为一体，同步提升语言能力与思辨能力，让两者相得益彰，并行不悖。这就是笔者所倡导的“语言与思辨融合教学”（Language and Critical Thinking Integrated Teaching/LaCTIT）。

我在英语教学实践中推行LaCTIT理念，大体可追溯到2005年我出任北京外国语大学英语学院院长的时候。当时我深感英语专业学生思辨能力不足，主张通过演讲课程和辩论活动，同时加强人文教育，来促进学生思辨能力发展。我将北外英语学院的培养目标定义为“培养具有扎实的语言文学专业基础、宽广的人文社科知识和出色的学习、思辨、创造、合作与领导能力的国际型、通识型精英人才”，将思辨能力培养明确纳入英语教育的内涵。

随后，我和北外英语学院一批有志于教学改革的同仁开启了“思辨英语”教学的探索。从2010年12月开始，我们面向全国外语界连续举办了主题为“英语教育与思辨能力培养”的系列专题论坛，最后将论坛的交流论文结集为丛书在外语教学与研究出版社出版，包括：《英语写作教学与思辨能力培养研究》《英语口语教学与思辨能力培养研究》《英语阅读教学与思辨能力培养研究》《英语知识课程与思辨能力培养研究》。在该系列丛书的《总序》中，我提出，“中国高校英语教育应该大力推进教学改革，把思辨能力培养融入整个人才培养模式和各个教学环节之中。”

北外英语学院持续推进教学改革的直接成果就是由我担任总主编于2015年陆续出版的《大学思辨英语教程》系列。该系列教材《总序》事实上提出了LaCTIT的基本教学原则，包括：

1）英语教育本质上属于人文教育，必须促进学生人文素养的提高。这包括：对文学、历史、哲学、艺术、宗教和社会学等知识领域的人文志趣；爱人类、爱真理、爱文化、爱自然的人文精神；博学、审问、慎思、明辨、笃行的人文品格。

2）英语教育应克服“思辨缺席症”，致力于全方位培养学生的思辨能力，包括认知技能和情感态度，为学生的学术深造、创新创业和终身发展奠基。

3）技能课程知识化（技能课程的材料必须系统呈现外语学科的人文基础知识），知识课程技能化（知识课程必须同时促进学生语言能力的持续发展），以及技能课程思辨化，知识课程思辨化，此“四化”为英语专业培养学生思辨能力的根本途径。

4）英语专业技能课程思辨化有赖于：为思辨设定标准（教学目标）；为思辨提供原料（教学内容）；为思辨搭建工作坊（教学活动）；为思辨培养教师（教学主体）。

5）进入高校英语专业学习阶段，语言学习应由显入隐，知识学习则由隐入显，实现以内容为依托或语言与内容融合的英语教学。

6）英语教育应该促进学生跨文化能力的全面提升，后者乃是全球化时代英语专业人才的核心竞争力。

7）思辨能力可以通过对跨文化问题的思考有效提升，跨文化能力则可以通过对思辨能力的运用得到提升，两者相互促进，相得益彰。

8）思辨的前提是自主学习，思辨能力可以通过自主学习来培养，并最终促进自主学习能力的提高。

在2017年发表的《人文英语教育论》一文中，我进一步将思辨英语教学理念表述为：

在高校英语专业技能课程教学中，通过语言与知识的融合式学习，构建合作探究学习共同体，同步提高语言能力、思辨能力、跨文化能力和人文素养。该教学范式基于三项基本教学原则：1）语言课程应与人文英语教育紧密结合；2）语言能力包含思辨能力和跨文化能力；3）语言教学是一个合作参与的社会文化建构过程。

在2019年发表的《思辨英语教学原则》一文中，我进一步用8个关键词概述了思辨英语教学原则（TERRIFIC）：对标（Target）、评价（Evaluate）、操练（Routinize）、反思（Reflect）、探究（Inquire）、实现（Fulfill）、融合（Integrate）、内容（Content）。

2020年，我和Jack C. Richards教授联合主编了“新未来大学英语”系列教材。在此过程中，我从“课程思政”的角度拓展了自己对思辨英语的理解，提出“跨文化思辨育人”。该理念包括三层含义：

> 其一，在外语教学中，通过跨文化语言交际活动、思辨语言交际活动以及跨文化与思辨融合的语言交际活动，有效提高语言能力，融合培养以跨文化能力和思辨能力为核心的多元能力，促进立德树人。其二，在外语教学中，通过跨文化思辨活动，增强人文素养，塑造正确的世界观、人生观、价值观、文化观，拓展国际视野，厚植中国情怀，提高道德推理能力和批判性文化意识，实现培根铸魂，立德树人。其三，在外语教学中，思辨能力与跨文化能力相得益彰，相互促进。如果说思辨能力给跨文化能力增加深度，那么跨文化能力给思辨能力增加广度。语言能力则因同时具有跨文化能力和思辨能力而如虎添翼；立德树人便寓于其中。

随着时间的推移，“思辨英语”教学理念在外语界日益深入人心，我们对语言能力与思辨能力、语言教学与思辨教学乃至跨文化教学的关系的理解也在不断拓展。随着教育部高等学校外国语言文学类专业教学指导委员会在其编制的《外国语言文学类专业教学质量国家标准》中正式将“思辨能力”纳入外语类专业培养规格的“能力要求”之中，以思辨能力培养为导向的高等外语教育改革迈上了新台阶。

近年来，人工智能迅猛发展，大语言模型和智能翻译工具的涌现对外语教育提出了前所未有的挑战。一时间，从学界到大众，连外语学习的必要性都受到了怀疑，高校外语类专业骤然遇冷。恐慌过后，外语界有识之士经过深刻反思认识到，在人工智能日益普及的全球化时代，高等外语教育只有超越传统的听说读写译技能训练，将语言能力培养和思辨能力培养融为一体，将语言学习和知识探究融为一体，同时注重跨文化能力等多元能力培养，才能最终摆脱被人工智能淘汰的悲剧。简而言之，在人工智能高歌猛进的今天，高等外语教育中的思辨能力培养比以往任何时候都更加重要了，拥有思辨能力的外语类专业人才比以往任何时候都更加重要了。

在此背景下，我们需要加大力度推进以思辨能力培养为导向的外语教育教学改革，因此也需要加大力度推进对LaCTIT的理论探索与实证研究。期待“语言与思辨融合教学”丛书的出版为中国高等外语教育高质量发展贡献力量，为中国特色外语教育教学理论创新贡献力量。

2024年夏于北外

前 言

2011年，我在《中国外语》上发表了《突出思辨能力培养，将英语专业教学改革引向深入》一文，指出：未来5至10年，中国高校的改革和发展主题之一将是大力提高人才培养质量，而衡量高校人才培养质量的一个重要指标就是思辨能力培养。英语专业要摆脱目前在大学学科体系中的弱势地位，提高毕业生的就业竞争力，就必须以培养学生思辨能力为导向，全面推进培养目标、培养模式、课程设置、教学方法、测试方法、教材编写和师资发展等方面的改革，在新一轮的高校教学改革中走在其他学科前列，为本专业的可持续发展注入强大动力。

光阴荏苒，10多年一晃而过。在感叹“逝者如斯夫”的同时，我们也分外欣喜地看到，以思辨能力培养为导向的外语教育教学改革与研究，已成为中国高等外语教育改革创新的一道靓丽风景线，可谓“两岸猿声啼不住，轻舟已过万重山”。

为了及时总结思辨英语教学改革的实践经验与理论成果，为本领域的研究者提供进一步探索的借鉴与启迪，本书精选汇集了迄今为止在该领域发表的具有标志性意义的26篇论文，覆盖体系研究、教学研究、教材研究、测评研究、教师发展等主要领域。近年来，国外学者也日益关注外语教学中的思辨能力培养问题，相关论文发表越来越多，本书也收录了其中有代表性的优秀论文。

教学改革促进教学研究，教学研究助力教学改革。语言与思辨融合教学领域已呈现出教研相长的美好景象。期待本书的出版为LaCTIT教学改革与研究注入新动力，开辟新天地。

在本书的编辑过程中，我的博士生王勃、聂平俊、徐台杰为中外文献的收集整理和遴选鉴别做出了重要贡献，在此表示感谢。

2024年夏于北外

目 录

第一部分 体系研究

第二部分 教学研究

第三部分　教材研究

第四部分　测评研究

第五部分　教师发展

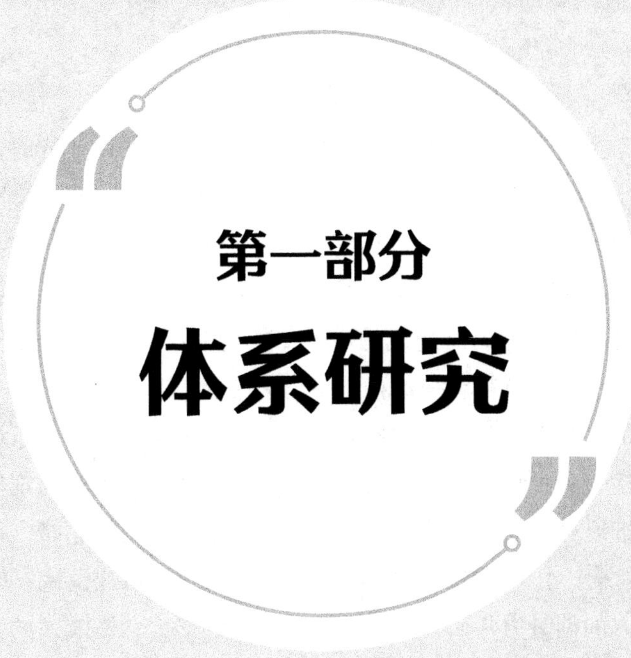

第一部分

体系研究

思辨缺席[1]

黄源深

外语系的学生遇到论争需要说理的时候，写文章需要论述的时候，听讲座需要发问的时候，常常会脑子里一片空白，觉得无话可说；或者朦朦胧胧似有想法，却一片混沌，不知从何说起。不少外语系教师在评职称的时候，为缺少论文而发愁，感到文章难写，立论不易，不得已而为之。这种因缺乏分析、综合、判断、推理、思考、辨析能力所造成的现象，我们不妨称之为“思辨的缺席”。学外语出身的人，稍不注意就会得这种“思辨缺席症”。

这种病症的危害很大。染有此疾者逻辑思维能力较差，不善于说理和辩驳，口笔头表达直接受到影响，论辩时不免居于下风，写文章断难出现佳作。更为严重的是，由于缺乏思辨能力，遇到科研中和现实中出现的问题时，往往难以通过分析、比较、综合，作出判断，提出创造性的见解，去解决问题。因此，思辨的缺席直接影响人的创造力、研究能力和解决问题的能力，影响人的素质，这个问题不能不引起我们的重视。

外语系的学生易患思辨缺席症，其原因是多方面的。

一是外语学习的内在规律使然。学习外语从基础阶段起就需要大量的记忆与背诵，包括背单词、背短语、背句型，乃至背整篇文章，久而久之，记忆力受到了锻炼，就像网球运动员的右手往往特别粗一样，外语系学生的记忆力一般特别强，一篇短文读上几遍便能一字不漏地复述者，不在少数。但与此同时，其逻辑思维能力和思辨能力，却因为长期弃置不用无形中被削弱了，因此一与人争论便感到语塞的，也并不鲜见。

其次是由于教学方法上的偏执。不少教师也许是出于语言工作者的天性，在教学上往往重语言轻内容，重模仿轻创造。无论是课堂上的口头表达，还是课后的书面写作，教师对学生语言的准确性特别关注。学生在语法、搭配、用词等等方面的任何闪失，都难逃教师的火眼金睛。然而教师却忽略了另一个重要方面，

1　论文原发表于《外语与外语教学》1998年第7期。

即对语言所表达的内容是否符合逻辑，论述是否切中要害，思想是否具有创意，却没有给予应有的注意。结果那些语言表达不错，而内容一般，甚至客里空的文章，往往可得高分，而内容还比较丰富，也显示了一定创造性但语言上有些毛病的篇什，常常因为那些显眼的语言错误而被贬得很低。这种倾向无疑进一步鼓励学生偏重语言而忽视内容，忽视创造性思维，其后果不言自明。与此同时，在大量的语言练习，尤其是口头练习中，往往注重模仿，注重复现，而轻视在模仿基础上的创造。在练习形式上，替代型、复述型、浅层次的对话型居多，而有助于发展学生思维能力和创造能力的讨论，特别是那些易于激发思辨的 seminar 却很少，从而客观上使学生本该活跃的思维长期处于呆滞，乃至半休眠状态。

最后，还应归结于学习方法不当。外语是一门费时费力的学科，需要学习者付出全部的精力，结果却往往使其无暇顾及对其他方面知识的吸收，甚至有意无意地把自己幽闭在狭小的语言模块里。不少学生在四年的学子生涯中，一心研读外文，很少旁顾政治、历史、哲学、社会学等学科的知识，几乎不读理论书。其结果，知识面窄，思考能力差，更无法从多种知识的交融中，爆发出创造性思维的火花。

要根除这种“思辨缺席症”似乎可以从以下几方面着手：

首先，必须充分意识到这种病症的存在，以及它可能带来的危害性。没有清醒的认识是不可能下大决心去疗救的。现在的情况是，不少人可能认为外语学习者大多不善于思辨是天经地义的，外语系的教师论著大大少于中文系、历史系、国际政治系的教师也是理所当然的，丝毫不觉得这是一个问题。为此，把人们从半麻木的意识中唤醒是当务之急。

其次，有必要适当调整课程设置，增设有助于发展学生思辨能力的外语辩论课、时事和社会问题外语讨论课等课程，同时加大选修课的力度，把学生从狭隘的纯语言视野中解放出来，有意识地引导他们把思维的触角伸向需要理性思考的文化、教育、哲学等其他领域，扩大思维空间，强化思辨能力。

第三，改革外语教学方法，在强调语言学习需要记忆、模仿、复现的同时，应当注重活跃学生的思维，开发他们的创造能力。在可能的情况下（尤其是高年级）多采用讨论式教学，鼓励不同意见的交锋，提高学生的说理能力。在高年级教学中，加强围绕一个富有挑战性题目的短论文写作，选修课的考核尽量采用撰写短论文的方式。在评估学生的外语成绩时，除了注意语言的正确性和流畅度之外，还应当注重语言所表达的内容的独创性。

最后，改进学习方法。要引导学生注意把握学习的宏观视野，谨防自我幽闭。他们的目光决不能仅仅停留在外语上，而应当同时扫向其他更广阔的相关学科领域，拓宽视野，开阔思路。暂时看来这会占去一些学习外语的时间，但从长远考虑，它既有助于外语学习，也有利于提高人的素质，无论怎么说都是合算的，更何况大学教育说到底毕竟是素质教育。此外，还应当有计划地看些理论著作，以充实自己思辨的燃料。

21世纪，国与国之间的竞争将是一场人才的较量和竞争。人才的高素质是致胜的根本，而长于思考，善于创造又是其中的首要素质。因此就外语人才的培养而言，根除“思辨缺席”的顽症，已成为刻不容缓的任务了。

突出思辨能力培养，将英语专业教学改革引向深入[1]

孙有中

提　要： 未来5至10年，中国高校的改革和发展主题之一将是大力提高人才培养质量，而衡量高校人才培养质量的一个重要指标就是思辨能力培养。英语专业要摆脱目前在大学学科体系中的弱势地位，提高毕业生的就业竞争力，就必须以培养学生思辨能力为导向，全面推进培养目标、培养模式、课程设置、教学方法、测试方法、教材编写和师资发展等方面的改革，在新一轮的高校教学改革中走在其他学科前列，为本专业的可持续发展注入强大动力。

关键词： 思辨能力；英语专业；教学改革

2010年7月教育部发布的《国家中长期教育改革和发展规划纲要（2010—2020年）》明确强调要"牢固确立人才培养在高校工作中的中心地位"，并把"深化教学改革"放到显著位置。可以预期，"十二五"期间，围绕人才培养这一中心任务，全面深入的教学改革将在全国高校普遍展开。

由于学科发展的内在逻辑演变和社会环境变化的原因，我国高校英语专业事实上在进入新世纪之初就展开了广泛而深入的教学改革。启动这一改革的标志就是于2000年3月颁布的《高等学校英语专业英语教学大纲》(以下简称《大纲》)。该大纲重新界定了英语专业的培养目标："高等学校英语专业培养具有扎实的英语语言基础和广博的文化知识并能熟练地运用英语在外事、教育、经贸、文化、科技、军事等部门从事翻译、教学、管理、研究等工作的复合型英语人才。"在"复合型英语人才"培养方针的指导下，全国高校英语专业开始了"复合型"转向，一大批复合型商务英语、新闻英语、法律英语、科技英语等专业或方向或课

1　论文原发表于《中国外语》2011年5月第8卷第3期。

程应运而生，进而由此派生出独立的商学院、新闻学院、法学院等等。经过近10年的摸索，英语专业开始比较系统地反思这一轮教学改革的得失。

本文将首先回顾当前英语专业教学改革讨论的热点问题和英语界达成的基本共识，在此基础上探讨推动以思辨能力培养为导向的教学改革的必要性和迫切性，然后剖析思辨能力的基本构成要素，最后提出旨在加强英语专业思辨能力培养的一系列教学改革措施。

1 当前英语专业教学改革讨论的热点

当前英语界反思的热点问题概括起来有4个。其一是学科定位。针对强调“复合型人才”培养所导致的英语专业职业化和工具化倾向，胡文仲和孙有中（2006）呼吁，“我们认为，我国英语专业应该回归人文学科本位，致力于重点培养人文通识型或通用型英语人才，在条件具备的情况下兼顾复合型人才的培养。”这一基本立场得到了虞建华（2010）的呼应，他主张，“敞开英语作为应用学科的大门，同时又必须重树其人文学科的权威。在‘英语’这一个学科名称下，既在一些普通教学型高校实施外语普及的‘致用’教学，又在一些实力较强的研究型大学实施以‘致知’为本的人文教育，分道行驶，并让更多高校的英语专业逐渐向人文学科靠拢。”张绍杰（2010）也认为，“英语学科毕竟是‘文学’门类中的‘软学科’”。在英语专业的学科定位问题上，应该说英语界学者还存在一定的分歧，有的学者主张把中国的英语专业同英语国家大学的英文专业类比，因此强调语言、文学和文化为基本内核；有的学者则认为，我国的英语专业只能和英语国家大学的外语专业类比，因此其本质是跨学科地学习和研究英语国家的语言、文学、文化、社会、政治、经济、历史，等等，笔者持后一种观点。虽然有上述分歧，英语界对加强英语学科本位建设和人文通识教育已达成高度共识。

其二是培养目标。《大纲》倾向于要求全国高校所有英语专业都致力于培养应用型“复合型英语人才”。这一忽略全国高校英语专业差异性的培养目标受到越来越多的质疑。张绍杰（2010）主张“面向多元社会需求和多元目标取向培养‘厚基础、强能力、高素质’的外语人才”。胡文仲（2008a）把当前我国多元化的外语人才需求具体划分为5类，即：1）研究型人才，在文学、语言学、文化研究、对象国研究方面能够从事研究的人才；2）高层次的翻译人才，包括文学翻译、外交翻译、同声传译、双语翻译等；3）师资；4）一般翻译；5）复合型外语人才，指掌握一些基本的经贸、金融、法律、新闻、管理等知识的外语人才，可以在相关领域从事业务工作或其他工作。对人才培养目标的多元化定位更好地契合了英语专业的学科现状和社会需求。

其三是培养模式。受《大纲》的影响，全国各类高校的英语专业纷纷创办了自己的复合型英语专业，其结果，英语专业本身受到削弱，相关专业或者站不起来或者独立出去。面对这一局面，何其莘等（2008）《大纲》的制定者明确指出，“我们不赞成任何舍弃打好语言基本功，本末倒置地把相关专业知识的课程当做英语专业教学重点的做法，更不主张相关专业的基础课完全由英语专业教师来承担，因为期望英语教师经过一、两个学期的培训就来开设其他专业的基础课程，是不切实际的，也是对学生不负责任的做法。其实，这些相关专业知识的课程完全可以通过辅修、副修或第二学位的办法来解决。”这一点正是胡文仲（2008a）等一批学者的主张：“我们必须承认，英语专业的师资长于文学、语言学、文化研究和地区研究，而涉及经济、金融、管理等的专业知识则是他们所不擅长的。专业复合可以在不同范围和不同层次实现，但是，不能把这一任务完全放在英语院系和英语专业的教师身上。这样做势必冲击英语专业本身的学科建设和师资培养，削弱它本身应有的学科特点。”可见，复合型英语人才作为英语人才的合法类别之一，其培养途径应该基本通过外部与其他学科嫁接而不是内部自力更生来实现，这一点在英语界也达成了共识。

最后是课程设置。基于以上三个方面的基本共识，英语界对英语专业本科的现有课程设置提出了基本改革思路。首先是逐步压缩英语技能课程（孙有中，2008；李莉文，2010；等）；其次是用“内容依托式”（content-based）课程替代传统的英语技能课程（常俊跃、刘晓蕖、邓耀臣，2009）；最后是系统建设语言学、文学、文化、国别研究方面的专业课程（孙有中、金利民，2010）。

应该说，经过近几年的反思和探索，英语界在英语专业的学科定位、培养目标、培养模式和课程设置等宏观方向问题上已达成了基本共识。虽然有些问题还需要进一步探讨，但业已达成的重要共识已经为英语专业的下一轮改革指明了方向。

当前，英语专业的教学改革亟待向中观和微观的操作层面挺进。笔者认为，以培养思辨能力为导向，全面推进课堂教学、教材编写、测试评价、师资发展等方面的探索和创新，有利于将英语专业的教学改革引向深入，使本学科的人才培养实现质的飞跃，最终在新一轮大学不同学科之间的激烈竞争中立于不败之地。

2　英语专业为什么要突出思辨能力培养？

英语专业为什么要突出思辨能力培养呢？至少有3个方面的理由值得强调，以便英语专业的教育管理者与全体教师充分认识到思辨能力的战略要义。

第一，培养学生思辨能力是中国高等教育的核心目标之一。

《中华人民共和国高等教育法》总则中规定："高等教育的任务是培养具有社会责任感、创新精神和实践能力的高级专门人才……。"这里，创新精神和实践能力的内核都是思辨能力，或者说思辨能力是创新精神和实践能力的前提。从根本上说，创新是思辨能力的体现，而实践只有在高级思辨能力的引导下才能导致创新。

《国家中长期教育改革和发展规划纲要（2010—2020年》确定的战略主题之一就是："坚持能力为重。优化知识结构，丰富社会实践，强化能力培养。着力提高学生的学习能力、实践能力、创新能力，教育学生学会知识技能，学会动手动脑，学会生存生活，学会做人做事，促进学生主动适应社会，开创美好未来。"这里，"能力"培养被提升到未来十年中国教育改革的战略高度。而各种具体能力归根结底均建立在大脑的思辨能力之上。

第二，培养学生思辨能力是世界一流大学和一流学科所追求的共同使命。

哈佛大学的使命之一是"鼓励学生尊重观念及其自由表达，乐于发现与思辨"（rejoice in discovery and critical thought）。剑桥大学的核心价值之一也是"对怀疑精神的鼓励"（the encouragement of a questioning spirit）。在享誉全美高校的耶鲁大学的英文系，本科生对不同时期和不同体裁的文学作品的学习，其最终目的乃是要"获得对人类经验的更深刻的洞察力，并成为更强健的作者和更有影响力的分析性思考者"（gain deeper insight into human experience and emerge as stronger writers and more powerful analytical thinkers）。可以说，西方教育与中国教育的重要区别就是前者把分析思辨能力的培养放在首位，而后者往往强调对基础知识的系统掌握。近年来发布的《高等教育法》和《国家中长期教育改革和发展规划纲要（2010—2020年》均有意凸显了能力培养的重要性，这是一个历史性的进步。

第三，思辨能力是最重要的"可迁移能力"（transferable skill）。

大学教育给学生的最宝贵的取之不尽的财富是"能力"，更准确地说，是可迁移能力。可迁移能力指学生可以从大学教育中带走的能力（portable skill），这些能力不局限于所学的专业，可以应用于多种多样的环境和工作之中。美国佛蒙特大学的就业服务中心把这种可迁移能力分为7类，分别是思辨能力、研究与调查能力、设计与计划能力、信息管理能力、领导与组织能力、沟通能力、人际交往能力。英国高等教育科学院（Higher Education Academy）的法律教育中心（UK Centre for Legal Education）也概括了7类可迁移能力，包括：沟通能力、解决问题能力、团队合作能力、个人独立工作能力、信息技术能力、数据处理能力和思辨能力。无论怎么列举，在所有这些能力中，思辨能力应该说是最重要的，是一个受过高等教育的知识分子的最典型的特征，因而应该成为大学全部教学活动的核心目标。

思辨能力的突出重要性是显而易见的，遗憾的是，它正好是英语专业的软肋。10多年前，黄源深教授（1998）的一篇小文章《思辨缺席》一石激起千层浪，引起外语界的高度关注。该文对外语专业师生的“思辨缺席症”下了一个很生动的定义：

> 外语系的学生遇到论争需要说理的时候，写文章需要论述的时候，听讲座需要发问的时候，常常会脑子里一片空白，觉得无话可说；或者朦朦胧胧似有想法，却一片混沌，不知从何说起。不少外语系教师在评职称的时候，为缺少论文而发愁，感到文章难写，立论不易，不得已而去编写练习手册来凑数。这种因缺乏分析、综合、判断、推理、思考、辨析能力所造成的现象，我们不妨称之为“思辨的缺席”。学外语出身的人，稍不注意就会得这种“思辨缺席症”。

对于黄源深教授的这一判断，外语界多数学者是赞同的。文秋芳等学者（2010）甚至运用逻辑推理和实证调查支持了这一判断。

正是基于对思辨能力重要性和英语专业思辨缺席的认识，英语界一大批学者纷纷呼吁把思辨能力培养确定为英语专业的重要培养目标之一。胡文仲（2008b）指出：“我们要培养的精英型英语专业人才的特点是基础雄厚，语言能力强，受过良好的人文通识教育，对于英语国家的历史、文化、文学有相当的了解，具有批判思维能力和独创精神。这样的人才一般都有很强的适应能力，可以在短期培训之后从事各种不同的工作。”（着重号为引者所加）孙有中和金利民（2010）把英语专业学生的素质概括为：“扎实的英语语言功底、系统的英语专业知识、深厚的人文素养、出色的思辨能力和跨文化交际能力。”（着重号为引者所加）虞建华（2010）强调英语专业的人文学科属性和学生的人文素养：“如果我们把英语专业看做人文学科，那么我们的着眼点就不能仅仅是语言能力，而应该超越应用，让学生获得包括文化视野、健全人格以及想象能力、创造能力、沟通能力、观察能力、思辨能力、判断能力、感受能力在内的并不属于某一项专门技艺，但比实用技能更重要的抽象的东西。”（着重号为引者所加）黄源深（2010）甚至从英语专业的生存和发展高度强调思辨能力培养的重要性，他指出：“要解决英语专业人才培养问题，首先要做的是教学必须转型，应当从过去只培养单纯的外语人才，转变为培养创新型、宽口径的通才。这样的人才专业基础扎实，具有较强的分析能力、思辨能力和独立思考能力，能够充分运用娴熟的英语技能和知识在自己从事的领域创新，而完全不同于以往那种只有语言技巧却毫无创意的匠人。培养创新型人才，是新时代英语教学的唯一出路。”（着重号为引者所加）

事实上，早在2000年出版的《高等学校英语专业英语教学大纲》中，思辨能力已写进英语专业的培养目标：“这些人才（英语专业人才，引者注）应具有扎实的基本功、宽广的知识面、一定的相关专业知识、较强的能力和较高的素质。也就是要在打好扎实的英语语言基本功和牢固掌握英语专业知识的前提下，拓宽人文学科知识和科技知识，掌握与毕业后所从事的工作有关的专业基础知识，注重培养获取知识的能力、独立思考的能力和创新的能力，提高思想道德素质、文化素质和心理素质。”

遗憾的是，10年过去了，由于对思辨能力的认识仅止于宏观的理念或重要性层面，全国英语专业在培养学生思辨能力方面并未取得实质性进步。当务之急是首先厘清思辨能力的构成要素，探索思辨能力的培养途径，然后设计有效的教学活动来日复一日地促进这些高级认知能力在学生大脑中的成长。

3 思辨能力的构成

西方学术界对思辨能力的研究可以说早已汗牛充栋。20世纪50年代，美国著名教育心理学家Benjamin Bloom提出了影响深远的教育目标分类学。他把教育目标划分为三大领域，即情感目标、动作技能目标和认知目标。大学教育的主要目标应该是第三层级的认知能力培养。Lorin Anderson（1990）对前者的认知能力分类进行了改进，提出了一个6级模型（图1）：

反思英语专业的教学现状，我们不难发现本专业大量的听、说、读、写、译等技能课训练都是在“识记”和“理解”层面展开。少有的几门专业知识课程往往也不能脱离对“知识点”的“识记”和“理解”；八级考试对英语国家概况和

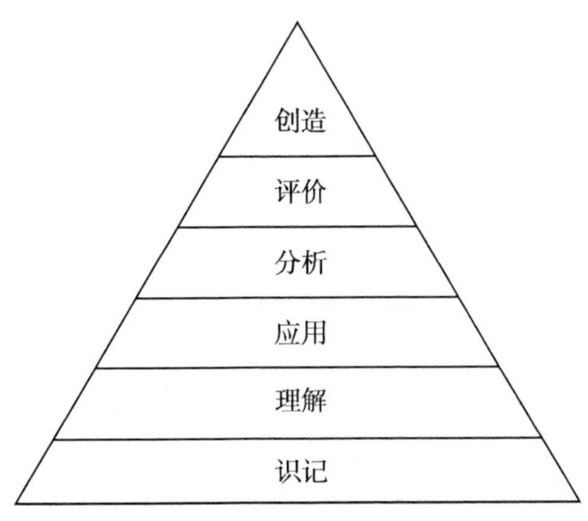

图1 布鲁姆-安德森认知能力模型分类图

文学常识的考查正属于这一类别。而思辨能力集中体现在认知能力阶梯的应用、分析和评价等高层级；创造能力可以视为思辨能力的最高表现，也可以视为建立在思辨能力之上的最高级别的认知能力。

20世纪80年代末，美国学者P. A. Facione受美国哲学联合会（American Philosophical Association）的委托，组织45位在各自领域里有重要影响的哲学家、科学家与教育家组成特尔斐项目组（The Delphi Project），对思辨能力的构成要素进行了历时2年的系统研究。特尔斐项目组（1990）所发布的《特尔斐报告》对思辨能力下了一个颇具权威性的定义：

> 我们把思辨能力理解为有目的的、自我调节的判断，它导致对证据类、概念类、方法类、标准类或背景类考虑因素的阐释、分析、评价、推理与解释，而上述判断正是建立在此基础之上。思辨能力是至关重要的探究工具。因此，思辨能力在教育中是一种解放力量，在个人和公民生活中是一种强大的资源。尽管它并不能作为完善思维（good thinking）的同义词，思辨能力是一种普遍的自我矫正的人类现象。一个具有思辨能力的理想的思考者习惯于勤学好问、博闻多识、相信理性、心胸开阔、灵活应变、在做出评价时保持公正、在面对个人偏见时保持诚实、在做出判断时保持谨慎、愿意重新考虑、面对问题头脑清晰、处理复杂事务井井有条、勤于搜寻相关信息、选择标准时理由充分、探究问题时专注目标、持之以恒地追求所探究的问题与条件许可的尽可能精确的结果。因此，培养具有思辨能力的思考者就意味着为此理

想而奋斗。它把思辨能力的开发与上述品质的培养结合起来，由此不断产出有用的真知灼见，这也正是一个理性和民主社会的基础。

根据上述定义，思辨能力不仅包括一系列典型的“认知能力”（cognitive skills），而且包括一系列“情感特质”（affective dispositions）。用表格归纳如下（表1）：

表1 Critical Thinking Cognitive Skills and Affective Dispositions

<table>
<tr><th>COGNITIVE SKILLS</th><th>SUB-SKILLS</th><th>AFFECTIVE DISPOSITIONS</th></tr>
<tr><td>1. Interpretation</td><td>Categorization
Decoding Significance
Clarifying Meaning</td><td rowspan="6">1. inquisitiveness with regard to a wide range of issues,
2. concern to become and remain generally well-informed,
3. alertness to opportunities to use CT, trust in the processes of reasoned inquiry,
4. self-confidence in one's own ability to reason,
5. open-mindedness regarding divergent world views,
6. flexibility in considering alternatives and opinions,
7. understanding of the opinions of other people,
8. fair-mindedness in appraising reasoning, honesty in facing one's own biases, prejudices, stereotypes, egocentric or sociocentric tendencies,
9. prudence in suspending, making or altering judgments,
10. willingness to reconsider and revise views where honest reflection suggests that change is warranted.</td></tr>
<tr><td>2. Analysis</td><td>Examining Ideas
Identifying Arguments
Analyzing Arguments</td></tr>
<tr><td>3. Evaluation</td><td>Assessing Claims
Assessing Arguments</td></tr>
<tr><td>4. Inference</td><td>Querying Evidence
Conjecturing Alternatives
Drawing Conclusions</td></tr>
<tr><td>5. Explanation</td><td>Stating Results
Justifying Procedures
Presenting Arguments</td></tr>
<tr><td>6. Self-regulation</td><td>Self-examination
Self-correction</td></tr>
</table>

资料来源：根据《特尔菲报告》整理，http://www.insightassessment.com/pdf_files/DEXadobe.PDF。

国内英语界学者文秋芳等（2009，2010a，2010b）对思辨能力测试量具的开发和应用展开了深入研究。她在借鉴国外学者的研究成果的基础上提出的“层级理论模型”以及整套测试题型对我们理解思辨能力的构成也有重要参考价值。

4 如何培养思辨能力？

国内外学者对思辨能力的构成要素的描述可以说大同小异，已形成高度共识。当前中国英语界在教学实践层面最为紧迫的任务是：如何培养思辨能力？

根据黄源深（2010）的观察，英语专业的教学现状与学生思辨能力的培养几乎正好是背道而驰：

> 在培养目标上，专注于造就掌握英语的人才，很少顾及培养全面人才应具备的其他素质，尤其是思维能力、创新能力、独立解决问题的能力；在课程设置上，开设的大多为旨在提高英语水平的语言技能和语言知识课程，缺乏提高人文素质的课程（哲学、历史、社会学等）；在知识结构的营建上，出现严重失衡，表现在知识与技能的传授中，重技能轻知识，在知识的传授中，重语言知识，轻其他人文知识；在教学方法上，重背诵、记忆、模仿、复述等机械脑力劳动，轻视或忽略有利于发展思维能力、鼓励独立思考的讨论与争辩；在学习方法上，学生往往专攻英语，单科独进，以致发展到热衷于考证书而放弃正规课程的极端实用主义，仿佛这就是专业学习的终极目标。

上述“思辨缺席”现象在不同高校的英语专业应该说都不同程度地存在着。也因此，着眼于思辨能力培养的英语专业教学改革应该是全方位的。

4.1　培养目标

英语专业应该把思辨能力培养纳入核心培养目标。美国思辨能力研究领军学者P. A. Facione认为，“教育就是学会思考，一点不多，一点不少。”而现行的英语专业培养目标所缺少的往往正是“学会思考”这一点。根据《高等学校英语专业英语教学大纲》，基础阶段的主要教学任务是“传授英语基础知识，对学生进行全面的、严格的基本技能训练，培养学生实际运用语言的能力、良好的学风和正确的学习方法，为进入高年级打下扎实的专业基础”；高年级的主要教学任务是“继续打好语言基本功，学习英语专业知识和相关专业知识，进一步扩大知识面，增强对文化差异的敏感性，提高综合运用英语进行交际的能力”。按照现行《大纲》，在整个4年的英语专业教学中，思辨能力培养基本上是“缺席”的。当务之急，必须在英语专业的培养目标层面明确思辨能力培养的核心地位，使之成为该专业全部教学活动的指导思想之一。

4.2 课程设置

关于英语专业课程设置的改革，如上文所述，英语界经过讨论已形成重要共识，举其要者如：压缩技能课程在总课时中的比例，相应扩大专业知识课程比例，建立跨专业辅修/双学位机制，利用校级通识教育选修课平台。这些举措总体上都有利于加强对思辨能力的培养。

与此同时，英语专业课程设置的改革还有必要进行3个方面的尝试：其一，在所增加的专业知识课程中应重视那些更有利于思辨能力训练的理论性课程建设，如社会语言学概论、西方文论选读、文化研究理论、国际关系理论，等等（孙有中、金利民，2010）；其二，建设研究方法课程，把人文科学和社会科学的定性和定量基本研究方法介绍给学生，还可以鼓励甚至要求学生选修高等数学和统计学方面的基础课程；其三，开设一门完整的或一个学分的课程或至少是系列讲座，向学生专题介绍思辨能力的有关概念和学习方法，提高学生对思辨能力的学习意识，以便他们在所有课程的教学活动中配合教师不断自觉训练和提高自己的思辨技能。

4.3 教学方法

国内许多高校当前着力推行的人文通识教育是一项具有重要意义的教改举措，但如果改革仅停留在开设丰富多彩的选修课程上，如果教学方法依然是传统的满堂灌式的讲座，那么这样的人文通识教育只不过是给学生增加了一些信息和知识，并不能从根本上提高学生的思辨能力，而后者正是大学教育的核心价值之一。因此，英语专业在推行上述课程设置改革的同时，首先应该把思辨能力训练作为核心教学目标纳入每一门课程的教学大纲。教学管理者应该整体规划不同年级、不同课程、不同课型在提高学生思辨能力方面的具体分解任务；教师则应该根据所教课程的具体特点，设计适当的课堂活动和练习形式，有针对性地训练明确界定的思辨技能。这样，英语专业的所有课程将从不同角度和层次，4年一贯地展开对思辨能力的系统训练。

其次，鼓励教师更多采用苏格拉底式教学方法（Socratic approach），也就是通过启发式提问与相互辩驳的方式来开展教学，而不是单向地传授知识。即便是大班讲座型课程，教师也可以在讲授过程中设计师生问答和简短讨论，引导学生对富有挑战性的问题展开思辨。

再次，大量采用圆桌讨论（seminar）教学形式，要求学生事先完成阅读任务，课上轮流进行ppt发言（presentation），接受同学提问，并将自己的发言整理成小论文。英语专业有小班教学的优良传统，这有利于教师通过讨论和辩论的形式组织教学。

最终，无论是什么课程，无论采用何种形式授课，检验一门课程成功与否的最重要的标准应该是看它是否有效提高了学生的思辨能力。美国学者P. A. Facione和N. C. Facione设计了一份从思辨能力培养角度评估课程的问卷，有助于教师改进自己的教学方法，兹摘录如下（表2）：

表2　Student Course Evaluation Form

Respond to the following ten items by indicating the extent to which you agree or disagree with each.

O disagree strongly	O	O	O	O strongly agree	1. In this course I learned useful strategies for approaching complex questions in a variety of reasonable ways.
O disagree strongly	O	O	O	O strongly agree	2. In this course I seldom found myself actively engaged in thinking about difficult questions for which we still need to find answers.
O disagree strongly	O	O	O	O strongly agree	3. In this course I improved my ability to evaluate new information and analyze the central ideas of this subject area.
O disagree strongly	O	O	O	O strongly agree	4. In this course I improved my ability to give sound reasons for my beliefs and opinions regarding issues in this subject area.
O disagree strongly	O	O	O	O strongly agree	5. As a result of taking this course I find that I am more fair-minded.
O disagree strongly	O	O	O	O strongly agree	6. As a result of taking this course my interest and curiosity about the issues and questions in this subject area has grown.
O disagree strongly	O	O	O	O strongly agree	7. As a result of taking this course my thinking is more focused and systematic, at least in this subject area.
O disagree strongly	O	O	O	O strongly agree	8. The professor did not encourage thoughtful exploration of the central ideas and relationships in the course content.

续表

O disagree strongly	O	O	O	O strongly agree	9. The way the professor conducted this course did not illustrate how to think in reasonable, objective, and fair-minded ways.
O disagree strongly	O	O	O	O strongly agree	10. The assignments (tests, readings, projects, papers, classroom activities) in this course frequently did not engage me in complex thinking.
Reflecting on my thinking and learning in this course, my considered advice to the professor is:					

4.4 课程测试

一般说来，教师考什么，学生学什么；换言之，考试是“指挥棒”。只有将课程考试的重心转移到思辨能力的考查上来，学生才会在日常的学习中真正重视思辨能力的训练和提高。英语专业的测试改革，当务之急，一是要在专业知识课程上普遍采用基于阅读或调查的研究性小论文写作。二是要在所有课程中引入形成性评估机制，积极采用小组讨论和辩论、个人或小组演示（presentation）、个人或小组调研项目（project）、学习文件夹（portfolio）、学习日记等有利于激发学生创造力的练习和测试形式。三是要对传统的多项选择客观性考试形式进行改造，增加对语言和思想输出（output）的考查。例如，要求学生不仅在多项选择中选择正确的答案，而且要解释为什么所选答案是正确的，或者为什么其余答案是错误的。听力和阅读测试也可以把多项选择与归纳、总结、分析或评价性写作任务结合起来。即便是翻译测试，也可以要求学生提炼具有普遍意义的翻译技巧或反思两种语言转换所涉及的跨文化理解与表述问题。四是要对英语专业的四、八级考试进行改革。如果这项考试尚有保留的必要性，那么它必须增加专门测试学生思辨能力的题项，同时大大提升现有题型的思辨含量。美国ETS的GRE考试值得借鉴，其阅读理解题很重视对分析、推理、评价和解释能力的考查，其作文考试包括一篇典型议论文和一篇要求考生专门分析逻辑错误的作文。在这方面，文秋芳等学者正在研发的思辨能力量具将使国内英语专业评测学生思辨能力的大规模考试成为可能。

无论以何种形式对学生的课程学习进行考查，教师在关注语言质量的同时应该高度重视学生在思辨能力方面的表现，赋予后者同样高甚至更高的分值。目前，国内英语专业教师在如何评价学生作业中的思辨能力表现方面尚缺少经验。美国学者P. A. Facione和N. C. Facione设计的“思辨能力整体评价标准”值得推荐（表3）：

表3　The Holistic Critical Thinking Scoring Rubric

Strong 4. Consistently does all or almost all of the following:
- Accurately interprets evidence, statements, graphics, questions, etc.
- Identifies the most important arguments (reasons and claims) pro and con.
- Thoughtfully analyzes and evaluates major alternative points of view.
- Draws warranted, judicious, non-fallacious conclusions.
- Justifies key results and procedures, explains assumptions and reasons.
- Fair-mindedly follows where evidence and reasons lead.

Acceptable 3. Does most or many of the following:
- Accurately interprets evidence, statements, graphics, questions, etc.
- Identifies relevant arguments (reasons and claims) pro and con.
- Offers analyses and evaluations of obvious alternative points of view.
- Draws warranted, non-fallacious conclusions.
- Justifies some results or procedures, explains reasons.
- Fair-mindedly follows where evidence and reasons lead.

Unacceptable 2. Does most or many of the following:
- Misinterprets evidence, statements, graphics, questions, etc.
- Fails to identify strong, relevant counter-arguments.
- Ignores or superficially evaluates obvious alternative points of view.
- Draws unwarranted or fallacious conclusions.
- Justifies few results or procedures, seldom explains reasons.
- Regardless of the evidence or reasons, maintains or defends views based on self-interest or preconceptions.

Weak 1. Consistently does all or almost all of the following:
- Offers biased interpretations of evidence, statements, graphics, questions, information, or the points of view of others.
- Fails to identify or hastily dismisses strong, relevant counter-arguments.
- Ignores or superficially evaluates obvious alternative points of view.
- Argues using fallacious or irrelevant reasons, and unwarranted claims.
- Does not justify results or procedures, nor explain reasons.
- Regardless of the evidence or reasons, maintains or defends views based on self-interest or preconceptions.
- Exhibits close-mindedness or hostility to reason.

4.5　教材编写

以思辨能力培养为导向的专业英语教学改革必然要求英语专业教材编写的相应改革。随着课程设置的调整，一系列专业知识课程将进入英语专业的必修课和选修课清单，这将意味着一批专业知识课程所需要的教材的编写出版。每一门专业知识课程都有自己的知识范围和内在结构与逻辑，相关教材的编写必然要遵循课程本身的知识体系，与此同时教材编写者必须把对思辨技能的分项训练有机地纳入其中，使知识的传授与思辨能力的训练融为一体。

当前最紧迫的任务可能是对技能课程的改造。英语界现有两种基本思路：第一种思路是保持传统的听、说、读、写分项训练模式，教材的结构与内在逻辑遵循语言技能发展的节奏，课文的选材不关注内容和知识的系统性和逻辑性。按此思路编写的教材专注于语言技能的训练，学生所获得的知识难免支离破碎，也因此学生难以获得思辨能力方面的有效训练。

第二种思路是"内容依托"（content-based）的综合技能训练模式，它不以语言技能教学大纲为指南，而是根据学生即将学习的知识内容组织教学。常俊跃等（2009）认为，"因为以这种方法组织的课堂教学对于内容给予了充分关注，它有利于激发学生通过目的语言思考、学习新知识，有利于学生把听、说、读、写四种语言技能自然地融合在一起。这种方法既可以使学生接触到各种语言技能，也可以帮助他们学到未来所需要的各种知识。""内容依托"教学法在知识的系统习得方面较之传统的技能分项教学具有优势，而且初步的实证研究已经证明，把技能训练融入知识的习得过程中有利于提高学生的学习兴趣和语言习得效率。遗憾的是，现有关于内容依托式教学的探索并未把思辨能力的训练纳入其中。进一步的改革有必要尝试一箭三雕，把知识习得、语言技能训练和思辨能力训练融为一体。此追求对于教材编写者的挑战无疑是巨大的。

4.6 教师发展

旨在加强思辨能力培养的英语专业教学改革涉及人才培养模式的各个环节，而其中最关键的环节莫过于教师发展。简单地说，要培养学生的思辨能力，教师必须首先是一个合格的思辨者。他们必须清楚：什么是思辨能力；哪些思维品质和认知技能构成了思辨能力的核心；如何提高自身的思辨能力；如何在教学中有机融入思辨能力训练，有效提升学生的高级认知能力和相应的情感素质；如何创造一个有利于学生思辨能力发展的学习环境；如何评测学生的思辨能力。在所有这些方面，英语专业的教师可以说普遍准备不足。为此，当前英语专业的教师发展计划必须重点推进思辨能力教学策略系列研修项目。

研修项目可以包括：1）邀请有关专家举办系列讲座，普及有关思辨能力教学的基本知识与操作策略；2）举办思辨能力教学策略工作坊，邀请有关专家与教师组成研修小组，就思辨能力教学策略与方法分专题进行深入研讨与经验分享；3）选择有代表性的课程和教师开展课堂行动研究，有计划地尝试引入思辨能力教学策略和方法，改进现行教学规范，总结经验逐步推广；4）搭建思辨能力教学资源在线共享平台，提供优秀教学案例录像、优秀教学大纲和教案、相关研究成果、国内外教学经验等资料供阅读和下载，建立教师在线讨论社区，开通专家在线咨询，等等。此外，学校教务处对课堂教学的评估也应该把“学生的思辨能力是否得到有效训练和提高”作为指标纳入评估体系，促使教师在教学中更加重视思辨能力培养。

未来5至10年，中国高校的改革和发展主题之一将是大力提高人才培养的质量，而衡量高校人才培养质量的一个重要指标就是思辨能力培养。英语专业要摆脱目前在大学学科体系中的弱势地位，提高毕业生的就业竞争力，就必须以培养学生思辨能力为导向，全面推进培养目标、培养模式、课程设置、教学方法、课程测试、教材编写和师资发展等方面的改革。目前，思辨能力培养在国内高校还是一个尚未展开的研究和实践领域，英语专业如果率先启动在该领域的研究和教改实践，将在新一轮的高校教学改革中走在其他学科前列，为本专业的可持续发展注入持久的动力。

参考文献[1]

Bloom, Benjamin & Anderson, Lorin. Benjamin and Anderson’s Taxonomy [Z]. http://www. comp.rgu.ac.uk/staff/sy/PhD_Thesis_html/page_32.htm，检索日期：2011/2/8.

Delphi Project. Expert Consensus on Critical Thinking [A]. 1990. http://www. insightassessment.com/9dex.html. 检索日期：2011/2/8.

Facione, P. A. Quoted in Insight Assessment: Teaching for and about Critical Thinking [Z]. http://www.insightassessment.com/9teachtips. html, 检索日期：2011/2/8.

Facione, P. A. & Facione, N. C. Student Course Evaluation Form [Z]. http://www.insightassessment.com/pdf_files/Eval%20Course%20Fo rm%20CT.pdf. 检索日期：2011/2/8.

Facione, P. A. & Facione, N. C. The Holistic Critical Thinking Scoring Rubric [Z]. http://www.insightassessment.com/pdf_files/Rubric%20HCTSR.pdf. 检索日期：2011/2/8.

常俊跃，刘晓蕖，邓耀臣. 内容依托式教学改革对英语专业学生阅读理解能力发展的影响分析[J]. 中国外语，2009（3）：40–53.

佛蒙特大学. Transferable Skills [Z]. http://www.uvm.edu/~career/?Page=transferable.html. 检索日期：2011/2/8.

高等学校外语专业教学指导委员会英语组. 高等学校英语专业英语教学大纲[Z]. 北京：外语教学与研究出版社，2000.

1 本书论文来自各期刊，保留原有期刊的参考文献格式不作改动。

哈佛大学. The Mission of Harvard College [Z]. http://www.harvard.edu/siteguide/faqs/faq110.php. 检索日期：2011/2/8.

何其莘，黄源深，秦秀白，陈建平. 近三十年来我国高校英语专业教学回顾与展望[J]. 外语教学与研究，2008（6）：431.

胡文仲，孙有中. 突出学科特点，加强人文教育——试论当前英语专业教学改革[J]. 外语教学与研究，2006（5）：245.

胡文仲. 英语专业"专"在哪里?[J]. 外语界，2008a（6）：18–24.

胡文仲. 对于我国英语专业教学改革的回顾和再思考[J]. 外语界，2008b（5）：18–23.

黄源深. 思辨缺席[J]. 外语与外语教学，1998（7）：1.

黄源深. 英语专业课程必须彻底改革——再谈"思辨缺席"[J]. 中国外语，2010（1）：14–15.

剑桥大学. The University's Mission and Core Values [Z]. http://www.cam.ac.uk/univ/mission.html. 检索日期：2011/2/8.

李莉文. 试析英语专业技能课程与批判性思维能力培养的关系[J]. 中国外语，2010（6）：68–73.

孙有中. 前言[A]. 英语教育与人文通识教育[C]. 北京：外语教学与研究出版社，2008.

孙有中，金利民. 英语专业的专业知识课程设置改革初探[J]. 外语教学与研究，2010（4）：303–305.

文秋芳，王建卿，赵彩然，刘艳萍，王海妹. 构建我国外语类大学生思辨能力量具的理论框架[J]. 外语界，2009（1）：37–43.

文秋芳，刘艳萍，王海妹，王建卿，赵彩然. 我国外语类大学生思辨能力量具的修订与信效度检验研究[J]. 外语界，2010a（4）：19–26.

文秋芳，王海妹，王建卿，赵彩然，刘艳萍. 我国英语专业与其他文科类大学生思辨能力的对比研究[J]. 外语教学与研究，2010b（5）：350–355.

耶鲁大学英文系. Undergraduate Program [Z]. http://english.yale.edu/undergraduate-program. 检索日期：2011/2/8.

英国高等教育科学院法律教育中心. General Transferable Skills: Definition [Z]. http://www.ukcle.ac.uk/resources/learning-and-learnersupport/definitions/. 检索日期：2011/2/8.

虞建华. 谈我国高校英语专业"两个走向"问题——兼及英美文学教学[J]. 中国外语，2010（3）：17–18.

张绍杰. 面向多元社会需求和多元目标取向培养"厚基础、强能力、高素质"的外语人才——对英语专业教育教学改革的新思考[J]. 中国外语，2010（3）：5.

人文英语教育论[1]

孙有中

提　要： 本文旨在提出并阐述作为一种英语教学新范式的“人文英语教育”，其基本内涵是：在高校英语专业技能课程教学中，通过语言与知识的融合式学习，构建合作探究学习共同体，同步提高语言能力、思辨能力、跨文化能力和人文素养。该教学范式基于三项基本教学原则：1）语言课程应与人文英语教育紧密结合；2）语言能力包含思辨能力和跨文化能力；3）语言教学是一个合作参与的社会文化建构过程。本文认为语言教学与知识教学和跨文化思辨教学相矛盾的观念应当更新。

关键词： 跨文化思辨；英语人文教育论；语言能力；思辨能力；跨文化能力

人文英语教育论（Liberal English Education，LEE）试图提出一种新的英语教学范式，其基本内涵是：在高校英语专业技能课程教学中，通过语言与知识的融合式学习，构建合作探究学习共同体，同步提高语言能力、思辨能力、跨文化能力和人文素养。基于这一理念，本文集中阐述一套指导英语专业基础阶段技能课程教学改革的基本原则，而不是直接用于课堂教学的具体教学操作方法。教学方法是反映和实现教学原则的具体手段，而教学原则是教师选择或创新教学方法的指导思想。下文分别讨论人文英语教育论的三个基本原则：1）语言课程（指英语专业基础阶段语言技能课程；下同）应与人文英语教育紧密结合；2）语言能力（指英语专业英语语言能力；下同）包含思辨能力和跨文化能力；3）语言教学（指英语专业语言技能课程的课堂教学；下同）是一个合作参与的社会文化建构过程。

1　论文原发表于《外语教学与研究》2017年11月第49卷第6期。

1 语言课程应与人文英语教育紧密结合

1.1 英语专业应通过英语进行人文教育和跨文化教育

要理解英语专业语言技能课程的基本属性，有必要首先厘清英语专业的基本属性。长期以来，社会公众乃至外语界自身往往把英语专业视为工具性专业，等同于听说读写译的训练。这一观点受到越来越多的挑战。胡文仲、孙有中（2006：45）曾提出，“我国英语专业应该回归人文学科本位，致力于重点培养人文通识型或通用型英语人才，在条件具备的情况下兼顾复合型人才的培养”。经过多年讨论，英语专业的人文学科属性这一定位已成为外语界的基本共识（蒋洪新2010），并已写入《高等学校外语类专业本科教学质量国家标准》：外语类专业是全国高等学校人文社会科学学科的重要组成部分，学科基础包括外国语言学、外国文学、翻译学、国别与区域研究、比较文学与跨文化研究，具有跨学科特点；外语类专业可与其他相关专业结合，形成复合型专业或方向，以适应社会发展的需要。本文在上述意义上使用“人文教育”这一概念。

英语专业不仅具有跨学科人文属性，而且具有跨文化属性。英语专业以培养国际化人才为己任，此类人才必须不仅具有国际视野，而且具有文化自信，能够汇通中外文化，促进跨文化理解与文明互鉴。正如Liddicoat et al.（1999：181）指出的，“跨文化语言学习意味着在母语文化和目标语文化之间，以及自我和他者之间，开发第三空间。……语言学习的理想状态不是一个被同化的过程，而是一个探索的过程”。在此意义上，英语教育就是跨文化教育，它不是要培养同化于英语语言文化的人才，而是要培养英语（兼顾作为世界通用语的英语）语言文化与中国语言文化之间的桥梁型人才，这样的跨文化人才具有国际视野与中国情怀，具有“批判性文化意识”（critical cultural awareness）（Byram 2012：7），能够理性地审视本国文化与外国文化的优点与缺点，并有效进行跨文化沟通（Byram 2014）。可见，如果我们把英语教育理解为跨文化教育，在中国与世界全方位交流合作的全球化时代，英语专业培养的人才可以说适逢其时，大有可为。

1.2 语言课程应服务于人文英语教育

语言课程是人文英语教育的必要组成部分，而不是为它做准备的培训课程。到目前为止，绝大多数高校英语专业本科的课程设置在很大程度上保留了17年前颁布的《高等学校英语专业英语教学大纲》（教育部 2000）规定的基本结构。英语专业课程分为英语专业技能课程、英语专业知识课程和相关专业知识课程三种类型，课程学时分配分别为65%、15%、20%。这样的课程设置结构一目了然，语言技能课程所占学时高达近70%，严重挤压了学生的专业知识和相关专业知识学习。

这近70%的语言技能课程均是传统的听说读写译等纯语言技能训练，教学内容不涉及有一定系统性和学科性的知识。以阅读或精读课程为例，每学期的教学都围绕一本单薄的教材展开，每册教材由十多篇短小的课文构成，这些课文如果说也有知识内容的话，那通常是百科的、零星的和浅显的内容。这样的课程是一般语言培训课程，类似于英语国家高校为语言能力不足的留学生开设的语言预科课程，与基于专业知识和能力培养的学科教育无多大关系。不难理解，一个高校本科专业如果把70%左右的课时都变成了语言培训，这个专业也就失去了作为大学学科教育的合法性。

为了确保高校英语专业的高等教育属性，我们必须对语言技能课程进行全面改革，使之在培养学生语言能力的同时肩负起提高人文通识、思辨能力和跨文化能力的重任。这就意味着语言技能课程必须与人文教育紧密结合。

作为英语教育有机组成部分的语言课程的"内容"应体现英语专业的人文属性，应尽可能采用人文社会学科领域的经典篇章，涵盖文学、历史、哲学、社会学、跨文化研究、国别区域研究等多学科领域，注重探讨人文领域的永恒话题，以及与当代中国社会文化发展和构建人类命运共同体息息相关的核心主题。在教学方法上，语言课程则应在继承我国高校对语言基本功进行精细训练的优良传统的基础上，推陈出新，探索促进语言能力与思辨能力和跨文化能力融合发展的新理念和新方法。这便意味着，英语专业可以通过英语实现人文通识教育目标，而这一点将构成全球化时代英语专业相对于其他专业的重要竞争优势。

1.3　语言课程应从通用交际英语走向学术英语

英语专业基础阶段（前两年）传统的语言技能课程所训练的语言，总体上属于交际英语。进入新世纪以来，在外语界影响深远的《高等学校英语专业英语教学大纲》（教育部 2000）说得很清楚：基础阶段的主要教学任务是传授英语基础知识，对学生进行全面的、严格的基本技能训练，培养学生实际运用语言的能力、良好的学风和正确的学习方法，为进入高年级打下扎实的专业基础……应将4年

节自己的思维过程”。高阶语言能力显然应该包括上述思辨能力。参考Cummins（2008）对语言能力的两级结构划分，本文提出“跨文化思辨英语能力”模型，如图1所示：

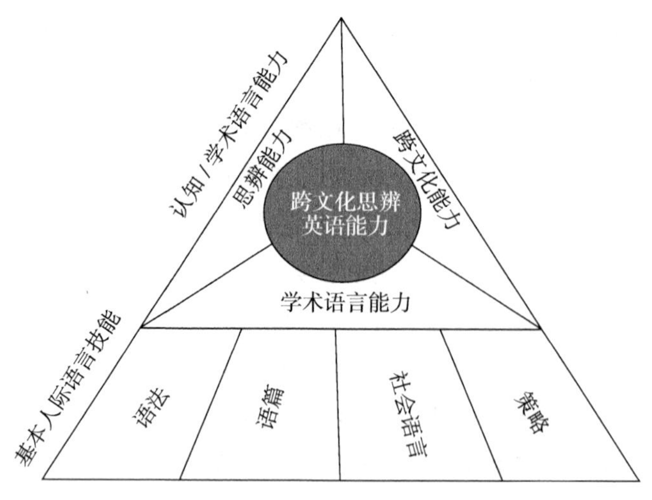

图1　跨文化思辨英语能力

除思辨能力以外，高阶语言能力还需要有跨文化能力的支撑。可以说，语言能力有三个境界，第一个境界是“言之无误”，这是语法层面的准确；第二个境界是“言之有理”，这是在逻辑论证层面雄辩有力；第三个境界是“言之有礼”，也就是能够跨越文化屏障进行得体有效的沟通。Harumi（2002）指出，语言教学需要得到跨文化理念指引，其目的不是要把一整套外国的、居于垄断地位的社会—语用规范强加给学生，而是要培养学习者体验和观察世界的不同方式，提高他们在跨文化交流中的自我和他者意识，并理解文化如何建构于语言之中，如何围绕语言建构，以及如何通过语言建构。如果没有对语言与文化复杂关系的深度理解，学习者就不可能真正掌握一门外语，并运用外语进行有效的跨文化日常沟通、商务洽谈、学术对话，进而到达文明互鉴的最高境界。

高校英语教育背景下的跨文化能力可以定义为：“尊重世界文化多样性，具有跨文化同理心和批判性文化意识；掌握基本的跨文化研究理论知识和分析方法，理解中外文化的基本特点和异同；能对不同文化现象、文本和制品进行阐释和评价；能有效和恰当地进行跨文化沟通；能帮助不同文化背景的人士进行有效的跨文化沟通。”（孙有中2016：1）在全球化与文化多元化交织发展的时代，英语专业学生只有具备了跨文化能力，才能说掌握了高阶外语能力。简而言之，只有具备了跨文化思辨能力的语言能力才是真正有效的高阶外语能力。

2.3 语言能力、思辨能力与跨文化能力相互促进，同步提高

传统的外语教学围绕语言本身展开，通过对听说读写译的专门训练来提高语言能力。王佐良先生（2016：271-272）很早就对这种狭隘的外语教学理念提出批评："语言之有魅力，风格之值得研究，主要是因为后面有一个大的精神世界：但这两者又必须艺术地融合在一起，因此语言表达力同思想洞察力又是互相促进的。"刘勰在《文心雕龙·论说》中指出："理形于言，叙理成论。"这一观点已把思想与语言的关系说得非常透彻，即：道理通过语言来表达，把道理陈述出来就成为论。没有道理的语言堆积，不能称其为论辨；不同步训练学生思辨能力的语言训练就不可能真正提高学生的语言能力。

从上述视角思考英语专业技能课程的教学目标不难发现，精读教学的目标不能停留在扩大词汇量、掌握句型和修辞技巧、提高阅读速度和理解课文表层信息的层面，而应进一步包括Kasper et al.（2000：22）强调的"学会讨论、提问和评价不同的观点与论述；学会跨学科或跨文本地思考问题；学会综合不同来源信息，权衡不同证据的重要性和相关性；学会批驳文中的观点；学会提出和辩护新观点"。写作教学的目标不只是学习遣词造句，掌握不同的文体特征，能够清晰表达自己的想法，而且要学会通过一定的研究方法获取可靠证据，学会准确表述经过自己研究和推理得出的结论，运用证据、概念、方法、标准为自己的推理进行辩护。口语教学的目标不只是学会情景交际的惯用法和句型，讲一口标准流利的英语，而且应学会针对不同听众就复杂的政治、经济、社会与文化问题进行深入的演讲和有力的辩论。即便是看似简单的听力课，其教学目标也要超越准确获取听力材料中的信息，进而对所听到的观点、事实和推理进行分析和评价。只有把语言教学和思辨教学融为一体，外语教学才能真正有效提高学生的语言能力。

要提高学生的语言能力，还必须同步培养他们的跨文化能力，让语言教学与跨文化教学融为一体。许国璋先生（2002：3-4）曾说过："我教学生从来不以教会几句英语或教会一种本事为目标，而是教会怎样做人。英语教育是用英语来学习文化，认识世界，培养心智，而不是英语教学。"王佐良先生（1992：1）也认为"通过文化来学习语言，语言也会学得更好"。外语界两位老前辈对英语教育中文化教学的重要性的认识令我们敬佩。今天我们提倡跨文化外语教学，应有更深远的考量，这里所说的文化不应该局限于对象国文化，而应该同时包括本国文化，而且对世界多元文化也应适当涉及。跨文化外语教学根本上是要在本土文化和外国文化或者说自我与他者之间创造一个"第三空间"（Liddicoat et al. 1999：

181），在这个空间里，学生不是被迫同化于外语的社会语言规范，而是在老师的带领下进行开放的跨文化探索，在自我与他者之间开展积极的跨文化对话，进而建构或重构自己的文化身份。这也意味着，从跨文化视角进行外语教学就是对学习者进行“赋权”（empowerment），因为学习者不再把语言当作一套客观的语言符号来被动吸收，而是以语言为工具或媒介主动开展丰富多彩的社会文化建构活动。

此外，对于跨文化外语教学来说，最重要的不是具体的文化知识学习，而是培养批判性文化意识。正如笔者曾经指出的：“外语类专业学生所进行的大量的听说读写训练以及专业知识课程均可以提升为对跨文化现象、文本和制品进行的阐释和评价，其目的不仅是要求学生掌握语言‘基本功’或语言、文学与文化知识，而且应要求他们对外国文化现象、文本和制品以及本国文化现象、文本和制品从中外比较的视角进行深入阐释，探索其背后隐藏的文化原因，并进行批判性审视，进而提高跨文化思辨能力。外语教育本质上就是跨文化教育。”（孙有中 2016：18）当外语教学最终升级为运用所习得的语言从不同文化视角对形式多样的文本进行阐释、分析、评价和再创造之时，外语学习者语言能力、思辨能力和跨文化能力的发展便可达到并驾齐驱的美妙境界。

3　语言教学是一个合作参与的社会文化建构过程

3.1　语言学习是自我的参与和建构

20世纪初以来的外语学习观首先受到结构主义语言学和行为心理学的影响，强调语言的客观结构特征以及针对典型句型的反复机械训练，以达到条件反射式的熟练。传统的听说法就是这一潮流的代表。20世纪50年代兴起的转换生成语言学和日后的认知心理学不约而同地关注人脑内部组织与功能的心理原则，而不是可观测的外部语言特征。认知心理学把学习视为对信息“有意义的储存和提取”，或是对意义或知识进行获取、组织、记忆乃至遗忘的过程。该学习观在语言学习中的应用导致了二语习得研究中对语言习得与遗忘规律的关注，以及对语言与大脑神经系统关系的探索（Brown 2014：11，83）。

维果斯基的社会文化理论对上述语言学习理论提出挑战。他认为，人脑并不直接与他人和周围的世界发生关系，而是通过文化提供给我们的工具或符号来与社会环境进行互动（见Lantolf 2005：8）。换言之，人类大脑的一般学习或语言学习并不是在大脑的封闭状态下进行，而是在社会文化环境中通过社会文化提供给我们的工具或符号来实现的。

维果斯基据此提出了“最近发展区”概念，指一个人能够独立完成的任务与在他人或文化制品支持下能够完成的任务之间的差距（同上：17）。维果斯基的原创贡献在于他发现人脑的学习从来不是完全依靠自己独立完成的，而是借助于他人的帮助或者已有的文化工具或符号（特别是语言）来实现的，也就是说，学习是一个社会文化建构过程。在这个建构过程中，学习者不仅能提高语言能力，而且可以提高思辨能力和跨文化能力。因此，Pavlenko & Lantolf（2000）主张，语言研究的关注点不应是语言结构、个体大脑以及知识的内化，而应是语言在具体场景中的使用，以及学习者与他人的互动。

值得指出的是，二语习得的社会文化理论并非要彻底抛弃对语言学习的认知研究，而是要从社会文化视角拓展传统二语习得研究的视野。

3.2　语言课堂应该是一个合作探究的学习共同体

依据二语习得的社会文化理论，笔者认为，语言课堂应该是一个合作探究的学习共同体，旨在实现人文英语教育的多维目标。也就是说，语言课堂应超越语言学习本身，把语言学习变成人文教育的过程，在此过程中促进语言能力、思辨能力和跨文化能力的同步发展。

关于社会文化理论在外语课堂中的运用，张莲、孙有中（2014）在总结学术界现有研究成果的基础上描述了一个用于指导外语教学的模型。外语课堂可被理解为一个“认知活动系统”，该系统由主体、客体、共同体、中介、分工和规则等6个要素组成。主体指参与学习活动的学习者；客体是主体操作的对象，即主体在活动中面对的学习内容或必须完成的学习任务，最终被主体转化为特定的认知结果（如语言能力和思辨能力协同发展）；共同体指由教师和学习同伴构成的学习小组；中介指完成活动任务需要借助的物质和心理工具，如语言、课本、电脑等；分工指共同体成员之间的任务和角色分配；规则指规约学习活动的条文、标准或合同。

有效的外语课堂说到底应该是这样一个学习共同体：学习者在教师的指导下运用外语作为工具积极参与学习活动，合作探究学科知识和语言知识，在丰富多彩的交互活动中不断提高语言能力、思辨能力和跨文化能力。

那么，在这个学习共同体中，教师应该担任什么角色呢？Paul et al.（1989：19）指出，“思辨型教师不是布道者，而是发问者。教师要学会提出问题，探索意义，寻求理由和证据，促进深入思考，避免讨论陷入混乱，鼓励倾听，引导有效的比较与对照，提示矛盾与不一致，解释影响和后果。思辨型教师应认识到，教育的首要目标是要教会学生怎样学习”。英语专业技能课教师也应该是这样的思辨型教师。

3.3 语言教学应以思辨为中心

20世纪，新的外语教学方法层出不穷。Kumaravadivelu（2006）把教学法概括为三类：以语言为中心的教学法（language-centered methods）、以学习者为中心的教学法（learner-centered methods）和以学习为中心的教学法（learning-centered methods）。以语言为中心的教学法（如听说法）关注语言形式或语言特征，认为语言学习是一个线性的、累积的过程，可以通过系统的有计划的训练最终学会使用。以学习者为中心的教学法（如交际法）主要关注学习者的需要和语言使用的情景，在教学中设计以意义为中心的活动，不仅关注语言结构，而且关注语言功能，旨在循序渐进地培养学生的交际能力。以学习为中心的教学法（如自然法）关注语言学习的认知过程，让学习者参与开放的交互活动，通过完成以解决问题为目标的任务，最终习得语言和语用知识/能力。根据Kumaravadivelu（同上：90–92）的观察，前两类方法是“有意的”（intentional）语言习得，第三类方法则是“无意的”（incidental）语言习得。

根据Kumaravadivelu（同上：170–176）的分析，上述三类外语教学方法在时间上依次出现，先后替代，如今进入“后方法”（postmethod）时代。“后方法”理论的基本假设是没有一种方法是普遍适用的。因此，外语教学在方法论上应始终考虑“特殊性”（particularity）、“实用性”（practicality）和“可能性”（possibility）；外语教师应根据自身特点、学生状况以及教学的具体条件等选择和创新最有效的教学方法。后方法理论对教学法迷信的批评不乏真知灼见。

在此意义上，人文英语教育论不排斥任何具体的教学方法，主张教师应自主选择和创新教学方法。最终，在高校英语专业语言技能课教学中，衡量任何教学方法有效性的标准是该方法能否有效促进语言能力、思辨能力、跨文化能力和人文素养的融合发展。

从本质上看，人文英语教育论提倡“以思辨为中心的教学”。这不是一套简单的操作程序，而是教师在选择或设计教学方法时应依循的一些基本原则，例如：1）创造尽可能多的使用语言的机会；2）增加师生之间和学生之间的互动与合作探究机会；3）针对高阶思维设计具有“信息差”“意见差”和“推理差”的活动任务（Prabhu 1987）；4）提供跨文化比较与反思的机会；5）探索和解决真实问题；6）引导自主学习，等等。

以思辨为中心的语言教学必然要求学习内容对学生的认知形成足够挑战，因此提倡“内容与语言融合式学习”，即通过语言学习知识，并通过知识学习语言，在使用语言完成特定知识学习任务的过程中不断提高语言能力。这一教学路径与以内容为依托的语言教学法（content-based instruction）理念基本一致，即“把语言作为学习内容的媒介，把内容作为学习语言的资源”（Stoller & Grabe 1997：78），让学习者“即学即用”（learn as you use and use as you learn）（Marsh 2002：66），使用语言去探索新知。正如Beardsmore & Kohls（1988）所指出的，内容与语言融合式学习是对语言教育中存在的一个严重问题的回应，即当学生在学习知识时，他们自然能领会到为习得和使用第二乃至第三语言所付出努力的直接相关性。这便克服了传统语言课堂中投入大量时间，而语言能力提高缓慢且常常令人失望这一学习动力不足的问题。

以思辨为中心的语言教学反对为学习语言而学习语言或以语言为中心的传统外语教学法。Anderson et al.（2014）在Bloom的研究基础上提出了6级认知能力模型：识记、理解、应用、分析、评价、创造。反思英语专业技能课程的传统教学模式，我们不难发现其大量的听说读写等技能训练往往在“识记”和“理解”层面展开，很少上升到“应用”“分析”“评价”“创造”这些高阶思维层面。其结果导致学习者的思辨能力得不到有目的、有计划的系统持续训练。

研究表明，英语课堂应提供充足的语言材料输入，让学生阅读完整的长篇文章乃至原著，而不是几篇单薄、短小、经过大量裁剪的鉴赏性小品文。在选材时，“真实性”（authenticity）尤为重要，“与传统的课堂形成对照，内容与语言融合的课堂教学不仅涉及内容，而且涉及互动。学习者接触的是学科知识的真实内容，学习者使用外语与他们周围的真实世界进行互动，这种对外语的真实使用促进了语言的学习过程，其效果大大超过了传统语言课堂中对虚假或虚构内容的夸夸其谈”（Marsh 2002：44）。通过在真实的学术探究场景中进行真实的互动或意义建构，学习者掌握的是在特定领域真正有用的词汇、句法、语篇和语用知识。大量的研究已经证明，学习者在探究知识的过程中可以更有效地发展语言能力（Kasper et al. 2000）。

4 结论

套用唐朝著名诗人王勃的名言“落霞与孤鹜齐飞，秋水共长天一色”，人文英语教育论所追求的正是这样一种境界，即：思辨与文化齐飞，语言共知识一色。也就是说，语言学习与人文教育融为一体，思辨能力与跨文化能力同步提高。

参考文献

Anderson, L., D. Krathwohl, P. Airasian, K. Cruikshank, R. Mayer, P. Pintrich, J. Raths & M. Wittrock. 2014. *A Taxonomy for Learning, Teaching, and Assessing: A Revision of Bloom's Taxonomy of Educational Objectives* [M]. Edinburgh Gate: Pearson Education.

Bachman, L. 1990. *Fundamental Considerations in Language Testing* [M]. Oxford: OUP.

Beardsmore, H. & J. Kohls. 1988. Immediate pertinence in the acquisition of multilingual proficiency: The European schools [J]. *The Canadian Modern Language Review* 44: 240–260.

Brown, H. 2014. *Principles of Language Learning and Teaching* (6th edition)[M]. New York: Pearson Education.

Byram, M. 2012. Language awareness and (critical) cultural awareness—relationships, comparisons and contrasts [J]. *Language Awareness* 21: 1–2, 5–13.

Byram, M. 2014. *Teaching and Assessing Intercultural Communicative Competence* [M]. Shanghai: Shanghai Foreign Language Education Press.

Canale, M. 1983. From communicative competence to communicative language pedagogy [A]. In J. Richards & R. Schmidt (eds.). *Language and Communication* [C]. London: Longman. 2–27.

Canale, M. & M. Swain. 1980. Theoretical bases of communicative approaches to second language teaching and testing [J]. *Applied Linguistics* 1: 1–47.

Chomsky, N. 1965. *Aspects of the Theory of Syntax* [M]. Cambridge, MA.: The MIT Press.

Cummins, J. 1979. Cognitive/academic language proficiency, linguistic interdependence, the optimal age question and some other matters [J]. *Working Papers on Bilingualism* 19: 197–205.

Cummins, J. 1980. The cross-lingual dimensions of language proficiency: Implications for bilingual education and the optimal age issue [J]. *TESOL Quarterly* 14: 175–187.

Cummins, J. 2008. BICS and CALP: Empirical and theoretical status of the distinction [A]. In B. Street & N. Hornberger (eds.). *Encyclopedia of Language and Education* (2nd edition). *Volume 2: Literacy* [C]. New York: Springer Science + Business Media LLC. 71–83.

Harumi, I. 2002. A new framework of culture teaching for teaching English as a global language [J]. *RELC Journal* 33: 36–57.

Hymes, D. 1972. On communicative competence [A]. In J. Pride & J. Holmes (eds.). *Sociolinguistics* [C]. Harmondsworth: Penguin. 269–293.

Kasper, L., M. Babbitt, R. Mlynarczyk, D. Brinton, J. Rosenthal, P. Master, S. Master, J. Egbert, D.

Tillyer & L. Wood. 2000. *Content-based College ESL Instruction* [M]. Mahwah, N.J.: Lawrence Erlbaum.

Kumaravadivelu, B. 2006. *Understanding Language Teaching: From Method to Postmethod* [M]. London: Lawrence Erlbaum.

Lantolf, J. (ed.). 2005. *Sociocultural Theory and Second Language Learning* [C]. Oxford: OUP.

Liddicoat, A., C. Crozet & J. Lo Bianco. 1999. Striving for the third place: Consequences and implications [A]. In J. Lo Bianco, A. Liddicoat & C. Crozet (eds.). *Striving for the Third Place: Intercultural Competence Through Language Education* [C]. Melbourne: Language Australia. 181–187.

Littlewood, W. 2011. Communicative language teaching: An expanding concept for a changing world [A]. In E. Hinkel (ed.). *Handbook of Research in Second Language Teaching and Learning: Volume II* [C]. New York: Routledge. 541–557.

Marsh, D. 2002. *CLIL/EMILE—The European Dimension: Actions, Trends and Foresight Potential* [M]. Brussels: European Commission.

Paul, R., A. Binker, D. Martin & K. Adamson. 1989. *Critical Thinking Handbook: High School* [M]. Santa Rosa, CA.: The Center for Critical Thinking and Moral Critique.

Pavlenko, A. & J. Lantolf. 2000. Second language learning as participation and the (re)construction of selves [A]. In J. Lantolf (ed.). *Sociocultural Theory and Second Language Learning* [C]. Oxford: OUP. 155–177.

Prabhu, N. 1987. *Second Language Pedagogy* [M]. Oxford: OUP.

Stoller, F. & W. Grabe. 1997. The six-T's approach to content-based instruction [A]. In M. Snow & M. Brinton (eds.). *The Content-based Classroom: Perspectives on Integrating Language and Content* [C]. New York: Longman. 78–94.

胡文仲、孙有中，2006，突出学科特点，加强人文教育[J]，《外语教学与研究》(5)：243–247。

蒋洪新，2010，人文教育与高校英语专业建设[J]，《中国外语》(3)：10–18。

教育部，2000，《高等学校英语专业英语教学大纲》[M]。上海：上海外语教育出版社/北京：外语教学与研究出版社。

教育部，2003，《普通高中英语课程标准》(实验)[M]。北京：人民教育出版社。

欧洲理事会文化合作教育委员会，2008，《欧洲语言共同参考框架：学习、教学、评估》[M]，刘骏、傅荣(译)。北京：外语教学与研究出版社。

束定芳，2016，对接新目标，创建新体系，适应新需求[J]，《外语界》(2)：2–8。

孙有中，2015，外语教育与思辨能力培养[J]，《中国外语》(2)：1，23。

孙有中，2016，外语教育与跨文化能力培养[J]，《中国外语》(3)：1，17–22。

王佐良，2016，《风格和风格的背后》序[A]。载王佐良(著)，《王佐良全集》第10卷[M]。北京：外语教学与研究出版社。271–272。

王佐良，1992，序[A]。载王佐良、祝珏、李品伟、高厚堃(编)，《欧洲文化入门》[C]。北京：外语教学与研究出版社。1。

许国璋，2002，通过文化学习语言[A]。载《英语学习》编辑部(编)，《英语的门槛有多高》[C]。北京：外语教学与研究出版社。3–4。

张莲、孙有中，2014，基于社会文化理论视角的英语专业写作课程改革实践[J]，《外语界》(5)：2–10。

思辨英语教学原则[1]

孙有中

提　要： 如何在英语教学中培养思辨能力？如何同步提高语言能力和思辨能力？这些是当前高校英语专业技能课程教学改革乃至大学英语教学改革的重要命题和紧迫任务。本文提出思辨英语教学八项原则——TERRIFIC，包括：对标（Target）、评价（Evaluate）、操练（Routinize）、反思（Reflect）、探究（Inquire）、实现（Fulfill）、融合（Integrate）、内容（Content），旨在为思辨型英语课堂教学设计提供策略和路径。希望上述原则的实施能够有效促进高校英语专业乃至大学英语教学改革创新与人才培养质量提升。

关键词： 思辨英语教学；思辨能力；二语习得；外语教学；大学英语

1　引言

什么是思辨英语教学？要回答这个问题，我们不妨把它与交际语言教学（Communicative Language Teaching）对照起来看。Richards & Rodgers（2014：105）指出，"与其把交际语言教学视为一种方法，不如视其为一种理念。它指的是一整套原则，这些原则反映了一种交际的语言观和语言学习观，可用于支持形式多样的课堂操作程序"。同理，思辨英语教学与其说是一种具体的教学方法，不如说是一种教学理念，它基于对语言本质和语言学习规律的新认识，包含了高校英语专业技能课程教学改革乃至大学英语"提高"和"发展"阶段教学创新所应遵循的一系列原则。

1　论文原发表于《外语教学与研究》2019年11月第51卷第6期。

思辨英语教学赞同这样一种语言观和语言学习观："语言应作为发展高阶思维能力的手段。在语言教学中，这意味着学生并不是为语言而学习语言，而是旨在发展他们的思维能力，并在超越语言课堂的情形中运用思维能力。"（Richards & Rodgers 2014：107）换言之，语言不仅是人际交流的媒介，更是认识世界、探索新知和解决问题的工具。因此，英语教学，尤其是高等教育阶段的英语教学，不仅应培养学生运用英语进行人际沟通的能力，更应培养他们使用英语获取知识、分析问题、解决问题、创新创业的能力。

思辨英语教学还建立在对语言能力与思辨能力关系的新认识上。迄今为止，在外语教学或二语习得研究领域，语言能力一般在人际交际层面被界定，或者由语法能力、语篇能力、社会语言能力和策略能力构成（Canale 1983），或者由语言组织能力和语用能力构成（Bachman 1990），或者包括语言层面（即语法）、话语层面（即文本）、语用层面（即策略）、社会语言层面和社会文化层面（Littlewood 2011）。在语言交际能力层面，上述理解大同小异，均有其合理性。但在高级语言能力或Cummins（1980，2008）所说的"认知/学术语言能力"（cognitive/academic language proficiency）层面，上述语言能力定义的局限性就显而易见了。

在语言学习的高级阶段，我们需要把思辨能力纳入语言能力的内涵中。高级语言能力建立在人际交际语言能力之上，进而包含思辨能力，即对输入信息（口头或书面）的阐释、分析和评价能力，以及基于间接获取或直接获取的信息进行推理和解释的能力。在此意义上，语言能力包含思辨能力；没有思辨能力的语言能力是贫乏的语言能力，既无法理解也无法产出意义丰富、逻辑严谨的文本/话语。基于此，思辨英语教学理念主张：通过思辨性听说读写活动，使英语学习与思辨学习融为一体，同步提高英语能力和思辨能力。

近年来，随着思辨英语教学理念在高校英语教师中的普及，英语界对融合培养语言能力和思辨能力的必要性和可行性形成了日益广泛的共识。思辨能力已作为核心能力之一写入《高等学校外国语言文学类专业教学质量国家标准》（以下简称《国标》）；《大学英语教学指南》已把"学术英语"纳入课程设置，这势必凸显培养思辨能力在大学英语教学"提高"及"发展"阶段的重要性。当前的问题是知行脱节；当务之急是探索思辨英语教学的有效课堂操作方法，使之化入全体教师的日常教学实践。本文提出思辨英语教学八项基本原则，以期为新时代英语课堂教学方法创新和人才培养质量提升探索前进方向和可行路径，使英语教学更好地服务于创新型、复合型、国际化、高层次外语人才的培养。

以写作为例，同伴评估是一项经常被教师采用的活动。如果教师只是要求学生交换作文相互评估，学生只能凭感觉对同伴的作文提出修改意见，这项活动的思辨教学潜力就无法得到充分释放。根据“评价”原则，教师应首先提供包含思辨维度的作文评价标准让学生学习并掌握，然后要求大家运用这个标准进行同伴评估。以议论文写作为例，教师可以首先提供类似如下问题清单的思辨维度评价标准：

A checklist for analyzing an argument:

A. What is the author's claim or thesis? Ask yourself:

   a. What claim is being asserted?

   b. What assumptions are being made—and are they acceptable?

   c. Are important terms satisfactorily defined?

B. What support (evidence) is offered on behalf of the claim? Ask yourself:

   a. Are the examples relevant, and are they convincing?

   b. Are the statistics (if any) relevant, accurate, and complete? Do they allow only the interpretation that is offered in the argument?

   c. If authorities are cited, are they indeed authorities on this topic, and can they be regarded as impartial?

   d. Is the logic—deductive or inductive—valid?

   e. If there is an appeal to emotion—for instance, if satire is used to ridicule the opposing view—is this appeal acceptable?

C. Does the writer seem to you to be fair? Ask yourself:

   a. Are counterarguments adequately considered?

   b. Is there any evidence of dishonesty or of a discreditable attempt to manipulate the reader?

   c. How does the writer establish the image of himself or herself that we sense in the essay?

What is the writer's tone, and is it appropriate?

学生都理解了这个标准后，教师再安排同伴评估活动，形式可多样。如：

A. Reviewing the criteria

B. Taking turns reading papers aloud slowly in small groups

C. Discussing

D. Constructive recommendations

如果教师日复一日地把思辨标准融入到听说读写各门课程中并据此评价学生的课堂和课程学习表现，而且要求学生运用思辨标准评价自己也评价同学的学习表现，那么这些思辨标准就会内化为学生的思维习惯，最终外化为思辨能力。值得一提的是，这里强调用思辨标准评价学生的学习，并不是主张单独对学生的思辨能力进行评测，而是要求把思辨标准融入到听说读写课程的语言能力测评之中，这样做不仅可能，而且必要。

原则三 操练：针对高阶思维进行常规化操练

思辨能力不是天生的禀赋，也不是偶尔表现的行为，而是经过反复训练养成的良好思维习惯。既然游泳、网球、驾驶等身体技能都需经过专业训练才能熟练掌握，那么，比这些活动复杂无数倍的大脑思辨（包括若干认知技能和思辨品质）就更需要经过长期反复训练才能内化为思维习惯。

哈佛大学学者Ritchhart et al.（2011）经过大量教学实践，总结了一系列思辨教学程序性或常规化活动，比如“思—讨—享”（Think-Pair-Share，最早于1981年由马里兰大学的Frank Lyman提出）就是一项有利于培养推理和解释能力的常规活动，它包括四个步骤：1）教师向全班提出一个具有思辨性和挑战性的问题；2）全班学生独立思考答案；3）学生与一位同伴结成对子进行讨论；4）学生在全班分享自己与同伴的观点。

从思辨能力培养的角度看，这样的教学活动为什么有效呢？首先，教师提出的问题具有思辨性和挑战性，不太容易找到现成答案。其次，给学生提供思考的时间，使独立探索成为可能。最后，让学生有机会基于独立思考进行讨论、比较和分享。思辨的要义是既要“思”又要“辨”，不仅要自己独立思考，还要倾听和了解他人的思想，从不同视角审视同一个问题，鉴别所有相关证据，警惕问题的复杂性。显然，这样一项简单的程序性活动不仅有利于培养口语能力，也有利于促进学生多项认知技能和思辨品质的发展。如果教师经常在课堂上采用这一有步骤的活动，学生的思辨能力便会与日俱增。

Ritchhart et al.（同上）还提出了其他值得推荐的课堂常规活动：1）运用证据进行阐释（What Makes You Say That?）；2）促进深度探索（Think-Puzzle-Explore）；3）多视角看问题（Circle of Viewpoints）；4）对认识过程进行反思（I Used to Think… Now I Think…）；5）赏析艺术作品（See-Think-Wonder）；6）审视多种主张（Compass Points）。这些活动虽然不是专门为外语教学设计的，但同

样适合在外语听说读写课堂中进行创造性应用。理解了“操练”这一基本原则，教师就能充分发挥自己的想象力去创造无限多样的课堂思辨活动。

原则四　反思：通过反思培养元认知能力和自我调节思维的能力

反思既可理解为思辨能力的构成要素，即元认知能力和自我调节思维的能力，也可作为培养思辨能力的一项基本教学原则，用以指导教学实践。何谓反思？根据“德尔菲专家共识”（Facione 1990：19）的定义，反思是：“对自己推理过程的检验，不仅核查推理的结果，而且核查是否正确使用了认知技巧；对自己的观点和理由从元认知角度进行客观的、深入的自我评价；判断自己的思考在多大程度上受到知识欠缺或成见、偏见、情感或任何其他因素的影响，从而使自己的客观性或理性受到局限；反思自己的动机、价值、态度或利益，确定自己在做出分析、阐释、评价、推理和表达时努力做到无偏见、公正、缜密、客观、尊重事实、讲道理、冷静。”我们每个人都有自己的思维习惯和思维缺陷，反思的目的是发现自己的认知特点，形成高度的思维自觉，避免掉入思维陷阱。

在课堂教学过程中，教师在学生小组解决了一个问题之后可安排简短讨论，要求各小组反思自己分析和解决问题的过程，小组成员分享自己的元思维，揭示自己的动机，说明自己解决问题的策略及其适宜性，描述自己的思维图谱以便将来更好地监控自己的思维过程，等等。根据反思原则，教师可在每节课的适当环节安排反思活动，每学完一个单元后要求学生写反思日志，运用档案袋评价方法要求学生记录自己的思辨能力发展过程，反思自己的思维特点与不足，思考改进思维的方法，等等。Howes（2017）的实证研究表明，定期写反思日志可以有效提高学生的思辨能力。

反思原则也适合教师。思辨型教师的一个典型特点就是善于反思，在课堂上引导学生反思其学习过程，在课外则反思自己的教学设计是否有效促进了学生语言能力与思辨能力的融合发展，及时总结经验教训，不断调整和改进教学。

原则五　探究：创造自由探究的机会

思辨英语教学提倡探究式学习。在探究型课堂，教师的职责不是简单地向学生提供既定事实或指出获取知识的便捷通道，而是作为探究的向导或助手，与学生一起界定要研究的问题，同他们一道运用恰当的研究方法，收集资料和数据，拷问旧知，发现新知。探究型英语课堂是一个学习共同体，要求教师首先成为思辨型教师。正如Paul et al.（1989：19）所描绘的，“思辨型教师不是布道者，而是发问者。教师要学会提出问题，探索意义，寻求理由和证据，促进深入思考，避免讨论陷入混乱，鼓励倾听，引导有效的比较与对照，提示矛盾与不一致，解释影响和后果。思辨型教师应认识到，教育的首要目标是教会学生怎样学习”。

在探究型英语课堂上，教师可运用“对话式教学”（dialogic teaching）引导学生理解和评价课文；学生在形式多样的合作活动中进行“探索式交谈”（exploratory talk）（Mercer & Littleton 2007：118）。有研究表明，合作学习可发展学生的思辨能力（Richards & Rodgers 2014）。为确保对话和探索的有效进行，教师应为学生的合作学习提供有效的指导，包括：设计有效的活动，使讨论和合作推理成为可能；提供活动所需的语言资源并示范如何进行有效的探索式交谈或“集体思考”（think together），为学生的探究式学习搭建必要的脚手架。在信息技术不断深度融入教育教学过程的时代，教师还可利用在线小组讨论促进学生思辨能力的发展（Yang 2008）。

同样重要的是，教师应为小组讨论建立规则，如：我们分享观点，相互倾听；我们每次一人发言；我们尊重彼此的观点；我们以理服人；如果我们不同意对方的观点，就主动要求对方说明理由；我们最终努力寻求共识（Mercer & Littleton 2007：106）。课堂思辨文化的形成将有利于思辨英语教学的展开。

有必要指出的是，探究型教学以问题为导向，其顺利进行的前提是教师和学生都掌握了苏格拉底式提问技巧。Paul & Elder（2016a，b）总结了7类典型的苏格拉底式提问方式，具有重要参考价值：

1）要求做出说明（Questions for clarification）

a. What do you mean by _____?

b. What is your main point?

c. How does _____ relate to _____?

d. Could you put it another way?

e. What do you think is the main issue here?

f. Let me see if I understand you: you mean _____ or _____?

g. Jane, could you summarize in your own words what Richard has said?

h. Richard, is that what you meant?

i. Could you give me an example?

j. Would this be an example:_____?

k. Could you explain that further?

2）要求阐明问题和议题（Questions about the initial question or issue）

a. How can we find out?

b. What does this question assume?

c. Would ____ put the question differently?

d. Can we break this question down at all?

e. Does this question lead to other questions or issues?

3）拷问假设（Questions that probe assumptions）

a. What are you assuming?

b. What could we assume instead?

c. You seem to be assuming _____. Do I understand you correctly?

d. How would you justify taking this for granted?

e. Is this always the case? Why do you think the assumption holds here?

4）拷问原因和证据（Questions that probe reasons and evidence）

a. What would be an example?

b. Could you explain your reasons to us?

c. Are those reasons adequate?

d. Do you have any evidence for that?

e. How could we find out if that is true?

5）拷问起因或原由（Questions that probe origin or source）

a. Where did you get this idea?

b. Have you been influenced by anyone? The media? Your peers?

c. What caused you to feel this way?

6）拷问影响与后果（Questions that probe implications and consequences）

a. What are you implying by that?

b. What effect would that have?

c. What is an alternative?

d. If this is the case, then what else must be true?

7）探索不同观点或视角（Questions about viewpoints or perspectives）

a. How would other groups of people respond? Why?

b. How could you answer the objection that _____ would make?

c. Can anyone see this another way?

d. What would someone who disagrees say?

敢于质疑和善于提问是思辨能力的重要表现，也是培养思辨能力的有效策略。贯穿听说读写活动的英语课堂为苏格拉底式对话教学提供了天然的平台；只要教师循循善诱，探究式英语教学一定能促进语言能力与思辨能力同步发展。

原则六　实现：促进学生的自我实现和全人发展

在实际教学活动和现实生活中，思辨能力有可能被片面理解为唇枪舌剑、压倒辩论对手并最终赢得辩论的能力。事实上，在英语国家语境中，critical thinking这个概念也容易引起此类误解，正如中文的“批判性思维”。思辨英语教学如果仅专注于辩论技巧的训练，学生的确有可能走上智商发达、情商低下的畸形发展道路。有些学生甚至会变得以自我为中心，对他人和社会百般挑剔，不能全面、系统、历史和辩证地看问题，不能换位思考，不能求同存异，不能和而不同，最终成为与社会格格不入的愤世嫉俗者。其实，所有这些心理倾向都与思辨的本意背道而驰。因此，思辨英语教学不仅应关注认知技能的训练，而且应高度重视良好思维品质和积极心理倾向的养成。

思辨英语教学还应引导和鼓励学生向着马斯洛人本主义心理学所描述的“自我实现”（self-actualization or self-fulfillment）的人格境界发展（Maslow 1970）。根据马斯洛的研究，一个“自我实现的人”敏于判断现实的真伪，能够坦然接受自我、他人与自然，保持纯朴和天真的性情，善于发现和解决问题，乐于独处，自主自立，总是用新鲜的眼光欣赏生活和世界，拥有与世界交融的巅峰时刻，寻求与全人类的团结与和谐，拥有良好的人际关系，具有民主和谦虚的态度，善于区别目的与手段及是非善恶，具有幽默感，拥有创造力，抵制文化同化，等等。

简言之，思辨英语教学不应局限于让学生掌握一系列认知技巧，其最终目标应该是促进学生个性的发展和潜能的实现，培养孔子所谓“知者不惑，仁者不忧，勇者不惧”的圆满人格，实现个人与自我、他人、社会和自然的和谐相处。

原则七　融合：融合培养语言能力和思辨能力

思辨英语教学并不主张英语教学仅仅聚焦于思辨能力培养，当然也反对英语教学仅仅聚焦于语言学习。这两种教学路径都会让英语教学误入歧途，既不能真正提高思辨能力，还会阻碍语言能力的发展。思辨学习与语言学习应融为一体，相互促进，相得益彰。

需特别澄清的一个误解是：思辨英语教学不重视语言能力的培养。刚好相反，思辨英语教学不仅不忽视语言学习，反而对语言学习设定了更高的标准，要求在高阶思维层面对语言学习材料进行分析性解读或批判性话语分析（Carroll 2004；Hashemi & Ghanizadeh 2012）。针对语言知识的学习，思辨英语教学主张让学生通过分析语言现象发现语言使用的规则（Koshi 1996），通过大量运用语言完成任务、解决问题的语言实践活动，最终提高语言使用的流利度和准确度。

与此同时，思辨英语教学倡导语言学习理论中的社会建构论或社会文化论。语言不仅是思维的工具，而且是通过社会互动得以发展的一种能力。因此，语言学习应该是一个"意义构建"的协作活动过程（Brown 2014：91）。在此过程中，语言学习随着学习者语言能力的提高由显性逐步过渡到隐性，通过使用语言进行思辨活动而达到语言能力与思辨能力同步发展的目标。

在此意义上，思辨英语教学并不是某一种具体的"教学法"，而是一种主张把思辨能力培养融入语言能力培养的外语教学理念。为实现此目标，思辨英语教学可兼容多种教学法或流派，如"任务型语言教学"（task-based language teaching）和"合作型语言学习"（cooperative language learning）。前者主张课堂教学应"让学习者使用目的语从事理解、信息处理、创作或互动活动，主要关注意义而不是形式"（Nunan 1989：10），后者主张把语言教学变成小组学习活动，在形式多样的有组织的小组活动中，"学习基于小组中学习者之间展开的社会性建构的信息交流，在此过程中每一位学习者对自己的学习负责，同时被鼓励去增进他人的学习"（Olsen & Kagan 1992：8）。可以说，任何促进师生和生生思辨性语言互动的教学法，都有利于实现学生语言能力与思辨能力的融合发展；在这一过程中，"语言提供共同思考和协同创造知识与理解的工具"（Mercer 2000：15），而工具本身也不断地受到磨砺和得以改进。

为消除部分教师对语言能力与思辨能力融合发展可能性的疑虑，这里提供"大学思辨英语教程"系列《口语1：文化之桥》第10单元的一个活动例子（孙有中 2015b）：

Internet friendships vs. face-to-face friendships

1. Read the article below and summarize the major points made by each person regarding the advantages and disadvantages of virtual friends.
   Striking up Internet friendships: Is it safe or not?
2. With a show of hands, find out who in your class are for virtual friendship and who are against. Then work in groups of four, with each group either supporting or opposing virtual friendship. Share your summary of points for your side

in the article in Step 1 and brainstorm for more arguments. Write them down. The group then discusses and decides on three strong arguments for your side.

For Virtual Friendship	Against Virtual Friendship
Argument 1:___________	Argument 1:___________
Argument 2:___________	Argument 2:___________
Argument 3:___________	Argument 3:___________
Argument 4:___________	Argument 4:___________
Argument 5:___________	Argument 5:___________

3. Group representatives take turns to present the arguments on behalf of the group in front of the class, and the rest of the class take notes of the arguments.
4. The class then discusses and concludes what is a fair-minded view of virtual friends.

为了完成此项活动，学生必须利用此前通过独立阅读课文输入的语言资源；无论是组内讨论，还是小组报告，亦或是全班通过讨论形成共识，学生都必须使用英语，由此获得大量真实的口语交际互动机会。与此同时，该项活动不是为纯粹学习语言而设计的机械口语训练，它要求学生通过讨论确立论点，并提供多方面的理由加以支撑，评价正方和反方观点，最终做出合理判断。这样一项典型的任务型小组合作学习的"意义构建"活动，显然不仅可以有效促进语言能力发展，而且可以深度训练思辨能力。

原则八 内容：采用富有认知挑战性的语言材料

外语教学离不开语言材料。思辨英语教学必然要求语言材料的思辨性，其思辨性至少体现在四个方面。1）话题的相关性。思辨性语言材料应与学生的专业学习和现实生活具有相关性，这样才能激发他们的思辨兴趣。2）文体的多样性。思辨性语言材料必须兼顾多种类型的文体，为学生提供开展思辨活动所需的丰富多彩的话语范式和语用资源。3）知识的学术性。思辨性语言材料不应停留在日常经验和百科知识层面，而应从人文社会科学领域发掘雅俗共赏的经典篇章，或者将学科视角、学术概念以及最新学术发现有机引入日常话题的深度探索，让学生在语言学习的过程中接受人文通识教育，了解学科思维的范式和方法，提高理论素养。4）思想的启发性。思辨性语言材料通常是有立场、有观点、有争议的文章，关注有意义的真实问题，引导进一步探索，为思辨性教学活动提供鲜活的素材。

思辨英语教学为什么要采用富有认知挑战性的语言材料呢？一个不言而喻的理由就是，在语言学习中，输入的思辨性在很大程度上决定输出的思辨性。一方面，语言材料的输入为学生提供了输出的参照标准；语言输入材料的思想高度将在很大程度上决定输出语言的思想高度。另一方面，输入材料直接构成了学生产出文本的思辨性语言原料；原料的思辨性语言含量将在很大程度上决定输出文本的思辨性语言含量。在此意义上，思辨英语教学支持内容依托教学法（content-based instruction）和内容与语言融合学习教学法（content and language integrated learning），因为两者都强调为语言学习提供有“内容”的输入。

3 结语

作为一种教学理念，思辨英语教学强调思辨能力对于语言能力的重要性，同时也强调语言能力对于思辨能力的重要性。缺少思辨能力，语言能力不过是花拳绣腿，不堪一击；缺少语言能力，思辨能力不过是折翼之鹰，无法展翅高飞。从终极意义上看，高级语言能力即高级思辨能力，高级思辨能力即高级语言能力，两者相互依存，相得益彰。

本文讨论了思辨英语教学的TERRIFIC原则：对标、评价、操练、反思、探究、实现、融合、内容。此八项原则的排列顺序不应被机械理解，某项原则可能应用于教学的多个环节，教师在教学过程中可灵活掌握。这些原则有助于启发教师设计课堂教学活动，创新英语教学的各个环节，促进学生语言能力与思辨能力的融合发展，最终从根本上提高外语类专业乃至大学英语人才的培养质量。

最后值得特别强调的是，在思辨英语教学的全过程中，教师必须坚持立德树人的根本教育方针，引导学生树立正确的世界观、人生观和价值观，培养国际视野和家国情怀，成为全球化时代我国参与国际竞争和全球治理的思辨型、创新型、高层次外语语种专业人才和复合型外语人才。

参考文献

Bachman, L. 1990. *Fundamental Considerations in Language Testing* [M]. Oxford: OUP.

Brown, H. 2014. *Principles of Language Learning and Teaching* (6th edition) [M]. New York: Pearson Education.

Canale, M. 1983. From communicative competence to communicative language pedagogy [A]. In J. Richards & R. Schmidt (eds.). *Language and Communication* [C]. London: Longman. 2–27.

Carroll, R. 2004. *Becoming a Critical Thinker: A Guide for the New Millennium* (2nd edition) [M]. Boston: Pearson Learning Solutions.

Cummins, J. 1980. The cross-lingual dimensions of language proficiency: Implications for bilingual education and the optimal age issue [J]. *TESOL Quarterly* 14: 175–187.

Cummins, J. 2008. BICS and CALP: Empirical and theoretical status of the distinction [A]. In B. Street & N. Hornberger (eds.). *Encyclopedia of Language and Education* (2nd edition).*Volume 2: Literacy* [C]. New York: Springer Science + Business Media LLC. 71–83.

Facione, P. 1990. Critical thinking: A statement of expert consensus for purposes of educational assessment and instruction. Research findings and recommendations [OL]. https://files.eric.ed.gov/fulltext/ED315423.pdf (accessed 02/06/2019).

Hashemi, M. & A. Ghanizadeh. 2012. Critical discourse analysis and critical thinking: An experimental study in an EFL context [J]. *System* 40: 37–47.

Howes, L. 2017. Critical thinking in criminology: Critical reflections on learning and teaching [J]. *Teaching in Higher Education* 22: 891–907.

Koshi, A. 1996. Holistic grammar through Socratic questioning [J]. *Foreign Language Annals* 29: 403–414.

Littlewood, W. 2011. Communicative language teaching: An expanding concept for a changing world [A]. In E. Hinkel (ed.). *Handbook of Research in Second Language Teaching and Learning: Volume II* [C]. New York: Routledge. 541–557.

Maslow, A. 1970. *Motivation and Personality* (2nd edition)[M]. New York: Harper & Row.

Mercer, N. 2000. *Words and Minds* [M]. London: Routledge.

Mercer, N. & K. Littleton. 2007. *Dialogue and the Development of Children's Thinking* [M]. New York: Routledge.

Nunan, D. 1989. *Designing Tasks for the Communicative Classroom* [M]. Cambridge: CUP.

Olsen, R. & S. Kagan. 1992. About cooperative learning [A]. In C. Kessler (ed.). *Cooperative Language Learning: A Teacher's Resource Book* [C]. New York: Prentice Hall. 1–30.

Paul, R. & L. Elder. 2016a. *Critical Thinking Competency Standards* [M]. Beijing: Foreign Language Teaching and Research Press.

Paul, R. & L. Elder. 2016b. *The Art of Socratic Questioning* [M]. Beijing: Foreign Language Teaching and Research Press.

Paul, R., A. Binker, D. Martin & K. Adamson. 1989. *Critical Thinking Handbook: High School* [M]. Santa Rosa, CA.: The Center for Critical Thinking and Moral Critique.

Richards, J. & T. Rodgers. 2014. *Approaches and Methods in Language Teaching* [M]. Cambridge: CUP.

Ritchhart, R., M. Church & K. Morrison. 2011. *Making Thinking Visible: How to Promote Engagement, Understanding, and Independence for All Learners* [M]. San Francisco, CA.: Jossey-Bass, A Wiley Imprint.

Yang, Y. T. C. 2008. A catalyst for teaching critical thinking in a large university class in Taiwan: Asynchronous online discussions with the facilitation of teaching assistants [J]. *Educational*

Technology Research and Development 56: 241–264.

孙有中（编），2015a，“大学思辨英语教程”系列《精读1：语言与文化》[C]。北京：外语教学与研究出版社。

孙有中（编），2015b，“大学思辨英语教程”系列《口语1：文化之桥》[C]。北京：外语教学与研究出版社。

孙有中，2017，人文英语教育论[J]，《外语教学与研究》（6）：859-870。

论大学英语课堂中的思辨能力培养[1]

林　晓　何莲珍

提　要： 思辨能力培养是高等教育的根本任务，也是大学学习不可或缺的部分（Moore 2011）。为了实现完整的外语教育、适应日益复杂的国际交流环境变革以及重塑其与通识教育的关系，我国的大学英语必须以思辨能力培养为中心进行改革。大学英语课堂中的思辨能力培养具有双重目标，即促进学生语言技能的发展以及大学英语三大主要内容的有机结合，这两大目标的实现都要通过鼓励学生对语言形式—观点的智识性探究才能真正实现。基于Moore（2011）以及Alnofaie（2013）的理论模型，本文建立大学英语课堂中思辨能力培养的整体性框架，提出大学英语思辨能力培养任务必须与整个大学以及大学英语课程体系的思辨能力培养任务相契合。同时，确定了理解、评价、扩展、应用和反思等五个大学英语课堂中思辨能力培养的具体任务，旨在促使大学英语培养的思辨能力的有效迁移，促进大学英语的人文性和工具性目的的共同实现。

关键词： 大学英语；思辨能力培养；高等教育；通识教育

近年来，思辨能力培养已经成为高等教育改革的中心议题。作为“中国高等教育的一个有机组成部分”（教育部高等教育司2007），我国大学英语教学改革必须抓住思辨能力培养这个中心，服务于实现提高我国高等学校教学质量这一目的，服务于为国家培养造就高素质创新型人才的大局。探究大学英语课堂中思辨能力培养的涵义、必要性与价值追求以及框架构建与主要任务，这对于当前身处困境的高等教育领域的外语教学具有启示意义。

1　论文原发表于《西安外国语大学学报》2017年3月第25卷第1期。

1 大学英语课堂中思辨能力培养的涵义

很多人认为，大学英语只是一种语言技能的训练，与思辨能力培养无涉。这种情况主要是对思辨能力的涵义和大学英语的课程属性理解不清造成的。明晰这方面的认识是在该领域加强思辨能力培养的前提。

1.1 思辨能力及其培养的涵义

“critical thinking”是一个源于西方的术语，意为“建立在标准之上的有辨别力的判断”（Foundation 2011）。同时，思考（thinking）必须以一定的表现方式呈现出来，否则旁人无法了解其内容。因此，该词应该既包括思考这一心理活动，也包括这种心理活动的不同外在表现，如采取的行动、口头或书面表达等（Moon 2008：27）。本文将其译为“思辨能力”。

作为一种理性的判断能力，思辨能力实质上是一种再思考，是对已产生思想的回顾、评价和修订（Stratton 1999：10）。本文从广义上界定“思想”一词，将其视为某人自己或他人的某种智力/理性的产物，包括信念、理论、假设和论证等等。思辨能力的必要性不言而喻，因为人们“需要避免一种只接受事物表面价值的思维惰性”（Dewey 1910：10）。思辨能力培养是高等教育的根本任务，也是大学学习的不可或缺的部分（Moore 2011）。但是，如何培养思辨能力？它是普遍适用的还是特定学科所特定的一套认知技能？对此，学者们一直争论不断。目前一般认为，思辨能力培养存在共性。

1990年，为了促进思辨能力的教学和评判，美国哲学协会发布了著名的《德尔菲报告》（Delphi Report）。该报告公布了全美国哲学、教育、心理学和自然科学等领域46位研究思辨方面的专家在思辨能力界定上达成的基本共识。根据该报告，思辨能力分为认知技能和情感意向两个维度。认知技能是“一种有目的的判断，它是一种基于诠释、分析、评价、推断、解释和自我调整等技能的判断，也是一种基于证据、概念、方法、标准和语境的判断”（Facione 1990：11）。情感意向是一种态度或性情，它能够使人意识到何时需要运用某种技能以及愿意努力去运用它。该报告列举了众多思辨能力情感意向的特征，本文将其归纳为求实、开明、分析性、系统性、探究性、自信心、成熟度和创造性等。这两大维度密不可分、相互促进。作为一种基于语境的思维，思辨能力需要建立在一定的知识基础之上（包括对自己的认知技能的了解），该知识基础不断被存取和重构，这就意味着为了追求所确定的目标要对自己的认知活动进行监管。实际上，“自我调整”就是有意识地监控和修正自己认知活动中运用的认知技能以及结果，它既是思辨能力的认知技能也是情感意向，是这两大维度完美融合的力证。

思辨能力培养存在共性，但是，不能由此认为它就是一套脱离语境、完全可以通过形式练习进行的一般技能训练，因为该培养不能脱离主题内容。思辨能够培养学生的认知主动性、成熟性和责任感，是任何主题内容的教师的责任（Chaffee 1985）。要进行思辨能力培养，必须首先明确该主题内容中智识性部分（intellectual content）的存在。智识性内容的学习必须能够解释和应对各种关系，其中最重要的一个就是符号—符号义之间的关系，这在任何学科的学习中都非常关键，因为某一学科所采纳的表征形式都涵盖了某种看待世界的方式以及该视角对世界的描述两个方面。这种学习必须采取整合性的方法，即通过阐释、论证和推断等等进行，这就需要思辨能力培养。思辨能力培养的目标是引导学生识别、分析和深刻理解他们所学内容的内在逻辑，加强他们对该内容的各个方面之间关系的整体性认识，并且按照这一逻辑进行思考（Paul & Elder 1999）。也就是说，高等教育领域的思辨能力培养就是培养大学生有意愿并且有能力运用诠释、分析、评价、推断、解释和自我调整等认知技能，以对符号—符号义的智识性探究为核心，对某一知识领域的内在逻辑进行有目的的判断。大学英语课程，作为中国高等教育的一个有机组成部分，在课堂上对学生进行思辨能力培养责无旁贷，但这一培养具有特殊性，这种特殊性由该课程的属性决定。

1.2　大学英语课堂中思辨能力培养的涵义及其特殊性

确定某一课程思辨能力培养的特殊性，必须首先理解该课程的性质以及其教学目标。根据2007年正式施行的《大学英语课程教学要求》（以下简称《课程要求》）（教育部高等教育司2007），大学英语是专门面向非英语专业本科生开设的英语课程，也是各高校根据实际情况设计的一个将综合英语类、语言技能类、语言应用类、语言文化类和专业英语类等必修和选修课程有机结合的课程体系。目前该体系以综合英语为主，常常被直接称为“大学英语”，本文也采纳这种表述。

每一门学科都有其推崇的思考方式以及特定的内容范围。从课程归属来看，大学英语属于人文学科，人文学科强调“广泛理解各种思想、创造性地思考和流利地表达”（Johnston et al. 2011），促进学生从广度上去思考问题，扩展学生的学术视野，在这个过程中期望学生经历相当的个人成长和思辨能力的发展。根据

《课程要求》，大学英语课程不仅是一门语言基础课程，也是拓宽知识、了解世界文化的素质教育课程。素质教育是一种重视“内化”的潜质教育，从这一角度看，只有将大学英语课程的知识和技能、思想和精神内化为学生的信念以后，学生在未来的外语学习和运用过程中才能自觉以此作为自己行为的指引。

大学英语的教学目标是“培养学生的英语综合应用能力，特别是听说能力，使他们在今后学习、工作和社会交往中能用英语有效地进行交际，同时增强其自主学习能力，提高综合文化素养，以适应我国社会发展和国际交流的需要”（教育部高等教育司2007：1）。这就表明，大学英语除了扩大学生的英语语言知识（如语法和词汇），也日益关注将语言视为传递信息、发展思想和协商概念的渠道。同时，语言与文化内容又是密切结合的。这就意味着该课程的主题内容存在于英语的听说读写译等五项语言技能以及语言—文化内容的发展之中。基于外语教学的根本问题是“个人和群体是如何运用一定语境中的词汇和其他符号系统去试图产生、协商和实际产生意义的?”（Swaffar 1999：157），语言运用（language use）本身就是其中的智识性内容。对语言运用过程中的符号—符号义进行智识性探究，即发展学生反思语言的特征与功能之间关系的能力，这是外语教学中非常重要的理性判断活动。这是一项复杂的认知任务，这种认知上的冲突或不平衡激发学生有系统地运用诠释、分析、评价、推断、解释和自我调整等一系列认知技能处理信息，灵活思考，对语言形式如何反映某特定观点作出判断；不满足于表面的理解，在对各种观点作出真正理解时认识到语境的重要性，发展一种开明的态度，增强思辨的自信；在自己运用语言形式构筑鲜明观点时更加具有灵活性和创造性，发展更具反思性、更可控的思维形式。在这样的探究过程中，一个人也总是有意识地评价、调整自己的认知过程。可见，对语言运用中的语言形式—观点的智识性探究所需要的认知技能和情感意向与思辨能力的两大维度是相符的。

大学英语课堂中的思辨能力培养具有双重目标，这也正是其特殊之处。一方面，语言对于任何领域的思辨来说都尤其重要，因为思辨不能缺少定义、归纳、释义、讨论和评价等语言活动。可见，语言技能的发展与思辨的提高密切相关。但是，两者之间并非因果关系，一个人的英语语言技能高不一定表明他能思辨地运用这种语言。语言不仅仅是一种工具，也是“符号可供体系（systems of symbolic affordances），以及在社会领域相应的移动”（Warner 2011：11）。通过对人们理解和交际的手段进行去平衡化、重新建立平衡，外语学习可以成为一种不断完善思辨的途径（Brumfit et al. 2005：166）。语言是意义生成的资源，大学英语课堂上的诠释、分析、评价、推断、解释和自我调整等活动是调用语言资源形成文本的方式，是以新的方式使用语言，而非与语言无关的、看不见的心理过程。只有这样，大学英语才能真正做到高等教育中语言基础课程的作用。另一方面，为了真正实现大学英语的教学目标，必须将“英语语言知识与运用技能、跨文化交际和学习策略”（教育部高等教育司 2007：1）等大学英语的三大主要内容有机结合起来，加强学生对这三者之间关系的认识。任何学科的教学都面临一个同样的挑战：帮助学生超越他们的经验，运用和反思经验，从而改变他们基于这些经验形成的观点，进而改变他们体验世界的方式（Laurillard 2002：21）。外语教学也不例外，掌握了语言形式—观点之间的关系，学生才能掌控、应用，构建能反映自身文化环境和目标的多种意义。两大目标的实现都要通过对语言形式—观点的智识性探究才能真正实现。

综上，大学英语课堂中的思辨能力培养是指在大学英语教学中，通过直接或间接途径，实现与大学英语课程的性质和教学目标相适应的思辨能力培养目标的过程。这一思辨能力培养涵盖上文所述的两个维度，即认知技能和情感意向，实质就是使学生有意愿、有能力去识别、分析和深刻理解语言形式—观点之间的联系，以此为基础，加强他们对大学英语三大内容之间关系的整体性认识，实现大学英语课程的双重属性，为其成为语言的终身学习者打下基础。大学英语教学要培养学生将这种认识与英语语言交际能力有意识地结合起来，适应未来跨文化交际的需要。

2 大学英语课堂中思辨能力培养的必要性和价值追求

大学英语课堂中思辨能力培养的必要性和价值追求主要体现在以下三个方面：

2.1 从外语教学的本质来看，是为了实现完整的外语教育

《课程要求》明确规定：大学英语课程“兼有工具性和人文性”（教育部高等教育司 2007：4）。具体来说，外语教学的工具性目标主要是指传授给学生外语语言知识，培养学生外语听说读写译等技能，使他们能够运用外语交流信息、获取知识。外语教学的人文教育性目标主要是培养跨文化的人（intercultural being）（Phipps 2008），目的是促进有效的跨文化交际。两大目标相辅相成，不可机械割裂，以学生的全面和谐发展为根本。

Alred等（2003）曾区分“具有跨文化体验的人”和“跨文化的人”这两个概念：前者是简单的事实陈述，是特定人群的相遇以及以不同的方式去体验他者；后者是反思不同人群之间关系的能力，它既是一种体验他者的意识，也是一种基于对这种体验的分析、由此产生的对自己和他人的深刻理解而采取行动的能力。要实现外语教学的教育性目标，其工具性目标必须定位在学习者将来成为真正“跨文化的人”所应具有的语言工具。这样，必须对跨语言—文化学习的内容和过程进行思考，将这一思考与外语表述相结合。大学英语属于外语的中高级学习阶段，语言形式和内容之间联系更为密切，这就为外语学习的两大目标的共同实现创造了条件。《课程要求》提出了提高学生“综合文化素养”的目标，这就意味着大学英语不能仅仅停留在对异域文化信息的简单介绍上，应更有意识地引导学生挖掘、审视这些语言—文化信息后面的思想，以此充实、修正、完善学生的文化体验，最终将其内化为学生的综合文化素养。

然而，由于长期受功利主义和应试教育的影响，大学英语重工具性目标，轻人文教育性目标。大学英语对工具性目标的理解又存在片面性，往往将教学素材内容视为“语言样本”，偏重于学生对内容的接纳性、复制性认知。这样的外语教学只注重语言技能培养，忽视了“揭示隐藏在语言背后的概念意义，意义成为技能提高的瓶颈”（程晓堂、岳颖2011：56）。这样的课堂缺乏问题意识和质疑精神，学生学习急功近利、学习视野和思维狭窄，学生在智力上得不到满足，学习自主性差。这给外语教学实现“跨文化的人”的培养目标带来很大问题，也是不完整的外语教育。“思辨缺失直接影响人的创造力、研究能力和解决问题的能力，进而影响一个人的整体素质”（杨德祥、赵永平2011：62）。语言是形式和内容的统一体，对语言—文化内容及其学习过程进行分析和思考，应该是大学英语课程不可或缺的组成部分。

2.2 从外语教学的外在需求来看，是为了适应日益复杂的国际交流环境变革

自20世纪90年代以来，全球网络化和数字化技术迅猛发展，信息的增长和传播速度越来越快。要在这样一个全球化信息社会中获得成功，关键是具备符号分析者（symbolic analysts）（即分析符号信息的人，包括数字和文本信息）的工作技能，即思辨性分析和评价、系统性思维、概括、合作和交流等（Reich 1991）。基于此，许多国家的教育界日益注重“思考能力”的培养，中国《国家

中长期教育改革和发展规划纲要（2010—2020年）》也提出注重“学思结合”的目标。

基于英语的世界通用语地位，符号分析者的工作技能也越来越广泛地被运用于英语语言环境之中。越来越多的人，他们可能没有踏上过英语国家的土地，但都将被要求与世界各地的人在一个高度复杂的跨文化交流和合作环境中使用英语。这样的环境需要人们能用英语进行有说服力的写作、思辨地解释和分析信息、进行复杂协商与合作（Warschauer 2000）。由此，外语学习不能仅仅满足于让学生进行两种语言之间的简单互译，而是应该增强他们对各种思想观点及其语言表达形式之间关系的认识，帮助他们具备适应、应对新意义和新语境的能力。这样才能把对话向前推进，实现有效的交流与合作。要将单词、词组和所说之话当作移动的文本，对此以及由此造成的交际隔阂进行询问，这对于思辨很关键，对处于全球化环境中的人来说也必不可少（Warner 2011：14）。

近年来，随着大学英语教学改革的推进，学生开口说的积极性和能力有明显提升。但是，当前的外语交际能力培养过于强调学生能开口讲，忽视所讲的实质性内容。而且，口语活动多被置于泛化的语言背景之中，又崇尚一种自由、自发的交流，过多倚重上述活动势必导致学生分析性语言的匮乏以及反思性活动的减少。应该看到，上述问题的出现与人们普遍对交际能力的狭隘理解不无关系。大学英语课程肩负培养学生在今后学习、工作和国际交流中能用英语进行有效交际的重任。这就需要培养学生进行“有智慧的交流”（Swaffar 2006），应该特别加强学生对文本语言形式—观点的判断，提高他们通过语言形式清楚表明自己观点的意识和能力，积极应对日益复杂的国际交流环境的更高要求。

2.3 从外语教学在高等教育中的定位来看，是为了重塑其与通识教育的关系

通识教育是大学教育的重要组成部分，思辨能力是其主要培养目标。通识教育的四大要求之一是“理解语境”（understanding contexts），外语学习实质上就是一种对语境的理解。对语言形式—观点的智识性探究可以使学生通过明确的案例意识到：语境是我们思考的重要前提条件，正是因为语境的不同而形成了多样的观点（Walters 1994）。这是外语教学对通识教育的真正贡献。

只有将语言教学视为一个帮助学生不断努力参与到充满活力的、社会建构的符号体系的过程，否则外语教学就将与思辨能力培养无涉（Warner 2011：10）。

学生在这个符号体系内不仅要开展言语行为，而且要对语言运用过程中的符号—符号义进行智识性探究，即进行有针对性的语言意识提升，以获得“对语言符号体系的掌控能力”（Kramsch 2006：251）。这种理解在当今尤其重要，因为“当今世界，权力、地位和话语权的分配并不平等，自豪感、荣誉感和脸面等问题和交流中的信息一样重要。非母语讲话者的口语交际能力很重要，同等重要的是他们在这个世界中的定位，即他们在这个象征符号相互交换的全球性市场上找到自己的位置”（Kramsch 2006：250）。

当前，大学英语教学改革的呼声越来越大，众多学者们也将注意力转向了大学英语与通识教育的关系之上。有学者认为，“外语通识教育与课程设置思路势必成为外语教学的一个新思路，很可能会成为中国外语教学的一个重要转折点”（王哲、李军军2010）。但也有不少质疑之声，如蔡基刚、廖雷朝（2010）认为，外语通识教育课程只能是基础英语后选修课程中的一类，它不是也不应该上升到大学英语教学的主流地位，更不是大学英语的发展方向。可见，目前对大学英语、通识教育以及思辨能力之间关系的认识不一致，深入理解这三者的关系才能切实推进大学英语的改革。大学英语教学一方面应该传授给学生一种交际符号，另一方面也必须能够证明自己在高等教育领域应有的地位，能够真正提出所有学生必须学习的理由，重塑其与通识教育的关系。

3 大学英语课堂中思辨能力培养的框架构建与实施

大学英语课堂中的思辨能力培养具有双重目标，两大目标的实现都要通过对语言形式—观点的智识性探究才能真正实现。同时，促进思辨能力的有效迁移是以思辨能力培养来统领教学之关键，也是其最终目标（Marin & Halpern 2011）。促进思辨的有效迁移，就是将这一思辨技能与性情倾向向大学英语课程体系的其他课程、大学其他学科的课程以及学生未来的有效跨文化交际迁移。建构一个全面的大学英语课堂中思辨能力培养框架，明确其中的具体任务，才能促进大学英语思辨能力培养双重目标的实现，以及这一思辨能力的有效迁移。

3.1 大学英语课堂中思辨能力培养框架构建

基于大学英语的课程属性及其思辨能力培养的特殊性，本文提出大学英语课堂中思辨能力培养框架（见图1）。本框架主要是以下两大思想和框架的有效结合：1）Moore（2011）的“跨学科教学法”（transdisciplinary pedagogy）。该教学法一方面设立一门特定课程，将思辨能力作为类技能（generic skills）传授给学生，另一方面将思辨能力培养融入到所有的学习领域，促进高等教育环境中思辨能力在不同领域的迁移。2）Alnofaie（2013）的“思辨能力培养与外语基础课程融合的框架”。基于Moore（2011）的跨学科教学法，Alnofaie尝试将思辨能力培养融入外语课程体系，并将其与大学层面所要求的思辨能力要求相契合。

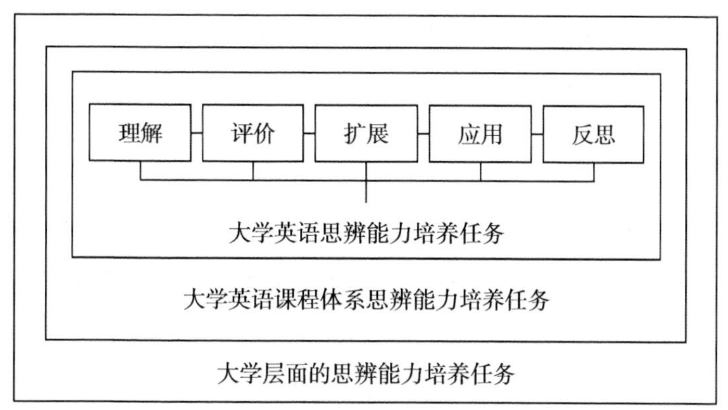

图1　大学英语课堂中思辨能力培养框架

本框架认为，思辨能力培养应该融入到大学英语课程体系中所有的课程，该课程体系的思辨能力培养任务应该与整个大学的思辨能力培养目标相契合。大学英语课程体系应该围绕对语言运用过程中的语言形式—观点之间的关系进行智识性探究展开。语言运用肯定是关于某一方面的，从这一角度看，大学英语课程体系中各类课程对语言运用的探究侧重不同，因而它们思辨能力培养的任务侧重也不同。但是，其核心应该是理解语言形式与观点之间的关系，且这种理解具有发展性：当学生进入语言文化类或专业英语学习阶段，以及当学生对社会语言规范日益具有敏感性时，对这两者关系的理解也日益深入。语言不仅能反映应景的（situational）观点，也反映与社会身份联系在一起的长期观点（Byram 2011）。目前的大学英语是语言基础课程，其思辨能力培养任务应更侧重前者，同时兼顾后者。随着大学英语课程体系的不断完善，围绕该核心的全面的思辨能力培养任务也将逐渐得以架构。

大学英语应该将思辨能力作为类技能传授给学生，帮助他们建立一种对大学英语课堂中思辨能力本质的理解。对语言形式—观点之间的关系进行智识性探究，这一大学英语课程思辨能力培养的总任务必须细化。细化后的具体任务之间是相互联系的，统一于对该课程智识性内容的探究。这些任务在课堂中将转化为思辨能力培养活动，这些活动融入到课程内容之中，才能促使大学英语工具性和人文性目标的共同实现。本文提出，通过理解、评价、扩展、应用和反思等五个具体任务，在提高学生的听说读写等语言技能的同时，提高学生的思辨能力。理解就是理解所读文本的特定观点；评价就是基于这种理解性阅读让学生对语言形式—观点进行评价；扩展就是扩展文本的语境，使其与其他相关文本联系起来，扩大思考的幅度；运用就是让学生将理解、评价和扩展的思想用于自己的口语与写作实践；反思就是对这一学习过程进行回顾总结。

3.2 具体任务

理解、评价、扩展、应用和反思等具体任务是一个思辨的过程，这一过程需要运用思辨能力的认知技能，也需要运用这些认知技能的情感意向。这五大具体任务阐释如下：

1）理解——不断增强的真正理解文本思想内容的能力和情感意向

大学英语课程必须对语言形式—观点之间的关系进行智识性探究，那么理解各种体裁文本真正所要表达的思想非常重要。《德尔菲报告》中的诠释、分析和解释可以归结为对文本所要传递的思想的真正理解。在大学英语教学中，可以采用的理解工具包括下定义（definition）、写摘要（summary）和释义（paraphrase）等。在理解这一过程中，同样重要的是非判断的（non-judgmental）、基于移情的（empathetic）态度，这将有利于准确地把握讲话者的观点，从而增强之后评价的质量。同时，这一理解的过程也是思辨语言的学习过程。思辨语言主要是通过描述某人言语活动和心理状态方面的语言所表达出来的概念，例如，假设（assume）、定义（define）、推断（infer）、主张（assert）等等，它们是思辨的“概念工具”，具有普遍适用性。思辨语言的学习，有助于真正实现大学英语在高等教育阶段的语言基础课的作用。

2）评价——不断增强的理智的评价能力和情感意向

评价是思辨的核心，评价的关键是建立能够区分经过慎密思考的判断与草率的判断的标准，提升学生按照此标准进行判断的能力和情感意向。对于非论证性的文本，主要评价文本内容、语言形式和写作风格是否达到作者期望的目的。这就需要引导学生去识别各种标志某人思想的标记，如词汇、句法结构、语域和叙述策略等，探究一个特定的观点是如何通过语言实现的。对于论证性文本，主要评价其论证的可信度，这主要包括评价关键术语是否存在语意模糊和歧义、评价论证中是否存在明显的推断错误（fallacy）以及根据上述来判定该论证是否可信。对于思辨能力培养来说，重要的不是我们是否赞同某种文本的结论，而是给予该观点的产生过程一个基于移情态度的回顾和评价。

3）扩展——不断增强的理解跨文化交际过程中创造性元素的能力和情感意向

思辨能力包括创造性元素。《德尔菲报告》中的情感意向中提到“在考虑其他可选项和观点时具有灵活度”“经过认真的反思后认识到必须改变原有观点时愿意重新考虑和修订观点”，这些都表明思辨过程中修改、完善的重要性。大学英语可以多提供一些对同一问题的不同观点的文章，扩大学生思考的幅度，促使他们进行负责任地对比分析和思辨地思考。大学英语尤其应该加强对成功的跨文化交际案例进行探究，即跨文化交际中的调解过程本身。将调解过程中的创造性元素，进而将思辨能力的创造性元素展示在学生面前（Houghton & Yamada 2012）。学生从中也可以认识到信息收集、分析和评价在其中所扮演的角色，这也是发展一种灵活、开明态度的途径。

4）应用——不断增强的运用恰当语言形式表达自己观点的能力和情感意向

思辨是一个双向的过程，包括辨别来自各方的信息，也包括运用恰当语言形式将自己的观点传递给他人。大学英语课堂中的思辨能力培养应该融入到当前的基于交际能力培养的英语教学之中，即将某一判断以用英语说和写的方式表达出来，而非只是要求学生就某一话题发表一下个人观点而已。例如，通过写评论，体验作者构建一个有说服力的文本的过程；有意识、有目的地掌控评价性语言，确保考虑了各方信息之后再作出判断；识别出表明作者态度的词语，然后通过改写以反映另一种态度；鼓励学生用特定的词汇、结构、体裁等对某事件发表一个特定的观点。总之，鼓励学生将语言形式视为一种资源，因为它们能产生某种期望的含义，这是跨文化技能在外语课程中的具体体现。

5）反思——不断增强系统反思语言形式—观点学习过程的能力和情感意向

发展并运用评价量规（rubric），对语言形式—观点这一学习过程进行明确反思。通过反思，培养学生有意识地监控自己认知活动中所运用的认知技能，以询问、证实或纠正自己的推断过程或结果，这实际上是“自我调整”的体现。通过系统反思，让学生认识到对所说、所写的进行回顾、评价和修订的目的是增强思维的质量。进而，促使他们进一步思考运用语言意味着什么？语言符号系统中意义如何产生？从而逐步明晰大学英语学习的真正意义。逐渐养成习惯的反思活动能够发展成为具有转变性的实践，学生才能发展一种成为自主学习者的能力，为他们的“学会学习”打下基础。

综上，大学英语思辨能力培养任务具有独特性，既体现了其语言基础课程的作用，也体现了其对语言—文化内容以及该学习过程所进行的智识性探究，探究的结果都是除语言技能之外的外语学习产物。这表明，外语学习本身就应该能促进思辨能力的发展，并非只是为学生以后的思辨能力发展做语言技能上的铺垫。这些培养任务的落实将有助于学生成为语言的知识渊博的使用者、更有效的跨文化交流者和更为积极、独立的思考者。

4 结语

本文明确了大学英语思辨能力培养的特定涵义，建立大学英语课堂中思辨能力培养的整体性框架，并且提出大学英语思辨能力培养必须与整个大学以及大学英语课程体系的思辨能力培养目标相契合。这样，真正树立起了大学英语在高等教育中的合法地位。另外，本文对语言运用中的语言形式—观点的智识性探究，这一大学英语课程思辨能力培养的总任务以及细化后的具体任务比较容易融入到当前的大学英语课程教学之中，以此为核心循序渐进地进行教学改革是切实可行的。思辨能力培养能真正促进大学英语的人文性和工具性目的的共同实现，促进其有效的教学和教学质量的真正提高。

参考文献

Alnofaie, H. A framework for implementing critical thinking as a language pedagogy in EFL preparatory programmes [J]. *Thinking Skills and Creativity*, 2013(10): 154–158.

Alred, G. Becoming a “better stranger”: A therapeutic perspective on intercultural experience and/as education [A]. In G. Alred, M. Byram, & M. Fleming (eds.). *Intercultural Experience and Education* [C]. Clevedon: Multilingual Matters, 2003: 14–30.

Brumfit, C., Myles, F., Mitchell, R., Johnston, B. & P. Ford. Language study in higher education and the development of criticality [J]. *International Journal of Applied Linguistics*, 2005(2): 145–168.

Byram, K. A. Using the concept of perspective to integrate cultural, communicative, and form-focused language instruction [J]. *Foreign Language Annals*, 2011(3): 525–543.

Chaffee, J. Thinking Critically [M]. Boston, MA: Houghton-Mifflin, 1985.

Dewey, J. 1910. How we think [EB/OL]. [2013-12-28]. http://www. questia. com/read/55293743 / how-we-think.

Facione, Peter A. 1990. Critical thinking: A statement of expert consensus for purposes of educational assessment and instruction. Research findings and recommendations [EB/OL]. [2013-11-29]. http://www. eric. ed. gov.

Foundation for critical thinking. 2011. Our concept and definition of critical thinking [EB/OL]. [2014-11-08]. http://www.criticalthinking.org/.

Houghton, S. & E. Yamada. *Developing Criticality in Practice Through Foreign Language Education* [M]. Bern: Peter Lang, 2012.

Johnston, B., Mitchell, R., Myles, F. & P. Ford. *Developing Student Criticality in Higher Education* [M]. London: Continuum, 2011.

Kramsch, C. From communicative competence to symbolic competence [J]. *The Modern Language Journal*, 2006(2): 249-252.

Laurillard, D. *Rethinking University Teaching: A Framework for the Effective Use of Learning Technologies* (2nd edition) [M]. Routledge Falmer, 2002.

Marin, L. M. & D. F. Halpern. Pedagogy for developing critical thinking in adolescents: Explicit instruction produces greatest gains [J]. *Thinking Skills and Creativity*, 2011(6): 1-13.

Moon, J. *Critical Thinking: An Exploration of Theory and Practice* [M]. London and New York: Routledge, 2008: 27.

Moore, T. J. *Critical Thinking and Language: The Challenges of Generic Skills and Disciplinary Discourse* [M]. London: Continuum International Publishing Group, 2011.

Paul, R. & L. Elder. Critical thinking: Teaching students to seek the logic of things [J]. *Journal of Developmental Education*, 1999(1): 34-35.

Phipps, A. Was bleibt? After class and after culture: Intercultural German Life [A]. In R. A. Schulz & E. Tschirner (eds.). *Communicating Across Borders: Developing Intercultural Competence in German as a Foreign Language* [C]. Munchen: Iudicium, 2008: 217-241.

Reich, R. *The Work of Nations: Preparing Ourselves for 21st Century Capitalism* [M]. New York: Knopf, 1991.

Stratton, J. *Critical Thinking for College Students* [M]. Rowman & Littlefield Publishers, Inc., 1999.

Swaffar, J. The case for foreign languages as a discipline [J]. *Profession*, 1999: 155-167.

Swaffar, J. Terminology and its discontents: Some caveats about communicative competence [J]. *The Modern Language Journal*, 2006(2): 246-249.

Walters, K. S. *Rethinking Reason: New Perspectives in Critical Thinking* [M]. Albany: SUNY, 1994.

Warner, C. Rethinking the role of language study in internationalizing higher education [J]. *L2 Journal*, 2011 (1): 1-21.

Warschauer, M. The changing global economy and the future of English teaching [J]. *TESOL Quarterly*, 2000 (3): 511-535.

蔡基刚，廖雷朝. ELE还是ESP，再论我国大学英语的发展方向[J]. 外语电化教学，2010（9）：20-26.

程晓堂，岳颖. 语言作为心智发展的工具——兼论外语学习的意义[J]. 中国外语，2011（1）：51-57.

教育部高等教育司. 大学英语课程教学要求[S]. 北京：外语教学与研究出版社，2007：1.

杨德祥，赵永平. 内容依托式教学对英语专业学生思辨能力的培养[J]. 外语教学，2011（5）：61-64.

中共中央国务院. 2010，国家中长期教育改革和发展规划纲要（2010—2020年）.

中华人民共和国中央人民政府. 1999，中华人民共和国高等教育法[EB/OL]. [2015-11-08]. http://www.gov.cn/.

第二部分

教学研究

CLIL框架下语言、思辨和学科能力的协同发展[1]

张　莲　李东莹

提　要：本文报告传统的英语专业精读课如何在内容—语言融合式教学（CLIL）模式下实现语言、思辨和学科能力的协同发展。研究采用历时混合研究法对某重点高校英语专业本科二年级一个自然班的精读教学进行为期一学期的跟踪，收集了课堂实况录像、学生英语作文、学生自评、反思日志及访谈等数据。学生在CLIL模式下的精读课上有可能实现语言、思辨和学科能力的协同发展，表现为：1）学生的语言发展主要体现在高级词汇习得、学术语言能力及语言意识的发展，具体表现为英语书面语词汇复杂度、密度和多样性出现显著增长；2）思辨能力得到提升，具体表现为高阶思维活动出现频数显著增长，看问题的观点和视角更加多元，以及学科知识与概念的渗入和运用；3）CLIL框架下的精读课堂有效地促进了学生语言、思辨和学科能力的相互调节，以及在教师中介作用下的协同发展。本研究丰富了国内基于CLIL模式的外语课堂教学实践，为英语专业基础阶段技能课教学改革提供了实证基础和启示。

关键词：内容—语言融合式教学；语言、思辨和学科能力；协同发展

1　引言

内容—语言融合式教学（Content and Language Integrated Learning，以下简称CLIL）源于20世纪90年代中期兴起于欧洲的双语或多语教育模式，其目的一是"增强多语言、多元文化公民身份意识"，二是"改进外语教学法"（Morton & Llinares 2017：1）。近几年，CLIL则用于指任何融合了内容和二/外语的教学模式。相关研究认为，因在语言学习中引入了学科内容，CLIL教学模式为学习者

1　论文原发表于《外语教育研究前沿》2019年5月第2卷第2期。

语言和认知能力（特别是高阶思维能力）的深度融合创造了条件，有利于二者协同发展（Dalton-Puffer 2011；Lorenzo & Rodríguez 2014；Ruiz de Zarobe 2015）。如何将语言学习、思辨能力培养和学科能力发展有机融合，实现三者协同发展是近几年国内外语教育界逐渐兴起的焦点话题（Chang & Xia 2011；常俊跃 2015；孙有中 2011；吴晶、常俊跃 2011；张莲、孙有中2014；张莲等 2013；赵秀艳等 2014）。应该说，这是国内外语界对过去几十年外语教育教学传统反思的结果。

经过几十年的发展，外语专业在人才培养方面取得了巨大成就，满足了国家对外开放对外语人才的基本需求；但越来越多的学者也意识到，国内语言和学科内容分离、整体偏重语言技能训练的外语教学传统在培养"国际化、高层次应用型和研究型外语类专业人才"方面存在培养能力不足的问题（孙有中 2019：2）。学界已就国内外语（尤其是英语）类专业定位、人才培养目标等重大问题形成了一些基本共识（教育部高等学校外国语言文学类专业教学指导委员会 2018；查明建2018），但对于如何在课程设计、教学操作中表达专业的学科属性，实现专业目标和能力要求仍存在诸多困惑。简言之，如何在确保语言能力发展的同时实现思辨能力和学科能力协同发展实质上已成为当前外语类专业教育改革的关键问题。本文从一个实际教学案例出发，试图分析探讨上述问题的解决方案和可能存在的其他问题。

2　CLIL模式兴起的动因及其学习机制的社会文化理论解读

上述问题并不是国内高等学校外语专业本科教育独有的问题，其他国家（如美国）也存在同样的争议和困惑。2010年，《现代语言期刊》（*The Modern Language Journal*）增刊发表长篇文章，探讨美国高等外语本科教学和评价体系改革以及纳入融合式课程体系的问题。作者认为，在语言学习层面，当前盛行的交际能力（communicative competence）框架下的语言教学模式并不能支撑高等外语教育环境下学习者的"智力发展目标"；在文学—文化学习层面，整个教学体系中也没有一个能将内容和语言学习自始至终连接起来的概念框架（Byrnes et al. 2010：9–10）。Urlaub（2017）指出，20世纪90年代早期开始的对美国高等外语本科教育的批评聚焦其所谓的"两层课程"（two-tiered curriculum），即将低年级段的语言技能训练和高年级段的知识学习完全割裂的课程设置，消弭这种割裂的方法是倡导CLIL模式。他认为，这一改革不仅能使外语教育更好地满足专业内部和外部的需求和利益，最重要的是能够促进学习者的学习（MLA Ad Hoc Committee on Foreign Languages 2007）。

从历时角度来看，CLIL模式的实践研究重点经历了两次转向：首先是从CLIL模式的实施对语言学习成效的影响到论证需要采纳真正意义上的语言和内容融合观，再到探究CLIL模式在促进学生学科素养（subject literacies）发展方面的潜力（Nikula 2017）。二十多年的相关研究表明，CLIL模式将二/外语学习和学科内容学习融合了起来，并因此为语言和思维（特别是高阶思维）的协同发展创造了更有利的条件，具有相对优势。其理据是，引入学科内容的语言课程能够：1）有效扩大语言接触量，为（学术）语言内化创造基础条件（Guk & Kellogg 2007；Paltridge 2002）；2）创设学科语境，为复杂意义协商、高级思维活动提供语境，有利于高阶思维能力的发展（Nuthall 2002）。

上述理据之学习机制可从社会文化理论（Sociocultural Theory）角度得到解释。社会文化理论解释了人的认知发展过程。其基本观点是，人的高级心智活动源于社会文化活动，此外还受到工具调节的影响（Lantolf 2000；Vygotsky 1978；Wertsch 1985）。其中，语言是最重要的心理调节工具。如此，在二/外语学习的情境下，语言不只是学习对象，也是最重要的心智调节工具，用语言调节解决问题（尤其是复杂的问题）正是学习语言的方式（Lantolf 2000）。Swain（2006：96-98）的解释是："当我们用语言调节解决问题时，无论问题是关于如何遣词造句以表达自己的所思所想，还是关于如何解释实验结果或诠释他人行为的意义，都会促成言语活动（languaging）的发生。"这一观点对二/外语学习的重要启示是：我们需要给学生提供什么样的语言材料才能促成更有效的调节？我们需要开展什么样的学习活动才能更有效地促成语言学习和高阶思维能力发展的相互调节？这两个问题成为二/外语教学作出重要抉择（如学/教什么、怎么学/教）时的基础考量。本文考察的一项英语专业基础阶段技能（精读）课改革的教学案例，改革的目标是通过实施CLIL教学模式，实现语言技能训练、思辨和学科能力培养的有机融合（孙有中、金利民 2010；张莲、孙有中2014；张莲等2013）。拟回答的问题是：在CLIL模式下，1）精读课如何影响学生语言能力发展？2）精读课如何影响学生思维能力发展？3）学生语言和思维的发展如何相互调节？

3 研究方法

3.1 案例课堂简介

本案例课堂是某重点高校英语专业本科二年级精读课，共有25名学生，所用教材为《大学思辨英语教程精读3：社会与个人》，教材内容围绕社会学与社会、社会组织和社会问题三方面主题展开。授课教师具有社会与文化研究背景和丰富的教学经验。教学流程包括课前、课中和课后三个环节。教学活动包括学生课前独立预习（如阅读课文，了解相关议题背景知识并提前处理课文中的生词、难句等）、小组报告、课堂讨论、课后小作文、学习反思日志等。思辨性阅读和讨论是主要的课堂活动形式。在此过程中，教师注意引导学生关注语言形式，并通过重述、任务链（task chains）等方式，为语言知识的复现创造条件，即在复杂意义协商过程中引导学生深度加工语言。学生在课后需要复习语言知识，独立完成教材中“语言进阶”部分的练习，并就课堂讨论议题自由选取角度撰写反思作文，进一步深化其思维过程，促进语言知识的内化。

3.2 数据收集与分析

研究采用历时混合研究法，对案例课堂进行为期一学期（2017年9月—2018年1月）的跟踪，数据收集情况见表1。

表1 案例课堂教学数据收集情况

序号	数据类型	目的	规格 / 数量
1	课堂实况录像	了解精读课堂教学安排（如教学目的、典型课堂互动方式等）（van Lier 2004）	为期一学期15节精读课堂的实况录像和实地观察笔记
2	精读课学习状况调查问卷	了解学生语言和思维发展成效自评情况（Cronbach $\alpha > 0.86$）	采用Likert五分量表形式，涉及学术语言能力、口语表达能力、社会学学科知识和分析论证能力四个维度
3	课后作文	确认学生的语言和思维发展状况	每月一篇，600—800词不等；语言和思维质量分别从词汇复杂度和思维复杂度两个维度进行测量（Anderson & Krathwohl 2001；Lu 2010）
4	学生反思日志	了解学生在课程及自身学习过程中的收获、面临的挑战及对课程的建议三个方面的反思	由学生期末提交，共21篇；分析依据“扎根理论”（Glaser & Strauss 2006）展开

续表

序号	数据类型	目的	规格 / 数量
5	深度访谈	了解学生整体的学习成效和对课程的感知与判断	6名学生自愿接受30分钟左右的访谈；访谈语言为汉语

三位编码者参与质性数据编码，编码者1负责所有数据编码，编码者2和3分别负责30%的作文数据和反思、访谈数据编码。三名编码者间信度均大于80%。

4 结果与讨论

如前所言，本案例中精读课堂拟通过CLIL模式改革让学生参与学科语境下的“意义构建”（meaning-making），促成（复杂）语言和思维活动的发生。本节从语言学习、思辨能力发展和语言与思辨相互调节三个方面分析和讨论该模式的促学特征和学习结果。

4.1 语言学习和发展状况

首先，CLIL课堂的意义语言学习活动能让学生体验学科语境下的意义建构过程（meaning-making in a disciplinary context）（Swain et al. 2018）。比如，教师在帮助学生理解文意的基础上，通过设置重述（paraphrase）任务引导学生对学术语言进行二次深加工（见片段1）。

片段1（课文重述）：

1 T: Okay, the next function, the seventh one. So can you summarize the point in this paragraph and comment on this? Summarize the point and make a comment? Volunteers? Linda, please?

2 S: The poor also has a cultural function. When the more affluent people by protecting the culture or cultural life … that are on the verge of extinction … the affluent they actually take the responsibility of protecting themselves.

3 T: Summarize it in one sentence. You need some time to think?

4 T: Who can summarize it in one sentence?

5 S: The poor can create some culture appreciated by the rich people.

6 T: The poor can create their own culture and this culture is appreciated by the rich, so the culture solely belongs to the poor. Can you give some examples?

该片段显示，教师通过让学生归纳段落大意（如话步1、4），促使其从文章中提取重要内容信息并进行高度概括。这正是促成（学术）语言与思维深度融合的过程。有学生在后续受访中指出：

> paraphrase更有帮助，因为讨论的话我自己也能完成思考的过程……但是paraphrase就要求你必须再用另一种表达方式，更简练地把它说出来。（S2-20180102）

这一现象提示CLIL课堂中的学生需要在表达（即languaging）的过程中不断延伸自身中介语系统，用语言表达复杂思想，从本质上促进语言和认知的相互调节（Swain et al. 2018）。教师则根据学生回答实时提供教学支架，在意义课堂互动（meaningful negotiation）中创造更多的语言和内容学习机会（Guk & Kellogg 2007；van Lier 2004）（详见片段2）：

片段2（会话互动中的教师即时反馈）：

1 T: Yeah, the society is reinforcing. Yes, can you speak louder?

2 S: I think the society is reinforcing your perception of identity.

3 T: Yes, your gender identity, very good. You could say you don't have a choice. That's a problem. Actually we (actually) don't have a choice. It's already there. It is already arranged like this … blue for boys, pink for girls and nobody has ever asked why. Or we all take it for granted. So that's the influence of the society. That's social learning, the power of social institution to form our gender identity. We even don't have a choice because all the clothes for boys are made in blue. Very good. Then you could say after learning sociology you could have a perception … that actually there's no such an intrinsic relationship between the color blue and man, masculinity. Very good.

上述片段显示，教师在延伸学生话语的过程中对学科概念理解进行了进一步阐述和补充。这一过程不仅有助于深化学生对知识的理解，也引导学生发现自身语言的局限和差距（Swain 2006），激发其主动学习动机和提高隐性习得学术语言的潜在可能性。这其实是CLIL模式下精读课语言学习与发展的第二个重要机制，即CLIL模式蕴含着相对丰富的语言资源（linguistic resources）（Ruiz de Zarobe 2015）。基于学科且相对丰富的二/外语学习资源有利于学生用语言表达复杂思想，并在此过程中，不断锤炼、反思自身语言。大量典型的开放式课堂讨论为师生合作会话（collaborative dialogue）（Swain et al. 2018）创造了条件。教师通过扩充学生话语，对其进行即时、有针对性的语言反馈（van de Pol et al. 2010）。

上述学习方式的效果得到了其他相关数据的支持。首先，“精读课学习状况调查问卷”因子分析结果显示：学生自评CLIL模式精读课对自身口语表达、词汇、语法语篇知识及学术语言能力的提高都有帮助（详见表2）。

表2　语言学习效果自评结果

自评内容	均值	标准差
语言维度	3.91	0.17
口语表达	3.82	0.95
词汇习得	4.24	0.66
语法语篇	3.92	0.80
学术语言	3.95	0.87

其次，课后小作文单因素方差分析显示，学生书面语词汇复杂度在第二和第三次作文间显著增长（$MD=0.054$，$p=0.000$），词汇丰富度在第三和第四次作文间显著增长（$MD=0.928$，$p=0.000$）（见表3）。这些数据提示，CLIL模式引入学科内容，为意义语言使用创设真实语境，以及为语言知识的复现创造条件——尤其体现为特定议题下学科概念和词汇的高频使用——共同促成了CLIL精读课堂的语言学习效力。

表3　四次小作文语言及思维质量描述性统计

作文	词汇复杂度		词汇丰富度		高级思维能力	
	均值	标准差	均值	标准差	均值	标准差
作文1	0.29	0.05	0.79	0.79	1.74	1.59
作文2	0.28	0.05	0.77	0.76	2.62	1.99

续表

作文	词汇复杂度		词汇丰富度		高级思维能力	
	均值	标准差	均值	标准差	均值	标准差
作文 3	0.34	0.04	0.78	0.62	2.91	1.48
作文 4	0.33	0.04	0.88	0.70	2.92	1.53

注：词汇复杂度指文本中复杂词汇占总词汇数的百分比（Lu 2010）。词汇丰富度为“修正类符—形符比”：T/ $\sqrt{2N}$，“T”为文本中类符总数，“N”为文本中形符总数（Lu 2010）。高级思维能力包括：演绎、推理、归因、类比和评价（Anderson & Krathwohl 2001；Watson & Glaser 2012）。

4.2　思辨能力发展机制和状况

CLIL课堂学习活动对学生的认知挑战较高。教师通过不断追问、延伸学生话语，引导学生进行高质量会话探究（dialogic inquiry）（Wells 1999），促成多元视角的形成，深化学生思维过程（详见片段3）。

片段3（高质量会话探究）：

1 T: Yes, we read that lesson of Max Weber on bureaucracy, right, so that reminds you of what have said, go on.

2 S: Students will be conscious of their ranking and their position. I think it’s not very easy to change this position.

3 T: What do you mean by “it’s not easy to change this position”?

4 S: I guess within a short time a person is not very likely to change their grace within a very short time. It’s a comparatively stable, solid.

5 T: So?

6 S: So…

7 T: So what is the effect of being locked in the class position?

8 S: I guess worship and affirmation to better.

9 T: Worship for the better classes or better positions?

10 S: Yeah, that’s despise, it’s a little bit worried but the kind of thing go to the little ones or the first ones.

片段3显示，教师通过一系列引导和追问（如话步3、5、7）促使学生不断拓展思维深度和广度，并通过在会话中搭建支架（Lantolf 2000）（如话步 7），促使学生不断推进论证过程，完善论点。一位同学受访时指出：

> 我觉得每次同学说观点的时候，老师都会反问。反问她觉得这个观点能否站得住脚。然后经过老师反问，或者是其他同学觉得她说得不太好之后，会把她这个观点反驳掉。然后有些好的想法，老师也会再重复一遍，或者老师觉得她这个观点很好，会再重复一遍。（S5-20171227）

开放式讨论还能提高学生的课堂参与度，促进生生互动及学生间的相互支持（peer scaffolding）（Donato 1994）。片段4即其中一个典型案例。

片段4（课堂讨论中的生生互动）：

1 S1: But I think masculinity only concludes the traits of being a man, not includes gentle. It means the original traits of being a man. It is not a positive or a negative word. It's neutral, so I think rudeness can also be a kind of masculinity, whether you choose to be that or not.

2 S2: A prototype.

3 S3: Actually I think in Chinese traditional society boys are kind of encouraged to say dirty words.

4 S4: I think it has to be defined as masculine, because otherwise it can only be called uncivilized, or unevolved. Can it be terminated? It cannot.

5 T: Well, it's controversial. Because our text doesn't focus on that, I can leave the debate to you. So that's the puberty stage. And then we come to...

6 S1: I was worrying that the very deep attraction lies in the feminine part of a gentleman or lies in the masculine part of a female, masculinity.

这一现象提示我们，不同学生可以就同一议题展开深度讨论，并在讨论中相互质疑和补充。相比传统的教师主导型课堂而言，CLIL课堂能赋予学生更大的自主性（autonomy）。这种参与感既能提高学生的表达欲望，还能让其感受论辩的过程。有同学在受访中表示：

> 可以看到不同观点之间的碰撞，比如说A反驳了B，B又怎么反驳

A……看他们思维过程。可以学着去说服别人，或者怎么完善自己的观点，建立（自己）思想的框架和体系。（S3-20180102）

上述学习过程的有效性也得到其他相关数据的支持。首先，“精读课学习状况调查问卷”分析显示，学生自评CLIL模式精读课对自身学科思维方法的形成，对社会现象的理解力，看问题的视角和深度、批判性和客观性的提高都有帮助（详见表4）。

表4　思辨和学科能力发展效果自评结果

自评内容	均值	标准差
思维维度	4.20	0.19
学科思维和方法	4.06	0.71
对社会现象的理解力	4.19	0.77
看问题的视角和深度	4.39	0.73
看问题的批判性、客观性	4.26	0.77

其次，课后小作文分析显示，学生高阶思维出现频数在四次作文中持续增长，低阶思维出现频数逐渐下降。单因素方差分析结果显示，学生高级思维活动在第一和第三次作文间显著增长（$MD=1.17$，$p=0.026$）（详见上文表3）。

上述数据提示，基于CLIL模式的精读课堂能促进学生在讨论中调动所学知识解决实际问题，激发不同观点和视角，提升个体思维品质。

4.3　CLIL模式下语言和思维发展的相互调节

CLIL模式下语言发展和思维发展之间相互调节。首先，学科语境的引入为语言学习创造了真实、有意义的环境，促使学生深度加工语言，促成学生运用（复杂）语言表达复杂思维。这不仅是语言学习的过程，也是丰富认知视角、启迪思维发展的过程。换言之，是两个过程相互调节的过程。其次，CLIL模式在语言学习中引入学科知识，能促使学生扩大语言接触量，并为语言学习提供丰富的认知资源（Dalton-Puffer 2011）。学生为获取学科知识，需要深度加工语言，用语言表达复杂思维、解决复杂问题，而这正是语言学习和内化的重要方式（Swain et al. 2018）。正如学生在受访时提道：

……上个学期我们说有时候我们回答复杂问题说不下去了就会用中文了，然后这个学期我们就是强行的就是让自己用英文，其实大家都会有这个自觉，就是我一定要用英文。虽然说可能开始磕磕绊绊，但是到后来就好了。（S2-20180102）

语言知识的内化需要以大量训练为基础（Swain 2005），CLIL模式为语言学习提供真实语境，语言知识在意义使用中逐渐得到内化。

此外，学生在深度加工学术语言的过程中，可以隐性获得学科思维和方法。学术语言作为学术团体内部最基本的意义建构资源，也是团体内部的行为、认知和价值基础（Horner 2014）。因此，理解、内化学术语言的过程，也是用语言解决实际问题、参与学术团体内部实践的过程。这其中同时蕴含着高阶思维能力训练和价值观念的建构等。有学生在受访时表示：

一部分就是这些名词像Macdonaldization，我们去麦当劳就会想到这个……就是消费主义啊，就是会想到这些。另一部分就是他的这个学术语言的组成方式，就是这已经内化到我们思维方式里了。（S2-20180102）

语言学习本身真正成为认知发展的过程：学生运用所学语言、概念和知识解决实际问题，并在此过程中逐渐获取学科思维、观点和视角，实现语言、思辨和学科能力的协同发展。

5 结论与启示

根据上述分析与讨论，本研究得出如下结论：基于CLIL框架的精读课能够促成语言、思辨和学科能力的协同发展。具体表现为：1）CLIL模式精读课引入学科知识，为语言学习提供更丰富的语言学习资源，推动真实的复杂意义协商，并在此过程中促成语言、学科知识内化；2）用语言表达复杂思维、解决实际问题的过程，即认知发展的过程，也是语言和思维相互调节的过程；3）语言学习围绕学科内容展开不仅提高了学生的语言学习效率，也有助于促进他们学科意识和学科思维的发展。

上述结论对英语专业课程改革具有一定启示：1）语言和思维发展在外语教育中密不可分，割裂两者之间的联系，既有悖于人的认知发展规律，也不能体现外语专业教育的初衷；2）CLIL模式的实施从一定程度上解决了英语专业教学中语言技能训练与专业能力发展脱节的问题，可以为未来英语专业课程改革的发展方向提供借鉴和启示。

参考文献

Anderson. L. W. & D. R. Krathwohl (eds.). 2001. *A Taxonomy for Learning, Teaching, and Assessing: A Revision of Bloom's Taxonomy of Educational Objectives* [M]. New York: Longman.

Byrnes, H., H. H. Maxim & J. M. Norris. 2010. Realizing advanced foreign language writing development in collegiate education: Curricular design, pedagogy, assessment [J]. *The Modern Language Journal* (Supplement) 94: 1–235.

Chang, J. & Y. Xia. 2011. A study of the effects of the Content-Based Instruction for English majors in the Chinese context [J]. *Chinese Journal of Applied Linguistics* 34: 25–38.

Dalton-Puffer, C. 2011. Content-and-language integrated learning: From practice to principles?[J]. *Annual Review of Applied Linguistics* 31: 182–204.

Donato, R. 1994. Collective scaffolding in second language learning [A]. In J. P. Lantolf & G. Appel (eds.). *Vygotskian Approaches to Second Language Research* [C]. Westport: Greenwood Publishing Group. 33–56.

Glaser, B. G. & A. L. Strauss. 2006. *The Discovery of Grounded Theory: Strategies for Qualitative Research* [M]. New Brunswick: Aldine Transaction.

Guk, I. & D. Kellogg. 2007. The ZPD and whole class teaching teacher-led and student-led interactional mediation of tasks [J]. *Language Teaching Research* 11: 281–299.

Horner, B. 2014. Writing in the disciplines/writing across the curriculum [A]. In C. Leung & B. V. Street (eds.). *The Routledge Companion to English Studies* [C]. London: Routledge. 405–418.

Lantolf, J. P. 2000. Introducing sociocultural theory [A]. In J. P. Lantolf (ed.). *Sociocultural Theory and Second Language Learning* [C]. Oxford: Oxford University Press. 1–26.

Lorenzo, F. & L. Rodríguez. 2014. Onset and expansion of L2 cognitive academic language proficiency in bilingual settings: CALP in CLIL [J]. *System* 47: 64–72.

Lu, X. 2010. Automatic analysis of syntactic complexity in second language writing [J]. *International Journal of Corpus Linguistics* 15: 474–496.

MLA Ad Hoc Committee on Foreign Languages. 2007. Foreign languages and higher education: New structures for a changed world [J]. *Profession*: 234–245.

Morton, T. & A. Llinares. 2017. Content and Language Integrated Learning (CLIL): Type of programme and pedagogical model?[A]. In A. Llinares & T. Morton (eds.). *Applied Linguistics Perspectives on CLIL* [C]. Amsterdam: John Benjamins. 1–16.

Nikula, T. 2017. CLIL: A European approach to bilingual education [A]. In N. van Deusen-Scholl & S. May (eds.). *Second and Foreign Language Education* [C]. Heidelberg: Springer. 111–124.

Nuthall, G. 2002. Social constructivist teaching and the shaping of students' knowledge and thinking [A]. In J. Brophy (ed.). *Social Constructivist Teaching: Affordances and Constraints* [C]. Amsterdam: Emerald. 43–79.

Paltridge, B. 2002. Genre, text type, and the English for Academic Purposes (EAP) classroom [A]. In A. M. Johns (ed.). *Genre in the Classroom: Multiple Perspectives* [C]. Mahwah, New Jersey: Lawrence Erlbaum Associates. 73–91.

Ruiz de Zarobe, Y. 2015. The effects of implementing CLIL in education [A]. In M. Juan-Garau & J. Salazar-Noguera (eds.). *Content-based Language Learning in Multilingual Educational Environments* [C]. Heidelberg: Springer. 51–68.

Swain, M. 2005. The output hypothesis: Theory and research [A]. In E. Heinkel (ed.). *Handbook of Research in Second Language Teaching and Learning* [C]. Mahwah, New Jersey: Lawrence Erlbaum Associates. 471–485.

Swain, M. 2006. Languaging, agency and collaboration in advanced language proficiency [A]. In H. Byrnes (ed.). *Advanced Language Learning: The Contribution of Halliday and Vygotsky* [C]. London: Continuum. 95–108.

Swain, M., P. Kinnear & L. Steinman. 2018. *Sociocultural Theory in Second Language Education: An Introduction Through Narratives* (2nd Ed.)[M]. Beijing: Foreign Language Teaching and Research Press.

Urlaub, P. 2017. Second language literacy research and curriculum transformation in US postsecondary foreign language education [A]. In N. van Deusen-Scholl & S. May (eds.). *Second and Foreign Language Education* [C]. Heidelberg: Springer. 137–150.

van de Pol, M. Volman & J. Beishuizen. 2010. Scaffolding in teacher-student interaction: A decade of research [J]. *Educational Psychology Review* 22: 271–296.

van Lier, L. 2004. *The Ecology and Semiotics of Language Learning: A Sociocultural Perspective* [M]. Boston: Kluwer Academic Publishers.

Vygotsky, L. 1978. *Mind in Society: The Development of Higher Psychological Processes* [M]. Cambridge: Harvard University Press.

Watson, G & E. Glaser. 2012. *Watson-Glaser Critical Thinking Appraisal: User Guide and Technical Manual* [M]. London: Pearson Education.

Wells, G. 1999. *Dialogic Inquiry: Towards a Sociocultural Practice and Theory of Education* [M]. Cambridge: Cambridge University Press.

Wertsch, J. V. 1985. *Vygotsky and the Social Formation of Mind* [M]. Cambridge: Harvard University Press.

常俊跃，2015，对我国高校英语专业课程学科内容组织模式多元化的思考[J]，《中国外语》（2）：8–14。

教育部高等学校外国语言文学类专业教学指导委员会，2018，外国语言文学类专业教学质量国家标准［A］。载教育部高等学校教学指导委员会（编），《普通高等学校本科专业类教学质量国家标准》（上册）［C］。北京：高等教育出版社。90–95。

孙有中，2011，英语专业写作教学与思辨能力培养座谈[J]，《外语教学与研究》（4）：603–608。

孙有中，2019，振兴发展外国语言文学类本科专业：成就、挑战与对策[J]，《外语界》（1）：2–7。

孙有中、金利民，2010，英语专业的专业知识课程设置改革初探[J],《外语教学与研究》(4)：303-305。

吴晶、常俊跃，2011，内容依托听力课对学生听力影响的定性研究[J],《外语教育》(3)：63-71。

查明建，2018，英语专业的困境与出路[J],《当代外语研究》(6)：10-15。

张莲、孙有中，2014，基于社会文化理论视角的英语专业写作课程改革实践[J],《外语界》(5)：2-10。

张莲、吴一安、金利民、孙有中、周燕，2013，英语专业课程改革与教师发展良性互动机制的构建——以北外英语学院为例[J],《外语与外语教学》(3)：30-33。

赵秀艳、夏洋、常俊跃，2014，英语专业基础阶段内容依托教学课程体系改革的实践效果研究[J],《外语与外语教学》(1)：47-53。

英语演讲实践中的思辨分项技能[1]
——以说服性演讲为例

孙　旻　俞　露　王　晶

提　要： 本文采用"自上而下"与"自下而上"相结合的方法，通过梳理、吸纳现有思辨理论的观点，并依据大学英语专业演讲学习者的实践案例，提出了"说服性演讲中的思辨分项技能"分析框架，填补了英语演讲教学中思辨技能培养的理论空白。该框架依据英语演讲的实践性特点，将演讲活动划分为选题、研究、论证、反思、预演、发表六个任务阶段，每个阶段对应各自的思辨分项技能。在分析24名学生所完成的英语说服性演讲的基础上，文章探讨了大学阶段学习者在完成英语演讲任务过程中运用、发展思辨技能的重点和难点，为该课程的教与学提供了一定的实践启示。

主题词： 思辨；思辨分项技能；英语演讲；说服性演讲

1　引言

作为"依据标准，对事物或看法做出有目的、有理据的判断的能力"（文秋芳，2012），思辨能力（Critical Thinking）的培养被认为是当代教育最为重要的目标之一（Behar-Horenstein & Niu，2011），也是我国外语界近年来广受关注的议题之一。研究者们从揭示外语学习者"思辨缺席"的现状（黄源深，2010；任文，2013）、反思教学问题（高一虹，1999）、构建理论模型（林崇德，2002；文秋芳等，2009；阮全友，2012）、实施思辨能力测评（罗清旭、杨鑫辉，2002；文秋芳等，2010，2011；刘航、金利民，2012）、倡导教学改革（孙有中，2011）等多个方面进行了探讨。但是在实践层面，思辨力培养如何与具体的

1　论文原发表于《中国外语》2015年9月第12卷第5期。

语言技能或专业课程结合尚处于探索阶段（如李莉文，2011；Rybold，2011；桂清扬等，2011；宋毅，2012；黄芳，2013；孙旻，2014）；在特定情境下的外语学习中，思辨能力体现为哪些具体的技能，还存在较大的讨论空间。

作为一门正在我国高校快速普及的语言技能课程，英语演讲与思辨能力的培养有着密切的关系。演讲是一种面对特定公众群体传达信息和观点的交流方式，其本质是通过恰当的语言对他人产生影响——或传递新的信息，或说服其支持某个立场甚或采取某种特定的行动。在与大学阶段英语演讲教学有关的现有研究中，试图论证演讲（或辩论）有助于思辨能力培养的文章占据了主流，其中一部分为非教学实证研究；而在教学实证研究中，研究者则多采用问卷调查法验证教学效果，即通过收集学习者的反馈意见作为主要依据（如王彤，2001；张冬玉，2007；陈枫，2012），缺乏明确的思辨能力评价标准。

笔者认为，在英语演讲课程日益普及的背景下，现阶段的教学研究重点应从论证课程价值向深度探讨教学方法转移。而制定有效的教学方法，其前提之一就是厘清完成英语演讲任务过程中所需要的思辨技能及评价标准，并针对现阶段学习者的思维特征，辨析其中所存在的重点和难点。本文旨在梳理、吸纳现有思辨理论的观点，结合英语演讲学习者的实践案例，回答以下两个研究问题：1）英语演讲活动所涉及的思辨分项技能有哪些？2）对于本研究所观察的演讲学习者，哪些思辨分项技能是学习的重点和难点？笔者期望，本研究能为以培养思辨能力为导向的演讲教学提供有益的理论及实践参考。

2　研究方法

2.1　理论借鉴

本文思辨分项技能分析框架的提出离不开前人研究的启发。首先，Facione（1990；2011）对认知能力的分类、定义、阐释为本研究提供了重要的出发点（见表1）。其依序列出的认知能力及分项技能包含了具有普遍性的思维过程——前三类（阐释、分析、评价）主要关涉对外来信息的处理，后三类（推断、解释、自我监控）则主要针对自身的信息产出——这种依据任务步骤阐释相关技能的方法为本研究分析框架的拟定提供了重要的借鉴。

表1　思辨认知能力与分项技能
（转引、改编自Facione，1990：4-13；2011：5-11）

思辨认知能力及分项技能					
阐释 Interpretation	分析 Analysis	评价 Evaluation	推理 Inference[1]	解释 Explanation	自我监控 Self-regulation
归类	分析观点	评价论断	探询证据	陈述结果	自我审视
解读意义	识别推理[2]	评价推理	预见可能性方案	论证程序	自我修正
澄清含义	解析推理		得出结论	呈现推理	

而"思辨能力层级模型"（文秋芳等，2009）的特点则在于将思辨能力划分为主管自我调控的"元思辨能力"和包含认知与情感的"思辨能力"两个层级，其中思辨能力又分为"分析""推理""评价"三类技能，并各自对应精晰性、相关性、逻辑性、深刻性、灵活性等评价标准。

结合上述两个理论模型的特点，笔者认为，Facione（1990；2011）所提出的六类思辨能力可以进一步整合："阐释"作为分析的前提，可并入分析能力；"解释"是对已完成的推理（或推断）所进行的陈述和呈现，可归为推理能力；"自我监控"强调对自身的推理论证进行检验，本质上与评价能力相近，二者可融为一类。归并后的三大类思辨认知技能（分析、推理、评价）与"思辨能力层级模型"一致。

需要指出的是，Paul & Elder（2006）所创立的"思辨三元结构模型"对本研究的分析框架也有一定的启示。该理论主张将思维活动分为目的、预设、问题、概念、视角、推理、信息、预见等八个元素，并将清晰性、相关性、准确性、逻辑性、意义、深度、广度、公正性等作为衡量这些思维元素的标准，以达到培养思辨能力的目的。笔者重点吸收了该理论对目的、概念的思维标准，以弥补其他两个理论所未涵盖的视角。

1　inference在英文中可表示"推理"（"a piece of reasoning, where premises are given as reasons for a conclusion"，普利斯特，2000/2013：112），与argument含义相同（见注释2）；同时，该词也可以表示非逻辑性的推断，即通过对事实规律的观察而间接推导出有助于理解的意义及语境。

2　原文为"identifying arguments"。argument在英文中有两层含义，"推理"或"论据"。逻辑学中通常将其定义为前者，即"推理包含两个部分：结论和为结论提供支持的前提"（Moore & Parker，2012：9）。

2.2　实证数据收集与分析

2.2.1　教学背景

本研究基于某外语类重点大学英语专业一年级演讲（选修）课的教学实践，所收集的研究数据来自24名学习者（男生6人，女生18人）。本演讲课程设计主要依据指定教材《演讲的艺术》（*The Art of Public Speaking*, Lucas, 2010, 第十版，中国版）的编写框架。每周三课时的教学活动包括课程讲解、演讲分析、实践练习、反馈与讨论等。在整个学期中，学习者共发表四轮有备演讲（prepared speeches）：介绍性演讲（introductory speech）、说解性演讲（informative speech）各一次，说服性演讲（persuasive speech）两次。在正式发表演讲前，演讲者须提交完整的、符合格式要求的演讲准备提纲，提纲包含题目、演讲目的、中心论点、要点、分论点、论据、结论、文献列表等内容。每完成一个演讲，教师和听众同学当场点评、反馈。每轮演讲均有录像，作为教师课后指导反思的依据。在学期末，学习者完成了一份反思问卷调查。

2.2.2　数据收集

本研究选用两轮说服性演讲的准备提纲及录像（n = 48）作为主要分析材料。这样的选择出于几个方面的考虑：1）说服性演讲完成于学期后半段，学习者对演讲的相关体例和要求已有较完备的了解，也积累了一定的登台经验，其整体水平较为稳定；2）相较于介绍和说解，说服性演讲能够更为全面地体现学习者形成观点并加以论证的能力水平；3）演讲录像为研究者提供了反复观看、客观评价的便利条件，而准备提纲则为了解、评判演讲者的篇章规划和理据出处提供了可靠依据。两轮演讲的主题汇总如下：

表2　学习者说服性演讲主题汇总[1]

编号	说服性演讲 I	说服性演讲 II
A	教室摄像头的安装与管理	太极拳作为我校体育选修课的意义及实施建议
B	思辨能力的重要性	奥赛保送制度不应废除
C	纸质书优于电子书	我国应建立影视作品分级制度
D	星座学说无科学依据	倡导“周一素食者”

1　原英文题目由笔者翻译为汉语。

续表

编号	说服性演讲Ⅰ	说服性演讲Ⅱ
E	……	青少年体育课长跑测试的意义
F	垃圾分类势在必行	垃圾食品品牌不应出现在奥运会广告中
G	慎选“有机食物”	高中文理分科制度应变革
H	动物表演应当禁止	……
I	公共场所安装摄像头不可避免	支持核能源
J	“高调慈善”值得肯定	对奢华校庆说“不”
K	支持学校食堂豆浆涨价	废止吉尼斯世界纪录中的某些项目
L	……	“山寨”产业应受支持
M	帮助培养乐观生活态度的“感激日志”	拒绝消费瓶装水
N	慎用亲子鉴定	校园里的冷暴力
O	公共场所禁烟应加强举措	……
P	倡导大学生支教	异地高考不宜放开
Q	鼓励本校毕业生自主创业	人肉搜索之害
R	警惕盲从“成功宝典”	动物实验的人性化手段
S	当前中国音乐下载收费的不现实性	……
T	“地球一小时”应废止	“图书漂流”值得一试
U	中小学性教育有待加强	街头乞讨的解决之道
V	古典音乐vs.流行音乐	捕杀不是解决流浪猫狗问题的最佳办法
W	运动式献爱心不值得提倡	保护古镇免于过度商业化
X	学习手语的意义	中学不应设立重点班

2.2.3 数据分析

本研究团队首先根据演讲的实践流程，将其划分为相对独立的任务阶段，即选题、研究、论证、反思、预演、发表，继而拟定出各阶段的核心任务。依据前人理论框架中对不同思辨技能的定义与描述，归纳出各个阶段演讲者需要做出哪些“有目的、有理据的判断”，并将其表述为具体的思辨分项技能。

接下来，对照学习者演讲内容（录像）与准备提纲，对思辨分项技能列表进行匹配、调整、修订，最终形成分析框架。以框架为基础，逐一评价个体学习者对各思辨分项技能的运用，对具有代表性的问题进行标注和归类，进而形成英语演讲实践中思辨技能发展的重点与难点。最后，结合课堂讨论、课下辅导、反思日志等信息，探究问题成因，反思教学启示。

表3 说服性演讲中的思辨分项技能

演讲活动阶段	核心任务	思辨能力	思辨分项技能
选题	分析听众需求，确定选题	分析	分析听众的构成特点、知识背景、态度及需求
		推理	推断话题与听众的相关性
		推理	确定具有现实意义的演讲目的
研究	查找、筛选信息	分析	探询对选定话题进行讨论的多种角度
		评价	检验信息的相关性、准确性
		分析	区分客观事实与主观观点
		分析	定义核心概念
		分析	（根据听众的知识背景和理解能力）阐释信息
论证	组织结构与推理逻辑	推理	对演讲要点进行逻辑性组织
		推理	回应、质疑、评判对立视角
		推理	阐述演讲要点（主题句）
		推理	呈现推理过程，论证既定观点
反思	自我评价论证力度	推理	检验中心论点是否准确、凝练
		评价	评价演讲要点与分论点的逻辑关系
		评价	检验概念的一致性
		评价	识别、防范逻辑谬误
预演	确定最佳呈现方案	分析	分析现场环境、听众兴趣、语言能力等因素
		推理	拟定语言形式、体势语、视觉辅助等呈现方式
		评价	根据彩排效果相应调整演讲节奏
发表	按计划呈现演讲内容并与听众互动	分析/推理	回应听众提问、评语
		推理/评价	反驳对立观点

3 “英语演讲实践中的思辨分项技能”：框架及论述

表3呈现了说服性演讲任务过程所涉及的思辨分项技能。值得说明的是，现实中的思维活动并不遵循单一的线性路径，而是具有往复循环或螺旋上升的特点——同类思辨技能可能出现在不同的任务阶段，在同一个任务阶段也需要调动多项思辨技能；并且，不同技能可能交错使用，并无泾渭分明的界线。

从上表可以看出，分析、推理、评价能力普遍存在于演讲任务的各个环节，但不同环节各有侧重，并且某些分项技能之间还存在着前后呼应的关系。因篇幅所限，本文无法对表中分项技能逐一阐释。根据对研究数据的分析和教学实践观察，下面着重讨论从演讲选题到反思四个阶段中思辨技能运用的重点与难点，并通过分析问题成因探讨解决方案。

3.1 选题阶段：确定具有现实意义的演讲目的

面对自选题演讲任务，学习者最容易想到的是自己熟悉或者感兴趣的话题。X同学作为学生会成员，很想在演讲中鼓励大家多参加社团活动，F同学希望倡导抵制垃圾食品，但是同伴们对这些选题意向的反馈并不积极。这样的问题该如何解决？

Paul & Elder（2006：64）在其“思辨三元结构模型”中指出，“目的”是思维的第一要素，并且在思辨的过程中应达到清晰、相关、有意义等标准。由于演讲是针对特定群体的信息和观点发布，一个演讲的目的是否具有现实意义，主要体现于在多大程度上填补听众的知识空缺、修正其现有立场，或者激发其在某个话题上进行更加深入的思考或采取特定的行动。相较于贴合演讲者主观意愿的演讲题目，基于听众分析而确定的演讲目的则更有可能达到充分的现实意义。在对听众进行分析时，演讲者既可以利用自身的常识和信息渠道对听众的知识需求、见解的欠缺进行推断，也可以采用“问卷调查”的方式对其进行确切的了解（Lucas，2010：64-66）。例如，X同学通过对校内100多位同学发放问卷，了解到大家对学生会讲座的普遍态度和相关影响因素；以此为起点，她将演讲目的确定为有针对性地说服听众关注一个特定话题——手语讲座。问卷调查不仅帮助她确定了选题的相关性，也为她进一步规划演讲内容提供了有益的参考。

除了分析听众，对话题本身进行深入思考也有助于确定有意义的演讲目的。关注饮食健康的F同学通过剖析垃圾食品的营销方式聚焦了她最终的选题：著名品牌供应商通过大量、持续的广告维持其知名度，限制其推销活动则有助于减少垃圾食品的消费。在不干扰商业自由的前提下，反对特定类型的营销方式具有说服力和可操作性。最终，F同学将演讲中心论点聚焦为“垃圾食品品牌不应出现在奥运会广告中”。

3.2 研究阶段：检验信息

位于第二阶段的“研究”主要是指查询和整理与话题相关的信息资料。在教学实践中我们发现：年轻一代网络检索的能力普遍很强，但面对互联网所呈现的海量资讯，多角度探查信息以及检验信息的相关性、准确性成为演讲者更为重要的任务。

信息采集需要兼顾广度和深度——这在“三元结构模型”（Paul & Elder，2006）与“思辨能力层级模型”（文秋芳等，2009）中都有所论述。广度（或称“灵活性”）指考虑与问题相关的多个视角，尤其体现在对待相反立场的态度。Facione（1990）明确指出，在呈现论证方法和论据的“解释”环节，理应包含对反对立场及其理据的回应——这是思辨者不可或缺的思维习惯。在国外学者提出的学习者思辨能力测评方案中（如Stapleton & Wu，2015），承认对立立场的存在并针对其理据提出驳论，是评价论证质量重要的参考指标。然而，在演讲学习的初期，许多学习者都习惯于一旦确定了观点立场，便屏蔽任何与之相左的观点和理据。例如，C同学在比较纸质书与电子书的优劣时，将电子书的盗版风险与纸质书便于复习的优点放在一起对比，却忽视了正版电子书相较于传统纸质书可能存在的优势。在拟稿阶段，首先将各种可能的视角进行梳理和比较，尤其注意查阅对立视角的相关理据，有助于解决这一问题。

在确保信息多样化的同时，如何督促学生在众多的信息来源之中，根据时效、可信度进行甄别和筛选，也是演讲教师需要重视的一项工作。在本研究中的演讲课堂，除了讲解检索方法和引用规范，同时还推介了一些基本的信息甄选原则，其中包括：一手信息优于转述信息、学术报告优于普通报道、权威机构优于一般媒体、正式出版物优于网络博客等。为了实践这些原则，我们安排给定几个话题（例如春运、房价），让学生搜索并转引与之相关的数据，然后在课堂上互相分享、比较、评价。实践证明，这个“在做中学”的方法得到了学习者的广泛认可。

3.3 论证阶段：组织结构与推理逻辑

论证是演讲拟稿过程中最为核心的部分。演讲者既需要在宏观上搭建支撑中心论点的论据框架，在微观层面，演讲要点（main points）和分论点（sub-points）内部，也要做到有理有据，符合逻辑。

针对演讲初学者容易简单罗列要点或者出现要点互相涵盖的问题，我们通常建议学习者首先考虑典型性的组织结构，如依据时空关系、因果关系、主次关系、对立关系等。就说服性演讲组织策略而言，较为常见的模式包括“问题—解决方案”（problem-solution）、“问题—起因—解决方案”（problem-cause-solution）、“优势比较”（comparative advantages）、“动机驱动”（motivated sequence）等（Lucas，2010）。

论证的微观层面主要指在段落内部的逻辑推理，具体表现为论据对论点的支撑力度。在讲解推理常识时，我们发现，部分学习者虽然能顺利地完成课本练习题，但这不足以帮助他们规避自身演讲中的逻辑谬误。这些逻辑谬误虽然发生频次不高，但是一旦发生，不易察觉，特别是当学习者过于急切地想要论证自己观点的时候。B同学在演讲中反对取消奥赛保送政策。根据Moore & Parker（2012）所使用的推理解析方法，其论证分解如下：

前提（隐含）：学生的学习积极性理应受到保护。

前提：奥赛获胜者不再享有保送大学的待遇后，报名参加奥赛的人数急剧下降。

结论1：取消奥赛保送明显打击了学生的学习积极性。

结论2：不应取消奥赛保送制度。

以上推理中存在一个偷换概念的错误，即将“报名参赛的积极性”等同于“学习积极性”，并以此来反对新政策。该同学还在演讲的后半段论证奥赛的积极意义，称其“能够帮助拓宽学生的视野”：

前提（隐含）：旅行能够拓宽一个人的视野。

前提：我的一名高中同学在获得奥赛保送资格后，不必参加高考，得以去往各地旅行。

结论：奥赛能够拓宽学生的视野。

以上推理又出现了错误因果的谬误。旅行固然能够拓宽视野，然而奥赛和旅行只是在时间上相继发生，二者并不存在必然的因果关系。在课后辅导中，语音标准、表达流利的B同学坦承，虽然知道自己的逻辑思维不强，但是在写稿过程中自己难以发现问题，而她并不是班级里唯一受此困扰的学习者。从教学反思的角度来看，借鉴国外研究者的实证经验，通过推理解析（argument analysis，Bensley et al.，2010）或推理图解（argument diagramming，Harrell，2011）的方式或许可以加强学习者检验推理质量的意识和习惯——将推理过程分解为以下问题：前提和结论分别是什么，前提是否为真，能否有效推导出结论。这样的练习既可以帮助学习者在接受信息时解析推理、评价推理，也可以在产出信息时实施对自身推理的监控。

3.4 反思阶段：检验概念的一致性

在反思（改稿）阶段，演讲者需要从听众（观察者或批评者）的角度，对讲稿的整体进行自我审视。除了对文字层面的句法、拼写、衔接进行检查和润色，核实首尾呼应以及分论点与核心论点的逻辑关系等，我们认为，防范“概念游移”也是不可或缺的步骤。根据话题和论点，每一个演讲通常涉及某些特定概念——有的因含义约定俗成而无须解释，另一些因其新颖性或特殊性则需要给予说明，如“有机食物”“地球一小时”“图书漂流”等。对于本阶段的演讲学习者，定义一个概念并非难事。但在篇章推进的过程中，概念的内涵却可能发生不易为人察觉的偏离现象。

C同学在演讲中以“媒体暴力”（mediaviolence）为主题，呼吁“我国应建立影视作品分级制度”。她对“媒体暴力”的定义如下：“每一天，我们都遭受着媒体信息的轰炸：关于中东恐怖袭击的报道；恐怖电影中的血腥场面，还有电脑游戏所赋予我们的杀人如麻的淋漓快感——这些，都属于‘媒体暴力’。”接下来，演讲者通过举例来阐述“媒体暴力”的危害，其中一个例子是某七岁女童因观看《还珠格格》而误以为女主人公自杀总有白马王子前来营救，孩子不幸模仿该情节并导致悲剧发生。纵观整篇演讲，“媒体暴力”这一概念时而是新闻、电影、游戏中的血腥场面，时而是误导儿童的虚构情节，还可能是少儿不宜的色情画面，这就导致核心概念偏离了最初的定义。Paul & Elder（2006）将概念作为一个重要的思维元素，并提出了“清晰性、准确性、逻辑性、公正性”等衡量标准。笔者根据大学阶段学习者的能力特点，将这些标准凝练为“一致性”。而在教学中，只有对此类问题进行显性的分析与干预，才有可能实质性地提高学习者的自我监控能力，增强逻辑性。

4 结语

本研究将思辨理论与实证数据分析相结合，较为细致地梳理出英语演讲活动各阶段学习者需要运用的思辨分项技能，并对部分重点和难点进行了分析，尝试探讨了相应的教学方法，为以思辨能力培养为导向的演讲教学提供了理论和实践两方面的参考。本研究的不足之处主要有以下两个方面：从理论建构上看，将“自我监控”纳入单一的“反思阶段”，虽然便于阐释，但未能准确地反映出“元思辨”与其他思辨分项技能的层级关系，在未来研究中有待更深入地探讨；从研究方法上看，数据采集范围较为狭窄，学习者来自同一班级，并且局限于说服性演讲，研究结果的普适性受到一定影响。

外语教育中的思辨能力培养尚处于摸索阶段。就与专业技能课程相结合的思辨教学实证研究而言，我们认为，未来该领域的研究有多个可能的发展方向：1）对具体的思辨分项技能（如推理分析，argument analysis）进行更加深入的教学实验（或准实验）研究；2）对演讲学习者进行个案跟踪，考察学习者思辨能力（以及思辨倾向）的历时变化；3）考察课堂内外对思辨能力发展产生影响的复杂因素；4）探索系列课程设计并制定长期的思辨能力培养方案。相信在广大教师及外语研究者的共同努力下，与思辨相结合的外语教学及研究将取得更加深入的发展。

参考文献

Behar-Horenstein, L. S. & L. Niu. Teaching critical thinking skills in higher education: A review of the literature [J]. *Journal of College Teaching & Learning*, 2011(2): 25–41.

Bensley, D. A., D. S. Crove, P. Bernhardt, C. Buckner & A. Lallman. Teaching and assessing critical thinking skills for argument analysis in psychology [J]. *Teaching of Psychology*, 2010, 37: 91–96.

Facione, P. A. *Critical Thinking: A Statement of Expert Consensus for Purpose of Educational Assessment and Instruction — Executive Summary / "The Delphi Report"* [M]. Millbrae, CA: The California Academic Press, 1990.

Facione, P. A. *Critical Thinking: What It Is and Why It Counts* [M]. Millbrae, CA: Measured Reasons and the California Academic Press, 2011.

Harrell, M. Argument diagramming and critical thinking in introductory philosophy [J]. *Higher Education Research & Development*, 2011(3): 371–385.

Lucas, S. *The Art of Public Speaking* (10th ed.)[Z]. Beijing: FLTRP, 2010.

Moore, B. N. & R. Parker. *Critical Thinking* (10th ed.)[M]. New York: McGraw-Hill, 2012.

Paul, R. & L. Elder. *Critical Thinking: Learn the Tools the Best Thinkers Use* [M]. Pearson/Prentice Hall, 2006.

Rybold, G. Debate praxis in second language education: Developing a route towards critical thinking during oral communication [D]. Beijing Foreign Studies University, 2011.

Stapleton, P. & Y. Wu. Assessing the quality of arguments in students' persuasive writing: A case study analyzing the relationship between surface structure and substance [J]. *Journal of English for Academic Purposes*, 2015(7): 12–23.

陈枫. 对高校英语演讲与辩论课的研究 [J]. 内蒙古师范大学学报，2012（7）：121–123.

高一虹. 外语学习木桶的"短板"——从一次失败的演讲谈起 [J]. 国外外语教学，1999（3）：6–9.

桂清扬等. 以思辨训练、多元文化导入为特征的英语演讲STUDIO培训模式 [J]. 浙江外国语学院学报，2011（2）：6–10.

黄芳. 大学生批判性思维能力培养方式实践探索：一项基于商务英语教学的行动研究 [D]. 上海外国语大学，2013.

黄源深. 英语专业课程必须彻底改革——再谈"思辨缺席" [J]. 外语界，2010（1）：11–16.

李莉文. 英语写作中的读者意识与思辨能力培养——基于教学行动研究的探讨 [J]. 中国外语，2011（3）：66–73.

林崇德. 智力结构与多元智力 [J]. 北京师范大学学报，2002（1）：5–13.

刘航，金利民. 英语辩论与大学生批判性思维发展的实证研究 [J]. 外语与外语教学，2012（5）：24–28.

罗清旭，杨鑫辉. 加利福尼亚批判性思维技能测验的初步修订 [J]. 心理科学，2002（6）：740–741.

普利斯特，格雷厄姆. 简明逻辑学（Logic）[M]. 石正永，韩守利译. 南京：译林出版社，2013.

任文. 再论外语专业的思辨能力："缺席"还是"在场"？兼论将思辨能力培养纳入外语专业教育过程——以英语演讲课为例 [J]. 中国外语，2013（1）：10–17.

阮全友. 构建英语专业学生思辨能力培养的理论框架 [J]. 外语界，2012（1）：19–25.

宋毅. 英语口语教学中交流学理论对提高学生思辨能力的作用 [J]. 外语与外语教学，2012（5）：34–38.

孙旻. 中国高校英语演讲学习者思辨能力发展个案研究 [D]. 北京外国语大学，2014.

孙有中. 突出思辨能力培养，将英语专业教学改革引向深入 [J]. 中国外语，2011（3）：49–58.

王彤. 英语专业口语教学新课型——公众演讲课的探索与实践 [J]. 外语界，2010（3）：46–52.

文秋芳. 中国外语类大学生思辨能力现状研究 [M]. 北京：外语教学与研究出版社，2012.

文秋芳等. 构建我国外语类大学生思辨能力量具的理论框架 [J]. 外语界，2009（1）：37–41.

文秋芳等. 我国外语类大学生思辨能力量具的修订与信效度检验研究 [J]. 外语界，2010（4）：19–35.

文秋芳等. 对我国大学生思辨倾向量具信度的研究 [J]. 外语电化教育，2011（6）：19–23.

张冬玉. 英语演讲与语言能力的培养：一项综合英语课程创新人才培养的研究 [J]. 外语教学，2007（3）：56–59.

同伴评估对思辨英语学习中评估者的影响研究[1]

林　岩

提　要：本文分析了英语辩论课上的同伴反馈内容、学生的辩论发言内容和课后问卷，探讨了学生的学习过程，考察了同伴评估对评估者学习的影响。研究发现，在辩论学习中，学生从对观点和证据的关注逐渐更多关注论证过程、辩论策略和反驳技巧。同时，由于同伴评估活动会引发反思、带来视角的转换，使评估者更易于从同伴的表现中吸取经验和教训，因而有益于评估者的学习，显示了评估即学习的本质。此外，学生在关注较多的辩论评估分项上进步幅度较大。

关键词：思辨英语学习；同伴评估；英语辩论

1　引言

同伴评估（peer evaluation/assessment）指由学生对同伴的表现（performance）做出的评估，包括同伴反馈（peer feedback）和对同伴表现的评分。同伴评估最初旨在减轻教师批改作业的负担，后因其能够营造合作学习氛围，促进学生在互评中学习并促进思维发展，越来越多地被运用到教学实践中。同伴评估的理论基础源于建构主义学习理论（Piaget，1959）和社会文化学习理论（Vygotsky，1978），其对学习产生的积极作用和效果已为不少研究证明（如Falchikov，1986；Rothstein-Vandergriff & Gilson，1988；Rushton et al.，1993等）。多数研究关注同伴评估的结果，特别是学生对同伴反馈的接受程度以及采纳率（如van der Pol et al.，2008）。但鲜有研究考察评估活动对评估者的影响，也很少有研究分析同伴反馈的内容及其与评估者学习表现的关系。此类研究的缺乏使得研究者对同伴评估的理解不够全面深入，进而影响其在教学实践中的使用效率。

1　论文原发表于《外语电化教学》2018年12月第184期。

鉴于此，本研究考察同伴评估活动对评估者的影响，以期了解同伴评估的实质、内涵以及如何更好地将其用于教学实践，并为英语思辨教学提供启示。

2 同伴评估的理论基础

同伴评估的理论根源可追溯至建构主义和社会文化学习理论。

建构主义学习理论认为学习即获取知识的过程。在这个过程中，个体学习者不断从环境中获取信息，其认知结构在外部的刺激下发生重组，达到自身认知结构的发展。在学校，个体学习者通过与他人（教师或同伴）的协作、会话，利用学习资料进行意义建构，达到对知识的深度理解。

社会文化学习理论也认为个体的知识获取和发展有赖于社会活动中的交流。在交流中，学习者在与周围人的互动和合作中激活了自身的内部发展程序（Vygotsky，1978）。交流双方由于知识、经验、能力不尽相同，使交流成为一个“搭建脚手架”（scaffolding）的过程，能力较弱者在能力较强者的帮助下能够完成自己无法独立完成的任务。学习者现有能力水平与在他人帮助下可以达到的水平之间的距离被称为最近发展区（Zone of Proximal Development，ZPD）。当学习者能够独立完成在他人帮助下才能完成的任务时，此ZPD关闭，进入下一个ZPD。学习可被视作从一个ZPD到下一个ZPD的发展过程。

在外语教学中应利用同伴评估活动，创造交流机会，使学生积极参与到协作学习中，在协作中交流思想，激发内部发展程序，重构认知结构，达到学习目的。

3 文献综述

国外关于同伴评估的研究始于20世纪80年代，探讨其在各学科教学领域的应用（如Mockford，1994；Catterall，1995）。近十年来，国内相关研究成果也不断涌现。本领域国内外有关二语教学的研究大致可分为对同伴评估过程和评估结果的研究。前者主要关注同伴评估过程中的互动和评估的实施，如De Guerrero & Villamil（2000）考察了一对中等水平的英语学习者在作文修改环节的互动，探讨了同伴评估活动如何对评估人和被评人的学习产生影响。在同伴评估效果的研究中，不少研究者基于反馈的采纳率以及作文一稿和二稿的质量，调查学生对同伴评估和教师评估的接受度，比较两种反馈的优劣（如Falchikov & Goldfinch，2000；Paulus，1999；蔡基刚，2011；纪小凌，2010；孔文等，2013；刘永厚，2015；杨苗，2006；周一书，2013等）。

上述研究多数集中于探讨同伴评估在二语写作教学中的使用及其对二语写作发展的作用。有关同伴评估在二语口语教学中的研究相对较少。李传玲（2009）发现，学生和教师均认可同伴互评在提高学生口语能力和自学能力方面的作用。刘莉（2014）使用问卷和访谈调查发现，学生对大学英语口语教学中的同伴评估持肯定态度。这两项研究均为对学生态度的调查，同伴评估在口语教学中的效果有待考察。叶萍（2014）的研究发现，同伴互评促进了英语演讲技能的习得，同时由于互评为学生创造了口语输出的机会，因此在一定程度上促进了英语会话能力的提升。上述研究探索了同伴评估在二语口语教学中的运用，但均从被评人的角度考察同伴评估的价值。

综上，研究者多考察同伴评估的结果，较少关注评估过程；多考察其在二语写作中的效果，较少关注其在二语口语教学中的效果；多考察对被评人的影响，较少关注对评估者的影响。因此，本研究尝试分析英语辩论课上同伴评估中的反馈内容及其对评估人的影响，以丰富我们对同伴评估的认识。

4 研究设计

4.1 研究问题

本研究尝试回答以下问题：

1）英语辩论课上同伴评估的关注点在哪里？

2）评估对评估者的辩论表现有何影响？

3）评估为何影响评估者的辩论表现？

4.2 研究过程和手段

本文的研究对象为某高校英语专业本科二年级一个班的学生，共24人。每人一学期正式辩论两次，两次辩论间隔5或6周。每次辩论安排8名学生做评委，对其他同学的辩论表现打分并给予反馈。打分和反馈前评委们讨论10分钟。

为了使学生认真对待同伴评估活动，他们被告知学生评委给的分数占辩手得分的50%。评委需要对同学的辩论表现进行口头反馈并上交打分表。学生的评估表现会被视为平时表现的一部分计入总评。

辩论开始之前，教师对评判维度（即内容、台风、辩论策略等）和打分标准进行说明，并通过与学生一起给第一组辩论打分和评论对学生进行评估培训。之后的辩论，教师和学生根据评判标准分别进行打分和评论。

辩论和点评全程录音，教师现场观察并做笔记。课程结束后，教师通过问卷星发放调查问卷，以调查评估对评估者辩论表现的影响及其原因。学生以匿名的方式填写问卷并提交。

4.3　数据分析

4.3.1　学生反馈内容

本研究通过数据驱动（data-driven）的方式对学生反馈内容进行分类，并分析学生评价的关注点。按照评判维度，学生就同伴发言的内容、台风和辩论策略等进行了评论。根据Toulmin et al.（1984）的论辩框架将发言内容分为论点、论据、论证三大类别。对论点的评论包括论点的新颖性、说服力以及对辩题的价值性等；对论据的评论包括辩手是否提供了论据、论据的客观性和可信度等；对论证的评论包括辩手是否说明了论据与论点之间的关系、推理论证是否具有逻辑性、论证是否充分等。数据显示，学生除了对论点、论据、论证进行评价，还对发言内容的结构和反驳进行了评价，因此分析中加上了这两个类别。学生对台风的评价集中于对发言人声音的运用（如音量和音调）、肢体语言的运用以及发言人是否自信、有激情。在辩论策略方面，学生仅对队员之间的配合和分工进行了评价。部分学生也对语言进行了评价，详见表1。范例为学生原话，未作修订。

表1　反馈内容分类和范例

类别		定义	范例
内容	结构	发言内容的结构安排	The structures of both need to be more clear instead of mixing the points.
	论点	辩手论点的选择	If one or two new arguments that we are not familiar with could be raised, it would be surprising and attractive.

续表

类别		定义	范例
内容	论据	辩手是否提供了证据及证据的质量	The proposition team have presented proper and more closely-related evidence.
	论证	论证是否充分、推理是否具有逻辑性	... utilizing what we learn in sociology, though the warrant they gave was not clear enough.
	反驳	对方观点的反驳	The proposition team put forward some solid arguments and refutation; however, the opposition leader did not refute effectively.
台风	声音	辩手发言时的音量、音调、发音	Her voice was loud and clear.
	体态	辩手的肢体语言	No body language.
	情绪	辩手传达出来的情绪	The deputy opposition leader is lacking in passion and confidence.
辩论策略		队员之间的配合和分工	The arguments made by the DPM were more consistent with the PM's (compared with the opp team).
语言		辩论的语言使用	My advice is that you may avoid words like "ridiculous".

4.3.2 学生的辩论表现

从内容、策略和台风三方面对学生的辩论表现进行打分。为了便于考察学生的辩论表现与同伴评估之间的关系，根据表1中的反馈内容分类将发言内容分为结构、论点、论据、论证和反驳五个分项，按照从1到7的等级进行打分（1为很差，7为很好）。评判论点的标准为重要性、角度新颖性和阐述的清晰性。例如，在辩论医助死是否应该合法化这个话题时，一位学生将"用于医助死的药物有时会失败"作为反对医助死合法化的论点。此论点得分较低，因为药物的有效性不是辩题的核心问题，而且药物失败在实操中不是大概率事件，药物的有效性也会随着医药水平的提高而增强。评判论据的标准为充分性和恰当性（即论据是否能很好地支持论点）。评判论证的标准为论证的充分性和逻辑性。全部辩论转写稿由笔者和另一名具有英语高级翻译硕士学历的评分员分别打分，两人的打分一致性达到90%。

4.3.3 问卷调查结果

问卷主要用于调查学生对同伴评估活动的反馈，包括选择题和开放性问答题。选择题为5级量表的形式，5表示很喜欢或帮助很大，1表示很不喜欢或完全没有帮助。开放性问答题用来调查学生做评委的经历对其学习的帮助，然后按照

表1中的反馈内容进行分类，并统计提到上述各方面的频次。对收集到的开放性问答题数据采用数据驱动的方式进行分析。

5　研究结果和讨论

5.1　同伴评估的关注点

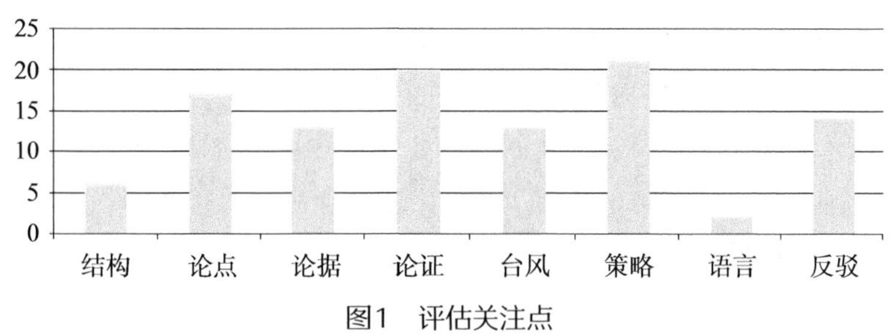

图1　评估关注点

8名研究对象做评委的时间先于其第一次辩论，因此数据无法使用。其余16人中，共12人做过两次评委，4人做过一次评委，所以共得到28条评论。一条评论可能对辩论表现的某一方面（如论证、论点）多次提及，每次提及均被计数。通过对这部分数据的分析发现，学生在评估中关注最多的是辩论策略（即队员之间的配合，21次），论证（20次）、论点（17次）和反驳（14次）次之，论据和台风提到的次数相同（13次），对结构（6次）和语言使用（2次）的关注最少。由此可见，同伴评估中得到关注最多的是辩论策略和论证过程，论点的清晰性和重要性也得到较多关注，对语言的关注最少。

数据统计表明，在辩论课上学生偏重于学习辩论方法和策略，而对语言学习有所忽略。这与本课程的理念有关，即通过使用二语探讨各类话题来锻炼思维和学习语言。在此过程中话题内容凸显，语言学习变为隐性。

分析还显示，两次评估的关注点有所变化。在第二次评估中对论点和论据的评论有所减少，对论证、辩论策略和反驳的评论次数有所上升。此变化显示了学生的学习过程，即随着辩论学习的推进，他们从较易观察到的论点和论据转向需要更多推测的逻辑论证过程，以及反映辩论特点的团队配合和反驳。一个完整的论证单元需要有明确的论点和论据，需要更多地运用逻辑推理能力来识别和判断。评估关注点的变化也从一定程度显示了学生对辩论特点和技能认识的逐步加深。

5.2 同伴评估对评估者的影响

5.2.1 学生自述

问卷调查显示，大部分学生认为做评委对辩论学习“有帮助”（52%）或“帮助很大”（24%）。针对同伴评估对辩论的哪些方面有帮助（见图2）这个问题，学生提到论证过程的次数最多（15次）；论点选择（10次）和辩题分析（8次）次之；提到台风7次；提到辩论技巧和论据使用各6次；结构、团队配合和语言使用分别被提到1次。例如，学生S1写道：“（得到帮助的是）论点选择和论证过程。做评委的时候会比较看重论点，看是否足够使人信服。记得讲Physician assisted suicide的时候，有同学讲到了social justice上面去，当时几个评委觉得这个点偏题了，但我觉得主要是她没讲清，论证过程出了问题，所以我就想，论点选择是很tricky的，不但点要到位，还要选择凭自己的思维能力和表达能力能讲清楚的论点才行。”学生S2写道：“论点的选择需要同时考虑正反两方，什么论点更有力，什么论点可以作为反驳，都是我们需要考虑的，因此也进一步提升了自己的批判性思考能力。”学生S3也提到对论证过程的帮助：“论证过程方面，通过听其他同学的辩论并进行评价，可以知道应该怎样将论点和论据更好地结合起来，更好地说服听众。”

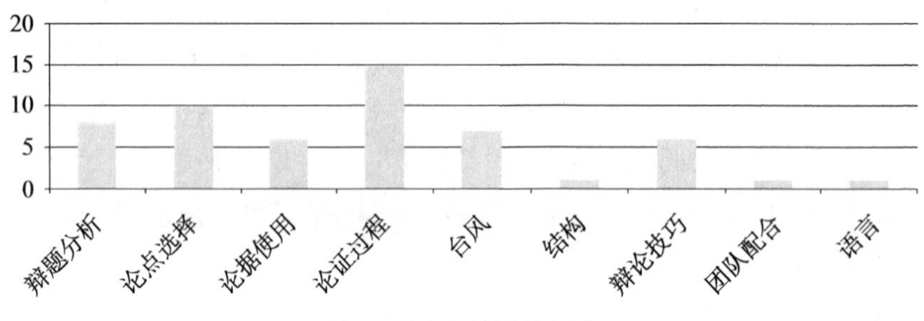

图2 对自身辩论的帮助

总之，问卷结果显示，大部分学生对同伴评估持肯定态度，认为评估经历对辩论内容方面有较大帮助，而较少人认为对发言结构、团队配合和语言使用有帮助。部分学生还指出评估有助于提升批判性思维能力，特别是增强了多角度看问题的意识。

5.2.2 两次辩论表现对比

考察同伴评估对评估者的影响，还需要检验学生的第二次辩论表现是否优于第一次辩论以及在哪些方面进步最大，同时查看学生的主观感受与实际辩论表现是否相符。学生两次辩论的表现得分见表2。

表2　两次辩论表现得分（N＝16）

类别	平均值	标准方差	标准错误均值
团队配合 1	3.63	1.544	.386
团队配合 2	5.31	.793	.198
结构 1	4.69	1.537	.384
结构 2	6.25	.683	.171
论点 1	3.50	1.317	.329
论点 2	5.88	.806	.202
论据 1	2.88	1.147	.287
论据 2	5.00	1.211	.303
论证 1	2.50	1.155	.289
论证 2	4.75	.775	.194
反驳 1	2.70	1.059	.335
反驳 2	3.20	1.549	.490
台风 1	3.56	1.548	.387
台风 2	5.06	.772	.193

配对样本t检验显示，除了反驳（$t=-0.92$，$p>0.05$），学生在第二次辩论中的表现有显著进步。其中进步（两次辩论得分之差）最大的前三项为论点（$t=-7.25$，$p<0.001$）、论证（$t=-7.8$，$p<0.001$）和论据（$t=-7.06$，$p<0.001$）。团队配合（$t=-3.88$，$p<0.05$）、发言结构（$t=-3.74$，$p<0.05$）和台风（$t=-3.99$，$p<0.05$）也有显著进步。本结果与学生的自述基本相符（学生感觉得到帮助最多的分项为论证、论点和辩题分析），从一定程度上确认了问卷结果。

论证、论据和反驳在第一次辩论中的得分较低（分别为2.5、2.88、2.7），且标准差也较大，说明在这些方面存在个体差异，也预示着整体上有较大进步空间。发言结构在第一次辩论中的得分最高（4.69），说明在学习初期学生已能较好地安排发言的内容结构，因此进步空间较小。这可能是学生在论证、论据等方面进步幅度较大，而结构等方面进步幅度较小的原因之一。影响辩论表现的另一因素可能是同伴评估，本文将检验两者之间的关系。

5.2.3　同伴评估关注点与实际辩论表现对比

对同伴反馈内容的分析显示，得到关注的辩论表现依次为团队配合＞论证＞

论点＞反驳＞论据＝台风＞结构＞语言。两次辩论得分差显示，学生进步的分项依次为论点＞论证＞论据＞团队配合＞结构＞台风＞反驳。对比发现，论点和论证在同伴评估中得到较多关注，在实际辩论中进步幅度也较大。台风和结构在关注度序列中排名较后，在辩论表现分项得分差序列中排名也较后。从一定程度上说明学生在评估同伴表现时关注较多的辩论表现分项更可能得到明显进步。

对典型案例的反馈内容分析和两次辩论表现的对比也证实了评估对评估者的积极影响，且评估者在其关注较多的辩论评估分项上进步明显。例如，学生S4是为数不多的几名评价同学发言结构的学生之一。他在第一次辩论时，将反驳与自己的论点结合在一起，而且试图在5分钟内讲6个观点，造成内容结构混乱。在第二次辩论中，其篇章结构大为改观。他先反驳对方观点，之后集中论述两个观点，并在开始辩论时介绍主要观点，结束时进行简要回顾。

发言结构在第一次辩论中得分较高，学生对其关注度较低，说明学生对已经掌握的技巧较少关注，而更可能选择关注已知晓但尚未掌握的技巧（如论证和团队配合）。

团队配合（即辩论策略）在同伴反馈中被提到的次数最多，在实际表现中的进步幅度处于中等位置。这显示出学生已认识到辩论需要团队配合以及在实际辩论中达到良好配合的不易。对同伴反馈内容的详细分析显示，团队配合被提及的次数虽然最多，但多数评论较笼统，如学生S5表示："The cooperation of the team members is effective."。此类表述占对团队配合评论的50%。即使有部分学生对团队配合给出具体反馈，也基本限于评论两人的观点是否重复。这说明学生对团队配合的策略和技巧尚未能充分理解，因此进步幅度有限。

反驳在同伴反馈中的关注度居中，并且在两次评论中呈上升趋势，但在实际辩论中没有显著进步。这反映出进行合理反驳的难度。团队配合和反驳在同伴反馈中的关注度说明学生对辩论的特点和要求有较好的了解。但是这两项技能在辩论中比较有挑战性：要达到良好的配合，团队成员需要在充分准备的基础上做好分工；要做好反驳则需要学生具备良好的听力理解能力、思维快速反应能力和良好的语言表达能力。总之，团队配合和反驳在关注度和实际辩论中进步幅度的不相符说明，对于较难掌握的技能只有关注是不够的，还需要更多的学习和练习。

5.3 同伴评估促进评估者学习的原因

问卷调查显示，同伴评估促进评估者学习的原因可归纳为：1）评估别人反思自己。59%的学生认为做评委会引起自我反思。如学生S6写道："做评委让我更能发现自己在表达观点时的不足，让我更加深入地思考如何将论点变得更加有说服力。"学生S7表示："评估引起了我对自己分析辩题、选择论点和组织语言的关注。"2）增强对辩论和评价标准的理解。40%的学生表示通过做评委会加深自己对辩论各方面要求和对辩题的理解。学生S8写道："做评委会让自己从评委的角度思考，渐渐感觉出评委的期待和要求，进而自己在准备辩论时多一个考虑角度。评委讨论一般比较激烈，是加深对辩题理解和思考的好时机。"学生S7也表示："评委讨论过程中会了解到其他评委对speaker评价的不同侧重点，有助于弥补自己平时容易忽略的地方。"3）角色转换有利于发现同伴表现的优缺点进而学到相关技能。学生S9写道："做评委时可以站在一个更客观也更挑剔的立场上看同学们的辩论，作为评委，更多的是可以看到大家在delivery和辩论逻辑上存在的问题。"学生S10表示："做评委能比做观众更清晰地看到整场辩论的发展，能更好地看到同学们辩论风格的优缺点。"

本研究从一定程度上证实了Lundstrom & Baker（2009）的发现，即同伴评估对评估者有益。本结果也与De Guerrero & Villamil（2000）的研究结果相符，说明同伴评估带来的帮助是双向的，评估者和被评人互搭"脚手架"，互帮互学。根据建构主义学习理论，在评估过程中评估者的自我发展程序受到同伴表现的激发，其认知结构发生重组，达到辩论技能的发展。评估者从同伴表现中获取信息，对照自我现有知识，反思自我表现，进而进行自我完善。评估促使学生加强对辩论和评判标准的理解，同时也锻炼了评估者分析、推理、评价等高阶思维技能，有利于他们的辩论学习。

6　结语

为了考察同伴评估对评估者学习的影响，本文分析了某高校英语专业本科二年级24名学生在英语辩论课上进行同伴评估活动时的同伴反馈内容，对比了学生两次辩论表现，并通过问卷调查了学生对同伴评估的反馈。研究发现：1）学生在评估时较多关注辩论策略、论证过程和论点，较少关注发言的结构和语言；2）同伴评估活动能促进评估者的学习，在评估时关注较多的辩论评估分项上进步幅度较大；3）同伴评估对评估者有促进作用的原因在于其反思和学习的本质。在做评委的过程中学生也在分享自己对辩题和辩论的理解，审视自己的知识和思维，通过讨论来丰富和调整思维。同伴评估活动是一个“搭建脚手架”的过程，它不仅对被评人有益，对评估者也有积极的作用。评估者在此过程中会发现自己知识欠缺之处，并在与同伴交流中获取新知识，激活自身内部发展程序。本文研究结果给英语思辨口语教学带来启示：同伴评估有益于辩论学习，尤其能改善学生在发言内容方面的辩论表现；关注同伴反馈内容有助于了解学生的学习现状，提升教学效果。

本文的研究对象仅来自于一所大学的一个班，研究结果在普遍性上有一定局限性。而且，研究未对可能影响学习的其他因素进行控制，同伴评估对学习的影响程度有待进一步研究。

参考文献

Catterall, M. Peer learning research in marketing [A]. In Griffiths, S., Houston, K. & A. Lazenblatt (eds.). *Enhancing Student Learning through Peer Tutoring in Higher Education: Section 3—Implementing* [C]. Coleraine, Northern Ireland: University of Ulster, 1995.

De Guerrero, M. C. M. & O. S. Villamil. Activating the ZPD: Mutual scaffolding in L2 peer revision [J]. *The Modern Language Journal*, 2000 (1).

Falchikov, N. Product comparisons and process benefits of collaborative self and peer group assessments [J]. *Assessment and Evaluation in Higher Education*, 1986 (2).

Falchikov, N. & J. Goldfinch. Student peer assessment in higher education: A meta-analysis comparing peer and teacher marks [J]. *Review of Educational Research*, 2000 (3).

Lundstrom, K. & W. Baker. To give is better than to receive: The benefits of peer review to the reviewer's own writing [J]. *Journal of Second Language Writing*, 2009 (1).

Mockford, C. D. The use of peer group review in the assessment of project work in higher education [J]. *Mentoring and Tutoring*, 1994 (2).

Paulus, T. The effect of peer and teacher feedback on student writing [J]. *Journal of Second Language Writing*, 1999 (3).

Piaget, J. *The Language and Thought of the Child* (3rd edn.) [M]. London: Routledge and Kegan Paul, 1959.

Rothstein-Vandergriff, J. & J. T. Gilson. Collaboration with basic writers in the composition classroom [R]. Paper presented at the annual meeting of the Conference on College Composition and Communication. St. Louis, MO, 1988.

Rushton, C., Ramsey, P. & R. Rada. Peer assessment in a collaborative hypermedia environment: A case-study [J]. *Journal of Computer-Based Instruction*, 1993 (3).

Toulmin, S., Riecke, R. & A. Janik. *An Introduction to Reasoning* [M]. New York: Macmillan, 1984.

van der Pol, J. et al. The nature, reception, and use of online peer feedback in higher education [J]. *Computers & Education*, 2008 (4).

Vygotsky, L. S. *Mind in Society: The Development of Higher Psychological Processes* [M]. Cambridge: Harvard University Press, 1978.

白丽茹．基础英语写作同伴互评反馈模式的可行性及有效性检验[J]．解放军外国语学院学报，2013（1）.

蔡基刚．中国大学生英语写作在线同伴反馈和教师反馈对比研究[J]．外语界，2011（2）.

纪小凌．同侪互评与教师评阅在英语专业写作课中的对比研究[J]．解放军外国语学院学报，2010（5）.

孔文，李敦东，余国兴．L2写作动态评估中同伴中介干预和教师中介干预比较研究[J]．外语界，2013（3）.

李传玲．同伴互评：四两之力可拨千斤之石[J]．长春理工大学学报，2009（11）.

刘莉．大学英语口语教学中的同伴评估研究[J]．临沂大学学报，2014（2）.

刘永厚．英语专业写作小组同伴反馈和教师反馈效果研究[J]．外语界，2015（1）.

杨苗．中国英语写作课教师反馈和同侪反馈对比研究[J]．现代外语，2006（3）.

叶萍．同伴互评法在英语演讲课堂中的应用研究[J]．外语教学，2014（4）.

周一书．大学英语写作反馈方式的对比研究[J]．外语界，2013（1）.

阅读日志对学生思辨倾向发展的作用研究[1]

夏 燕 王小英

提 要： 本文探讨在英语专业一年级精读课上实施阅读日志任务对学生思辨倾向发展的作用。笔者结合Paul & Elder（2006）的八个思维要素和课文内容提出具体问题并对阅读日志和调查问卷进行了分析。研究发现：1）阅读日志问题可以提供有方向、有内容、有深度的思辨阅读训练，引导学生通过理性思考形成有理据的评价，促进学生思辨倾向的发展；2）学生的求真性、开放性、分析性和自信度发展更加明显，而坚韧性、好奇心、成熟度和正义性表现则不够充分。

关键词： 思辨倾向；思辨能力；阅读日志；阅读教学

1 引言

《外国语言文学类专业教学质量国家标准》（教育部高等学校外国语言文学类专业教学指导委员会 2018）明确规定，外语类专业学生应具备外语运用能力、文学赏析能力、跨文化能力、思辨能力以及一定的研究能力、创新能力、信息技术应用能力、自主学习能力和实践能力。作为英语专业基础阶段重要的技能课，精读课应积极响应以上要求，以复合能力培养为导向。为此，笔者根据教材内容和特点重新对精读教学进行系统设计，以阅读日志为核心展开预习、课堂教学和复习的教学步骤，力图实现对学生语言能力、思辨能力和自主学习能力的综合培养。本文主要汇报阅读日志对学生思辨倾向发展的作用研究。

---

1 论文原发表于《外语教育研究前沿》2019年5月第2卷第2期。

2　研究综述

2.1　思辨能力的两个维度

思辨指通过理性反思判断思想和行为的合理性和正确性，其过程是运用阐释、分析、评价、推理、解释、自我调节等认知技能作出有理据的判断，而思辨能力涵盖“能力”（即认知技能）和“意愿”（即思辨倾向）两个维度（Ennis 1991，1996；Facione 1990，2000；Paul & Elder 2006）。理想思辨者（the ideal critical thinker）不仅有运用各种认知技能的能力，还有思辨地分析和解决问题的意愿（Facione 1990）。

2.2　思辨倾向的内涵

倾向指个人的性格特征、思维习惯、情感特质，而思辨倾向指个人对思辨的信念、价值、态度和意愿，是促使个体通过思辨活动去解决问题、作出决策的稳定的内驱力（Facione 2000）。Sears & Parsons（1991）把这些特质视为思辨者的道德品质。

Facione & Facione（1992）提出了七种思辨倾向：求真性、开放性、分析性、系统性、自信度、好奇心和成熟度。求真性指勤于探索，勇于质疑；开放性指包容不同意见，认识己之不足；分析性指明辨问题性质，诉诸理性分析；系统性指解决问题的过程主次分明、有条不紊、坚持不懈；自信心指对自己思辨能力的信心；好奇心指勤学好问；成熟度指谨慎判断，充分考虑问题的复杂性、标准和证据的不确定性以及解决方案的多样性（Facione et al. 1994）。

理论上讲，“能力”和“意愿”可以相互促进，思辨倾向发展越好的个人思辨能力越强，越倾向于用思辨的方式去发现、分析和解决问题或制定决策（Facione 1990）。但在实际生活中，“能力”和“意愿”并不总能发展一致，有能力却不愿思辨，或有意愿而能力不够的情况时常可见。实证研究证明，积极正向的思辨倾向能促进认知技能的发展（Facione 2000），也会促进学生的学术能力和学业发展（Giancarlo & Facione 2001；Stupnisky et al. 2008）。

国内学界对思辨倾向的研究目前主要聚焦于对量具的开发（如文秋芳等 2011；张莎、文秋芳 2017）和对学生思辨倾向现状的调查（如马蓉、秦晓晴 2016；文秋芳、张伶俐 2016）等方面，缺少对培养路径的探索。笔者希望本研究能抛砖引玉，吸引更多教师和学者对思辨倾向的关注和研究。

2.3 思辨倾向量具

国际上使用比较广泛的是Facione & Facione（1992）制订的加利福尼亚思辨倾向量表（California Critical Thinking Disposition Inventory，简称CCTDI）。国内使用比较广泛的量具由文秋芳等（2011）在CCTDI基础之上修订而成，共有54道题，八个情感维度。该量表删除了CCTDI中与中文文化不吻合的题目，把系统性（systematicity）译为坚韧性，并增加了正义性维度。据研究者汇报，两轮检测证实"量表的总体及单个维度的信度指标都符合统计要求，可以用于我国大学生思辨倾向的测量"（文秋芳等 2011：23）。本文研究采用的就是该量表（文秋芳等 2011）。

2.4 促进思辨倾向发展的教学

西方学界重视思辨倾向的培养，反对以技能为中心（skills-centered）的教学（Ennis 1996；Facione 2000；Halpern 1998），强调创造思辨的文化和氛围，发展学生的元认知和自主学习能力以及培养学生可迁移的思辨能力（Abrami et al. 2008，2015；Billing 2007；Tiruneh et al. 2016）。

研究证实，有明确思辨能力培养目标和显性思辨教学的专业课程是培养思辨能力最有效的途径（Bensley & Spero 2014；Halpern 2014；Heijltjes et al. 2014）。Tishman et al.（1993）提倡熏陶式教育（enculturation），要求教师创造思辨的课堂文化，从教师示范、师生互动、显性教学三个方面入手，全面培养学生的思辨技能和倾向。孙有中（2011）提出，思辨能力是大学教育给学生的最重要的可迁移能力，思辨教学不能局限于学科知识和课堂教学，应该培养学生真正能应用于各种情境、解决各种问题的能力。

笔者从以上研究中得到启示，要实现培养思辨型学生的目标，必须根据切实可行的教学原则重新对教学进行系统设计：既要有思辨概念、原则和方法的显性教学，又要包括不同情境下的实践应用；既要强调思辨问题和情境的具体特征和多样性，又要总结不同问题和情境的共性；既要鼓励学生独立思考，又要提供同伴讨论、教师指导和反馈；既要重视学生认知技能的训练和提高，又要促进学生思辨倾向的发展。

2.5　学习日志和阅读日志

学习日志是教学中常用的一种工具，可以分为结构化（如回答问题）和非结构化（如经历描述）日志（Moon 1999），也可以分为阅读日志、写作日志、翻译日志等。学生以此记录学习过程中的收获、感想、疑问、思考或反思。国内外学界对学习日志的作用已达成基本共识：学习日志能促进学生目标语书面表达能力和思辨能力的发展，促进学生对学习过程的反思、监控和调整，从而实现自主学习（Boud 2001；Cui 2006；Moon 1999；林岩 2012；姚斌、郑睿颖 2014）。

国内对学习日志的研究主要关注日志呈现的学习过程（辜向东等 2017）、学习策略（李莎莎 2010）、反思维度（孟辉等 2019）以及语言能力的发展动态（吴青 2014）等，鲜见关于如何设计阅读日志，并用日志任务来培养学生思辨倾向的研究。本文将汇报这样一个尝试的结果。

3　阅读日志的设计和实施过程

3.1　学情

本研究使用的教材为《大学思辨英语教程精读1：语言与文化》（蓝纯、夏登山 2015），课文主要是语言学和文化主题的论说文，包括较多专业词汇、概念、知识和研究方法。学期初的问卷调查结果表明，本班学生的高中英语教学基本还是应试教育，教学以词汇、语法为主，阅读停留在表层，学生缺少独立思考的机会。因此，学生对精读课文望而生畏，不知从何入手，对课文的理解停留在语言层面，不会作深层次的分析和评价。

3.2　设计理据

Paul & Elder（2006）把思维分解为八个要素：目的、特定视角、预设、概念和理论、阐释和推理、信息、问题、后果和启示。把思维分解成这八个要素不仅能使自己的思考更清晰、更深入，也为理解和分析他人的思考提供了抓手，使评价更客观、更准确。因此，笔者由思维要素入手，结合课文提出具体的、高度思辨的问题，引导学生进行思辨阅读和书面表达，从而实现语言能力、思辨能力和自主学习能力的融合培养。

3.3 具体问题设计

为帮助学生理解思维要素的概念，循序渐进地学习思辨阅读方法，前几个单元的日志问题设置得相对简单，例如关于第二单元课文“What Is Language For?”的部分问题[1]：

1. 作者写这篇文章的目的是什么？
2. 文章讨论的关键问题是什么？
3. 作者采用了什么视角？有没有考虑其他视角？如果有，是什么？
4. 作者在第3段提出了什么观点？用了哪些例证？
5. 作者用了哪些关键概念？请用你自己的语言解释这些概念。
6. 作者的论证基于什么预设？这些预设合理吗？
7. 作者的结论是什么？有什么后果和影响？

之后的问题逐渐细化、深入，还可能涉及一些常见的逻辑谬误（fallacy），例如关于第四单元课文“How Do We Acquire Language?”的部分问题：

1. 在课文第2—10段中，作者提出了什么观点？采用了哪些例证？这些例证可以如何分类？用什么标准来分类？例证是否有效地支撑了作者的观点？
2. 在课文第6—9段中，作者从两个不同的视角来描述和分析“第三个场景”。这两个视角分别是什么？这两个视角对Maggie的反应的分析有什么不同？视角转换对作者的论证有何影响？
3. 如果否认语言习得过程中的个体差异，认为每个个体都按照普遍模式习得语言，就犯了分解谬误（fallacy of division）。什么是分解谬误？什么是合成谬误（fallacy of composition）？请分别举例说明。

---

1 原阅读日志的问题和回答均为英语。

阅读日志的最后一项是要求学生提出自己在预习课文时没有得到解答的问题。这既鼓励了学生提问，学会思考，也能使教师了解学生的预习情况，使教学有的放矢。

3.4　日志任务的实施过程

笔者任教的精读课每周三次课，每次两个课时。开学第一周为导学：第一次上课时介绍课程和学习方法，并布置第一篇课文的预习任务；第二次上课时介绍思辨认知技能、思辨倾向、思维要素等概念；第三次上课时组织学生分小组讨论第一篇课文的日志问题，进一步澄清思维要素概念，并要求学生课后以书面形式回答日志问题。

从第二周起，每个单元用六个课时完成，学生在预习时完成并提交电子版日志，教师在每单元第一次课前完成批阅和反馈。学期初，笔者只标注学生在思维要素概念和课文理解分析方面的问题，并简要说明问题原因或引导思考方向。在学生逐渐掌握了思维要素概念和思辨阅读方法之后，笔者才开始标注学生日志中的语法、用法和表达等方面的问题，要求学生书面表达准确、清楚、简洁。

课文讲解也围绕阅读日志问题展开。对于日志问题相对简单的课文（如第二单元），课堂讨论先分析篇章结构和内容，再集中讨论日志问题，从思维要素的角度去总结课文分析。对于日志问题相对复杂的课文（如第四单元），分析课文结构和内容的过程就包含了对日志问题的讨论。课堂上，学生发言讨论、相互启发，教师组织课堂活动，补充、评价学生发言，并示范思辨过程。课后，学生综合各方意见形成自己的观点，修改书面回答，并反思整个思辨过程，完成语言与思辨的双重训练。

4　研究方法

4.1　研究问题

本研究主要回答两个问题：1）阅读日志任务是否能促进学生思辨倾向的发展？2）哪些思辨倾向的发展更加明显？表现在什么地方？

4.2 研究对象

本文研究对象为某外国语大学英语专业一年级某班23名学生。入学时该班学生思辨倾向均值为4.40（数据结果见表1），整体呈正向，八个维度的具体表现为：求真性（3.78）和坚韧性（3.90）最差，呈负向；正向维度从低到高排序为自信度（4.05）、成熟度（4.55）、分析性（4.60）、正义性（4.60）、开放性（4.76）、好奇心（4.93）。

表1　学期初思辨倾向问卷调查统计结果

思辨倾向维度	均值	标准差
分析性	4.60	0.50
好奇心	4.93	0.52
坚韧性	3.90	0.86
自信度	4.05	0.60
求真性	3.78	0.38
成熟度	4.55	0.49
开放性	4.76	0.55
正义性	4.60	0.61

4.3 数据收集和分析

本研究的数据包括：学期初的高中阶段英语学习情况问卷调查和思辨倾向问卷调查，学期末关于阅读日志教学效果的开放性问卷调查，以及学生在学期初（第二单元）、期中（第七单元）和期末（第十单元）的阅读日志中的提问。笔者对前两个问卷数据进行了描述性统计分析，对开放性问卷内容进行了内容分析，对学生提问从思辨倾向的八个维度作了内容分析。受篇幅所限，下文仅汇报数据显示发展较明显的四个思辨倾向维度的表现情况。

5 研究结果

笔者对期末问卷数据和学生提问的分析显示：1）阅读日志问题提供了有方

向、有内容、有深度的思辨阅读训练，引导学生通过理性思考形成有理据的评价，培养了思辨的习惯、性格以及对思辨的信念，促进了学生思辨倾向的发展；2）学生的求真性、开放性、分析性和自信度等思辨倾向维度发展更加明显，而坚韧性、好奇心、成熟度和正义性等维度表现则不够充分。

5.1　求真性

阅读日志任务培养了学生勤于探索的求真精神。阅读日志问题不仅帮助学生加深对精读课文的理解，提高阅读理解能力，还教给学生思辨阅读的方法。在期末问卷中，19名学生（S7、S9、S11、S15除外）称他们会有意识地用思维要素分析课外学术性文章。阅读能力的提高和思辨方法的掌握鼓励了学生在课堂之外进行思辨和探索。在日常生活中，学生也开始“不自觉地思考”（S2和S6），“会自觉或不自觉地运用思维的要素去公正理性地分析和评价我和他人的思想”（S19）。

学生求真性的发展还体现在敢于质疑权威，提出自己的观点。学生的中学英语教学以知识灌输为主，生活中也被要求尊师重教，这些都是大一新生相信权威、不敢质疑的重要原因。在阅读日志问题的引导下，学生通过理性思考形成判断，提出问题，逐渐变得敢于质疑、敢于提出自己的观点。在期末问卷中，18名学生（S9、S11、S13、S19、S23除外）称，自己以前盲目相信权威，现在开始主动思考并提出问题（如S10），会质疑权威和推测的合理性，也更加理性地分析和评价他人（如S2）。日志中的学生提问证明学生所言不虚，在第七单元的日志中有四名学生（S4、S8、S9、S12）对作者的观点、例证等提出质疑，如：

S12: How can the second experiment in Paragraph 13 prove that Japanese are very emotional?

而在第十单元的日志中有五名学生（S2、S4、S12、S18、S21）提出了质疑，如：

S4: Since every view of time has its advantages and disadvantages, so how can the author be confident that they have approached the optimum management of time?

5.2 开放性

日志任务也促进了学生开放性的发展。日志问题引导学生分析思维的视角，使其意识到不同的身份和立场会采用不同的视角、形成不同的观点，并开始关注作者立场对论证的影响，如第七单元和第十单元日志中的学生提问：

S15: Whether the writer's Japanese background will make this article less objective?

S12: In Paragraph 12, the author says that Northern Europeans and Northern Americans seldom reconcile themselves to multi-active use of time. But in the following paragraphs, he doesn't mention the Southern Americans' attitude to linear time concept. Is this not objective enough?

分析思维的视角使学生认识到某一观点的主观性和局限性，探究造成意见分歧的原因，因此更能理解和包容不同意见和见解。在期末问卷中，22名学生（S3除外）提到会从多角度思考问题，包容不同意见。同时，学生并不盲目自信，大部分学生在提到思辨能力有所提高时，也强调自己还有很多不足之处，如S12提到"慢慢认识到了一个人看问题的局限性"，S9提到"发现自己原来有很多主观的偏见，并且喜欢用一个固定的标准看待事物"。

5.3 分析性

学生分析性的发展在期末问卷和学生提问中都有明显表现。阅读日志问题引导学生从思维的八个要素入手，通过理性分析形成有理据的文本解读和评价，降低了阅读理解的随意性和主观性，提高了阅读思考的条理性和逻辑性。学生逐渐学会辨别哪些问题需要深入思考，"会带着问题看文章，思考作者的论证是否有逻辑地围绕问题展开，所举的例子是否具有代表性，作者的视角、身份和经历是否影响了文章的客观性"（S1）。

第二单元日志中的学生提问虽然有很多简单问题（如S2：What is the difference between persuasion and information talking?）、语义不明的问题（如S8：Is language being invented for it's interaction or just a kind of helping the words to be remembered?）、无意义的问题（如S4：Who invents such different languages?）或不相关的问题（如

S7：How can we prevent our behavior from being changed by others' language?），但第七单元和第十单元的学生提问就更具体，更有深度和意义了，如：

S14: How does the study in Paragraph 8 support the point that Japanese are highly emotional?

S21: In Paragraph 6, why does the author give an example of German composer to illustrate the American sense of time is not so logical all the time? Don't the Germans share the same concept of time with the Americans?

5.4　自信度

日志任务也提高了学生的思辨自信度。在期末问卷中，23名学生称日志任务"增强了我独立思考的勇气和信心，让我相信理性，学会从不同角度、公正地评价自己和他人"（S17）。学生对自己的思辨能力评价颇高，称自己的思辨能力"疯狂增长"（S22），"独立思考的意识提高了"（S9），"有了独立思考的勇气"（S23）。

学生的思辨自信度还体现在他们对课堂知识的掌握和自发、自如的运用。思维要素不再只是思辨阅读的切入点，而被学生自觉或不自觉地用于其他课堂和日常生活，如"在口语训练针对某一问题进行讨论时，会从不同的角度、维度思考问题，且在思考问题时会先思考该问题的purpose是什么，有什么导向，需要我从什么地方着手，而不是跟着感觉走"（S13）。学生发现思维要素"也能用于理解日常生活中他人的想法"（S6），"在某些人际交流过程中，对他人行为话语的分析会运用到在阅读中所学的理论，也会不自觉地注意别人的语言现象"（S2）。与感觉、直觉相比，通过理性分析得来的结论自然带给学生更大的自信。

6　反思和讨论

结合本研究结果，反思本学期的教学实践，笔者得到三点启示：其一，导学务必详尽介绍课程知识、思辨知识和学习方法，为学生监控和调整自己的学习过程、实现自主学习打下坚实的基础；其二，教师反馈应力求及时和个性化，这样才能督促和鼓励学生思考，成为师生交流的重要渠道；其三，阅读日志问题不能生搬硬套思维要素，而要结合课文的特点和内容，这样才能真正引导学生深入分析，客观评价课文。

本研究还存在一些不足之处。由于时间和精力所限，本研究只考察了一个班在一个学期的情况，主要通过问卷方式收集数据。虽然有学生反思和课堂观察多方验证，但缺乏课程效果的横向对比。研究时间也不够长，研究的信度受到一定限制。今后的研究可以让更多的班级参与，采用实验设计的形式，来进一步考察其效果。

参考文献

Abrami, P. C., R. Bernard, E. Borokhovski et al. 2008. Instructional interventions affecting critical thinking skills and dispositions: A stage 1 meta-analysis [J]. *Review of Educational Research* 78: 1102–1134.

Abrami, P. C., R. Bernard, E. Borokhovski et al. 2015. Strategies for teaching students to think critically: A meta-analysis [J]. *Review of Educational Research* 85: 275–314.

Bensley, D. & R. Spero. 2014. Improving critical thinking skills and metacognitive monitoring through direct infusion [J]. *Thinking Skills and Creativity* 12: 55–68.

Billing, D. 2007. Teaching for transfer of core/key skills in higher education: Cognitive skills [J]. *Higher Education* 53: 483–516.

Boud, D. 2001. Using journal writing to enhance reflective practice [J]. *New Directions for Adult and Continuing Education* 90: 9–18.

Cui, L. 2006. The development of reflective thinking and strategic learning through journal writing [J]. *CELEA Journal* 29: 84–111.

Ennis, R. H. 1991. Critical thinking: A streamlined conception [J]. *Teaching Philosophy* 14: 5–24.

Ennis, R. H. 1996. Critical thinking dispositions: Their nature and assessability [J]. *Informal Logic* 18: 165–182.

Facione. P. A. 1990. Critical thinking: A statement of expert consensus for purposes of educational assessment and instruction. Research Findings and Recommendations [Z]. ERIC Doc. No.: ED 315 423.

Facione, P. A. 2000. The disposition toward critical thinking: Its character, measurement, and relationship to critical thinking skill [J]. *Informal Logic* 20: 61–84.

Facione, P. A. & N. C. Facione.1992. *The California Critical Thinking Disposition Inventory (CCTDI): And the CCTDI Test Manual* [M]. Millbrae, CA: California Academic Press.

Facione, P. A. et al. 1994. *Are College Students Disposed to Think?* [M]. Millbrae, CA: California Academic Press.

Giancarlo, C. A. & P. A. Facione. 2001. A look across four years at the disposition toward critical thinking among undergraduate students [J]. *The Journal of General Education* 50: 29-55.

Halpern, D. F. 1998. Teaching critical thinking for transfer across domains: Disposition, skills, structure training, and metacognitive monitoring [J]. *American Psychologist* 53: 449-455.

Halpern, D. F. 2014. *Thought & Knowledge: An Introduction to Critical Thinking* [M]. New York: Psychology Press.

Heijltjes, A., T. V. Gog & F. PaaS. 2014. Improving students' critical thinking: Empirical support for explicit instructions combined with practice [J]. *Applied Cognitive Psychology* 28: 518-530.

Moon, J. 1999. *Learning Journal: A Handbook for Academics, Students and Professional Development* [M]. Abingdon: Routledge Falmer.

Paul, R. & L. Elder. 2006. *Critical Thinking: Learn the Tools the Best Thinkers Use* [M]. New Jersey: Pearson.

Sears, A. & J. Parsons. 1991. Toward critical thinking as an ethic [J]. *Theory and Research in Social Education* 19: 45-68.

Stupnisky, R. H., R. Renaud, L. Daniels et al. 2008. The interrelation of first-year college students' critical thinking disposition, perceived academic control, and academic achievement [J]. *Research in Higher Education* 49: 513-530.

Tiruneh, D., X. Gu, M. Cock & J. Elen. 2016. Systematic design of a learning environment for domain-specific and domain-general critical thinking skills [J]. *Education Technology Research and Development* 64: 481-505.

Tishman, S., E. Jay & D. Perkins. 1993. Teaching thinking dispositions: From transmission to enculturation [J]. *Theory into Practice* 32: 147-153.

辜向东、洪岳、杨瑞锦，2017，"大量阅读输入"教学模式下英语专业学生的阅读态度——基于学生学习日志的历时质性研究 [J],《外语与外语教学》(3)：68-77。

教育部高等学校外国语言文学类专业教学指导委员会，2018，外国语言文学类专业教学质量国家标准 [A]。载教育部高等学校教学指导委员会（编),《普通高等学校本科专业类教学质量国家标准》(上册) [C]。北京：高等教育出版社。90-95。

蓝纯、夏登山，2015,《大学思辨英语教程精读 1：语言与文化》[M]。北京：外语教学与研究出版社。

李莎莎，2010，英语专业学生在英语阅读策略学习过程中的差异分析 [J],《社科纵横》(8)：175-178。

林岩，2012，口语教学与思辨能力培养——一项对英语辩论课程中学生反思日志的研究 [J],《外语与外语教学》(5)：29-33。

马蓉、秦晓晴，2016，英语专业大学生的批判性思维倾向特征研究 [J],《西安外国语大学学报》(4)：60-63。

孟辉、梁汇娟、初彤，2019，大学生自主反思维度探析——以英语学习为例 [J],《中国外语》(2)：64-70。

孙有中，2011，突出思辨能力培养，将英语专业教学改革引向深入 [J],《中国外语》(3)：49-58。

文秋芳、王建卿、赵彩然、刘艳萍、王海妹，2011，对我国大学生思辨倾向量具信度的研究 [J],《外语电化教学》(6)：19-23。

文秋芳、张伶俐，2016，外语专业大学生思辨倾向变化的跟踪研究 [J],《外语电化教学》(2)：3-8。

吴青，2014，学习日志呈现的笔译能力发展进程及其对笔译教学的启示[J]，《中国翻译》(4)：45-53。

姚斌、郑睿颖，2014，学生反思日志在口译教学中的应用探究[J]，《中国外语教育》(1)：34-41。

张莎、文秋芳，2017，英语专业硕士生思辨倾向的量具构建与实证调查[J]，《外语学刊》(2)：110-114。

探索学生英语写作和思辨能力协调发展的行动研究："苏格拉底圈"的应用[1]

邱　瑾

提　要： 本文以说明文写作课"定义"单元的教学过程为例，通过行动研究考察"苏格拉底圈"在英语专业写作教学中的运用，以实现英语写作和思辨能力的融合培养。研究发现，教师可通过提供支架、改进活动环节、明确规则和分工等方法对活动方案进行改进，从而达到更优质的教学效果。

关键词： 苏格拉底圈；行动研究；英语写作；思辨能力

1　引言

如何将思辨培养有效融入技能课程，是当前英语专业教学改革的重要课题（文秋芳、孙旻2015）。写作教学中，由于应试模式的影响，学生常常依靠背诵套式，写作内容比较空泛，"重记忆而轻思考，重模仿而轻创新"（李文婷 2012：156）的现象十分突出。针对该现象，本行动研究以北京外国语大学英语学院说明文写作课"定义"单元的教学过程为例，运用"苏格拉底圈"这一教学工具，探索如何帮助学生突破写作内容贫乏的问题，实现英语写作和思辨能力的协调发展。

当前国内关于英语写作教学中思辨能力培养的研究主要包含以下几类：1）以思辨能力为导向的教学模式和培养路径的宏观构建（张莲、孙有中 2014）；2）探讨具体教学的行动研究或课例研究（邱瑾 2020；周一书 2019）；3）设计测评体系（董焱宁 2017）。这些研究为本课题提供了丰富的启示。但是纵览以往研究，讨论如何通过适当的教学工具将思辨能力培养有效融入日常技能课的研究仍不多见。

以古希腊哲学家命名的"苏格拉底圈"（Socratic Circle，以下简称SC）是

1　论文原发表于《外语教育研究前沿》2023年2月第6卷第1期。

一种基于苏格拉底式提问、以内外圈为组织模式的教学工具（Copeland 2005）。“苏格拉底式提问”由来已久，但直到20世纪80年代才作为教学法引起学界关注（Adler 1982）。Paul & Elder（2016：1）将其界定为一种“系统、有序的深度提问”，“常聚焦基础性概念、原则、话题……可用于多方向、多目的的思想探索活动”。近年研究发现，苏格拉底式提问教学法对提升高阶思维能力尤为有效（Griswold et al. 2017；Liu & Yu 2019）。孙有中（2019：831-832）提出“思辨教学原则”倡导以问题为导向的“探究型教学”，“其顺利进行的前提是教师和学生都掌握了苏格拉底式提问技巧”。然而在我国英语教学中，该方法的实际运用还只是刚起步，将SC作为写作教学工具的研究更是寥寥可数（唐沁 2018）。贾斯汀·曼德斯（2016：59）在肯定苏格拉底式教学法“有很多潜在的好处”的同时，指出其“在中国并不非常流行”，主要原因是其“不适合中国文化或教育现实”。笔者认为这一看法有待商榷。本行动研究亦旨在考察SC在写作教学中的本土化运用，以解决实际教学难题。

2 运用“苏格拉底圈”的行动研究

2.1 发现、确立问题

本课题的教学对象是北京外国语大学英语专业本科一年级学生。教学内容为《大学思辨英语教程写作2：说明文写作》的“定义”单元；教学目标是对某抽象概念进行多方法、多角度的定义。定义对于论说文中解释、澄清关键词十分必要；尤其当被定义项具有多重含义时，对其进行清晰的界定是有效学术争鸣的前提。“为了合理地提出异议，我们需要先寻求共识”（Mooney et al. 2016：339）。定义写作融合多种论说文技巧，如描述特征、举例说明、比较对照、追踪溯源、分析因果等；多角度定义更是对思辨提出较高要求。因此该单元具有较强的研究代表性。

从以往教学中，笔者发现学生在写作中进行定义时最突出的问题是依赖词典定义，不善于从新角度、有深度、令人信服地下定义。实际上，许多概念意义模糊，即使专家也意见不一，词义更会不断演变。认为词典能够提供最精确和权威的定义是一个错误观念（刘彦方 2011/2018）。而对权威与模板的依赖说明学生缺乏独立思考的精神和深入探究的能力。在首轮课前问卷调查中，超过

60%的学生表示其“写作中最大的困难”是内容贫乏：如“读的书太少，肚子里没墨水”“缺乏对现象和本质的挖掘和思考”“内容过于浅显”“缺乏充足例子来支持观点”等。同时，有25%的学生认为难在语言：如“词汇量小”“缺乏准确性”“无法找到合适的英文表达自己的观点”。学生习作中语言表达含混不清、中式英语频繁出现等问题比较突出。

由于思维和语言具有辩证统一关系（Lantolf 2000），学生反映的难点其实并不割裂。思辨英语教学所秉持的语言观是“高级语言能力建立在人际交际语言能力之上，进而包含思辨能力”（孙有中 2019：826）。定义写作中的诸多问题，终究可归结为思辨能力不足。因此我们有必要根据思辨能力的内涵与指标来细化教学目标和选择教学工具。在多个相关定义中，文秋芳等（2009：42）的思辨能力层级理论模型1由认知和情感等多维度构成，并包含元思辨能力，为确立写作中思辨能力培养目标提供了理论依托和评价量具。

基于此，本单元思辨与写作能力培养目标可细化如下：

1）在写作过程中充分运用分析、推理、评价等认知技能；

2）产出（主要指基于研究的原创性扩展定义）应达到清晰、精确的认知标准；

3）通过对定义的探究，培养好奇、开放、自信、正直、坚毅等积极思辨品质；

4）通过写作过程中的自我管理与反思，发展元思辨能力。

2.2　整体方案设计

为实现目标，笔者决定在教学中引入SC，并通过行动研究对方案进行监测和调控。SC通常的活动流程是：先指定某文本作为阅读与讨论对象，再将学生分为内圈（inner circle）和外圈（outer circle）；内圈就文本展开对话，外圈观察记录；然后交换角色（Copeland 2005）。笔者参考“产出导向法”（Production-Oriented Approach，POA）原则（文秋芳 2015），将学生的产出作为对话聚焦的文本。整体行动研究方案设计如下。学生分成四组，以小组为单位，围绕一个文化概念或热词进行定义，字数为800—1500字（一般作业字数要求为350—400字）。首周布置写作任务并下发苏格拉底式提问类型清单2。课后小组制订研究计划，集体完成初稿，并选择其精华准备5分钟展示。第二周课上，全班分成内、外圈各两组。先由内圈A组陈述定义，B组参考苏格拉底式提问类型提问，A组现场回应；外圈C、D组观察、点评。依次循环四轮（见图1）。课后，各组根据提问和点评修改初稿，提交终稿。全过程如表1所示。

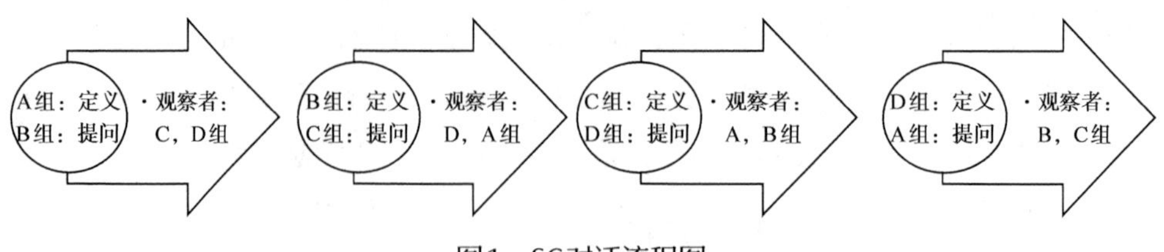

图1　SC对话流程图

表1　“定义”单元教学过程

教学过程		活动	目标	中介工具
首周	课前	预习	了解定义特征	教材
	课中	讨论课文，练习用category word和defining features完成句子定义	学习句子定义与扩展定义写作技巧	教材、练习材料、PPT
		布置任务		
	课后	小组讨论，完成初稿	实践定义技巧	提问类型清单、评价量表
		准备展示		
第二周	课中	SC讨论	提高思辨和写作能力	英语口语、PPT
	课后	小组讨论，修改初稿		自评检查单、反思日志
		提交终稿		

评估产出除了按教学大纲要求（内容40%、结构20%、语言40%）综合评分，还依据五项认知标准（文秋芳等 2009），结合“好定义的标准”（Mooney et al. 2016：341；刘彦方 2011/2018：24–26），确定本单元思辨评价指标（见表2），每项指标分为五个等级，5分为优，1分为差，以5分制评分。

为保证研究结果的效度，教师采用教学录像、反思日志、观察笔记等方式进行记录；学生数据除了每轮初、终稿，共计24篇习作以外，还包括访谈、问卷调查以及小组活动材料。一名应用语言学专业研究生在第三轮行动研究中做了全程课堂观察。多方数据有助于研究者更真实、深入地了解行动研究方案的实施效果。

表2　定义的思辨评价指标

清晰性	相关性	逻辑性	深刻性	灵活性
定义项（definiens）清晰、明确，表述精准，不晦涩难懂	定义既不过于宽泛也不过于狭隘，论据充分、切题，紧密围绕被定义项（definiendum）	定义完整、合乎逻辑、前后连贯，无循环界定（circular definition）	定义基于研究，具有一定深度、广度和复杂性	定义具有原创性，能采用多方法、从多视角展开

3 第一轮行动研究

3.1 实施与监控

2017年5月行动研究方案首轮实施。学生自主选题，自行建组。从课堂观察看，SC调动了学生能动性，讨论气氛热烈，反馈积极，如“新颖”“有趣”“过程很刺激”“体会到思考的乐趣”“是本学期给思考发挥空间最大的一次任务”“加深了对所定义概念的理解”“能从多个角度展开思考”“作业形式很锻炼人”等等。

产出评测结果印证了学生的感受，不仅综合评分优于其他单元（见图2），终稿较初稿在各思辨评价指标上均有显著提升，其中清晰性、逻辑性的提高较为明显（见图3）。

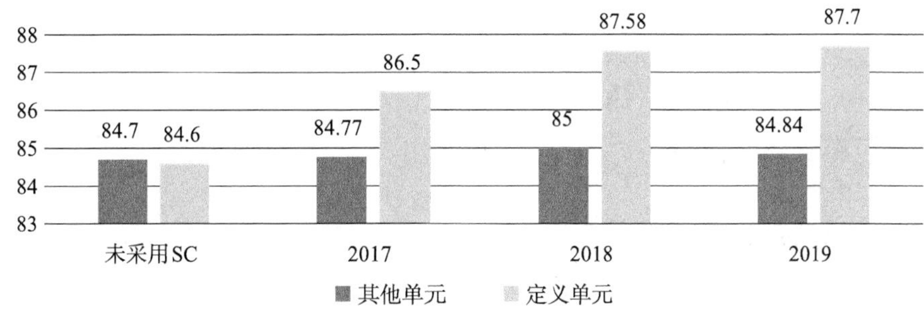

图2 本单元与其他单元的综合成绩平均分对比

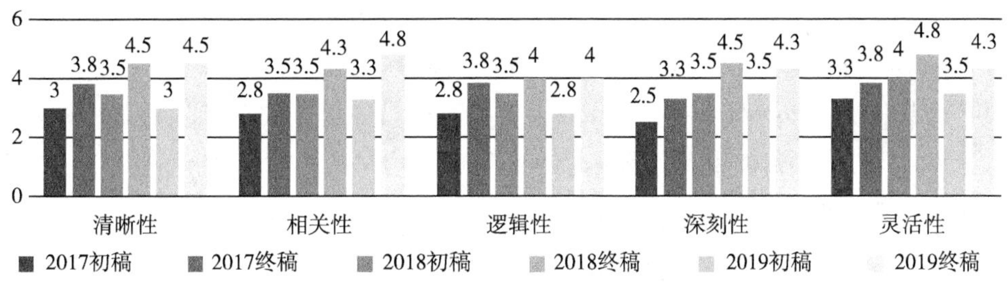

图3 三轮教学作文思辨维度评测成绩比较

3.2 反思与改进

然而，令笔者感到意外的是，学生在深刻性和灵活性上得分不高（见图3）。本来SC旨在引发深度思考，为何未达到理想效果？经过调查与反思，教师发现问题主要出自对话。看似热闹的讨论仅有3/4的学生参与提问，而真正的苏格拉底式提问不足一半。“不知道问啥”“没听懂，所以也不好提问”。同时，部分学生对提问应对不佳，或将对话变成争辩，急于证明自身观点正确；或“因害怕答不上来或是表现不够好而感到紧张”。受应试教育影响，学生习惯于只追求“正确”答案而不善于提问，害怕答错或“丢分”，因而难以开展真正优质的对话。

为了充分发挥SC的效用，教师要设法帮助学生学会提问和应对提问。仅仅把苏格拉底式提问类型清单抛给学生或是替代学生提问或点评，都不能帮助学生将思辨技能内化。学生需要进行大量实践，还需要具备开放、好奇的心态，明白SC不是为了“得分”，而是寻求理解、探索意义；提出好问题比“答对”更重要。因此，教师应思考提供怎样的支架帮助学生培养理念、调整心态、掌握提问技巧。而最有助于学生理解SC的渊源和精髓的，莫过于呈现苏格拉底对话的哲学原著，因此，教师计划在下一轮行动研究引入人文经典，并通过改善活动环节增加学生实践机会，提高对话效率。

4　第二轮行动研究

4.1　实施与监控

2018年第二轮行动研究改进措施如下。1）课前布置阅读包，包含a）通俗哲学读物《苏格拉底的6个问题》（*Six Questions of Socrates: A Modern-Day Journey of Discovery through World Philosophy*）（Phillips 2004）；b）公开课《正义》视频；c）《理想国》（*Republic*）（Plato 1993）首卷苏格拉底关于“正义”定义的对话。以上均为节选，梯度由易到难，阅读量和难度均是学生可以接受的程度。首周课上，教师以材料c）中苏格拉底与学生关于“正义”定义的讨论为实例，引导学生了解苏格拉底式提问的特点。学生发现苏格拉底总在说“我不知道”，并不断拷问弟子给出的各种定义，以暴露其中漏洞，从而引发更多的问题和思考。2）划定选题范围，保证选题的人文内涵和研究价值。3）正式讨论前，增加线上发布初稿与预提问环节，让提问组提前熟悉文本并练习初步提问；也让定义组做好一定的回应准备。4）初稿发布后，教师同样用提问给予反馈，除启发深入探究外，亦能示范提问技巧，协助学生完成SC中的多重角色。而到正式讨论时，教师仅扮演观察者，把对话时间全部留给学生。

新方案实施后，一个显著变化是提问率升至100%。由于双方均有备而来，紧张程度降低，但思辨质量提升。问者能就定义的观点、论据、结构、语言积极提问，答者回应也更为谦虚理性，现场还碰撞出很多超越预提问环节的交流。例如，对比A组“佛系青年”定义项的初、终稿，四处主要改动（见表3）均与SC提问有关。修改后的用词更准确，意思更明晰。思维的清晰确保语言的精确，语言的锤炼又深化了思维。

表3　运用SC改动定义项分析

原定义项（初稿）	提问	回应	对应思辨评价指标	终稿
Foxi Youth, nicknamed “Buddha-like Youth”, ①which has little to do with Buddhism, refers to some youths ②in China, who adopt ③a demotivational approach ④towards life.	①If it has little to do with Buddhism, then why is it Buddha-like?	去掉不准确表述，另起一段解释“佛系”的来源	相关性 逻辑性	*Buddha-like Youth* refers to ①a particular group of youth ②in contemporary China who adopt ③an unmotivated and ambitionless approach ④towards major aspects of life including career, relationships, and daily activities.
	②Did Buddha-like youths exist in ancient China?	增添修饰语	清晰性 相关性	
	③What does “demotivational” mean?	用其他易懂词替换	清晰性	
	④What do you mean by “life”?	详列所指，并按分项组织全文	清晰性 深刻性	

SC只提问题，不做评价，用提问促使写作者深化思考、自主修改、完善定义，培养学习主体意识。写作者能和多个评价者实时交流，激发头脑风暴。如D组的“君子”定义收到以下提问：

1）You seem to be assuming the meaning of Junzi never changes. Do I understand you correctly?（拷问假设）

2）Can you give more examples of Junzi?（拷问证据）

3）How does “Junzi” relate to “Gentleman”?（要求说明）

4）You cited Yu Qiuyu’s definition of Junzi. Do you agree with him? What would someone who disagrees say?（探索不同视角）

……

这些问题促使该组由800字初稿扩展为1600多字终稿。从儒家“君子”定义开始，到简述“君子”内涵的演变，例证其当代体现，并将“君子”与西方文化中的“绅士”作比较，最后给出定义：“Junzi is a person who uses moral principles to rectify his/her behaviours, who strives for self-cultivation and self-perfection, and who has taken social responsibility"。全文内容丰富，条理清晰，能从多方法、多层次、多角度下定义，还融入了跨文化思考。

学生反馈亦表明改进后的SC对于解决写作中内容贫瘠的问题起到明显作用。问卷调查中，90%的学生认为SC有助于提高思辨能力，体现在激发思维能动性、促进多角度思考、提升自我反思和评价能力等方面，如"补充了很多没考虑周全的问题""小组成员想法多样，能拓展自己思维，令我跳出原有的思维框架""从同学的质问中感受到了不同角度所带来的观点差异和思维火花碰撞的魅力""能使我在写作中不断自我质疑、自我突破""使得文章更有思想和说服力""能引发学生深度探索话题，并构建自己的'理想国'"，等等。

同时，75%的学生认为SC对提高写作能力"很有帮助"，20%认为"有一定帮助"。超半数的学生表明SC活动能提高其语言准确性、精确性。评测结果也显示产出在清晰性和深刻性思辨评价指标上的表现尤为良好（见图3）。

对于引入的支架，85%的学生表示很有必要。有学生写道："老师选取的材料并非模式化而内容贫乏的范文，而多是名家名作，真正有其文化、文学、思想价值的，这是非常独特且希望老师延续的。"

4.2 反思与改进

此轮行动研究改进虽取得较满意效果，但问题依然存在。学生在问卷调查中反映：1）活动临近期末，有些任务完成得仓促；2）有组长表示"许多时候大家都忙，我就会习惯性地揽活""大部分任务被一两个人承担"。教师意识到，思辨活动需要投入较多时间，而且在合作式写作任务中，要想切实提高学生能力，须保证每个个体的充分参与。因此打造高效的学习共同体（Engeström 2015）成为需要解决的新问题。

第三轮行动研究将重点针对"时间不足、分工不明"进行改进，措施如下：1）精简阅读包并提前布置，利用阅读周完成准备工作；2）明确分配组长、组员的任务，对全体成员提出具体要求，如全员参加初、终稿写作，内圈每人至少提2个问题，外圈至少发言1次等，并将分工与成绩挂钩；3）培训组长，帮助学生运用时间管理策略，如填写活动进度表等；4）在学生同意的情况下，要求小组随终稿提交分工方案、活动进度表、课下讨论录音或活动记录、反思日志等材料，以加强学生在写作过程中的自我管理和教师对课下活动的监控。

5　第三轮行动研究

5.1　实施与监控

2019年新一轮方案实施。从某组提交的活动进度表（见表4）可以看到，学生不仅进行了细致分工，且按时有序地完成了所有任务（包括本组写作和向合作组提问）。个体的课下参与得到切实的保证。

表4　活动进度表（2019A组）

序号	步骤（基于教师提供的样本）	时间	地点	分工
1	第一次组内讨论，选题，分工	4/25	宿舍	A、B—写稿；C、D、E—准备资料；F—写反思日志
2	收集资料；前期准备	4/26		C：XXX；D：XXX；E：XXX
3	完成初稿	4/27		A、B
4	组内修改	4/29		全体
5	线上发布1稿	4/30	公邮	A
6	向合作组提问（线上）	4/30–5/4		C：Para 1-2；B、D：Para 3-7；A、E：Para 8-9；A：Overall
7	第二次组内讨论，基于提问与反馈修改	5/5	宿舍	全体，修改重点：逻辑以及用词的推敲
8	完成2稿	5/6		A、B
9	准备展示	5/7		全体，A负责整合PPT
10	SC活动：展示、提问、对话	5/8		全体
11	第三次组内讨论，在反馈基础上修改，并共同完成活动反思日志	5/8–5/11	微信群	全体，修改重点：补充内容，理顺结构
12	提交终稿	5/12		A
13	提交材料	5/14		F

从提交的材料来看，各组在课下开展了平均4.5次讨论。单次讨论从最少2分59秒到1个多小时不等。学生借小组讨论更充分地练习了提问技巧，以B组关于“剩女”的一次讨论为例：

A（组长）：你负责的那块是找资料写的吧？

B：对。

A：你写的20岁，可我们查的是27岁。

B：所以说定义这个，大家是会有不同的……

A：OK，我们先保留。

D：20岁还很年轻。

E：很多人20岁连男女朋友都没谈。

B：其实我在想，什么样是权威的定义，比如说我们认为20岁还很年轻，但很多人认为20岁已经不小了，不管我们怎么认为，那只是我们的看法。有没有权威的定义support一下。

C：其实剩女的概念是没有权威定义的。

D：但我查的资料里面，2006年妇联是给了一个定义的……

A：要不咱们就给一个大概的范围，比如20 and beyond。

……

A：我想到一个问题，我们来看这个定义：women that remain unmarried，那没结婚、有男友的算不算？

C：不算。

E：有伴侣的都应该不算。

A：那咱们有必要把这个加在定义里。（打字声）

（2019年B组第二次小组讨论节选）

小组全员参与，能自发运用多种苏格拉底式提问类型，如“要求做出说明”（关于年龄阶段的界定）、拷问证据（提供不同资料）、拷问假设（举出特例）等，能自我质疑（意识到“有不同的定义”“那只是我们的看法”）；边议边改，体现了意义的集体建构过程。

与前两轮一样，产出评估表明SC对写作有积极影响。图2显示，对比本单元综合成绩平均分与另一单元综合成绩的全班平均分，运用SC之前，结果相差不大甚至更低；运用SC后，本单元均高于其他单元。本轮差距最为明显，说明方案改进的效果总体上在增强。

此外，SC对于思辨能力的影响在三轮行动研究的四组平均分比较中也得到了一定验证。三轮终稿在各思辨维度上都高于初稿。从各轮次比较可以看到，进步较明显的是清晰性与相关性；在深刻性和灵活性上第三轮有回落，而相对较难提高的是逻辑性。

5.2　反思与改进

教师反思逻辑问题与小组合作方式有关。活动记录显示，有两组的做法是每人负责一段、哪段出问题就由负责人来修改。这样虽提高了效率，但会损害文章的完整性。有的小组虽数易其稿，但终稿中仍存在段落衔接生硬、文风混杂的情况。正如学生在反思日志中所反映的：

> Group pre-writing discussions help a lot in recognizing the logical fallacies appearing in our thoughts, and at the stage of writing each part individually, we are able to focus on our own part and make it as good as possible. But when we need to combine the parts together, it really took us a long time to make every transition smooth.
>
> （2019年C组反思日志）

此外，教师从提交的活动记录中还发现，学生解决争议的方法过于简单。如上述对话中至少有两处话语被打断：年龄划分对定义会造成什么影响？查到的"权威"定义是什么？这些问题未加讨论便匆忙达成"共识"。对效率的追求损失了定义的深度与复杂性，而且如学生在问卷调查中所说，"容易弱化个人独立思考，必须放弃或改变自己的独特观点来妥协"。后续改进重点将是调整小组合作方式，加强全文连贯性，同时鼓励学生自信表达、充分讨论。

6　研究效果、反思与教学启示

本行动研究历时三个轮次，总体实现预期目标。学生通过反复训练能掌握SC提问技巧，能通过对话合作探索较复杂的话题；能通过提问不断改进产出，使其达到更高思辨标准；能开展自我管理、反思写作过程，并在其中展现出谦虚、开放等积极思辨品质。

当然，方案还存在改进空间。进一步协调集体与个人写作的关系，加强作文整体连贯性，解决效率与深度的矛盾，鼓励学生求真求是，这些都是教师今后面临的挑战。

就SC的应用而言，此次研究显示SC是具有实效的写作教学工具，尤其有助于提高产出的清晰性、准确性、深刻性。但要实现其本土化有效运用，需要结合学情，做好充分准备，包括提供支架、改进活动环节、明确规则和分工、增强教师主导作用等，以确保学生从中受益。

行动研究“强调过程和可持续发展”（王蔷、张虹 2014：33）。教师在面临各种挑战时，不妨将每个环节、每堂课、每轮教学置于一个长期、动态的活动系统，将教学改进视为螺旋上升、永不停歇的跋涉旅程。这也是笔者从此次研究中获得的最大感悟。当下课铃响，看到同学们还在热烈讨论怎么修改时，笔者深感SC不是一两节课上的精彩交锋，而是课下的持续追问和不断探索；写作和思辨能力的培养也不只是某一阶段的短期目标，而应是贯穿高等教育乃至一生的追求。

参考文献

Adler, M. J. 1982. *The Paideia Proposal: An Educational Manifesto* [M]. New York: Simon & Schuster.

Copeland, M. 2005. *Socratic Circles: Fostering Critical and Creative Thinking in Middle and High School* [M]. Portland: Stenhouse.

Engeström, Y. 2015. *Learning by Expanding: An Activity-Theoretical Approach to Developmental Research* (2nd Ed.)[M]. Cambridge: Cambridge University Press.

Griswold, J., L. Shaw & M. Munn. 2017. Socratic seminar with data: A strategy to support student discourse and understanding [J]. *The American Biology Teacher* 79: 492–495.

Lantolf, J. P. 2000. Introducing sociocultural theory [A]. In J. P. Lantolf (ed.). *Sociocultural Theory and Second Language Learning* [C]. Oxford: Oxford University Press. 1–26.

Liu, Y.-H. & F.-Y. Yu. 2019. Supporting active learning and formative evaluation via teaching-by-questioning in classrooms: Design, development, and preliminary evaluation of an online learning system [J]. *Interactive Learning Environments* 27: 841–855.

Mooney, T. B., J. N. Williams & S. Burik. 2016. *An Introduction to Critical and Creative Thinking: Analysing and Evaluating Ordinary Language Reasoning* [M]. Singapore: McGraw-Hill Education.

Paul, R. & L. Elder. 2016. *The Art of Socratic Questioning* [M]. Beijing: Foreign Language Teaching and Research Press.

Phillips, C. 2004. *Six Questions of Socrates: A Modern-Day Journey of Discovery through World Philosophy* [M]. New York: W. W. Norton & Company.

Plato. 1993. *Republic* [M], trans. R. Waterfield. Oxford: Oxford University Press.

董焱宁，2017，二语写作中的思辨能力评分量表：探索与实践[J]，《中国外语教育》（1）：23–30。

贾斯汀·曼德斯，2016，苏格拉底式教学法在中国英语教学中的应用[J]，《世界教育信息》（14）：57–59，71。

李文婷，2012，英语写作教学与学生思辨能力的培养[J]，《外国语文》（S1）：155–156。

刘彦方，2011/2018，《批判性思维与创造力：越思考越会思考》（An Introduction to Critical Thinking and Creativity: Think More, Think Better）[M]，彭正梅等译。上海：学林出版社。

邱瑾，2020，英语专业记叙文写作教学中的思辨能力培养——“人物刻画”单元课例研究 [J]，《中国外语》（6）：48–54。

孙有中，2019，思辨英语教学原则 [J]，《外语教学与研究》（6）：825–837。

唐沁，2018，“苏格拉底圈”在大学公共英语写作教学中的应用研究 [J]，《教育现代化》（8）：184–185。

王蔷、张虹，2014，《英语教师行动研究（修订版）》[M]。北京：外语教学与研究出版社。

文秋芳，2015，构建“产出导向法”理论体系 [J]，《外语教学与研究》（4）：547–558。

文秋芳、孙旻，2015，评述高校外语教学中思辨力培养存在的问题 [J]，《外语教学理论与实践》（3）：6–12。

文秋芳、王建卿、赵彩然、刘艳萍、王海妹，2009，构建我国外语类大学生思辨能力量具的理论框架 [J]，《外语界》（1）：37–43。

张莲、孙有中，2014，基于社会文化理论视角的英语专业写作课程改革实践 [J]，《外语界》（5）：2–10。

周一书，2019，续写训练提高大学英语写作教学成效的行动研究 [J]，《外语教育研究前沿》（1）：59–65。

读后创写思辨能力培养模式及其有效性研究[1]

穆从军

提　要： 当前思辨英语教学模式强调内容和方法的引导，却忽略了从学生角度考虑思辨能力的培养问题。本文从学生需求出发，提出一个新的、可操作的读后创写思辨能力培养模式，并对其有效性进行实证研究。本研究将思辨训练融入英语写作过程中，以思辨知识、思辨框架和思辨训练为核心要素，旨在促进学生思辨能力和英语写作水平发展。通过思辨训练前后测准实验、平时作文写作、学生写后反思和深度访谈等定量及定性方法，研究发现：1）就外显思辨指标而言，靶标、批驳和回应指标有所突破，背景、争议和证据指标有较大提升，但核心论点和结论指标提升不显著；2）学生思辨质量和英语写作水平显著提高。

关键词： 读后创写；思辨能力；培养模式；实证研究

1　引言

思辨能力培养如何融入英语教学"是当前高校英语专业技能课程教学改革乃至大学英语教学改革的重要命题和紧迫任务"（孙有中 2019：825），国内思辨英语教学研究大致从理论宏观和课例微观两个层面展开。前者主要在思辨教学模式理论架构（阮全友 2012）、教学管理（高瑛、许莹 2015）和教学原则（孙有中 2019）等方面进行了探索；后者在英语专业精读（伊蕊 2020）、写作（余继英 2014）等课程中融入思辨能力培养，进行课程单元设计和展示。这些理论探讨和实践多侧重于从教学管理、教学内容和教学方法等方面引导思辨教学，却忽略了从学生角度考虑思辨能力的培养问题（高瑛、许莹 2015），且缺乏实证研究支撑（杨艳霞、任静生 2016）。虽然课例研究以访谈学生或填写问卷等形式说明了

1　论文原发表于《外语教学与研究》2023年3月第55卷第2期。

思辨能力的培养效果，但仍缺乏客观的量化数据。鉴于此，本文拟从学生需求出发，提出读后创写思辨能力培养模式，并通过实证研究检验该模式的有效性。

2　相关研究

思辨能力是一种需要经过训练才能获得的高阶思维能力，是识别、分析和评价问题的综合能力，是高等教育的核心要求（杨艳霞、王湘玲 2020）。国内外学者从不同学科（如哲学、心理学、教育学及社会学等）视角提出了各种培养学生思辨能力的模式（Crismore 2000）。按教学方式可分为分离式和融入式，按教学目标有显化和隐化（文秋芳、孙旻 2015）等等。学界一般认为融入式和显化思辨教学目标更有利于学生思辨能力的培养（同上），尤其认同写作是培养和提高学生思辨能力的有效工具（Carlson 1995）。很多写作思辨教学模式主要从教师角度出发，强调教学内容、教学方法和教师评价，但从学生角度来看，他们可能更需要内容和形式的图式（Wingate 2012）。也就是说，学生需要清晰的显化思辨指标，通过思辨框架（即组织和支持思维过程的指南）来引导并组织思维（Perkins 1987）。

针对二语学生的思辨研究发现，学生的英语写作存在诸多问题。例如，往往不敢或者不习惯质疑，思想缺乏深度，考察问题角度单一（穆从军 2016）；英语写作像说大白话，缺少证据，论述肤浅（孙有中等 2011：605）；受语言能力所限，只能说会说的话，而不能说想说的话（文秋芳、周燕 2006）；等等。学生思辨能力弱的根源在于思辨能力是一种很难获得的反思性思维能力（杨艳霞、王湘玲 2020），教学实践中也缺乏针对性训练，缺少来自学生的反馈，缺少学生思辨的作品，缺少能将学生思辨过程外显的训练方法，导致学生缺少自我反思的思辨框架、步骤等抓手。为解决上述问题，本文提出读后创写思辨能力培养模式。

3　读后创写思辨能力培养模式及实施步骤

3.1　读后创写思辨能力培养模式

受王初明（2015）提出的“读后续写”的启发，本文提出“读后创写”思辨能力培养模式。该模式具有五大特征。第一，基于思辨框架的引导。思辨框架的引导通过五个语步落实，并通过外显的思辨指标进行衡量。第二，基于思辨的“阅读”。教师提供的阅读材料必须是反映思辨的多角度、多立场、符合学生水平及其兴趣的英语材料，以激发学生思考的兴趣和动力，让每个学生都感到能够“想一想”“说一说”。第三，基于学生的个性。强调学生的知识、立场、观点的自主建构，学生用英语撰写自己的观点或看法。第四，基于思辨的创造性（Paul & Elder 2007）。强调知识的转换（knowledge-transforming）而非知识的陈述（knowledge-telling）（Bereiter & Scardamalia 1987），这能在一定程度上体现对知识的贡献和创造。第五，基于显性的思辨指标。在思辨框架下实现教师对学生和学生对自我的思辨过程的有效的、可量化的监测与反思。具体而言，“读后创写”不是总结汇报阅读材料内容，而是在思辨框架的指导下，找准问题的争议点，明确核心论点，并围绕核心论点从多角度进行论证，教师和学生也可依据思辨框架对思辨和写作过程进行指导、调整、补充等反思活动。

读后创写思辨能力培养模式以思辨知识、思辨框架和思辨训练为三大核心要素（见图1）。思辨知识为思辨框架和思辨训练提供理论基础，体现思辨知识的思辨框架指导思辨训练，通过思辨训练，学生在读写和反思活动中内化思辨技能、习惯和标准，从而实现思辨能力的提升。

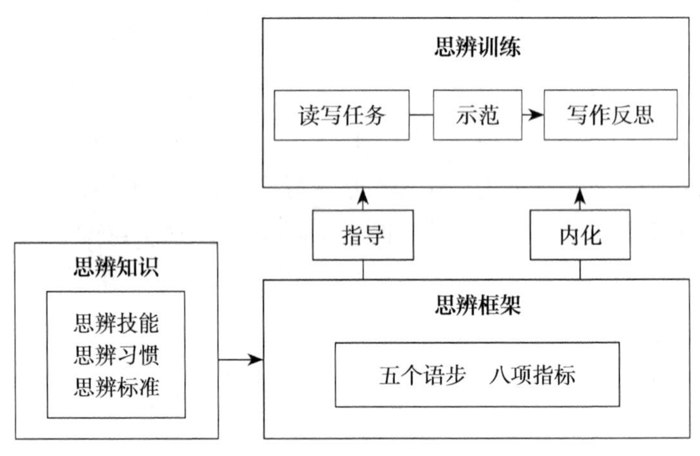

图1　读后创写思辨能力培养模式

在这个模式中，思辨知识的作用在于培养学生思辨的理论意识和自觉意识，使其明悉思辨技能、思辨习惯和思辨标准的内涵（Paul & Elder 2007），对任何观点或行为持审慎怀疑态度。

思辨框架是组织并支撑思辨活动的一个指南（Perkins 1987：47），包括引言、靶标、批驳、回应、结论五个语步（moves）和背景、争议、核心论点、证据、靶标、批驳、回应及结论八项外显思辨指标（indicators）（Toulmin 2003；韩宝成、魏兴 2021），详见图2 。引言语步包含背景、争议和核心论点三项指标，其中，背景交代事件的来龙去脉，反映思辨的系统性；争议指出正、反方或多方论点，反映发现、分析问题的能力和思辨的广度；核心论点反映思辨的清晰度。靶标、批驳、回应和结论既是语步也是思辨指标，反映思辨的深度。靶标语步主要呈现他方论点，分析他方论点的论据和推理，反映对手意识；批驳语步主要针对靶标语步中他方论据或推理存在的漏洞展开批驳，从而确立己方论点，是质疑精神的反映；回应语步针对批驳语步的论据和理由，给他方以辩解的机会，反映思辨的开放态度；结论语步针对回应语步对己方论点作出修正并作总结阐述。批驳针对靶标，回应针对批驳，结论针对回应，反映了思辨的程序性。证据指标贯穿靶标、批驳、回应和结论四个语步，遵循即时性、相关性、权威性、准确性和目的性原则（Carlson 1995；李莉文2011）。

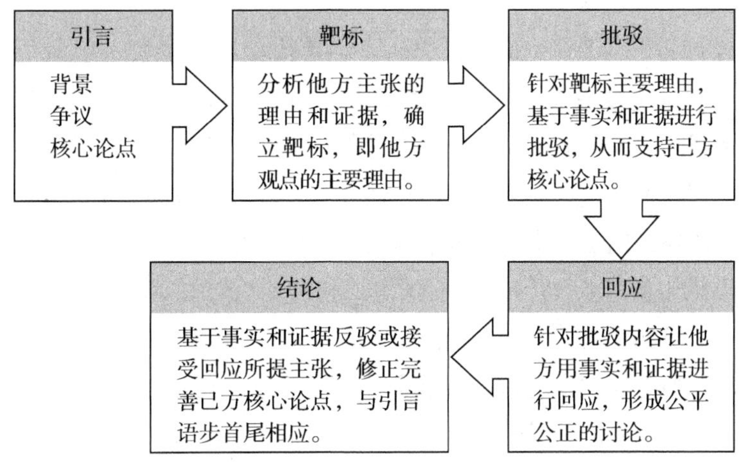

图2　思辨框架的五个语步和八项指标

思辨训练包括教师对读写任务的设计和学生的写作、反思活动，教师设计任务来激发学生的思考活动，引导学生按照思辨框架进行交流讨论，学生在思辨框架引导下进行有序、有目标的写作及反思，习得并内化思辨能力（Vygotsky 1978）。

3.2　读后创写思辨能力培养模式的实施步骤

读后创写思辨能力培养模式的实施遵循示范（modeling）、指导（coaching）

和渐退（fading）的原则（Atkinson 1997）。示范原则要求重复演示复杂活动，可用范文加强学生的理解和仿效；指导原则要求提供真实材料和任务，由教师或更有经验的同学提供切实有效的指导；渐退原则指学生内化思辨技能后，教师逐渐退出指导（同上）。

该模式中的三个核心要素按以下步骤实施：

1）思辨知识主要在教师展示和解析文章的教学中落实，把抽象的思辨知识、技能具象化，比如运用思辨目的、问题、信息等要素（Paul & Elder 2007）引导学生分析英语文章。

2）对于思辨框架的教学，首先是详细讲解优秀范文，帮助学生理解五个语步和八项指标的内涵和语言标记，让学生认识到五个语步是思辨活动的方向及写作的仿效模式，八项指标是衡量写作质量的标准和反思修改的依据；其次是要求学生在写作中按思辨框架组织、评价和调整思维及语篇内容；最后，写作完成后，教师根据思辨指标对学生作文进行评价和反馈，让学生交流反思经验，既是一种示范指导（Atkinson 1997），也是一种思辨活动。

3）思辨训练贯穿整个思辨教学活动。首先是教师的任务设计。根据杜威（2010），思辨训练要有意识地选择和安排那些有思考价值的活动。因此，任务设计可以采用国内外最新的热点争议事件作为选题，提供包含多方观点的真实英语材料，一方面可使学生体会他人的思辨过程，从而激发探讨的兴趣，另一方面也为学生表达自己的思想提供语言素材，学生可"借用"阅读文本中的语言来表达自己的思想（杨华 2018：598）。其次，教师要有计划地了解、跟进学生的思辨写作过程，确保学生正确理解思辨活动、有效应用思辨框架并切实习得思辨能力。最后，教师组织学生对自己的思辨写作活动进行充分、细致、深入的反思，这种反思不仅是学生成功经验的分享，更多的是如何调整、补充和纠正作文中的疏忽、遗漏以及错误，这是学生主动内化思辨能力的过程，也是教师逐渐退出学生思辨活动的过程。

4 研究设计

4.1 研究问题

为检验读后创写思辨能力培养模式的实施效果，我们通过思辨训练前后测准实验、学生平时作文写作、写后反思和深度访谈等定量及定性方法进行研究，主要回答以下两个研究问题：

1）读后创写思辨能力培养模式实施后，学生作文在各项思辨指标上的表现有何变化？

2）读后创写思辨能力培养模式实施后，学生作文的思辨质量和英语写作水平是否有显著提高？

4.2　研究对象

参与本研究的对象为国内某高校41名修读《高级英语》课程的英语专业四年级学生，因为个别学生未参加写作前测，实际参与研究的学生共计37名，其中30名女生，7名男生。参与访谈的学生有9名，另有3名学生在班级公开介绍写作经验。下文中学生名字均为化名。

4.3　研究步骤

出于教学研究伦理考虑，本研究参照Carroll（2007）的建议和做法，没有采用实验组和控制组对照的实验方法，而是采用限时写作前测、后测的准实验方法。写作体裁选择议论文，因其是一种以观点论证为核心的社会活动和具有思辨性的逻辑推理活动（韩宝成、魏兴 2021），学生在论辩过程中分析解剖争议议题，评价自己和他方的论点、论据和论证方式，识别谬误等（张德禄 2018）。

研究步骤如下：首先，在学期初让学生根据2010年英语专业八级考试写作题目在课堂内完成一篇议论文作文；然后，依据本文提出的读后创写思辨能力培养模式对学生进行思辨能力及英语写作训练，持续整个学期；最后，在学期末要求学生再次按学期初的题目在课堂内完成一篇作文，并随机抽取9名学生进行访谈，主要了解学生对读后创写思辨能力培养模式的看法、学生的作文写作过程和遇到的困难，以及学生对思辨知识的掌握程度和教学建议等，每人访谈约10分钟。

本研究共收集到学生前、后测作文74篇，三次平时作文电子版110篇，访谈录音转写稿9份，以及学生分享写作经验的录音转写稿3份。

4.4 数据分析

两名英语专业教师采用盲评方式，分不同时间段分别对学生的前、后测作文进行思辨质量评分和写作水平评分。思辨质量评价内容包括相关度、清晰度、精确度、深度、宽度和修辞自洽度，每个维度5分，总分30分（参见穆从军2016），该评价内容与思辨标准所涉内容（Paul & Elder 2007）一致，是目前测评思辨质量应用较多的方法。因为写作题目随机选自2010年专八考试，故写作水平评分标准参照专八写作评分标准，采用整体评分法，包括总体印象、结构、内容和语言四个维度，每个维度5分，总分20分。两名评分员的克隆巴赫系数（Cronbach's alpha）在0.8以上，评分一致性良好。对两名评分员的评分取平均值，然后进行数据分析。

访谈和学生反思的录音转写稿及前、后测作文和平时作文导入NVivo 11（QSR International 2011），依据思辨相关知识（Paul & Elder 2007）对录音文字稿进行主题编码（如反方角度、认知成长等），依据八项思辨指标对学生作文进行编码。本研究的因变量为外显思辨指标（详见5.1节）、思辨质量和英语写作水平（详见5.2节），自变量为读后创写思辨能力训练阶段（训练前、训练后）。

5 结果

5.1 思辨指标的变化

训练前、后学生作文思辨指标的频次和百分比[1]（见表1）可以反映读后创写思辨能力培养模式对训练学生思辨能力的具体作用。

表1　训练前、后学生作文中的思辨指标出现频次卡方检验结果

思辨指标	训练前		训练后		卡方值	p值
	频次	百分比	频次	百分比		
背景	13	35%	28	76%	12.31	0.00***
争议	16	43%	25	68%	4.43	0.04*

1　此处的百分比为训练前、后各项指标在37篇作文中出现的频率。

续表

思辨指标	训练前		训练后		卡方值	p 值
	频次	百分比	频次	百分比		
核心论点	33	89%	35	95%	0.73	0.39
靶标	0	0%	6	16%	6.53	0.01*
批驳	0	0%	6	16%	6.53	0.01*
回应	0	0%	6	16%	6.53	0.01*
证据	5	14%	13	35%	4.70	0.03*
结论	25	68%	27	73%	0.26	0.61

注：*** $p < 0.001$，** $p < 0.01$，* $p < 0.05$；下同。

表1显示，靶标、批驳和回应三项指标在训练前的频次为0，表明这是思辨教学的重点和难点。经过训练后，学生作文中开始出现这三项指标，虽然频次和百分比并不高，但实现了零的突破，说明该模式对于解决思辨教学的重点和难点是有效的，但需进一步加强和长期坚持训练。

证据指标在训练前的频次和百分比较低，训练后有较大提高，说明该模式有助于提高学生摆事实讲道理的思辨能力。

背景和争议指标的频次和百分比在训练前较高，训练后也得到了较大提高，说明思辨训练对推动学生扩充背景信息和多角度考虑问题有较好效果。核心论点和结论指标在训练后的提升幅度较小，频次卡方检验表明这两项指标的频次在训练前后均无显著性差异。

5.2　思辨质量和英语写作水平的变化

重复测量t检验结果显示（见表2），训练后除思辨质量修辞自洽度评分的效应量（Cohen's d＝0.63）为中等效应量外，思辨质量及其各维度评分和写作水平及其各维度评分的效应量均高于0.8，属于较高效应量（约克奇 2010：105），表明思辨质量和写作水平的后测成绩显著高于前测，学生的思辨质量和英语写作水平有显著提高。

表2 训练前、后思辨质量和写作水平评分结果（人数=37）

思辨质量和写作水平	训练前		训练后		MD	t值（自由度=36）	Cohen's d
	平均分	标准差	平均分	标准差			
思辨质量评分	10.22	2.02	15.89	4.31	−5.67	−8.15***	1.34
相关度	1.78	0.58	2.78	0.82	−1.00	−6.26***	1.03
清晰度	1.84	0.44	2.92	0.92	−1.08	−6.69***	1.10
精确度	1.70	0.57	2.57	0.90	−0.87	−5.73***	0.95
深度	1.49	0.51	2.38	0.83	−0.89	−5.62***	0.92
宽度	1.30	0.46	2.35	0.95	−1.05	−6.61***	1.08
修辞自洽度	2.11	0.70	2.68	0.88	−0.57	−3.84***	0.63
写作水平评分	13.54	3.04	17	2.35	−3.46	−6.55***	1.08
总体印象	3.84	0.76	4.57	0.60	−0.73	−4.92***	0.81
结构	3.65	0.98	4.54	0.69	−0.89	−4.93***	0.81
内容	3.16	0.83	4.08	0.64	−0.92	−6.48***	1.07
语言	2.89	0.70	3.81	0.70	−0.92	−7.03***	1.15

为说明思辨质量与写作水平之间的关系，对思辨训练前后的相关数据进行皮尔逊相关分析，结果显示，训练后的思辨质量评分与训练前后的写作水平评分之间均存在显著中等正相关关系（$r=0.45$，$p<0.05$；$r=0.65$，$p<0.05$），但与训练前的思辨质量评分相关性不显著（$r=0.27$，$p>0.05$）；训练前的思辨质量评分与训练前的写作水平评分之间存在显著中等正相关关系（$r=0.63$，$p<0.05$），但与训练后的写作水平评分的相关关系不显著（$r=0.21$，$p>0.05$）；训练前、后的写作水平评分之间相关但不显著（$r=0.31$，$p>0.05$）。

6 讨论

6.1 读后创写思辨能力培养模式的程序性作用

5.1节的数据分析表明，反映思辨质疑精神和思辨深度的靶标、批驳和回应三项指标实现了零的突破。读后创写思辨能力培养模式通过靶标、批驳和回应等语步或外显指标形成了一种程序训练，迫使主体拒绝简单思维，选择多维思考（曲卫国 2006），让学生不仅挑战他方论点，同时也质疑己方观点。这种程序训练在学生反思写作经验中也有所体现，如侯莹同学在就美籍非裔青年George Floyd被美国白人警察跪颈窒息而亡事件写作时有如下反思：

> 我为什么没有从Black Lives Matter这个角度入手：首先，我认为选择支持BLM是不合适的，因为我愿意支持的是世界范围内所有种族的平等，而不单是“黑命贵”，况且华人在美国的处境其实并不比黑人优越，每年美国也同样会发生数起对华人的严重歧视事件，因为Floyd事件全世界都在支持“黑命贵”，那谁来关心华人呢？所以从这个层面我想我没有立场去支持BLM。然而，如果选择反对BLM，感觉多少又带点歧视的意思，我也找不到理由去反对，因为黑人的的确确也受到了严重的歧视和暴力对待，所以说“黑命不贵”也不合适。（摘自侯莹写作反思报告）

背景、争议和证据指标的变化表明学生有一定的思辨基础，在英文写作中会介绍写作背景并提出争议问题。训练后这三个指标有较大提升，一是学生在靶标、批驳和回应指标突破后，丰富了说理的各种证据；二是学生对证据的梳理、分析更加详尽。核心论点和结论指标的变化不显著，可能与学生熟悉的英语议论文写作“套路”（孙有中等 2011：605）有关，比如文章开头需提出核心论点，最后要有结论。

6.2　读后创写思辨能力培养模式对思辨质量的促进作用

5.2节的数据分析表明，思辨质量重复测量t检验的效应量很高（1.34），说明学生的思辨能力在训练后有所提高，证明了读后创写思辨能力培养模式的有效性，同时也印证了读写任务在培养学生思辨能力方面的效果确实比较明显（林岩 2014）。黄玲同学在访谈中也说：“通过这样的一个训练，一个是在自己的思维成熟度上，思考问题的多角度上面，这个材料的搜集能力方面，得到了更大的提高。”

在思辨质量评价中，相关度主要考察作文核心论点、分论点和证据与主题的相关性，效应量较高（1.03）。学生写作通常采用分论点加举例模式（孙有中等 2011），如许怡同学前测作文的核心论点是“For me, I think the innovation is a better choice.”，并举例上海浦东由40年前的芦苇田发展成今日富裕美丽的地区，但这一例子与作文主题“商务区设计是否应该大胆创新”并不十分相关。后测作文中，她改为运用靶标语步“They think these foreign-style buildings will influence the spread of the local culture.”、批驳语步“But the idea that the establishment of the business district will have a bad effect on the local cultural heritage is one-side.”、回应语步“Opponents may disagree with the opinion that this innovation development will improve more people to have a sense of protecting local cultural heritage.”以及结论语步“But the idea that people from other place will influence and destroy the original culture is wrong.”，紧紧围绕设计创新与地方文化保护进行论证，避免了出现“印象式”写作的语篇支离破碎现象（Paul & Elder 2007）。

清晰度关注核心论点和分论点是否明确，效应量最高（1.10），可能原因是学生写议论文有“套路”（孙有中等 2011），文章开始提出核心论点，但在后测作文中增加了靶标、批驳和回应语步，分论点增多，所以变化明显。如在上文许怡同学的前测作文中，其核心论点的分论点只有一条；而在后测作文中，她在思辨框架的引导下，通过靶标、批驳和回应语步发展出了三个相互质证的分论点，深度论证了核心论点。

从精确度来看，尽管后测作文证据指标的频次（13）相比前测（5）有显著提升，但总体来看频次仍然较低，效应量相对其他维度也不算高（0.95）。学生作文的例证常常不相关或不支持其论点，如“The officials made an investment in the area … It reminds me that there is a fire in the Amazon’s forests.”（摘自沈琪后测作文）。学生此处用亚马逊森林火灾举例说明环境破坏，但与作文主题并无关联。由此可见用事例和细节论证观点仍是学生英语写作的难点（余继英 2014）。

深度和宽度分别考察对问题复杂性的认识和对问题的多角度思考，效应量分别为0.92和1.08。深度的效应量略低于宽度的效应量，这是因为在前测作文中，学生对问题的复杂性缺乏认识，没有证据或给出的论据不够充分，导致深度不够，如“I believe that the authority will improve the awareness of protecting the regional characteristics.”（摘自牛露前测作文）。宽度的效应量较高，这是因为经过训练后，学生在思辨框架引导下，按语步分析信息，进行写作和反思，是一种“被动的”思辨习得，分析对方和己方的优缺点，针对对方的漏洞展开批驳并进行自我批评，因而宽度的效应量相对其他维度较高。

修辞自洽度主要考察写作的逻辑性，学生前测作文的逻辑链都很短，这与梁茂成在“英语写作教学与思辨能力培养高端论坛”上谈到的情况一致，即常常是提出一个核心论点，然后给出两到三个理由，最后总结结论，几乎没有任何论证过程（参见孙有中等 2011），如“I approve it that they should adopt the bold and avant-garde design. In the first place, the officials’ aim is … Secondly, cooperating with a foreign company … Thirdly, the new design can bring … people’s consumption desire.”（摘自伊寒前测作文）。她支持创新设计，是因为领导意图、对外开放和刺激消费，根本不考虑反方观点的存在，简单粗暴。修辞自洽度的效应量最低（0.63），可能是前测均分（2.11）与后测均分（2.68）差异较小造成的结果，说明逻辑推理是较难提升的思辨能力，这也与前面的精确度和深度一致，表明学生作文缺乏细节论证。

6.3 读后创写思辨能力培养模式对英语写作水平的促进作用

思辨质量评分与英语写作水平评分的相关分析表明，前测思辨质量与前测英语写作水平之间以及后测思辨质量与后测英语写作水平之间均存在显著中等正相关关系，说明思辨质量与写作水平之间是相互促进的。

5.2节的数据分析显示，学生的英语写作水平效应量很高（1.08），各维度中，语言的效应量最高（1.15），其次是内容（1.07），总体印象和结构的效应量均为0.81。这说明通过思辨框架的规范和程序化操作，学生能够聚焦问题，形成逻辑思维和连贯语篇，保证文章总体的完整性和沟通性。学生在内容和语言两个维度上的提高尤为显著。这是由于读后创写思辨能力培养模式让学生多角度、多立场思考问题、查找正反论据等，极大丰富了写作内容；同时，各种优秀的阅读材料为学生提供了甄别语言、使用语言的示范，让学生摆脱语言词汇贫乏、言不达意等英语写作的常见困境。学生林丽在访谈中也说：“因为根据这个［思辨框架］写下来的话，写的字数也挺长的，然后找的材料也挺多，看起来整个文章框架也挺清晰，然后内容也挺充实。”

7 结语

本文从学生角度出发，以思辨知识、思辨框架和思辨训练为要素构建了可操作的读后创写思辨能力培养模式，可解决学生思辨过程中不敢或不习惯质疑、思辨深度和广度不足以及英语写作语言受限等问题。实证研究表明，该模式显著提升了学生的思辨质量和英语写作水平，特别是学生的质疑开放精神和思辨深度广度明显增强。当然，思辨能力培养是一个长期的过程，思辨能力的训练形式可以多种多样，如苏格拉底式提问、头脑风暴、小组讨论、写作反馈和同伴互评等思辨活动形式（李莉文 2011），本文探讨的只是其中一种，即将平时作文写作与思辨训练相结合的方式，是培养学生有意识思辨的方式，能够促进学生思辨质量和英语写作水平发展，可以在大学英语、英语专业等课程的教学中尝试。本文的研究发现对英语写作思辨能力培养有一定的启示意义：1）思辨训练要有的放矢，找到学生思辨最薄弱的地方，如靶标、批驳和回应三项指标，对症下药；2）思辨训练要从学生角度出发，为学生提供充分的“支架”，如思辨框架和精心设计的读写任务。本文通过前后写作测试准实验、平时作业写作、访谈以及学生写后反思等多种研究方法，验证了读后创写思辨能力培养模式的有效性，未来还可以扩大研究对象的数量和类型，结合思辨技能和倾向性前后测进一步验证该模式的实际教学效果。

参考文献

Atkinson, D. 1997. A critical approach to critical thinking in TESOL [J]. *TESOL Quarterly* 30 (1): 71–94.

Bereiter, C. & M. Scardamalia. 1987. *The Psychology of Written Composition* [M]. Hillsdale, N.J.: Lawrence Erlbaum.

Carlson, E. 1995. Evaluating the credibility of sources: A missing link in the teaching of critical thinking [J]. *Teaching of Psychology* 22 (1): 39–41.

Carroll, D. 2007. Patterns of student writing in a critical thinking course: A quantitative analysis [J]. *Assessing Writing* 12(3): 213–227.

Crismore, A. 2000. Helping ESL and EFL university students read critically: A 2000's challenge [OL]. https://files.eric.ed.gov/fulltext/ED450592.pdf (accessed 12/08/2022).

Dewey, J. [杜威]. 2010. *How We Think* [M], Zhongyou Wu (trans.). Beijing: Xin Hua Publishing House. [《我们如何思考》，伍中友译。北京：新华出版社]

Gao, Ying & Ying Xu [高瑛、许莹]. 2015. Constructing a conceptual framework for the development of foreign language majors' critical thinking [J]. *Foreign Language Research* (2): 127–132. [我国外语专业批判性思维能力培养模式构建，《外语学刊》2]

Han, Baocheng & Xing Wei [韩宝成、魏兴]. 2021. On English argument genre instruction at college level: From the perspective of the holistic approach to foreign language teaching [J]. *Foreign Language Education* (4): 50–56. [整体外语教学视阈下的大学英语论说语类教学探讨，《外语教学》4]

Li, Liwen [李莉文]. 2011. An action research on how to increase reader awareness and critical thinking [J]. *Foreign Languages in China* (3): 66–73. [英语写作中的读者意识与思辨能力培养,《中国外语》3]

Lin, Yan [林岩]. 2014. Impact of the intensive reading-and-writing practice on the development of critical thinking skills in English content courses [J]. *Journal of the Foreign Language World* (5): 11–18. [英语专业知识课中的密集读写任务对思辨能力的影响,《外语界》5]

Mu, Congjun [穆从军]. 2016. Investigating English major students'critical thinking ability in academic writing [J]. *Modern Foreign Languages* (5): 693–703. [英语专业学生的写作思辨能力调查,《现代外语》5]

Paul, R. & L. Elder. 2007. *The Thinker's Guide to How to Write a Paragraph: The Art of Substantive Writing* [M]. New York: The Foundation for Critical Thinking.

Perkins, D. 1987. Thinking frames: An integrative perspective on teaching cognitive skills [A]. In J. Barron & R. Sternberg (eds.). *Teaching Thinking Skills: Theory and Practice* [C]. New York: W. H. Freeman and Company. 41–61.

QSR International. 2011. NVivo (Version 11)[OL]. http://www.qsrinternational.com (accessed 20/10/2020).

Qu, Weiguo [曲卫国]. 2006. On micro-level training for critical thinking and writing [J]. *Foreign Languages in China* (2): 47–55. [微观层面的批判性思维和写作程序训练,《中国外语》2]

Ruan, Quanyou [阮全友]. 2012. Building a conceptual framework for the development of English majors'critical literacy [J]. *Journal of the Foreign Language World* (1): 19–26. [构建英语专业学生思辨能力培养的理论框架,《外语界》1]

Sun, Youzhong [孙有中]. 2019. Principles of language and critical thinking integrated teaching [J]. *Foreign Language Teaching and Research* (6): 825–837. [思辨英语教学原则,《外语教学与研究》6]

Sun, Youzhong, et al.[孙有中等]. 2011. Integrating critical thinking and TEFL writing: A roundtable discussion [J]. *Foreign Language Teaching and Research* (4): 603–608. [英语专业写作教学与思辨能力培养座谈,《外语教学与研究》4]

Toulmin, S. 2003. *The Uses of Argument* (updated edition)[M]. Cambridge: CUP.

Vygotsky, L. 1978. *Mind in Society* [M]. Cambridge, MA.: Harvard University Press.

Wang, Chuming [王初明]. 2015. Why does the continuation task facilitate L2 learning? [J]. *Foreign Language Teaching and Research* (5): 753–762. [读后续写何以有效促学,《外语教学与研究》5]

Wen, Qiufang & Min Sun [文秋芳、孙旻]. 2015. On key issues about critical thinking development in college EFL classroom [J]. *Foreign Language Learning Theory and Practice* (3): 6–12. [评述高校外语教学中思辨力培养存在的问题,《外语教学理论与实践》3]

Wen, Qiufang & Yan Zhou [文秋芳、周燕]. 2006. Comments on the development of foreign language major students' thinking ability [J]. *Foreign Language Research* (5): 76–80. [评述外语专业学生思维能力的发展,《外语学刊》5]

Wingate, U. 2012. "Argument!" helping students understand what essay writing is about [J]. *Journal of English for Academic Purposes* 11(2): 145–154.

Yang, Hua [杨华]. 2018. Learning effects of extension writing on the written rhetoric of higher intermediate foreign language learners [J]. *Foreign Language Teaching and Research* (4): 596–607. [读后续写对中高级水平外语学习者写作修辞的学习效应研究,《外语教学与研究》4]

Yang, Yanxia & Jingsheng Ren [杨艳霞、任静生]. 2016. Visualized analysis and reflection of the critical thinking research in China's foreign language education field [J]. *Journal of the Foreign Language World* (3): 50–56. [我国外语批判性思维研究可视化分析与反思，《外语界》3]

Yang, Yanxia & Xiangling Wang [杨艳霞、王湘玲]. 2020. Critical thinking cultivation path for translators in ubiquitous learning era [J]. *Foreign Language Research* (5): 65–70. [泛在学习时代译者思辨能力培养路径研究，《外语学刊》5]

Yi, Rui [伊蕊]. 2020. Cultivating critical thinking in English major intensive reading class: A lesson study [J]. *Foreign Languages in China* (3): 70–76. [高校英语专业精读课思辨能力培养课例研究，《中国外语》3]

Yockey, R. [约克奇]. 2010. *SPSS Demystified* [M], Chao Liu & Zheng Wu (trans.). Beijing: China Renmin University Press. [《SPSS其实很简单》，刘超、吴铮译。北京：中国人民大学出版社]

Yu, Jiying [余继英]. 2014. An integrated teaching approach to English writing and critical thinking skills development [J]. *Journal of the Foreign Language World* (5): 20–28. [写作思辨"一体化"教学模式构建，《外语界》5]

Zhang, Delu [张德禄]. 2018. Argumentation and evaluation in developing foreign language learners' critical thinking [J]. *Foreign Languages in China* (2): 57–64. [论辩和评价在外语学生思辨能力培养中的作用，《中国外语》2]

行业译员培养中思辨缺乏症对策实证研究[1]

李家坤　李琳琳　徐淑玉

提　要：本研究首先构建了翻译思辨认知机制模型，并以此模型为理论框架，针对行业译员培养中的思辨缺乏症现象，对本地20名在职译员进行了为期6个月的翻译思辨能力培训实验研究。培训内容由基于翻译档案袋的翻译思辨技能训练和基于翻译工作坊的元翻译思辨能力训练两大部分组成，涉及反思日志和译者注等多个具体的翻译思辨提升对策。结果显示，该培训有效提高了译员的翻译思辨能力，尤其是推理评价技能和计划能力，同时在情感特质上也使译员变得更加开放、坚毅并具有责任感。

关键词：思辨缺席；翻译思辨技能；元翻译思辨能力；情感特质

1　引言

翻译活动是一种涉及文学、社会学、政治学、民俗学、历史学、文化学等多种学科知识的涉及面极广的多层次活动，还是一种基于语言媒介的心理活动，是对原语符码进行解码、从中提取意义并对提取的意义再以译语重新编码的认知加工过程。可以说，翻译是一种跨语言、跨文化的相当复杂的活动。在这一复杂活动中担任主角的是译者，译者是人，是有意识的存在体。人的活动往往受到大脑思维活动的控制，因此译者的思维和推理始终伴随着翻译活动的各个阶段。只有当译者的思维方式具备批判力、洞察力和判断力时，才能使译文从真正意义上实现内容对等、形式相近、效果同一、证伪证成、适度校正，才能保证译文无懈可击。这种具有批判力、洞察力和判断力的高阶思维方式就是思辨能力。思辨能力对译者特别是行业译员尤为重要，而以应用翻译和科学翻译为主的非文学翻译中更需要这种有理据的、慎思明察的、以逻辑思维为主的思辨能力以及能够独立思

1　论文原发表于《外国语文》2017年8月第33卷第4期。

考、理智分析和准确判断的高水平译员。

然而据笔者问卷调查显示，行业译员专业素质良莠不齐现象严重，其思辨能力现状甚为堪忧。思辨缺席症也是大多数外语专业毕业生乃至许多中国人的普遍症状，这一方面是由中国学校长期以来重知识传授轻理性思考的教育环境所致，另一方面与东西方民族不同的思维方式有关。人类思维不仅具有共性，也必然具有个性，即民族性。较之西方人理性思辨、强调对比的思维方式，中国人的思维方式倾向于主客体的整体协调，有很强的体悟性。抽象的理性思维使得西方人倾向使用逻辑分析的方法对事物步步推理，从而达到对事物的理解和认识，而中国的整体统一思想倾向重视直觉体悟和具象，它借助于经验而完成主客体之间的彼此认同（陈浩东，2013：209）。中国人这种思维方式对于文学翻译中的直觉、顿悟、灵感、移情或创造性叛逆或有些许裨益，但对于涉猎专业领域和应用领域的行业译员来说则弊大于利。因此培养行业译员的思辨能力，促进其在翻译过程中独立思考、理智分析和准确判断，进而提升应用翻译领域的整体翻译质量这一重任便迫在眉睫。

2 翻译的思辨认知机制

翻译是一种复杂而独特的认知活动过程。无论是理解中的字词识别、句法分析、语义分析、语用分析和原语语篇语义的建构，还是表达中的译语语篇意义组织建构、语用分析、语义分析、句法分析和词汇选择等，都包含着一系列复杂的认知活动。它是译者利用先知识积极主动地对原文所表达的信息从解码到编码的过程，它是自上而下和自下而上的相互作用的加工过程。但无论是自上而下还是自下而上都离不开译者的先知识即长时记忆（包括世界知识表征和心理词库）的参与和应用，更离不开译者依据所读的上下文而进行的假设、预测、验证、确定等大量而复杂的逻辑理解活动，特别是自上而下的过程，实质上就是元认知活动。在此过程中，翻译控制起着极其重要的作用，即译者必须把自己的翻译过程作为意识对象，积极地加以监控，并且能够在必要的时候采取适当的补救措施去解决翻译中出现的问题。具体来说，翻译中常见的元认知活动包括意图预设、意图比对、意图选择和意图核定以及根据意图来调整翻译策略。因此一个有效的翻译过程既是一个认知加工过程，也是一个元认知活动过程（颜林海，2015：37–38）。

翻译的认知加工过程和元认知活动过程与文秋芳教授构建的思辨能力层级模型中的思辨能力和元思辨能力一脉相承。该层级模型主张将思辨能力细化为元思辨能力和思辨能力两个层次。第一层次元思辨能力是指对自己的思辨计划、检查、调整和评估的技能；第二层次思辨能力包括与认知相关的技能和标准，以及与思辨品质相关的人格特质。处于第二层次的思辨能力受第一层次元思辨能力的管理和监控。（文秋芳，2012：31-32）翻译控制即翻译的元认知（以自上而下的加工为主）是对翻译认知加工的管理和控制，是译者运用自己的元认知知识对翻译任务和翻译策略进行计划、监控和调节，对应第一层次的元思辨能力即自我调控能力。翻译认知（以自下而上的加工为主）对应第二层次的思辨能力，主要包括分析（归类、识别、比较、澄清、区分、阐释）、推理（质疑、假设、推论、阐述、论证）和评价（评判预设、假定、论点、论据、结论）等大量的逻辑思维活动，在这些纵横交错的逻辑思维活动中，翻译完成了从解码到编码的心理认知活动。解码表面上看起来只是瞬间的事情，实际上是一种非常复杂的活动，它受语境的制约，需要进行分析、判断和推理，需要去粗取精，去伪存真，批判性地舍去不必要的或虚假的信息。因此从狭义角度上讲，翻译过程就是译者通过解码获取原语的意义，再用译语语法规则进行编码的过程，即通常所说的从翻译理解到翻译表达的过程。

从广义角度上讲，翻译过程可以分为前翻译阶段、语码转换（翻译理解—翻译表达）和后翻译阶段（颜林海，2015：46-49）。翻译元认知主要在前翻译阶段和后翻译阶段发挥作用。译者的元认知控制包括检查是否理解了原文意图、比对原文意图和预设意图的差异、预测缓存式翻译的可接受性、制定翻译表达的宏计划、测查和评价某个翻译策略的有效性、修改或变换策略以克服所遇到的困难等。但是翻译元认知的控制作用也体现在整个翻译过程中。如在翻译理解中，译者对经过理解获取的作者意图和预设意图加以比对，在翻译表达中，译者会根据预设意图编码计划在译语语篇意义组织建构上做出调整等，因此可以说翻译过程是一个元认知与认知、元思辨与思辨、自上而下与自下而上有机结合的循环交互过程，而不仅仅是从第一层次到第二层次的单向认知加工过程。

思辨能力层级模型中还提出了好奇、开放、自信、正直和坚毅五个维度的人格特质。这些人格特质或情感特质对于成熟和理想的译者同样不可或缺。傅雷就此发表过看法："总之译事虽近古，要以艺术修养为根本：无敏感之心灵，无热烈之同情，无适当之鉴赏能力，无相当之社会经验，无充分之常识（即所谓杂学），势难彻底理解原则，即或理解，亦未必能深切领悟。"（傅敏，2005：86）

作为一个有血有肉、有思想、有感情、有个性的活生生的人，译者的兴趣爱好、意志品格、个性气质等都会在翻译活动中打上深深的烙印，决定翻译的动机，左右翻译的过程，影响翻译的结果（陈浩东，2013：7）。课题组结合颜林海的翻译认知加工模型和文秋芳的思辨能力层级模型，辅以自己的理解和补充，尝试构建一个简易的翻译思辨认知机制模型（见图1）。

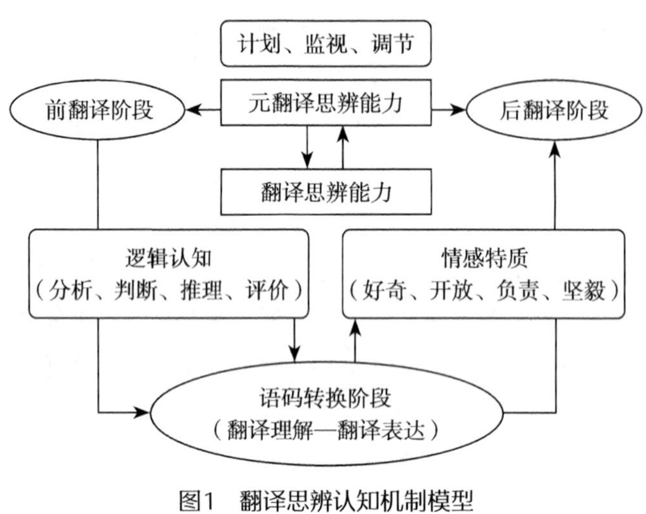

图1　翻译思辨认知机制模型

3　翻译思辨能力研究现状

翻译思辨是一种极其复杂而独特的心理认知及信息处理过程。复杂而独特体现在翻译是一种双语认知加工过程，它既具有单语加工模式的特点，也具有双语加工的独特性。20世纪中后期以来，随着西方译界出现从译作到译者、从成品到过程的转向，翻译界开始引入认知学的概念与方法来研究译者的心理过程和思维过程。国外多运用认知神经科学的实验技术如正电子发射计算机断层显像（PET）和功能性磁共振成像（fMRI）等神经成像技术了解译者的大脑语言表征和翻译时的大脑活动状况。但是PET和fMRI等神经成像技术只能为翻译认知思维研究提供神经生理学的证据，而非认知心理研究的全部，因此要想弄清译者在翻译过程中的思维活动，还必须利用过程分析法对译者的翻译思维活动和信息加工模式进行详细的描述性研究，主要包括有声思维法、影像观察法、计算机日志监控记录法、屏幕录像法、追溯式观察法和实证法等。

相较之下，国内学者对翻译思辨能力的研究起步较晚。笔者以翻译思维、翻译思辨、翻译认知、翻译批评性思维为关键词查询中国知网上近年来的相关核心期刊论文发现，可能鉴于翻译思辨的复杂性和难测性，国内对于翻译思辨的研究极其有限，相关论文仅有少数几篇，且多为理论归结和阐释。如苗菊、朱琳（2010：98–103）借鉴认知心理学、认知语言学、思维心理学的理论成果对翻译思维过程的特征、翻译转换思维的类型、翻译思维的品质和结构进行分析和研究，并根据国外最新实证翻译研究的成果分析了翻译初学者和熟练译者翻译思维结构的差异；邓志辉（2011：68–71）对《翻译与认知》一书进行了评价；王寅（2012：17–23）简述认知学科认知科学和认知语言学两大理论来源，且重点论述其认知语言学的核心原则、范畴化、突显原则和原型理论、隐喻转喻、参照点、翻译的构式单位、识解、基于用法模型、数法并用等；王寅（2014：1–8）还简述了数十种认知翻译学常见实验方法及其适用范围；卢卫中、王福祥（2013：606–616）对认知翻译学研究进行了理论综述，指出认知翻译学的理论基础、研究对象、研究方法以及今后的发展趋势；颜林海（2014：9–14）建构“认知翻译操作模式”，从体验哲学角度描述了翻译过程的本质，从认知语言学角度描述了翻译过程的认知机制。在翻译思辨能力实践培养方面，欧阳利锋（2009：50–53）提出批判性翻译教学可以遵循的四条方法论原则：质疑与反思、译者的逻辑介入、对话合作和启迪创新；余国良（2010：101–104）提出在翻译教学中运用错误分析模式、案例教学模式和数据驱动模式3种教学方法和手段来促进大学生批判性思维的养成和提高；肖琪（2014：63–68）结合本校的笔译课程实践教学经验提出了“激发思想—理论联系实际—多思勤练”3步连奏的批判性翻译教学模式。在翻译思辨培养的实证研究方面，仅有刘和平、王茜（2015：45–50）以研究生一年级1个学期的翻译理论与实务课程为例，以调查问卷的方法通过学生对与实践、阅读、思考及问题相关的4个维度的能力分别在提高程度和掌握程度两方面的自我评判，来分析学生翻译思辨能力发展特征，探索理论课程授课的途径和方法。

目前国内对翻译思辨能力培养的实践探讨虽在批判性翻译教学模式的构建上取得了一定的进展，但总体而言，当中不少研究依然摆脱不了个人经验式和感悟式的分析论述方式，而且研究对象多集中于在校生，鲜见基于一定规模的实证数据支持的培养方案。而且，由于对“翻译思辨能力”这一概念并无明确定义，在不同的研究中解读亦不相同，如刘和平、王茜（2015：46）把思辨能力解读成译前准备能力（资料查询、甄别筛选、文献梳理等）、阅读思考能力、提出问题和解决问题的能力、理论联系实际能力和团队合作能力。这使目前尽管少数的相关研究缺乏可比性，亦不能起到互补的作用。

在综合国内外相关研究的基础上，课题组把翻译思辨定义为在翻译过程中译者作为主体对原语和译语文本进行慎思有效的逻辑分析推理活动，并将该活动作为意识对象进行积极不断的监控和调节，最终在翻译理解和表达方面做出科学准确的判断，在这个过程中情感特质对翻译思辨也产生影响。这是从翻译认知心理学角度对翻译思辨进行的尝试性解读，而且本研究将以行业译员为研究对象在收集实证数据的基础上具体探讨如何培养翻译思辨能力，提高整个行业翻译质量。

4 行业译员培养中思辨缺席症对策研究的完成及实施

4.1 实验受试

本实验受试为沈阳市3家翻译企业共计20名笔译译员，年龄在23-28岁之间。在实验开展之前，所有受试具有2-3年的从业经验，且均未接受过正式的翻译训练。所有参与实验的行业译员均一一编号，记录个人详细信息。

4.2 实验方法

（1）问卷调查

在实验前和实验后分别要求受试填写《思辨技能客观题量具》，以此对比实验前后思辨能力的发展情况。该量具由文秋芳教授于2009年构建，经过一次先导测试和两次正式研究，难易度、区分度和信度指标均达到了统计学的要求，是目前符合中国国情的、经过超大规模样本检验的、最新的权威思辨能力量具。该量具共设40道客观题，由识别预设/论点、推论/形式推理、匹配形似推理/运用潜在规则、辨别推理错误/评价推理、评价附加证据对结论的影响、数字题、图表题、根据争论内容评价结论、根据实验报告评价陈述以及分析案例评价推论10个题型组成，并把这些题型归类为分析与计算、判断性评价、解释性/真实度评价、关系判断以及可信度评价5个因子。客观题分为A、B、C、D四个选项，均为单选题，要求在45分钟内完成。对受试在实验前后的思辨能力变化情况利用SPSS12.0进行描述性统计和配对样本t检验。

（2）访谈

在实验过程中以及实验后通过访谈较为直接而全面地获得受众对于翻译思辨能力变化的主观评价和感受，以及对于培养方案改进的宝贵意见。

（3）翻译测试

实验前后分别要求受试完成1篇英译汉和1篇汉译英翻译，前后原语文本均选材于同一篇文章，为同一篇文章的不同部分，可视为难度相当，然后对译语文本从内容对等、效果同一、适度校正、慎思明辨4个角度进行评分并得出总分，以考查本实验对受试译文整体翻译质量提高的效果。另外课题组要求受试在进行实验后的翻译任务时加注译者注以考查受试翻译思辨信息加工过程，解决非结构性问题的思辨水平。英译汉部分节选自赵兴民（2011：99-101）编著的《联合国文件翻译案例讲评》一书中第3部分"人权文件"案例9，原语文本为2004年12月20日《人权特别报告员的报告》的概要；汉译英部分节选自李长栓（2015：218-219）著的《非文学翻译》一书中第9章"培养专业翻译精神：译者加注"案例一《外交政策》。

4.3　培训内容

行业译员翻译思辨能力培养实验研究即行业译员翻译思辨能力培训为期6个月，该实验属于在职培训，利用译员周六、周日全天时间进行集中培训。培训内容由翻译档案袋和翻译工作坊两大部分组成，前4个月以翻译档案袋为主，后两个月以翻译工作坊为主。前者重在译员独立学习，后者重在译员合作学习；前者重在培养译员的翻译思辨能力，后者重在培养译员的元翻译思辨能力。当然如前文所述，翻译思辨能力和元翻译思辨能力是随时交互的有机体，是不可分割的，本实验在制定两者之初仅意有所侧重而已，并非完全独立，而且独立学习与合作学习均有助于译员积极情感特质的培养。

4.3.1　翻译档案袋

文军等（2006：45-48）认为翻译档案袋是把学生证明自己的翻译能力的最好作品收集起来，通过对翻译作业的连续收集和反思，反映学生翻译能力的进步足迹。本文翻译档案袋存放内容更加丰富，包括反思日志、译者注、平行文本库、电子工具应用情况、前后对比译文、思辨训练软件学习截图以及翻译思辨训练笔记等部分，以电子文件信息和纸本信息两种载体进行储存。翻译档案袋一般被视为一种过程性评价、真实性评价、发展性评价的具体表现形式或具体的实施方法或策略（王正、孙冬云，2009：70–75）。由于档案袋记录的内容可以作为学习者审视和监控自己认知过程的对象与依据，考虑到自我反思是档案袋应用的主要特征和目的之一，该翻译档案袋从理论上讲会促进译员元认知和元翻译思辨能力的发展。这固然是本实验要达到的目的之一，同时还有一个重要目的是利用翻译档案袋的原始功能记录译员翻译思辨能力或翻译思辨技能训练过程和进步的各类成果，以便受试译员随时查阅和反思。翻译档案袋里盛放的主要内容如下：

（1）反思日志

反思日志用于学习者在某一学习活动结束后对自身的学习活动、活动过程、活动过程中涉及的信息、思维、结果等学习特征进行思考并记录下来。根据Hatton & Smith（1995：33–49）对反思的分类，本实验要求受试撰写的反思日志里包括描述性反思（descriptive reflection）、对话性反思（dialogic reflection）和批判性反思（critical reflection）。描述性反思需要受试理清思路，对自己当天所经历的翻译思辨培训活动过程、学习到的新技能进行回忆、理解和总结；对话性反思的重点在于倾听自己的心声，与自己对话所思所想所感，对培训过程中遇到的问题进行归纳、分析、综合并做出判断、推理、思考，探究解决问题的多种途径。批判性反思则是要求受试思考和评价自己的翻译行为在社会、政治或文化等因素的作用下对他人或目标读者产生的效果（林岩，2012：29–33）。受试需要在实验的整个阶段坚持撰写反思日志，培训当天每天1篇。

（2）译者注

译者注要求译者在完成翻译的过程中以注释的形式随时记录自己调查研究的过程和对疑难问题的思考，包括理解和表达的各个方面，包括对原文的分析、对原文理解的依据，查找资料的方法和结果、词义的辨析、译法的论证过程等（李长栓，2015：206）。译者注与反思日志有异曲同工之妙，但是前者更加关注翻译任务本身。

（3）平行文本库

平行文本本来是指并排放在一起、可以逐句对照阅读的原文及其译文。把众多的平行文本搜集起来，按一定标准组合在一起就形成平行文本库或平行语料库。广义的平行文本包括与原文内容相似或相关的译入语以及译出语资料。本实验要求受试搜集的平行文本与李长栓（2015：91）在《非文学翻译》一书中提到的对平行文本的狭义理解内容一致，即与原文内容相关或称为平行的译入语参考资料，包括专题性的文章、百科全书中的词条以及词典中的解释和例句。

（4）电子工具

电子工具包括互联网、电子工具书、电子参考书等一切以电子形式存在的，可以借助计算机以及手机、平板电脑等移动设备检索和阅读的文献资源。本实验中推荐受试者使用电子工具包括网站类（谷歌、维基百科、http://www.answers.com、http://www.thefreedictionary.com、http://wordreference.com、http://dictionary.reference.com和联译网）以及桌面电子词典类（巴比伦、灵格斯翻译家、有道桌面词典和柯林斯电子词典）两大类（李长栓，2015：66-89）。电子工具也是获得平行文本的常用途径之一。

（5）翻译思辨训练

本实验对受试进行的翻译思辨训练由思辨思维训练和预设思维训练两部分组成。译者批判性思维不仅指对原文（包括有效的和有缺陷的）和他者的译文（权威的和非权威的）进行质疑和反思，同样包括对自己的译文进行审查和批判（欧阳利锋，2009：51），本实验把思辨思维训练分为思辨理解原文、思辨分析和使用参考资料（包括平行文本和电子工具等）、思辨审查译文3个方面。预设思维训练包括语义预设、事实预设、事态预设、情景含意预设、语用预设、范畴预设、结构预设和存在预设（曾利沙，2006：80-85）。

（6）思辨训练软件

由于目前为止还未发现翻译思辨相关软件的研发，本实验使用澳大利亚墨尔本大学哲学系Tim van Gelder等人开发的Reason! Able软件对受试进行思辨辅助训练。Reason! Able软件的创新之处在于它能以参数地图或树状结构（Argument Maps or Trees）的网络图形式引导学习者的推理活动（张文兰、刘斌，2010：25-30）。受试可以在学习交流中通过收集、归纳翻译技能知识点或自己观点和他人的观点以生成此图，这种参数地图或参数树不是静态的、既定的，而是由受试本人不断地填充、纳入和完善。

4.3.2　翻译工作坊

翻译工作坊是一群从事翻译活动的人们聚集在一起，并就某项具体的翻译任务进行见仁见智的、广泛而热烈的讨论，并通过不断协调，最终议定出该群体所有成员均可接受或认同的译文的一种活动（李明、仲伟合，2010：32-36）。受试被随机分成四个等数小组，每个小组组成翻译工作坊，按照翻译公司承接翻译任务的实际工作模式进行翻译活动，在培训者的指导和协助下帮助受试把前四个月学到的翻译思辨技能应用到实践项目中，实现陈述性知识向程序性知识以及元认知知识的有效转化。每个小组成员轮流做项目经理，共需完成五个翻译项目。由项目经理统筹翻译工作，包括签订合同、任务分配、各分项工作负责人的确定、查找资料准备术语库、统一术语表、制定翻译文本要求、译文起草、小组间的交叉审核与讨论、译文术语及风格的统一、图表制作与排版、最终译文的交付等（董洪学、张晴，2015：30-34）。基于翻译工作坊的元翻译思辨训练试图给受试在回归工作岗位前创设一个设身计划、监视、调节整个翻译工作流程和翻译思维流程的、能够真正分析问题解决问题的合作翻译环境。

4.4 数据分析及讨论

4.4.1 推理评价技能显著提高

笔者根据受试在实验前后填写的《思辨技能客观题量具》统计的数据发现，行业译员翻译思辨能力培训模式（包括整个流程以及具体培训内容）对译员的思辨能力各技能因子有不同程度的影响，表1为思辨能力各技能因子前后测配对样本t检验结果。

表1 思辨能力各技能因子前后测配对样本t检验结果

因子名称	单题均分	均分标准差	单题均分差	标准差	T值	P值
分析与计算	前测：0.4376	前测：0.4658	-0.0035	0.0827	-1.893	0.074
	后测：0.4411	后测：0.4526				
判断性评价	前测：0.5675	前测：0.4655	-0.0365	0.4716	-3.461	0.003
	后测：0.6040	后测：0.7549				
解释性评价	前测：0.5476	前测：0.1167	-0.0091	0.0745	-5.493	0.000
	后测：0.5568	后测：0.1195				
关系判断	前测：0.6915	前测：0.0875	-0.0090	0.0997	-4.014	0.001
	后测：0.7005	后测：0.1412				
可信度评价	前测：0.3785	前测：0.0988	-0.0035	0.0913	-1.738	0.098
	后测：0.3820	后测：0.1099				
总思辨技能	前测：0.5245	前测：0.1902	-0.0123	0.0987	-5.588	0.000
	后测：0.5369	后测：0.2350				

表1数据显示，总思辨技能的单题平均分在0.000水平上呈现显著性差异。在思辨能力的五个思辨技能因子中，判断性评价、解释性/真实度评价和关系判断

三项的单题均分在实验后均有很大提高，且均在0.000水平上呈现显著性差异，其中解释性评价的t值最高。分析与计算、可信度评价前后测配对样本t检验的P值分别为0.074和0.098，大于0.05水平，并没有达到统计学意义上的显著性差异，但是分析与计算的前后测单题均分分别为0.4376和0.4411，可信度评价的前后测单题均分分别为0.3785和0.3820，两者的前后测配对样本t值均为负值，说明分析与计算和可信度评价这两个思辨技能在实验后也有了一定的提高。这说明了该实验可以有效提高行业译员的思辨能力，尤其对判断性评价、解释性/真实度评价和关系判断三项思辨技能的提高效果非常显著。

判断性评价涉及的主要是过程推理题，题型有识别错误推理、评价推理正误、匹配推理过程或原则。完成这3种题型需要比较综合的认知加工。首先对题干的文字信息有准确的理解，明白文字论述的主要结论和理由；其次，需要分析题干文字的推理过程，如思考论述中没有直接表达出来的预先假设是什么，论证的过程如何，是否存在漏洞和错误，推理的结构形式和蕴含的原则是什么。在理解和分析的基础上，才能对推理的好坏作出判断和评价。解释性/真实度评价的题型包括评价附加证据的作用或推理正误的原因、评价基于案例推论的真实程度。关系判断的题型包括根据争论内容判断结论与论据关系，判断结论与陈述之间的关系。这三项思辨技能基本涵盖了以分析、推理、评价为主的逻辑认知过程中的主要技能，这些思辨技能的提高充分说明了行业译员翻译思辨能力培训模式的有效性，尤其是基于翻译档案袋的翻译思辨技能各项训练对提高翻译思辨能力功不可没。

从反思日志中可以看出，受试在撰写过程中对翻译中遇到的疑难点、实施策略以及翻译方法和学习方法的调整最为关注，这与张苇（2014：127-130）的发现结果一致。这说明译员能够比较、阐述和归纳看似抽象难懂的翻译原理和方法并进行深度思考加工，这就使其能对所学内容主动接纳与适应，同时还能在这一过程中通过归纳、演绎等思辨方法训练其质疑、分析、推理和运用等多种逻辑思维认知技能，从而提高其翻译思辨能力。译者注可以帮助译员克服机械翻译的习惯，有效地培养了他们调查研究能力和批判性思维能力。一位译员在反思日志中写道："写译者注促使我尽力去弄清楚任何不清楚的地方，即使自以为清楚和理解的地方也要通过平行文本和电子资源反复求证，只有这样才能使我最大程度上避免理解错误和表达错误，我对翻译的态度从想当然和不求甚解变成了精雕细琢乃至精益求精。"平行文本库和电子工具是译员在翻译过程中进行调查研究的有力工具，熟练地掌握这两种工具的使用技巧和方法尤其是在自觉灵活的运用中体验和领悟其助调研、益思辨的精髓是当代优秀译员成长的必经之路。Reason! Able软件也是思辨翻译训练的有效辅助工具之一。Tim van Gelder等人在研究中通过实验证明了这种方法对于思辨训练的有效性。从实践效果来看，该软件能为译员提供一个极好的在线实践环境，通过引导译员对主题内容提出异议以及推理、评价他人观点来提高自身的推理能力和思辨水平（张文兰、刘斌，2010：27）。在该实验的前半部分培训中，翻译思辨训练是重中之重。一位译员在反思日志中写道："通过集中的思辨思维训练，我学会了如何理解每个词的表面含义和实际含义、辨析一词多义、理解言外之意，如何理清句子逻辑，尽力发现原文隐藏的全部信息。"另一位译员写道："在学习思辨分析和使用参考资料后，一个最大的触动就是不能轻信和照搬词典、某一平行文本甚至是约定俗成的翻译，即便出现在权威译文中的用法也要仔细推敲和调研，国家部委网站提供的翻译也不一定正确，都要通过自己独立的分析和判断确定信息的最终准确含义。"思辨思维训练通过帮助译员以思辨的眼光审视原文、译文、词典中给出的对等词和网上资源，有效地提高了译员逻辑推理能力，使其在翻译理解和表达方面做出正确的判断。而预设思维训练则有助于培养译员敏锐的认知关联性思维，使他们对翻译过程中选词择句的心理机制和认知思维形态有个理性认识，对翻译思辨能力的提高也大有裨益。还有一点值得注意的是，翻译工作坊中小组成员之间需要通过对话、商讨、争论等形式对问题进行充分的论证，这种讨论、个人思想的阐述和评价他人意见等协作行为也推进了译员思辨技能的发展。

下面选取了在翻译后测中的4位受试（庞震、孙彤、王一涵和杨光蕾）的部分代表性译者注对译员翻译思辨过程中的逻辑分析和推理予以示例。

示例1：

在对《人权特别报告员的报告》概要的英译汉过程中，4位受试均首先查阅了文件背景，如人权理事会的机构性质、特别报告员的工作职责、本案例涉及的特别报告员阿斯玛·贾汉吉尔提交的年度报告的详细内容（见联合国人权事务高级专员办事处的网页），参考文件有人权委员会议程和先前印发的类似报告（见联合国正式文件系统ODS）。他们认为概要是报告主要内容的浓缩，其语言简练性可能会造成理解困难，因此通读甚至翻译正文后再翻译或修改概要会对其理解更为准确，同时也使译语专业性在前后保持一致。

（1）在翻译概要首句Declaration on the Elimination of All Forms of Intolerance and of Discrimination Based on Religion or Belief中的intolerance一词时，孙彤查询到这是联合国大会于1981年11月25日以第35/55号决议的形式公布的一项重

要人权文件，并研读了其对应的中英文官方网站提供的文件内容。按照该宣言中的解释，“基于宗教或信仰原因的不容忍和歧视”系指以宗教或信仰为理由的任何区别、排斥、限制或偏袒，其目的和结果为取消或损害在平等地位上对人权和基本自由的承认、享有和形式，消除这种不容忍和歧视是人权领域的重要目标。intolerance一词原意为不容异说（或意见、信仰）、不宽容，这里译为“不容忍”更能体现出其与宗教或信仰关联的含义，也与联合国人权文件中的通常译法相一致。庞震认为选择“党同伐异”一词更为贴切，出自《后汉书·党锢传序》：“自武帝以后，崇尚儒学，怀经协术，所在雾会。至有石渠纷争之论，党同伐异之说。”意为跟自己意见相同的就袒护，不同的就加以攻击。可见庞震对intolerance进行了自己的思考和引申，但是在联合国文件中加入具有贬义意味的成语来翻译则不甚妥当。

（2）在翻译第2段during the time she holds the mandate这个短语时，杨光蕾注释mandate本意是授权，根据上下文报告员的工作性质可以推断出是在她任职期间。庞震注释mandate原意为授权、命令、委任、任期，翻译成“任命”一词更加符合当时她被任命为任期3年的宗教信仰自由方面的特别报告员，他参考了《联合国人权特别程序手册》中关于特别程序、任务、任务负责人的详细介绍，任务授权是由人权理事会以决议的形式确立，并规定任务的内容和期限，担任这种任务的人叫任务负责人（即mandate-holder），因此把此短语翻译为“在她担任任务期间”更为准确。

（3）在翻译第2段she would like to collect information，and analyze and identify best practices on这句话中的best practices一词时，杨光蕾注释practice有练习、实践和业务的意思，这里best practices不应该是最好的练习而应该是最好的业务，但是直译业务又与此类正式报告文体风格不相符，所以还是翻译成最佳方案比较贴切。王一涵推断此处是指在前面所说的那些信息当中经过分析比较后挑选出的对接下来要进行的通讯等步骤最有用处最有意义的一部分资料。孙彤注释best practice原意为最优方法、最佳实践，但此处翻译成“最佳举措”与动词“做出”更加搭配。孙彤为了更好地理解这个词组的含义，利用两种在线词典搜索了英文定义的平行文本进行比对分析，并且查阅了联合国文件的对应译法，最后敲定译为“最佳做法”，既使其意义涵盖范围较广，又与联合国文件译法相符。

（4）在翻译第3段A number of them had been sent by the previous Special Rapporteur and some，which address situations revealing multiple human rights alleged violations，were transmitted together with other special procedures一句时，杨光蕾

注释："这个长句子语法结构有一些复杂，我分析了好久。所以我把句子拆分开来，先分析which之前的句意，然后再分析which引导的定语从句，然后把主句动词were后面的句意分析出来，最后把分句意思重新组合使语句更加通顺，应用了拆分重组法，译为其中部分已由前任特别报告员递交，而有一些来往文件披露了指控侵犯多种人权的情况。这些来往文件由特别程序递交。"杨光蕾思路清晰，对句意及里面的用词理解准确，尤其是原文multiple human rights alleged violations这一短语写得不够顺畅，她通过分析原文的逻辑关系使译文符合原意。王一涵翻译为"大量的通讯是由之前的特别报告员发出的，而还有一些有关侵犯人权的通讯和其他的程序混在了一起"。孙彤翻译为"其中多项结果送交至前特别报告员，另外一些由于地址揭示多个违反人权，以其他特殊程序方式传递"。王一涵和孙彤的翻译对原文的个别用词如transmit和address的词义辨析不准，导致整句话逻辑不通，比较混乱。

由以上受试的译者注示例可以看出，译者注在慢慢地学会和习惯以平行文本和电子资源为调查研究工具，运用分析和推理等翻译思辨技能深入分析原文、选择策略、借鉴译法、推敲词句、辨析词句和遣词造句，使译文符合原意。但是习惯的养成向来不是一蹴而就的。正如从汉译英《外交政策》的译者注可以明显看出，可能由于原语是本族语且内容较为熟悉，大部分受试懈怠了调查研究，想当然地把"发展模式"译为"development models"，把"汇合点"译为"convergence point"，而实际通过Google查找"development models"大都出现在中文网站或者引用中国翻译原文的西文网站，"convergence point"大都是自然科学里的解释而非政治用语。另外可能由于对国家政策文件的深信不疑，大部分受试也忽视了原文"中国永远不称霸，永远不搞扩张"的逻辑问题，因为在英法殖民主义历史上，更常见的逻辑是先扩张后称霸（李长栓，2015：220）。因此，对权威资源和任何翻译疑点敢于质疑、随时质疑并通过调查研究积极验证的习惯还需要逐步地内化于心外践于行，这也恰好解释了实验数据中分析与计算、可信度评价这两项思辨技能在实验后提高幅度较小的现象。

4.4.2 元翻译思辨能力总体提高，译文翻译质量显著提高

根据反思日志和访谈得知，受试的元认知能力和元翻译思辨能力有了一定的提升。在实验前，大多数受试由于翻译元认知知识和元翻译思辨能力的不足，往往不能恰当地选择和运用有关翻译策略以及翻译思辨技能去进行有效的翻译活动，更不能很好地运用上下文语境对词汇选择等进行有效监控，有的受试表示即

使发生了认知错误也浑然不觉。实验后他们能够较好地监控自己的翻译任务，灵活地运用各种翻译策略和手段，并能及时对翻译中的错误进行修正，最后完成自己的翻译任务。翻译工作坊在元翻译思辨能力发展的过程中起到了积极的作用。根据访谈可知，每个受试在担任项目经理统筹安排翻译工作过程中，需要分配翻译任务、确定分项负责人、制定翻译文本要求等，这就培养了他们对翻译任务的计划能力，因为项目经理需要根据每个成员的能力、兴趣、爱好选择特定的翻译任务，并预计翻译结果的可接受性；在翻译表达前项目经理和小组成员还要制定译语语篇语义宏计划，根据意图选择翻译策略，想象出各种解决问题的办法，并预估翻译结果的有效性。另外通过反思日志得知，小组间的交叉审核与讨论直至译文的最终交付过程中受试需要能够根据预设意图、原语语篇意图和意图表达计划及时评价、反馈翻译活动的结果和不足，能够正确评估自己达到所设定意图的程度、水平，能够根据有效性标准评价自己与其他小组成员的各种翻译活动、翻译策略和方法的效果，能够根据对缓存式翻译的检查发现问题并采取相应的补救措施，能够根据对翻译策略和方法的效果检查，及时修正、调整翻译策略，这些都为受试对翻译任务和翻译策略的监控和调节提供了良好的驱动力，有效增强了受试的元认知自我调节能力和翻译控制能力。但是发展元认知能力和元翻译思辨能力是一个长期工程，该实验时间较短，有些受试元认知能力和元翻译思辨能力的总体提高程度不是很明显，他们对于翻译任务计划较好，但是在对翻译策略的监控和调节方面进步比较缓慢，这需要在后期培养中找到更好的对策专门强化这两方面。

表2为翻译测试成绩前后测配对样本t检验结果。表2数据显示，受试的前测成绩从66.15提高至后测成绩71.65，且两次测试成绩在0.000水平上呈显著性差异，这说明在实验后受试的译文翻译质量有了十分显著的提高。由前文分析翻译思辨认知机制可推论，译文翻译质量的提高与翻译思辨技能和元翻译思辨能力的提升之间的关系密不可分，这也从译文质量这个产出的角度证实了该行业译员翻译思辨能力培训实验的有效性。

表2 翻译测试成绩前后测配对样本t检验结果

测试成绩	标准差	差值	差值标准差	T值	P值
前测：66.15 后测：71.65	前测：5.0500 后测：5.0708	−5.50	2.8378	−8.668	0.000

4.4.3 情感特质的变化

由访谈和反思日志中受试记录的心得得知，译员的情感特质在实验后有了或多或少的变化，他们变得更加开放，更加有责任感和坚强的毅力。引起情感特质发生变化的原因有二：一是译员在撰写反思日志过程中，看到了自己的不足，心胸开阔地对待自己的缺憾之处，以开放的心态接受不同的观点，不断修正自己，从而实现自我提高和完善（张苇，2014：130）。二是译者注训练了译员乐于再三斟酌、专注于调查研究，在复杂事物中有条不紊地查找相关信息的这种不怕挫折、坚持不懈的特质，同时译者注使译员产生一种不断怀疑、不断探索、学无止境的责任感。

5 结语

研究证明，行业译员翻译思辨能力培训中的各项举措对于培养译员的翻译思辨技能效果十分显著，可以从一定程度上提高译员的元思辨翻译能力，可以使译员变得更加开放、坚毅和负责，同时该培训有效地提高了译员的译文翻译质量。行业译员的思辨缺席症是顽疾，但不是坚不可摧。只要超越纯语言层面的最低层级翻译，破除对翻译经验或技巧的过度迷信，克服自我满足的浮躁心态，以科学的翻译理论为指导，思辨分析思考问题，挖掘原文的真实含义，发挥译者的主体性和创造性，就完全可以译出高水准的行业译文。本研究还有一定的局限性，如由于受试均为在职译员，在实验过程中的干扰因素较多，且受试英语起始水平不尽相同，因此本实验没有设实验组和对照组进行对比研究，而且实验时间尽管较为集中，但是持续时间较短，另外，思辨技能客观题量具前测和后测相差时间较短且重复使用，译员可能对量具题目有延时记忆或兴趣降低现象，从而影响测量效度。这些不足之处需要在今后的研究中进一步完善。

参考文献

Hatton, N. & D. Smith. 1995. Reflection in Teacher Education: Towards Definition and Implementation [J]. *Teacher and Teacher Education* (1): 33–49.

陈浩东. 2013. 翻译心理学 [M]. 北京：北京大学出版社.

邓志辉. 2011. 认知学与翻译学结合的新起点——《翻译与认知》评介 [J]. 外语教学（3）：68–71.

董洪学，张晴. 2015. 翻译硕士（MTI）专业学位实习基地建设模式创新思考 [J]. 外语电化教学（3）：30–34.

傅敏. 2005. 傅雷谈翻译 [M]. 北京：当代世界出版社.

李明，仲伟合. 2010. 翻译工作坊教学探微 [J]. 中国翻译（4）：32–36.

林岩. 2012. 口语教学与思辨能力培养——一项对英语辩论课程中学生反思日志的研究 [J]. 外语与外语教学（5）：29–33.

刘和平，王茜. 2015. 翻译思辨能力发展特征研究——以MTI翻译理论与实务课程为例 [J]. 中国翻译（4）：45–50.

卢卫中，王福祥. 2013. 翻译研究的新范式——认知翻译学研究综述 [J]. 外语教学与研究（外国语文双月刊）（4）：606–616.

苗菊，朱琳. 2010（1）. 认知视角下的翻译思维与翻译教学研究 [J]. 外语教学（1）：98–103.

欧阳利锋. 2009. 论译者的批判性思维 [J]. 外语与外语教学（8）：50–53.

王寅. 2012. 认知翻译研究 [J]. 中国翻译（4）：17–23.

王寅. 2014. 认知翻译研究：理论与方法 [J]. 外语与外语教学（2）：1–8.

王正，孙东云. 2009. 网络翻译自主学习中的在线评价研究 [J]. 外语研究（1）：70–75.

文军，王东升，等. 2006. 翻译课程档案袋评价的实验研究 [J]. 中国外语（6）：45–48.

文秋芳. 2012. 中国外语类大学生思辨能力现状研究 [M]. 北京：外语教学与研究出版社.

肖琦. 2014. 注重批判性思维能力培养的翻译教学模式 [J]. 工业和信息化教育（3）：63–68.

颜林海. 2014. 试论认知翻译操作模式的建构 [J]. 中国翻译（2）：9–14.

颜林海. 2015. 翻译认知心理学（修订本）[M]. 北京：科学出版社.

余国良. 2010. 翻译教学中批判性思维的培养模式研究 [J]. 外语学刊（5）：101–104.

曾利沙. 2006. 翻译教学中的预设思维训练——兼论译者主体主观能动性的思维动因 [J]. 外国语言系文学（季刊）（3）：80–85.

张苇. 2014. 翻译教学与思辨能力的培养——基于翻译教学中反思日志作用的思考 [J]. 合肥学院学报（6）：127–130.

张文兰，刘斌. 2010. 信息技术与批判性思维研究的现状及启示 [J]. 电化教育研究（1）：25–30.

EAP教学视域下博士生批判性思维特征模型的构建与应用[1]

陈　欣

提　要： 在国家创新驱动发展战略背景下，高校拔尖人才培养模式的创新成为关键。本文以博士生学术英语（EAP）教学为研究对象，探索如何由培养博士生基础性国际学术交际能力、学术体裁能力转向高层次学术批判性思维能力。在评析批判性思维普适性模型基础上，采用德尔菲法提取基于学术情境的批判性思维核心技能要素，辅以问卷调查验证，以此构建博士生批判性思维特征模型，为开展以学术思辨为主要特征的博士生EAP教学提供分析与评价框架，旨在形成以思辨为牵引、以学科内容为依托的博士生EAP教学范式，并将批判性思维训练融入学科内容和英语语言应用之中，为探索博士生公共英语课程教学改革提供理论与实践支持。

关键词： 批判性思维；批判性思维特征模型；EAP教学；教学范式；非英语专业博士生

1　引言

近年来，学术英语（EAP）取代通用英语（EGP）已占据研究生公共英语教学的中心地位。然而随着EAP教学重心的下移，博、硕公共英语教学的“同质化”倾向日趋凸显，如何围绕学术创新这一博士教育的特征目标开展EAP教学成为当前博士英语教学改革的核心命题。孙有中（2017）在论述高阶外语能力培养时提出“以思辨为中心”。在博士生学术成果国际发表与交流目标需求背景下，EAP课程兼具了语言和思辨能力培养的双重任务，教学重点应由基础性国

1　论文原发表于《中国外语》2018年3月第15卷第2期。

际学术交流能力、学术体裁能力转向以英语为媒介的更高层次学术批判性思维能力的培养。

对博士生学术批判性思维能力的培养首先必须具备与之相契合的思维模型或分析框架。通过梳理国内外相关文献，笔者发现已有普适模型对学术创新目标情境下的批判性思维内涵缺乏较深入的阐释力，并缺乏可操作性。为此，本文以博士生EAP教学为研究对象，尝试构建学术批判性思维的特征模型，并探讨其在博士生EAP教学中的应用范式，为博士生公共英语课程教学改革提供理论与实践支持。

2　批判性思维普适性模型述评

自20世纪90年代以来，批判性思维内涵研究主要涉及批判性思维的结构维度分析、能力要素界定以及能力量表的开发，对此国内外学者提出了多种批判性思维理论模型，较有影响力的大致有4类。一是针对不同教育层次和不同领域的普适性批判性思维分析框架。其中，美国哲学联合会德尔菲项目组（The Delphi Project，1990）提出的批判性思维普适性“双维结构模型”是批判性思维模型研究具开创性的理论成果，该模型将批判性思维划分为两个维度，即认知能力（cognitive skills）和情感特质（affective dispositions），认知维度包含6项能力：阐释、分析、评价、推理、解释和自我调节；情感维度包括好奇、自信、开朗、灵活、公正、诚实、谨慎、好学和善解人意。二是美国批判性思维研究中心Paul & Elder（2006）出于教学需求构建的三元结构模型。该模型首次将思维标准引入批判性思维的基本架构，从思维标准、思维元素和智力特征等三个维度描述批判性思维。三是林崇德（2006）在上述三元结构模型基础上，提出与三元模型较为相似的三棱结构模型。该模型将“双维结构模型”认知技能中的“自我调节”作为“元思维能力”（meta-thinking）置于模型顶端，以突出思维监控能力对批判性思维的统领作用。四是文秋芳（2009）提出的思辨层级模型，主张将思辨能力分为元思辨能力和思辨能力两个层次，以突出思辨者的元思维意识在思辨能力发展中的主导作用。此模型综合了上述三类模型的优点，模型中的层次关系更加清晰，结构也更加完整。

上述普适性模型确立了对批判性思维能力的基本分析框架，包括元认知调控、情感特质、思维标准（清晰、准确、相关、深度、广度等）和认知技能（分析、推理、评价等）多个维度。然而，一种普适理论模型要为教学所用，必须依照其教学目标达成和应用的特征情境，对其结构维度与内容做出基于情境的适应性调整，即通过将普适模型作适应性重构（adaptive reconstruction）才能更好地应用于教学实践，同时，模型中较为宏观与概念化的维度分析如果具化成与情境密切关联的特征维度则增强了模型的解释力与可操作性。鉴于博士生EAP教学不同于其他阶段的学术创新目标特征，从“普适性”到“适应性”的“contextualizing”是本文“特征模型”建构的基本立意，也是博士EAP教学所依据的批判性思维理论建构的关键步骤。

3 学术批判性思维特征模型的构建

对现有普适性批判性思维理论模型结构维度的适应性重构主要从两方面展开。其一，模型应用条件和分析视角的设定。在普适模型认知技能和情感特质这两个核心维度基础上，引入目标情境和思维向度特征两个新维度，旨在界定和明晰适应性模型应用的特征情境和学术批判所涉及的分析视角。其二，对普适模型的认知技能和情感特征维度进行适应性重构，即完善对现有学术批判性思维人格特质维度的描述，重点探究学术创新目标情境下的批判性思维认知技能要素集群。

3.1 目标情境的界定

学术创新的原动力在于问题情境，其本质是现状与主体追求的差异（武宏志，2004）。科学哲学家波普尔认为（1986），知识增长的批判性（即质疑与探究）、检验性（即证据与证伪）和试探性（即新的命题与假设）等三个特征是学术创新的必要条件。其中，批判性特征被视为知识创新的起点，是带有目的性、自审判断以及对学术语境中他人给出的理由和论证给予建设性回应的思维活动。博士阶段的学术创新多以科学研究中的新思维、新发明和新描述为概念特征，以创新人格为驱动，以批判、修正、拓展乃至证伪等方式实现对现有理论框架和知识结构的修正甚至突破。其创新成果主要体现在开创、独创和改进三个目标层次，目标特征情境主要可分为4类：1）开辟新的研究领域；2）学科交叉视界的融合；3）创新概念、新视角、新方法；4）确立新的理论、新的论据、新的结论，并修正已有的概念、理论和假设。明晰目标情境即确立EAP教学中开展批判性思维训练和评价的目标指向。

3.2 思维向度的明晰

学术创新目标情境下的批判性思维具有独特的思维向度。与创新思维相比，批判性思维强调思维主体对于现有理论概念与研究结论的审视与反思、质疑甚至批判，往往通过探索并建立新的研究空间，寻找或然性假设的论证理据，从而走向创新突破。通过梳理现有文献中对创新思维和批判性思维的论述，笔者将两者的特征归纳为：创新性思维注重突破性、再生性、建构性、主观性、可能性、发散性、关联性与新颖性，批判性思维则以分析性、理据性、反思性、解构性、纵深性、否定性、聚敛性和或然性为特征，并以论辩取向区别于创新思维的方案解决范式（见表1）。思维向度的明晰旨在为EAP教学中的学术批判思维训练提供多元的分析与评价视角及逻辑展开线索。

表1 批判性思维与创新思维的思维向度比较

批判性思维			创新性思维		
分析性	或然性	解构性	突破性	主观性	新颖性
聚敛性	答辩性	反思性	再生性	可能性	建构性
纵深性	否定性	理据性	发散性	答案性	关联性

3.3 人格特质的描述

批判性思维的人格特质或倾向（critical thinking disposition）表现为思维主体处理问题时的惯用思路与运用推理作出决定时的个体观念、态度与取向（Facione，1995），积极的人格特质是批判性思维技能发展的内在驱动力。普适模型将批判性思维人格特质主要归纳为5个方面：开放、好奇、公正、自信和坚毅。笔者认为，肩负创新使命的博士群体还须具备两项重要人格特质：敏锐和移情。前者指研究主体对学术前沿敏感的洞察力及在学术情境中展现出的机敏的反应力、精细的感知力和透彻的理解力，具备创新人才视角锐利、敏于观察、善于发现、长于捕捉的特征；后者指善于切换研究视角，具备从多元甚至对立的观点思考更多或然性选择和解决方案的特质。

3.4 技能要素的识别与重构

普适模型中，批判性思维的核心认知技能有分析、推理和评价三个基本要素。特征模型对思维认知技能维度的重构旨在具化学术创新目标情境下批判性思维技能的分析框架，笔者认为，构建适应性特征模型须从教与学的双向维度来考察，从导师与博士生双重教学主体来论证特征要素。围绕上述两个侧面，本研究采用自上而下的德尔菲（Delphi）专家评议法并辅以自下而上的博士生问卷调查结果验证的途径，从教与学的不同视角识别并确立批判性思维核心技能要素集群。

3.4.1 基于德尔菲法的批判性思维技能特征要素的识别

本研究使用德尔菲法，分为5个步骤：1）描述并确立问题。本研究描述和确立的主要问题为“高水平学术创新目标情境下博士生需具备哪些批判性思维核心技能”。2）遴选专家。选择15名专家为评议组成员，其中12位为综合性大学博士生导师，并兼及自然科学和社会科学学科背景（10位是工程、生物医药背景，2位是社会科学领域背景，所有专家具有本学科10年以上博导工作经历），且指导的博士生科研业绩突出。最终选择有效专家12人。3）确立博士生批判性思维特征技能要素备选因子。依据专家背靠背给出的独立和开放性意见，收集备选因子。调查表回收率100%，说明调查参与度高。基于数据结果和相关文献，制订思维特征技能备选因子集基础方案。4）汇集专家意见。结合基础方案，归并同类因素，剔除次要因素，保留了20个备选因子，以此形成第二轮专家评议内容和问卷编制的依据。第二轮评议采取问卷形式，请专家按Likert五分量表按照重要性对问卷中20个备选因子进行排序，并允许专家对因素加以补充。5）对第二轮专家评议结果进行指标评分重要性均值及变异系数分析。

依据德尔菲法，重要性均值反映专家意见的集中度，一般认为，均值达到3以上的指标即可保留，调查结果共有18个选项均值符合条件作为备选。变异系数是指标的重要性均值与该项指标评分标准差之比，是专家评分值离散度指标，反映专家意见的协调程度。变异系数超过0.25，则表示该项指标的专家认同度差。变异系数越小，表示专家意见一致性越高，达成的共识度越高，说明德尔菲法征询反馈的过程已接近完成，即可进入预测结果的汇总表述阶段。将12位专家对备选因子的相关评语集按上述法则进行计算并汇总，得出技能要素评价结果数据，共有12项指标变异系数小于0.25，且重要性均值大于3，表示上述选项具有较高的专家认同度，宜作为第二轮评议的有效因子保留（见表2），对8项不符合上述条件的指标考虑删除。

表2　第二轮专家评议结果

技能要素选项	重要性评价均值	变异系数
f1概念的澄清与界定	3.75	0.304
f2意义的阐释与转化	2.92	0.424
f3归类综合与关联	3.58	0.452
f4审思结论信念并悬置判断	4.58	0.146
f5辨析证据类型与信度	4.33	0.180
f6文献信息溯源与评价	4.00	0.238
f7查找论点、论据与结论	4.17	0.199
f8分析或然假设/观点	4.08	0.194
f9论证方案与技术路线	3.92	0.255
f10归因证据的研究设计	4.83	0.159
f11验证假设	4.58	0.081
f12科学研究的工具与方法	3.25	0.457
f13跨学科视界融合	4.00	0.185
f14识别谬误或局限	4.42	0.179
f15推理与论证	4.67	0.105
f16论证复杂问题的策略与方法	4.08	0.194
f17解决问题	3.58	0.346
f18陈述结果	2.50	0.526
f19得出结论	3.25	0.438
f20思维的自我监控与校正	4.33	0.227

3.4.2　基于问卷调查的思维技能要素验证

在上述第二轮专家评议基础上，转换评价主体，从学习者的角度考察德尔菲专家评议结果产生的技能要素对受试博士生学术成果的产出是否具积极影响，意在通过自下而上的视角对专家评议结果的有效性进一步加以验证。

依据元思辨思想，要求被试博士生对学术研究与成果产出过程进行反思，结合本人近3年取得的学术创新成果（有或无）对其批判性思维技能认知及表现作自我评价。

研究问题：上述德尔菲法第二轮专家评议产生的批判性思维核心能力要素对受试博士生学术创新成果的产出是否具有显著影响?

研究工具：问卷调查。将上述第二轮评议结果得出的12个批判性思维技能要素归入分析、推理和评价三个核心类别，每个要素含3个问题，共36题，自编调查问卷，采用李克特五级量表进行评分。问卷Cronbach's alpha值为0.864，表明问卷信度好，可作为测量工具。

调查对象：调查对象为笔者所在综合性大学250名博士在读时间满两年以上研究生，来自全校不同专业，涵盖理工、生物医药、社科等核心板块，男生占62%，女生占38%，问卷有效回收率为94%。

数据统计：在基本信息中对所有受试博士生近3年高水平学术论文发表情况进行统计。鉴于目前多数高校对博士生学术创新成果产出的级别要求，理工类统计SCI论文，社科统计SSCI论文，按发表数量进行排序，由此形成基于成果产出数量的4个不同水平组别，H组（4篇以上）、M组（2至3篇）、L组（1篇）和N组（无产出），H组与M组合并为高产出组，L组与N组合并为低产出组。将受试对批判性思维认知技能表现的自评结果按量表得分排序，分为强（Higher level）、中（Mid level）、弱（Lower level）3个层次，各占受试人数的1/3。通过SPSS.19.0独立样本T检验，分别考察高产出组和低产出组在上述三个技能类别上的表现是否存在显著性差异。如果存在显著差异性，则提示技能与产出的关联，需进一步验证两者之间是否存在显著相关。对学术产出水平分组和批判性思维技能认知表现分组进行Spearman秩相关分析。

表3　多维组间比较结果

	学术产出	N	均值	标准差	均值的标准误
分析	高产出组	127	4.1083	.41138	.03650
	低产出组	107	2.3037	.40781	.03942
推理	高产出组	127	3.7736	.63577	.05642
	低产出组	107	1.5771	.57093	.05519
评价	高产出组	127	3.8484	.58262	.05170
	低产出组	107	1.7589	.50281	.04861

结果与讨论：1）独立样本T检验结果显示，高学术产出和低学术产出博士生在批判性思维要素三个核心维度的认知表现均存在显著差异：分析维度（t=33.560，df=232，$p<0.05$），推理维度（t=27.576，df=232，$p<0.05$）和评价维度（t=30.470，df=232，$p<0.05$）。维度间比较结果（表3）显示，高产出组和低产出组在分析维度得分均值均较高（4.1083，2.3037），推理维度得分均值均为最低（3.7736，1.5771），表明博士生的批判性思维的分析认知表现优

于评价认知表现，推理认知表现则相对最弱。高学术产出组在批判性思维三个核心维度方面的认知技能表现得分显著高于低学术产出组的得分，三个维度均值差分别为$MD_{分析}=1.80$，$MD_{推理}=2.20$和$MD_{评价}=2.09$，其中，推理维度的高、低组间差最大，说明博士生在推理维度不仅整体表现较弱，且水平差异明显，低产出学生的逻辑推理能力亟待提升。2）斯皮耳曼秩相关分析显示，被试博士生批判性思维要素认知表现分组与学术产出水平分组之间具显著性高度正相关（$rho=0.761$，$p<0.05$），从“学”的视角佐证了德尔菲法专家评议结果的有效性。由此从“教”与“学”的不同主体阐释了学术批判性思维核心要素对受试博士生学术创新成果产出的积极影响。

3.5　基于学术创新情境的博士生批判性思维特征模型的确立

在上述德尔菲法专家评议和博士生问卷调查的一致性结果基础上，本研究尝试构建学术创新目标情境下博士生批判性思维的特征模型（见表4），旨在通过引入目标情境、思维向度等学术批判的特征维度，对普适模型进行适应性重构和深化，更好地体现学术情境下批判性思维的特征内涵。该模型通过4个相互关联的核心维度加以呈现：以目标情境和思维向度明晰模型应用的情境条件和分析视角；以认知技能要素确立学术批判性思维训练的基本分析框架；以批判人格特质描述阐释批判性思维培养的达成目标，以期形成契合学术情境与特征目标、具可操作性的博士生学术批判性思维能力的适应性分析框架。

表4　学术创新目标情境下博士生批判性思维特征模型

批判性思维			
目标情境（开创、独创、改进）	思维向度	认知技能	人格特质
开辟新的研究领域 概念的创立或修正 拓展学科交叉融合的新视界 对已有概念、理论、假设的修正 文献评析 研究视角创新 研究设计创新（研究方法、技术路线） 新工具或新手段的发明或采用 新论点、新论据、新论证 新结论	分析性 反思性 理据性 否定性 解构性 答辩性 纵深性 聚敛性 或然性	审思结论信念并悬置判断（批判性思维的起点） 文献信息溯源与评价 辨析证据类型与信度 识别谬误或局限 确立研究空间 分析或然假设/观点 验证假设 归因证据的研究设计 推理与论证 论证复杂问题的策略与方法 跨学科视界融合 元思辨（思维的自我监控与校正）	开放 好奇 敏锐 移情 公正 自信 坚毅

4 特征模型的教学应用

博士生批判性思维特征模型的构建意在为开展以学术思辨为特色的EAP教学提供适应性的分析框架。在此基础上，笔者结合多年教学实践，提出以批判性思维为牵引、学科内容为依托的博士生EAP教学范式。

基本思路：以批判性思维为牵引，特征模型为分析框架，英语语言为媒介，学科内容为依托，高水平学术论文与学术交流案例为载体，交互式研讨教学为手段，重点训练博士生对文献信度审思、谬误查找、研究空间确立、研究假设验证、论辩推理、结论阐释等学术要素的分析和评价能力，促进英语学术话语能力的发展和高水平学术产出。

教学原则：创设学术语境，采用国际学术期刊投稿论文和会议交流真实语料，借助适应性特征模型框架，开展批判性思维训练，强化学术英语的思辨性与应用性。

教学路径：设计批判性思维核心要素训练的教学行为框架与操作方案。

六个步骤：1）Explication——学术创新目标情境下批判性思维特征模型的明晰。2）Engagement——构建中外博士生、教师批判性思维教学共同体，营造以批判性思维为牵引的学术英语思辨与交流情境。3）Exploration——探索与发现，引导博士生依据批判性思维模型框架与评价标准，以开放的学术态度与学术自信寻找学术案例中的认知与观点冲突，探索新的研究空间。4）Elaboration——启发延伸，引导深度探究，理性对话研究设计和研究发现，从多学科视角释意、佐证。5）Exchange——互动与论辩，科学质疑，理性批判，理据陈述，逻辑抗辩。6）Evaluation——反思与评价，启发偏见自省，策略评价，论辩结构梳理、学术英语话语输出质量反思与评价。

预期成效：基于批判性思维适应性模型的博士生EAP教学范式旨在提升博士生的学术创新能力和科学思维素养，助推博士学术创新成果的产出。以思辨为牵引、学科内容为依托的教学范式将博士生的思维训练融于学术英语能力培养，对学术英语语言的输出水平提出了更高要求。思维与专业学术内容的互动有助于激发博士生强烈的语言输出愿望，促使英语学术话语的产出向更高层次的清晰性、准确性、逻辑性、相关性、深刻性、理据性和灵活性发展。

5 结语

本研究依托现有文献中的普适性思维模型，充分考察博士生阶段学术创新的目标特征情境，探索构建针对具体群体的目标特征情境下的适应性批判性思维特征模型，以期将批判性思维模型的理论与实践研究引向纵深。形成的基于该模型的教学范式将学术思辨融入博士生EAP教学，思维训练、学科内容与语言应用的有机结合将有效促进博士生学术英语能力的发展，助推学术创新成果的产出。

参考文献

APA(American Philosophical Association).The Delphi report executive summary: Research findings and recommendation prepared for the committee on pre-college philosophy [R]. ERIC Doc. No. ED, 1990.

Dewey, J. *How We Think* [M]. Chicago: Henry Regnery, 1933.

Elander, J., Harrington, K., Norton, L., Robinson, H. & Reddy, P. Complex skills and academic writing: A review of evidence about the types of learning required to meet core assessment criteria [J]. *Assessment and Evaluation in Higher Education*, 2006 (31): 71–90.

Facione P. A. *Critical Thinking: A Statement of Expert Consensus for Purposes of Educational Assessment and Instruction* [M]. The California Academic Press,1990.

Facione, P. A., Facione, Giancarlo, C. A., Facione, N. C. & Gainen, J. The Disposition toward critical thinking [J]. *Journal of General Education*, 1995(44): 1–25.

Mohan, B. A. *Integration of Language and Content. Proceedings of the First Research Symposium on Limited English Proficient Students' Issues* [C]. Washington D.C.: Office of Bilingual Education and Minority Language Affairs, 1990: 113–136.

Nosich, G. M. *Learning to Think Things Through: A Guide to Critical Thinking Across the Curriculum* [M]. New Jersey: Pearson Prentice Hall, 2005.

Paul, R. *Critical Thinking: How to Prepare Students for a Rapidly Changing World* [M]. Santa Rosa, CA: Foundation for Critical Thinking, 1995.

Paul, R. & Elder, L. *Critical Thinking: Learn the Tools the Best Thinkers Use* [M]. New Jersey: Pearson Prentice Hall, 2006.

Wilson, K. Critical reading, critical thinking: Delicate scaffolding in English for academic purposes [J]. *Thinking Skills and Creativity*, 2016: 256–265.

卡尔·波普尔. 猜想与反驳 [M]. 上海：上海译文出版社，1986.

李莉文. 试析英语专业技能课程与批判性思维能力培养的关系 [J]. 中国外语，2010（6）：68–73.

林崇德. 思维心理学研究的几点回顾 [J]. 北京师范大学学报（社会科学版），2006（5）：35–42.

罗清旭. 批判性思维理论及其测评技术研究 [D]. 南京师范大学，2002.

孙有中．突出思辨能力培养，将英语专业教学改革引向深入[J]．中国外语，2011（3）：49-58.
孙有中．人文英语教育论[J]．外语教学与研究，2017（6）：862-867.
文秋芳，周燕．评述外语专业学生思维能力的发展[J]．外语学刊，2006（5）：76-80.
文秋芳等．构建我国外语类大学生思辨能力量具的理论框架[J]．外语界，2009（1）：37-43.
武宏志．批判性思维[J]．广州大学学报（社会科学版），2004（11）：10-16.
杨自俭．浅述学术创新[J]．中国外语，2006（3）：5-7.

Investigating EFL learners' perceptions of critical thinking learning affordances: Voices from Chinese university English majors[1]

Xiaoshuang Du & Lian Zhang

Abstract: Affordances are action possibilities provided by the environment. This study investigated university EFL learners' perceptions of the critical thinking learning affordances in their course learning environment. The participants were a cohort of 156 fourth-year English majors from a Chinese university where the English department was under a curriculum reform to promote students' language learning and critical thinking development. The instrument of this study was the Learning Environment Affordance Survey_Critical Thinking (LEAS_CT) with a set of multiple-choice questions. The data analysis methods used in the study included descriptive statistical analysis, factor analysis, and MANOVA tests. The results showed that the English majors had strongly positive perceptions of the critical thinking learning affordances, which included four types: Rich Resources, Interactive Negotiation, Quality Task, and Community Culture. The results also revealed that high-achieving students had significantly better perceptions of the critical thinking learning affordances than lower-achieving students. Responses to the multiple-choice questions indicated that the English majors considered content-rich materials, teacher-facilitation, and small-group/peer learning benefited them most in terms of critical thinking development. Factors that influenced their perceptions of learning affordances and implications concerning integrating critical thinking into the tertiary EFL curriculum were discussed.

Keywords: learning affordances; critical thinking; EFL learners; curriculum reform

1 论文原发表于期刊*SAGE Open* 2022年4-6月。

Introduction

Affordances refer to the perceived action possibilities provided by the environment (Gibson, 1979; van Lier, 2006). The notion implies actor-environment mutuality, which means the actor and the environment are interdependent. In terms of applying the notion affordances to learning studies, it's argued that the utility of the notion affordances in explaining learners' behavior depends on their perception (Aronin & Singleton, 2010). In other words, learning affordances exist relative to the actor's capacity to perceive them, and this perceivability contributes to a better understanding of both learning and the learner. In addition, learners' perceptions of the learning environment can be an important indicator to evaluate the quality of educational interventions (Taylor et al., 1997). Therefore, learners' perceptions of a certain learning environment and its affordances remain an important issue yet to be explored (Jiang & Zhang, 2019; Menezes, 2011).

This study was part of the evaluation of the curriculum reform in the tertiary English as a foreign language (EFL) program in a prestigious Chinese university. In the domain of tertiary foreign language education, the "two-tiered curriculum" has been a debated issue for years. It means language courses at the lower level of the curriculum tend to be instrumental and content-indifferent and courses at more advanced stages often follow the cultural and literary traditions (Urlaub, 2017). There was a call for a unified language-and-content curriculum across the four-year university study in foreign language departments (Byrnes et al., 2010; Geisler et al., 2007). Underlying this debate are divergent views of language and language learning, one of which is to consider language as an instrument for daily communication and another is to view language as a vehicle for thought processes and self-expression (Geisler et al., 2007). As Bernhardt (1998: 51) described, there has long been a tension "between the traditional, humanities-based, reading-oriented study of belles lettres and views advocating functionality and oral proficiency" in foreign language departments. To reinvigorate the foreign language departments as academic institutions central to the humanities and to the missions for higher learning, a more coherent and integrated curriculum is needed for the concurrent development of students' foreign language competence, advanced cognitive capacities, and intercultural competence. In China, similar debates have been going on in the past 10 years and there is growing awareness of the need to promote the advanced literacy skills and cognitive capacities through the integrated curriculum in university language programs (Li & Zhang, 2020; Zhang et al., 2013; Zhang & Sun, 2014). To achieve this goal, Byrnes (2006: 2) further argued that university foreign language departments should "foreground language use in a specific socio-cultural context, adopt cognitive approaches than theories of language and language learning and take a textual orientation that emphasizes meaning-making over sentence-level structural properties", which pointed out the directions for curriculum reform in university foreign language programs.

In the English department where the present study was conducted, the curriculum reform of this kind started more than ten years ago. The goal of the curriculum reform was the coordinated development of students' foreign language competence and advanced cognitive capacities. The new curriculum was officially implemented in 2016, and the development of critical thinking was put forward as an explicit and specific objective in curriculum design, material development and classroom pedagogy. Accordingly, the language and critical thinking integrated teaching (henceforth, LaCTIT) was launched as the new approach to tertiary EFL education. As the first batch of students were approaching graduation under the new curriculum in 2020, a large-scale curriculum evaluation project was conducted covering aspects such as the effects of the curriculum design and the implementation of LaCTIT, students' experiences with textbook use and students' perceptions of the learning environment. One particular aspect of this kind of integrated curriculum was the provision of ample action opportunities, or affordances, for students' critical thinking development. Students' perceptions of these affordances will generate valuable insights on the effectiveness of the curriculum and instruction and, more importantly, the quality of learning experience. As part of the larger project, the present study focused on students' perceptions of the affordances for critical thinking development provided by the learning environment.

Literature Review

Affordances in Foreign Language Learning

The widely cited definition of affordance was by Gibson (1979: 127), who said that "the affordances of the environment are what it offers the animal, what it provides or furnishes, either for good or ill". Today researchers have moved far beyond this original definition and, among the various understandings, the core meaning of affordance is the reciprocity between the actor and the environment. As Gibson (1979: 129) stated, "an affordance cuts across the dichotomy of subjective-objective; it is equally a fact of the environment and a fact of behavior". To put it simply, affordances mean not only the objectives or physical features of an environment but also how the person perceives or recognizes the intended meanings provided by the environment

(Owen, 2009, cited in Aronin & Singleton, 2010, p. 114). Withagen et al. (2012) also argued that the environment not only provides action possibilities but it also invites behaviors, for example, attracting or repelling certain behaviors after the actor perceives the affordances. For the purpose of this study, the term affordances is defined as the potentials or opportunities that learners perceive in a particular environment to support their learning.

Compatible with the postmodern approaches such as socio-cultural theory, the ecological perspective, and complexity theory, the application of the notion affordances in language learning studies has been vibrant and fruitful in recent years (Kramsch, 2003; Lantolf, 2000; Larsen-freeman, 2011; van Lier, 2000). Empirical studies have pursued different facets of affordances to address the problems related to language learning and teaching. Some studies investigated how language learning affordances played out in the interface of technology and users, such as teachers and students (Jin, 2018; McNeil, 2014), or in the context of multilingualism (Henry, 2016; Kordt, 2018; Singleton & Aronin, 2007) or in pedagogical interactions (Thoms, 2014). Many studies classified affordances into different categories, such as linguistic affordances, literacy affordances, cognitive affordances and social affordances, to name just a few, and examined how these affordances arose in specific pedagogical activities, such as L2 collaborative reading (Thoms & Poole, 2017), the written corrective feedback (Han, 2019), and others. These studies have pushed forward the idea of the learner-environment interdependence and found that properties of learning environments, such as technology, multiple languages, learning tasks and a particular kind of milieu, may support learning in different ways.

Learners' Perceptions of Affordances in Learning Environments

Learning was defined as "the education of intention and attention" and learners can be "tuned" to perceive aspects of their environment that they otherwise might not notice (Young, 2003: 172). On one hand, learners were agents who perceive, interpret, select, and utilize the affordances provided by the environment under specific circumstances, and on the other, learners' attention could be attuned to particular aspects of the environment by a range of factors, including external and internal factors, individual and cultural factors. For example, Rama et al. (2012) investigated the affordances of online gaming environments for second language learning and socialization and found the game, the participant, and the cultural factors combined to shape the affordances for second language learning. Jiang and Zhang (2019) found that students' own motivation, English use in the academic environment and the collaborative learning culture mediated learners' English learning agency and hence affected students perceptions and their use of various English learning affordances in China's Hong Kong English-medium instruction context. Withagen et al. (2012: 256) posited that affordances also depend on "the amount of effort it takes to utilize the action possibility". In other words, they believe the match-up between the learners' capabilities and the affordances available should be taken into account. Moreover, Zhu et al. (2009) mentioned culture and personal history as relevant factors and explained that particular responsiveness to certain affordances in the environment might be a result of culture or individual prior experiences. Another study on Chinese EFL learners found that students with different learning histories set different goals and intentions for their learning (e.g., passing the exam, improving communicative skills) and hence affected their perceptions of learning affordances (Qin & Dai, 2015). In sum, based on the interplay between the actors and the environment, the perceivability and utility of the affordances largely depend on the relationship between the properties of the person (e.g., goals, interests, capabilities, experiences and culture) and those of the environment.

EFL Students' Perceptions of Affordances for Critical Thinking Development

Critical thinking is considered as integral to the 21st century skills (Binkley et al., 2012). Critical thinking generally means making active, reasonable, and self-regulatory judgments (Fisher & Scriven, 1997). It's a key element of complex argumentation, deep analysis, and other professional behaviors (Kuhn, 1999; Walton, 1989). In this study, critical thinking is defined as the ability to employ a certain level of content-specific knowledge with a flexible use of higher-order cognitive skills (e.g., analyzing, interpreting, categorizing, and evaluating). Although the integration of language learning and critical thinking is not new in the English language teaching (ELT) field (see Ten Dam & Volman, 2004 for a review), it's still the most significant part of the curriculum reform in the English department as described above. In an integrated curriculum where the LaCTIT approach was launched , the learning environment provided a manifold of opportunities for university EFL learners which included "goal affordances" for language acquisition and "happening affordances" for knowledge and cognitive competence (Scarantino, 2003, pp. 958–960). Critical thinking development was among the "happening affordances" provided by the EFL program of the present study. Affordances of this kind manifested themselves in written and oral interactions among teachers and students and in their experiences with cultural products (e.g., books, materials, and tasks).

Learners' perceptions of these affordances can be affected by a wide range of factors. First of all, the designed environmental properties directly influence learners' perceptions. When curricula are designed, lessons are taught, relationships are built in a certain way to promote EFL learners' critical thinking, this environment offers resources or opportunities that make critical thinking development more likely to happen (Li & Zhang, 2020; Liaw, 2007; Yang & Gamble, 2013). What students perceive in their learning context is a direct reflection of how both the curriculum and pedagogy are supportive and how the environment is conducive for a particular kind of learning.

Moreover, individual factors including learners' goals, identities, and capabilities affect their perceptions of affordances for critical thinking development. In the EFL context, some learners may fail to see the potential of language learning in transforming their intellectual consciousness and hence transforming their life and haven't recognized the need of integrating language learning and critical thinking development. The critical awareness concerning language learning might be resulted from the socialization of the language learners throughout their personal language learning history. As Menezes (2011) explained, people perceive things in accordance with the way how they relate to them and how their identity is shaped. Arguably, language learner identity associated with the way they are socialized into the activities of language learning has an impact on how they perceive the affordances available for them. Besides, it's notable that language learners' capabilities, especially their language proficiency, can also be a crucial factor that enables or constrains their perceptions of affordances for aspects other than language learning itself.

Last but not least, as was argued by Atkinson (1997), teaching and learning critical thinking are culturally complex. A certain group of learners may share certain sociocultural patterns in thinking and learning, which would interfere with the way they interact with the external environment, so as to affect how they perceive and utilize the environmental affordances for critical thinking development. Therefore, in a specific context, environmental properties as well as learners' individual and group features may influence learners' perceptions and utilization of affordances for critical thinking development.

The present study investigates how English majors from a Chinese university EFL program perceived the affordances for critical thinking development in their course learning environment. The study aims to answer the following research questions:

1) How did Chinese university English majors perceive the affordances for critical thinking development in their course learning environment?

2) Specifically, what in the learning environment provided affordances that benefited their critical thinking development?

Methods

Research Context

This research was conducted in a Chinese university EFL program where the curriculum was reformed and the LaCTIT approach was implemented to promote English majors' language learning and critical thinking development. The objectives of the new curriculum were pluralistic, including developing students' language ability, content knowledge, and critical thinking. The curriculum, course materials, classroom pedagogy, and instruction evaluation were designed and implemented with an orientation to these objectives. In the first two years, the students received content-based language instruction with much emphasis on critical thinking skills. Afterwards, they were enrolled into separate tracks of subject areas for deeper study, namely, literature or translation studies. The textbooks *Think & English* series offered both formal disciplinary content and high-quality language sample to expand students' linguistic and cognitive repertories. Classroom learning activities included critical reading, discussion/debate and writing tasks where learners used English as "pushed output" and "medium of meaning-making" (Swain et al., 2015) to engage with meaningful and content-intensive learning. In the classroom, the teacher designed the course learning blueprint, gave lectures, and acted as the leader and facilitator in classroom discussion. Meanwhile, cooperative learning and group work, peer negotiation, teacher-student communication were highlighted and facilitated through active learning communities. It can be seen from the above description that certain course learning conditions were created for students' English language development, content learning, and critical thinking development. The present study mainly focuses on students' course learning experiences and their perceptions, and other extra-curriculum activities or off-campus experiences are beyond the scope of this study.

Participants

The simple random sampling method was used in the study. A cohort of 175 English major undergraduates who were approaching the end of their full-time 4-year EFL program were invited to participate in the study and 156 students responded to the questionnaire. All of the participants are native Chinese speakers and medium-high proficient English learners. Most of them have learned English for 5 to 10 years before they entered the university. All of them have received formal university English education with an emphasis on critical thinking development for four years since they were admitted to the program in 2016. The information of the participants is shown in Table 1.

Table 1 Demographic Information of the Participants

Demographic characteristics	*N*	%
Gender		
Male	22	14.1
Female	134	85.9
Experience of English-medium education		
≥ 10 years	52	33.3
< 10 years	104	66.7

The table shows that most of the participants are female students (85.9%), which is a reflection of the gender ratio of enrolled students in many Chinese university EFL programs. Moreover, one-third (33.3%) of the participants have more than 10 years of experience of English-medium education and two thirds (66.7%) of them have less than 10 years of such experience. English-medium education includes both the learning of English language skills and all forms of content learning through the medium of English.

Instrument

The Learning Environment Survey_Critical Thinking (LES_CT). This survey was originally developed by Taylor et al. (1997) which was later adapted by Cheng and Wan (2017) under the title of Classroom Learning Environment Survey_Liberal Studies (CLES_LS). The purpose of the survey was to investigate Chinese university EFL learners' perceptions on the critical thinking learning affordances in their course learning environment. The original survey included five dimensions: Personal Relevance, Uncertainty, Skeptical Voice, Shared Control, and Student Negotiation. The CLES_LS was adapted from the original survey to measure the effects of the learning environment on Hong Kong learners' critical thinking skills (Cheng & Wan, 2017). The researchers added two new dimensions (Challenging Task and Multiple Perspectives) and reduced the number of items for each dimension from six to three. Therefore, the CLES_LS included seven dimensions: Student Negotiation, Challenging Task, Multiple Perspectives, Critical Voice, Shared Control, Personal Relevance, and Uncertainty. These two instruments were further adapted to fit the foreign language learning context in the present study. The adaptation included adding one more dimension and aggregated some dimensions into a single one. For example, Multiple Perspectives, Critical Voices, and Shared Control were aggregated into one dimension: Community

Culture; moreover, Personal Relevance, Uncertainty were congregated into Challenging Task, reformulated as Quality Task, because all of them were related to high-quality learning tasks. All these being done, another dimension, Rich Resources, was added because a rich and resourceful learning environment is necessary for students to explore ideas with target language and is beneficial for critical thinking development and language learning. Therefore, the new instrument Learning Environment Survey_Critical Thinking (LES_CT) for the present study included four dimensions: Rich Resources, Interactive Negotiation, Quality Task, and Community Culture. The four dimensions constitute four sub-scales, with each scale containing three to six items. Table 2 describes what each scale measures and presents a sample item for each scale in the study: All these items were written in Chinese and answered by using a five-point Likert scale (1 = strongly disagree to 5 = strongly agree) indicating the degree of agreement with each statement by the participants.

Table 2 Scales and Items

Scale	Description	Sample item
Rich resources	The extent to which the learning environment provides rich learning resources	It's possible for me to get learning resources from different points of view.
Interactive negotiation	The extent to which the learning environment promotes genuine interaction and negotiation	It's possible for me to have authentic and meaningful communications with peers.
Quality task	The extent to which the learning environment engages the students with high-quality learning tasks	It's possible for me to relate to real life experiences when doing the tasks.
Community culture	The extent to which the learning environment creates the culture of a learning community	It's possible for me to listen to each other in the community.

Measurement of students' academic performance. Students' academic performance in this study was a general indicator of how well the students learned critical thinking skills and English language together. It was represented by their course scores, which were based on their final term grades and the teacher's assessment of their performance in course learning activities (e.g., oral presentations, reading reports, and classroom discussions). Students were asked to report their course score ranks (percentiles) as a measurement of their academic performance. As the survey was administered as part of a larger-scale project of the department, students' self-reported scores were reliable.

The multiple-choice questions. Altogether five multiple choice questions were asked. These questions were designed to answer the second research question. In this study, the learning environment may have provided the students with multiple resources, tasks, interactions, and communities, which could be perceived as learning affordances. Corresponding to the four sub-scales, Questions 1, 2, 3, and 4 were formulated as "What kind of resources/tasks/interaction/community benefited you most in terms of critical thinking development?" For all the questions, students were offered more than eight items to choose from. For instance, for Question 1, the format and content of the question were as follows:

> *Question 1 Among all the learning resources in your context, which do you think benefited you most in terms of critical thinking development? (You can choose more than three items)*
> *Textbook (Think & English series)*
> *Reading materials recommended by teachers*
> *Slides on course content shared by teachers*
> *Writing samples offered by teachers*
> *Lecture notes*
> *Oral presentations from classmates*
> *Classmates' writing work*
> *Mid-term tests*
> *Published research papers*
> *Crash courses online*

Data Analysis

First, the statistical analyses of the Likert-scale data were done using the IBM SPSS Statistics 26. The questionnaire data was imported into the SPSS software and the answer for each item was transformed into numerical form with "strongly agree" given 5 points, and "strongly disagree" given 1 point. The purpose of the statistical analysis was to describe general patterns shown by the number and spread of the scores. Descriptive statistical analyses were done to find students' general perceptions of the critical thinking learning environment. Moreover, factor analysis was conducted to reduce the items into discrete dimensions. Then, MANOVA tests were conducted to look for variance in students' perceptions among different groups concerning different types of affordances. Second, the multiple-choice question responses were analyzed. They were arranged in order according to their frequencies. Patterns were found based on students' responses and their frequencies.

Results

Validation of the Learning Environment Survey_Critical Thinking (LES_CT) in the EFL Context

Principle component analysis followed by varimax rotation of the 25 Likert-scale questions of the LES_CT was performed on the data gathered from the 156 participants. An examination of the Kaiser-Meyer Olkin measure of sampling adequacy suggested that the sample was factorable (KMO = 0.912). Four factors were recognized. Three items in the survey were deleted because of insufficient factor loading. Altogether 22 items from the LES_CT were retained.

The results of the final factor analysis are presented in Table 3, which shows that every item in the refined version of the LES_CT has a factor loading larger than 0.40 on its own scale. As is shown at the bottom of Table 3, cumulatively 66.145% of the variance could be accounted for by the four factors, with the percentage of variance for each factor ranging from 13.676% to 19.278%.

The refined LES_CT was further validated in terms of internal consistency. The Cronbach's alpha reliability coefficients were calculated. The Cronbach's alpha for the LES_CT was 0.944 and it confirmed the sound reliability of the LES_CT in the EFL context.

Table 3　Results from a Factor Analysis of the LES_CT

	RR	IN	QT	CC
Factor 1: Rich resources				
Resources for language learning	0.771			
Resources from different sources	0.694			
Resources for content learning	0.689			
Resources in different models	0.663			
Resource for critical thinking	0.660			
Resources from different points of view	0.634			
Factor 2: Interactive negotiation				
Authentic and meaningful communication with peers		0.750		
Interactive classrooms		0.732		
Peer negotiation on complex issues		0.713		
Sustained discussion after class		0.686		
Authentic and meaningful communication between the teacher and students		0.681		

续表

	RR	IN	QT	CC
Teacher-student negotiation on complex issues		0.539		
Factor 3: Quality task				
Learning tasks relate to real life experiences			0.771	
Learning tasks require in-depth inquiry			0.709	
Learning tasks build on prior knowledge			0.655	
Learning tasks connect different courses			0.643	
Learning tasks come in various types			0.545	
Learning tasks aim at open-ended problems			0.522	
Factor 4: Community culture				
Students and teachers forming a learning community				0.779
Common practice of sharing in the community				0.679
Common goal of learning critical thinking and English language in the community				0.639
Having opportunities to listen to each other in the community				0.571

Note. RR = rich resources; IN = interactive negotiation; QT = quality task; CC= community culture. Cumulative percentage of variance = 66.145. Cronbach's alpha = 0.944.

Students' General Perceptions of the Critical Thinking Learning Environment

Descriptive statistics showed students' perceptions of the critical thinking learning environment were strongly positive, indicating that a learning environment conducive for critical thinking learning was created and perceived favorably by the participants. Table 4 shows the item mean score and standard deviation for each factor.

Table 4　Item Mean Score and Standard Deviation for Students' Perceptions of Critical Thinking Learning Environment

Students' perceptions	*M*	*SD*
General perception	4.24	0.50
Community culture	4.50	0.49
Quality task	4.32	0.52
Interactive negotiation	4.12	0.71
Rich resource	4.11	0.58

Note. 1 = strongly disagree; 2 = disagree; 3 = uncertain; 4 = agree; 5 = strongly agree.

The results showed that the students had strongly positive perceptions of the critical thinking learning environment (M = 4.24). A Wilcoxon Signed-Ranked Test revealed that it was significantly higher than the median 3 (Wilcoxon W = 12,086.00, Z = 10.794, $p < 0.001$), indicating the strong positive attitudes of the participants. The mean scores for the four aspects of the environment ranged from 4.11 to 4.5, with the mean scores for Community Culture (M = 4.5) and Quality Task (M = 4.32) being higher than the other two types, Interactive Negotiation (M = 4.12) and Rich Resource (M = 4.11), indicating students had stronger perceptions of the community culture and high-quality tasks in their course learning environment, compared with the other two types, interactive negotiation and rich resources.

Differences in Students' Perceptions Among Different Groups

Significant differences of students' perceptions of critical thinking learning environment were found between different groups of students. A one-way MANOVA was conducted by using the academic performance level (low, medium, and high) as the independent variable and the item mean scores on the four sub-scales (CC, QT, IR, and RR) as the dependent variables. Significant differences of student perceptions were found among the three groups of different academic performance levels on the general scale and the four sub-scales (Table 5).

Table 5 Mean, Standard Deviation, and *F* Value for Academic Performance Differences for Students' Perceptions of Critical Thinking Learning Environment

Students' perceptions	Item mean ± *SD*			*F*	Post hoc test
	Group 1	Group 2	Group 3		
General perception	3.97 ± 0.69	4.23 ± 0.49	4.29 ± 0.45	3.00*	3 > 1
Community culture	4.25 ± 0.65	4.42 ± 0.48	4.6 ± 0.44	5.068*	3 > 1, 3 > 2
Quality task	4.03 ± 0.67	4.28 ± 0.49	4.39 ± 0.49	3.604*	3 > 1
Interactive negotiation	3.85 ± 0.84	4.15 ± 0.70	4.16 ± 0.68	1.391	
Rich resource	3.86 ± 0.82	4.16 ± 0.58	4.14 ± 0.51	1.89	

Note. Group 3 = high-achieving group; Group 2 = medium-achieving group; Group 1 = low-achieving group.
*<0.05.

As Table 5 shows, there was a significant effect of the academic performance on students' perceptions of critical thinking learning environment at the $p < 0.05$ level for the three groups (F = 3.00, p< 0.05). High achievers' perceptions of critical thinking learning environment are significantly better than those of low achievers.

More specifically, there was a significant effect of the academic performance on students' perceptions of the Community Culture scale at the p< 0.05 level for the three groups (F = 5.068, p< 0.05). Post hoc comparisons using the LSD test indicated that the perceptions of the high-achievers (M = 4.6, SD = 0.44) were significantly better than those of the medium-achievers (M = 4.42, SD = 0.48), and also better than those of the low achievers (M = 4.25, SD = 0.65). No significant differences were found between the medium-achieving group and the low-achieving group.

There was also a significant effect of the academic performance on students' perceptions of the Quality Task scale at the p< 0.05 level for the three groups (F = 3.604, p< 0.05). Post hoc comparisons using the LSD test indicated that the perceptions of the high-achievers (M = 4.39, SD = 0.49) were significantly better than those of the low-achievers (M = 4.03, SD = 0.67). However, the perceptions of the medium-achievers (M= 4.28, SD = 0.49) did not significantly differ from those of the high-achievers or the low-achievers.

Students' Responses to Multiple-Choice Questions: What Provided Affordances for Critical Thinking Development

The multiple-choice questions are concerned with what provided affordances for critical thinking development. In terms of Resource, Task, Interaction, and Community, the affordances were manifested in different forms. Responses to the questions are presented in Table 6. The frequencies mean the number of students who chose the item.

Table 6 Students' Perceptions of the Affordances in Specific Manifestations

Resource	Frequencies		Task	Frequencies	
	N	%		*N*	%
Textbooks (*Think & English*)	120	76.92	Teacher-led text analysis	119	76.28
Published research papers	113	72.44	Course lectures	110	70.51
Recommended readings by teacher	108	69.23	Oral presentations	108	69.23
T-S classroom discourse	107	68.59	Term paper	80	51.28
Course-related materials	97	62.18	Peer review	73	46.79
Online crash courses	64	41	Reading reports	70	44.87
Writing samples by classmates	42	26.92	Reflective journals	50	32.05

续表

Resource	Frequencies		Task	Frequencies	
	N	%		N	%
Course learning notes	39	25	Preparation for lessons	44	28.21
Quizzes	13	8.33	Exercises on textbooks	26	16.67
			Final exams	16	10.26
			Mid-term quizzes	8	5.13
Interaction	**Frequencies**		**Community**	**Frequencies**	
	N	**%**		**N**	**%**
Whole-class interaction	135	86.54	Oral presentation groups	144	92.31
Discussions for oral presentations	125	80.13	Small-groups in class	126	80.77
Small-group discussions	118	75.64	The whole class	126	80.77
Teacher written feedback	111	71.15	Cooperative writing groups	100	64.10
QA sessions after presentations	100	64.1	Oral English practice groups	75	48.08
Peer feedback	84	53.85	The department	60	38.46
Individual conferences	80	51.28	Online discussion groups	38	24.36
Tutorial sessions	28	17.95			
Interaction with TAs	14	8.97			

In terms of learning resources, 120 students out of total (156) chose "textbooks (*Think & English*) series" (120, 76.92%), "published research papers" (113, 72.44%), and "course reading package" (108, 69.23%) as most beneficial for learning critical thinking. In the EFL context oriented for critical thinking development, students were provided with ample learning materials that conveyed content knowledge through the medium of target language, such as the *Think & English* series. Notably, the published research papers with academic content were also useful resources for them. Moreover, the course reading packages usually were materials closely related to the content of the lessons and may provide new perspectives on the issues discussed in class.

In terms of learning tasks, most students chose "teacher-led text analysis" (119, 76.28%) as most beneficial for their critical thinking development. Many students chose course lectures (110, 70.51%) and oral presentations (108, 69.23%) as useful affordances. In this context, students benefited greatly from the three academic tasks: conducting detailed critical analysis of the texts with the facilitation of teacher, attending course lectures, and giving oral presentations.

In terms of interaction, most students chose “whole-class interaction” (135, 86.54%) as most beneficial for their critical thinking development. A large number of students chose “discussion for oral presentations” (125, 80.13%) and “small group discussions” (118, 75.64%). The whole-class interaction happened between the teacher and all students in the classroom and the teacher acted as the facilitator who posed questions or gave feedback. This type of interaction was conducive for critical thinking because teachers’ talk may scaffold students’ higher-order thinking. The other two types of interaction, which happened among peers, benefited critical thinking development because of the features of peer negotiation and co-construction of knowledge.

In terms of learning communities, most students chose “oral presentation groups” (144, 92.31%), a great majority of students chose “small-groups in class” (126, 80.77%), and “the whole class” (126, 80.77%). Students were often asked to form in small groups to do oral presentations. This kind of learning community usually had clear goals for problem-solving, equal relationships and open space for negotiation throughout the project. This might create optimal conditions for students to listen to each other and reconcile multiple perspectives for a common goal, which is a prerequisite for critical thinking. The discussion groups and the class as learning communities may also provide space for negotiation, dialogic inquiry, and opportunities for co-constructing knowledge.

Discussion

Students’ General Perceptions of the Affordances for Critical Thinking Development

First, students had a general positive perception of the critical thinking learning environment, which was an important indicator of the quality of educational interventions. This result echoes many previous studies which reported the successful integration of critical thinking in EFL classroom instructions elsewhere (Liaw, 2007; Yang & Gamble, 2013). According to this study, the curriculum and pedagogy successfully created an environment conducive for critical thinking development: it provided affordances that fell into the categories of Community, Task, Interaction, and Resource. The results showed that the teacher-student learning community and high quality of learning tasks were prominent features of the learning environment.

Second, high-achieving students had better perceptions than low-achieving students. It indicated that the same environment had no equal effects on students’ learning achievement, and high-achievers benefited more from the learning environments in the present study. One possible reason is that high achievers had greater motivation, more learner autonomy, and therefore had better perceptions of learning opportunities. As indicated by previous studies, learner agency is a prominent factor that affects learners' perceptions of environmental affordances (van Lier, 2000; Withagen et al., 2012). This finding corroborates the views of Jiang and Zhang (2019) that high-achievers displayed a stronger sense of agency and motivation and thus creating more learning affordances for themselves. Moreover, the distinction between the higher-achieving and lower-achieving students in terms of the perceptions of environmental affordances might be an indicator of how the two groups conceived the value of English higher education for their life and how they pursued their goals in their university study accordingly. To draw on the insights of affordances, the higher motivation of higher-achieving students is not a stable personal trait but resulted from the on-going interactions with the environment. Young (2003: 173) explained that "high motivation would result from either adopting goals that are afforded by the present learning context or finding a learning context that affords progress toward one's adopted goals". In this case, due to personal values or prior learning histories, an outstanding group of English majors might have recognized the deep value of learning English for their cognitive development, and accordingly adjusted their learning goals. These goals and accordingly the learning actions were afforded by the present learning environment, which was designed for synchronized development of language, literacy skills, and critical thinking abilities. Another reason could be students' different levels of language proficiency. Although the program was highly selective and most students' proficiency in general language use was high-medium or above, individual differences did exist in terms of their academic language proficiency. If students had difficulty in using academic language in tasks such as analyzing problems or critiquing about real-life situations, they were less likely to have positive perceptions of affordances for critical thinking development—language challenges may constrain content learning and also learning of thinking skills (Llinares et al., 2012).

Learners' perceptions of the learning affordance revealed not only the properties of the environment but also the quality of learning experience from the students' perspective. According to the meaning of affordance, whether learning actually takes place does not depend on the learning environment or the learners, and it is not possible to clearly distinguish between their respective contributions; learning depends on their mutual interdependence and interaction (Young, 2003; Singleton & Aronin, 2007). Therefore, their positive perceptions of the learning affordances reflected a beneficial relationship between these EFL learners and the particular course learning environment in terms of critical thinking development. As Wenger (1999: 229) argued, “learning cannot be designed: it can only be designed for—that is, facilitated or frustrated”. This understanding of the learners and their learning is of great value to the effective design and implementation of tertiary EFL education programs and instructional interventions.

Affordances for Critical Thinking Development in Different Manifestations

The learning environment described above provided affordances for critical thinking development in all manifestations. According to students’ responses to the survey questions, they seemed to have benefited most from content-rich materials, teacher facilitation in high-quality tasks, and small-group/peer learning. These findings were resulted from multiple factors, including the nature of learning foreign language and critical thinking together and the culture of learning shared by this group of Chinese students.

Content-rich materials. Students’ responses showed that they perceived the content-rich textbooks, research papers, and course materials as beneficial for learning critical thinking. These findings contributed to the understanding of the nature of learning critical thinking and English language together. First of all, these materials are generated by outside authoritative sources, either classic essays or published articles. Students need these high-quality language samples to expand their linguistic repertoire and benefit their language use, such as accuracy and appropriateness, which are key aspects to gauge the success of language acquisition. Apart from high-quality language samples, these materials provide rich academic content in specific domains, which is significant for students’ critical thinking development. As Brown (1997) argued, critical thinking skills should be taught in the context of specific subject matter and these skills should be transferrable. In other words, critical thinking is rooted in content understanding and once acquired can be applied to different subject areas. Moreover, the textbooks, research papers, and course materials share the common features of providing academic language. With these materials, students would have ample opportunities to be exposed to academic language and improve their academic language competence. According to Cummins (1980), learners’ academic language competence is closely related to students’ critical thinking abilities such as analyzing, reasoning, arguing, evaluating and reflecting. Hence, students’ choices were strong evidence that content learning and academic language use are prominent features of a tertiary EFL curriculum that aims to foster students’ critical thinking abilities.

Teacher facilitation. As the results showed, the teacher was considered as a major source of affordances for critical thinking development. Students seemed to benefit much from tasks, interactions, and the learning communities where teacher facilitation played a significant role.

The significance of teacher facilitation in this context can be explained by the following two reasons. The first reason could be the process of teaching and learning of critical thinking skills. Critical thinking is a form of higher-order thinking, which is usually cultivated through formal education where abstract concepts and reasoning skills are introduced through goal-directed learning activities. In this context, teacher facilitation played out in these three aspects: 1) demonstrating appropriate use of language to conceptualize or reason; 2) scaffolding the cognitive process from lower-order thinking to higher-order thinking; 3) motivating students to think critically and creatively. Within a particular program, the quality of teachers is considered as the greatest factor in improving student academic achievement. In relation to critical thinking, it is the teacher who should help students to analyze instead of recall, to justify instead of define, and to categorize instead of list. In the learning environment where critical thinking development was one of the main objectives, as the context in the present study, teachers should consciously provide opportunities for students to develop ideas for their own meaning-making and self-expression. Another reason might be related to the Chinese learning culture. Jin and Cortazzi (1998) described that Chinese language teachers tend to scaffold dialogues and collective thinking through interactions with the ... whole class, which is believed to be a secret of the success of Chinese large classes. This culture of learning can also explain the results of this study that most Chinese EFL learners perceived the whole-class interaction as one type of the most beneficial affordances for their learning.

Small-group/peer learning. Small-group/peer learning means learning through peer negotiation within small groups. The data showed that a large majority of students chose small-group/peer learning as beneficial affordances either in the Interaction type or in the Community type. It indicated that this cohort of students perceived small-group/peer learning as an effective way to improve critical thinking skills while learning English.

The preference of the small-group/peer learning style was partly due to cultural influences. Previous studies on Asian students reported peer negotiation had positive impact on critical thinking development and consequently academic achievement (Chionh & Fraser, 2009; Wan & Cheng, 2019), compared with the negative effects of peer negotiation reported by studies on American students (Wolf & Fraser, 2008). Therefore, it was argued that the shared features of Asian learners may be due to the collectivism of Asian society, which emphasizes equal contributions and mutual interdependence among group members (Wei & Li, 2013). This study supported these views and found that the participants showed an obvious preference for small group learning and peer negotiation. It is also noticeable that "oral presentations groups" as a type of peer learning community provided considerable learning opportunities for the students. Oral presentation is a typical and widely adopted mode of group learning in EFL/ESL educational contexts. Researchers argued that students' linguistic, cultural, and thinking capacity are likely to be promoted by using the target language and joining the problem-solving activities in a specific sociocultural setting (Swain et al., 2015). For most EFL learners, oral presentation is considered as the catalyst for critical thinking development, because it is active learning with intensive meaning negotiations and definite goals for production and creation (Kobayashi, 2016). In students' group oral presentations, nevertheless, teachers' role cannot be underestimated, because "teachers' attention to the accuracy of the final product subsequent to the completion of collaborative activities are potentially critical aspects of student learning" (Swain, 1998: 80). This study corroborated these findings from the students' perspective because students showed a strong positive attitude towards the effect of group oral presentations in enhancing their critical thinking abilities.

Conclusion and Implications

This study explored English majors' perceptions of the critical thinking learning environment where critical thinking was integrated into language education in a Chinese university. The first finding was that students generally had positive perceptions of the critical thinking learning affordances which fell into four categories: rich resources, quality tasks, interactive negotiation, and community culture. The second finding was that higher-achieving students had better perceptions of the critical thinking learning affordances than lower-achieving students. The third finding was that students benefited most from content-rich materials, teacher-facilitated learning activities, and the small-group/peer learning in terms of specific manifestations of critical thinking learning affordances.

The study had implications for both foreign language pedagogy and curriculum development in relation to integrating critical thinking development and language learning. Firstly, to create more opportunities for critical thinking development of foreign language learners, the preferable pedagogical principles may include incorporating content-rich materials, valuing teachers' role in scaffolding high-order thinking in task designs and classroom interactions, addressing cultural influences on learning, such as small group learning culture, among others. When some students, due to their own goals in language learning or inadequate academic language proficiency, may fail to integrate critical thinking development and language learning, teachers should let them recognize the deep purpose and inherent value of language learning for critical awareness and meaning-making, or to increase linguistic assistance to students who may find that the content-intensive texts are loaded with too difficult syntax and semantics. Secondly, during curriculum reforms the interaction between the curriculum designers, instructors, and students should be taken into account to allow for the emergence of learning affordance. On the one hand, curriculum reformers or designers should try to create a particular learning context that provides students with the broadest possible range of learning affordances, and on the other hand, instructors need to do more to tune students' attention to specific learning opportunities and induce students to adopt new goals for learning. Students themselves also need to exercise their agency to draw on and activate the affordances embedded in the environment. With a conducive learning environment being created and rich learning affordances being offered, perceived, utilized, and recreated, foreign language learners may be empowered to seek out more opportunities to improve language use and critical thinking skills in their life leading to the future.

Given that the focus of this study is Chinese university language learners' perceptions of critical thinking learning affordances in a particular EFL program, the findings are not intended to be generalizable, but may generate insights for similar contexts where critical thinking is explicitly integrated into language education. Some related issues, such as the relationship between students' perceptions, their learning actions, and their actual critical thinking development, or the process of students' perceiving and acting upon the learning affordances may be interesting topics to be further explored in the future.

References

Aronin, L., & Singleton, D. (2010). Affordances and the diversity of multilingualism. *International Journal of Sociology of Language*, 2010(205), 105–129. https://doi.org/10.1515/ijsl.2010.041

Atkinson, D. (1997). A critical approach to critical thinking in TESOL. *TESOL Quarterly*, 31(1), 71–94. https://doi.org/10.2307/3587975

Bernhardt, E. B. (1998). Sociohistorical perspectives on language teaching in the modern United States. In H. Byrnes (Ed.), *Learning foreign and second languages: Perspectives in research and scholarship* (pp. 39–57). Modern Language Association of America.

Binkley, M., Erstad, O., Herman, J., Raizen, S., Ripley, M., Miller-Ricci, M., & Rumble, M. (2012). Defining twenty-first centuryskills. In P. Griffin, B. McGaw, & E. Care (Eds.), *Assessment and teaching of 21st century skills: Methods and approach* (pp. 17–66). Springer.

Brown, A. (1997). Transforming schools into communities of thinking and learning about serious matters. *American Psychologist*, 52(4), 399–413. https://doi.org/10.1037/0003-066X.52.4.399

Byrnes, H., Maxim, H. H., & Norris, J. M. (2010). Realizing advanced foreign language writing development in collegiate education: Curricular design, pedagogy, assessment. *The Modern Language Journal*, 94(Supplement), 1–235. http://www.jstor.org/stable/40985261

Byrnes, H., Weger, H. D., & Sprang, K. A. (Eds.). (2006). *Educating for advanced foreign language capacities: Constructs, curriculum, instruction, assessment*. Georgetown University Press.

Cheng, M. M. H., & Wan, Z. H. (2017). Exploring the effects of classroom learning environment on critical thinking skills and disposition: A study of Hong Kong 12th graders in liberal studies. *Thinking Skills and Creativity*, 24, 152–163. https://doi.org/10.1016/j.tsc.2017.03.001

Chionh, Y. H., & Fraser, B. J. (2009). Classroom environment, achievement, attitudes and self-esteem in geography and mathematics in Singapore. *International Research in Geographical and Environmental Education*, 18(1), 29–44. https://doi.org/10.1080/10382040802591530

Cummins, J. (1980). The cross-lingual dimensions of language proficiency: Implications for bilingual education and the optimal age issue. *TESOL Quarterly*, 14(2),175–187. https://doi.org/10.2307/3586312

Fisher, A., & Scriven, M. (1997). *Critical thinking: Its definition and assessment*. Edgepress. https://lib.ugent.be/catalog/ rug01:000438708

Geisler, M., Kramsch, C., McGinnis, S., Patrikis, P., Pratt, M. L., Ryding, K., & Saussy, H. (2007). Foreign languages and higher education: New structures for a changed world: MLA ad hoc committee on foreign languages. *Profession*, 234–245. http://www.jstor.org/stable/25595871

Gibson, J. J. (1979). *The ecological approach to visual perception*. Houghton Mifflin.

Han, Y. (2019). Written corrective feedback from an ecological perspective: The interaction between the context and individual learners. *System*, 80, 288–303. https://doi.org/10.1016/j.system.2018.12.009

Henry, A. (2016). Enablements and constraints: Inventorying affordances associated with lingua franca English. *International Journal of Bilingual Education and Bilingualism*, 19(5), 488–510. https://doi.org/10.1080/13670050.2015.1014465

Jiang, L., & Zhang, L. J. (2019). Chinese students' perceptions of English learning affordances and their agency in an English-medium instruction classroom context. *Language and Education*, 33(4), 322–339. https://doi.org/10.1080/09500782.2019.1578789

Jin, L. (2018). Digital affordances on WeChat: Learning Chinese as a second language. *Computer Assisted Language Learning*, 31(1–2), 27–52. https://doi.org/10.1080/09588221.2017.1376687

Jin, L., & Cortazzi, M. (1998). Dimensions of dialogue: Large classes in China. *International Journal of Educational Research*, 29(8), 739–761. https://doi.org/10.1016/S0883-0355(98)00061-5

Kobayashi, M. (2016). L2 academic discourse socialization through oral presentations: An undergraduate students' learning trajectory in study abroad. *Canadian Modern Language Review*, 72(1), 95–121. https://doi.org/10.3138/cmlr.2494

Kordt, B. (2018). Affordance theory and multiple language learning and teaching. *International Journal of Multilingualism*, 15(2), 135–148. https://doi.org/10.1080/14790718.2016.1223081

Kramsch, C. (Ed.). (2003). *Language acquisition and language socialization: Ecological perspectives*. Continuum.

Kuhn, D. (1999). A developmental model of critical thinking. *Educational Researcher*, 28(2), 16–46. https://doi.org/10.3102/0013189X028002016

Lantolf, J. P. (Ed.). (2000). *Sociocultural theory and second language learning*. Oxford University Press.

Larsen-Freeman, D. (2011). A complexity theory approach to second language development/acquisition. In D. Atkinson (Ed.), *Alternative approaches to second language acquisition* (pp. 48–72). Taylor & Francis.

Li, D., & Zhang, L. (2020). Exploring teacher scaffolding in a CLIL-framed EFL intensive reading class: A classroom discourse analysis approach. *Language Teaching Research*, 26(2), 333–360. https://doi.org/10.1177/1362168820903340

Liaw, M. L. (2007). Content-based reading and writing for critical thinking skills in an EFL context. *English Teaching and Learning*, 31(2), 45–87. https://doi.org/10.6330/ETL.2007. 31.2.02

Llinares, A., Morton, T., & Whittaker, R. (2012). *The roles of language in CLIL*. Cambridge University Press.

Menezes, V. (2011). Affordances for language learning beyond the classroom. In P. Benson & H. Reinders (Eds.), *Beyond the language classroom* (pp. 59–71). Palgrave Macmillan.

McNeil, L. (2014). Ecological affordance and anxiety in an oral asynchronous computer-mediated environment. *Language Learning & Technology*, 18(1), 142–159. http://llt.msu.edu/issues/february2014/mcneil.pdf

Qin, L., & Dai, W. (2015). Investigating affordances in college English learning environment from an ecological perspective. *Modern Foreign Languages*, 38(2), 227–237.

Rama, P. S., Black, R. W., Van Es, E., & Warschauer, M. (2012). Affordances for second language learning in World of Warcraft. *ReCALL: The Journal of EUROCALL*, 24(3), 322–338. https://doi.org/10.1017/S0958344012000171

Scarantino, A. (2003). Affordances explained. *Philosophy of Science*, 70(5), 949–961. https://doi.org/10.1086/377380

Singleton, D., & Aronin, L. (2007). Multiple language learning in the light of the theory of affordances. *International Journal of Innovation in Language Learning and Teaching*, 1(1), 83–96. https://doi.org/10.2167/illt44.0

Swain, M. (1998). Focus on form through conscious reflection. In C. Doughty & J. Williams (Eds.), *Focus on form in classroom second language acquisition* (pp. 64–81). Cambridge University Press.

Swain, M., Kinnear, P., & Steinman, L. (2015). *Sociocultural theory in second language education: An introduction through narratives*. Multilingual Matters.

Taylor, P. C., Fraser, B. J., & Fisher, D. L. (1997). Monitoring constructivist classroom learning environments. *International Journal of Educational Research*, 27(4), 293–302. https://doi.org/10.1016/S0883−0355(97)90011−2

Ten Dam, G., & Volman, M. (2004). Critical thinking as a citizenship competence: Teaching strategies. *Learning and Instruction*, 14(4), 359–379. https://doi.org/10.1016/j.learninstruc.2004.01.005

Thoms, J. J. (2014). An ecological view of whole-class discussions in a second language literature classroom: Teacher reformulations as affordances for learning. *The Modern Language Journal*, 98(3), 724–741. https://doi.org/10.1111/modl.12119

Thoms, J. J., & Poole, F. (2017). Investigating linguistic, literary, and social affordances of L2 collaborative reading. *Language Learning & Technology*, 21(2), 139–156. https://doi.org/10125/44615

Urlaub, P. (2017). Second language literacy research and curriculum transformation in US postsecondary foreign language education. In N. van Deusen-Scholl & S. May (Eds.), *Second and foreign language education* (pp. 137–150). Springer.

Van Lier, L. (2000). From input to affordance: Social-interactive learning from an ecological perspective. In J. P. Lantolf (Ed.), *Sociocultural theory and second language learning* (pp. 254–269). Oxford University Press.

Van Lier, L. (2006). *The ecology and semiotics of language learning: A sociocultural perspective*. Kluwer Academic Publishers.

Walton, D. N. (1989). Dialogue theory for critical thinking. *Argumentation*, 3(2), 169–184. https://doi.org/10.1007/BF00128147

Wan, Z. H., & Cheng, M. H. M. (2019). Classroom learning environment, critical thinking and achievement in an interdisciplinary subject: A study of Hong Kong secondary school graduates. *Educational Studies*, 45(3), 285–304. https://doi.org/10.1080/03055698.2018.1446331

Wei, X., & Li, Q. (2013). The confucian value of harmony and its influence on Chinese social interaction. *Cross-Cultural Communication*, 9(1), 60–66. https://doi.org/10.3968/j.ccc.1923670020130901.12018

Wenger, E. (1999). *Communities of practice: Learning, meaning, and identity*. Cambridge University Press.

Withagen, R., De Poel, H. J., Araújo, D., & Pepping, G. J. (2012). Affordances can invite behavior: Reconsidering the relationship between affordances and agency. *New Ideas in Psychology*, 30(2), 250–258. https://doi.org/10.1016/j.newideapsych.2011.12.003

Wolf, S. J., & Fraser, B. J. (2008). Learning environment, attitudes and achievement among middle-school science students using inquiry-based laboratory activities. *Research in Science Education*, 38(3), 321–341. https://doi.org/10.1007/s11165−007−9052−y

Yang, Y. T. C., & Gamble, J. (2013). Effective and practical critical thinking-enhanced EFL instruction. *ELT Journal*, 67(4), 398–412. https://doi.org/10.1093/elt/cct038

Young, M. (2003). An ecological psychology of instructional design: Learning and thinking by perceiving-acting systems. In D. H. Jonassen (Ed.), *Handbook of research on educational communications and technology* (pp.169–177). Taylor & Francis.

Zhang, L., & Sun, Y. (2014). A sociocultural theory-based writing curriculum reform on English majors. *Foreign Language World*, 5, 2–10.

Zhang, L., Wu, Y., Jin, L., Sun, Y., & Zhou, Y. (2013). The construction of an interactive mechanism between English major's curriculum reform and teacher education: A case of the English department in BFSU. *Foreign Languages and Their Teaching*, 3, 30–33.

Zhu, C., Valcke, M., & Schellens, T. (2009). Cultural differences in the perception of a social-constructivist e-learning environment. *British Journal of Educational Technology*, 40(1), 164–168. https://doi.org/10.1111/j.1467−8535.2008.00879.x

Critical thinking from the ground up: Teachers' conceptions and practice in EFL classrooms[1]

Li Li

Abstract: It is widely believed that critical thinking is vital for academic success or effectiveness and innovation in the workplace. However, there is insufficient knowledge about how language teachers conceptualise critical thinking and implement it in teaching. This is especially true in EFL contexts and at the secondary level. Against this background, this paper addresses the research gap to understand EFL teachers' conceptualisation and practice of critical thinking. This study adopts a funnelling approach. A broad overview of 182 EFL teachers' conception of critical thinking skills was investigated through a questionnaire, a smaller group of 12 teachers were interviewed in three focus groups to offer in-depth understanding, and three teachers were observed in teaching. The findings identify the key characteristics and elements of critical thinking from teachers' perspectives and shed light on how teachers use cultural and subject-specific genres to embody critical thinking in their conceptualisation. The findings suggest that teachers actively implement critical thinking in teaching. The classroom extracts reveal teachers' interactional strategies to enhance critical thinking. The findings have substantial implications for teacher learning.

Keywords: critical thinking; sociocultural perspective; teacher cognition; classroom discourse; Chinese EFL classrooms

1 Introduction

Research suggests that critical thinking (CT) is vital for success in academic work (D'alessio et al., 2019; Fong et al., 2017; Veliz & Veliz-Campos, 2019; Wallace & Wray, 2006), and effectiveness and innovation at the workplace (Jafarigohar et al., 2016;

1 论文原发表于 *Teachers and Teaching: Theory and Practice* 2023年版。

Pithers & Soden, 2000). It is considered a critical 21st-century skill, forming a widely recognised 4C framework with communication, creativity, and collaboration (Kokkidou, 2013). Arguably, students with higher critical thinking skills are projected to have a better future (Butler et al., 2017). Thus, CT has been a core element of education globally (e.g. UK, USA, Europe, Thailand, and Singapore)(Li, 2015). In China, as elsewhere in the world, developing students' thinking skills is vital to education reform (Li, 2016). In 2001, the Chinese Ministry of Education (MOE hereafter) launched a new curriculum and syllabus to encourage students' critical and imaginative thinking skills, challenging the educational beliefs that focus on receptive learning, rote-learning, and mechanical drilling. On the contrary, it advocates learner participation, exploration, information collection and comprehension, problem-solving, negotiation, and collaboration (Li, 2016). In 2022, the MOE issued a revised National English Language Curriculum Standards, which stipulates enhancing thinking skills as one of the critical objectives of language learning. It highlights the interdependency of language learning and thinking development. The revised curriculum stipulates that EFL (English as a Foreign Language) teaching in China should involve applying English in real-life situations, improving intercultural communication skills and developing multiple perspectives, and the ability to reason with evidence, fostering logical thinking, critical thinking, and creative thinking.

In language education, research suggests that developing thinking skills may promote higher levels of language proficiency (Liu & Stapleton, 2018; Tarone, 2005). However, integrating thinking in language teaching has been peripheral, particularly in foreign language instruction (Li, 2011, 2016, 2020; Soko et al., 2008; Wilson, 2016). It is well-argued in the literature that teachers might find it challenging to implement thinking skills in foreign language instruction, and one of the reasons highlighted in the literature is teachers' insufficient knowledge about the concept (Li, 2016). The evidence then leads to an important argument: if we want to educate students to be equipped with 21st-century skills, teachers need to be able to integrate such skills into teaching. However, we do not sufficiently understand teacher cognition about critical thinking (Li, 2016). Therefore, what teachers know, understand, and how to promote CT becomes a primary issue of investigation. Against this background, the present study aims to investigate how English language teachers conceptualise critical thinking, what pedagogical considerations they have to promote the skills in their teaching, and how the skills are manifested in their practice, taking Chinese EFL teachers as an example. Insight into these issues from a Chinese context can serve as essential knowledge for (re) creating pedagogy and designing teacher education in similar contexts where English is taught as a foreign language.

The significance of this inquiry lies in three areas: First, it is a widely shared belief that CT should be integrated into the English subject (Abrami et al., 2008; Alnofaie, 2013; Li, 2016; Wilson, 2016). Nevertheless, teachers are not equipped with the skills and pedagogical knowledge (Zhang et al., 2020; Li, 2016). Thus, an in-depth understanding of teacher cognition about critical thinking will provide a strong foundation for teacher training to prepare them to implement a thinking-based curriculum. Second, researching foreign language teachers' conceptions of thinking skills and professional practice helps researchers, policymakers, and teachers identify classroom challenges and opportunities. Third, despite the large volume of empirical studies on critical thinking in education, there is still insufficient research in second language education, particularly regarding language teacher cognition about critical thinking in a context where English is taught as a foreign language (EFL). This research addresses this deficit by focusing on teachers' conceptualisation of critical thinking, pedagogical knowledge, and classroom practice. Findings from this study will resonate in similar contexts, mainly where similar social, cultural and educational values exist.

2 Critical thinking in second language education

Despite the significance of critical thinking skills and the plethora of research studies, the concept remains "elusive" (Davis & Barnett, 2015: 3) due to conflicting views about critical thinking and clashes in different theoretical perspectives. Paul (1988: 50) defines CT as "the ability to reach sound conclusions based on observations and information", indicating the significance of analysis, synthesis, and evaluation in this process. Halpern (2014: 8) provides a broad definition of critical thinking, referring it as "the use of cognitive skills or strategies that increase the probability of a desirable outcome". Critical thinking, therefore, "is purposeful, reasoned, and goal-directed... in solving problems, formulating inferences, calculating likelihoods, and making decisions" (ibid). He highlights the dispositional aspect of critical thinking, arguing that critical thinkers will "use these skills appropriately, without prompting, and usually with conscious intent, in a variety of settings" (ibid). Another often-cited definition by Ennis (2015: 2) defines critical thinking as "reasonable, reflective thinking that is focused on deciding what to believe or do". In the field of language learning, further attempts were made to understand the concept. Marin and de la Pava (2017: 86), defined critical thinking in EFL as, "a set of conceptual, methodological, criteriological and contextual considerations that integrates thinking skills, dispositions, attitudes, intellectual resources and pedagogical assistance. It affects communicative competence, creativity, argumentation, problem-solving, decision-making, autonomous learning, metacognition and emotions. It is oriented through a communicative approach, including task-based and project-based instruction, in order to take ownership of information, construct knowledge, take individual and collective action with the purpose of shaping up ethical citizens who are committed to the common good and the dignity of others". This definition has signalled the connection of communicative competence and emotion to critical thinking. Elsewhere, Li (2016: 278) conceptualised it from teachers' perspective to claim CT involves different higher-order thinking skills and highlighted the awareness of one's learning process, ability to make appropriate argument and solve problems, openness and flexibility. Despite the differences in these definitions, it is a shared understanding that critical thinking involves analysis, evaluation, inference, observation, reflection, and reasoning. It is a process one needs to engage in to make a reasonable decision, and it is bilaterally interlinked with learning or achieving goals. These characteristics are exhibited in "good" thinking (Wegerif et al., 2015).

Critical thinking has been highlighted in language learning as a critical element (Dornyei, 2005; Li, 2011, 2020; Larsson, 2017; Norton, 2001; Wilson, 2016). However, research on critical thinking in second language education is scant. Among the limited studies, sufficient evidence suggests that integrating critical thinking in the curriculum is beneficial. For example, teaching critical thinking in an L2 writing class facilitates the production of more critical ideas in writing (Liu & Stapleton, 2018; Pei et al., 2017). Evidence suggests that students with higher critical thinking skills significantly outperformed their counterparts with lower critical thinking skills (e.g. Din, 2020; Haji Meibodi, 2014; Heidari, 2020; Zare & Biria, 2018). Therefore, research suggests direct instruction of critical thinking to improve reading comprehension (Haji Meibodi, 2014; Kamali & Fahim, 2011; Karimi & Veisi, 2016). In an affective aspect, teaching critical thinking in L2 classes could motivate students to take risks (Casanave, 2010; Shahini & Riazi, 2011). However, positive research evidence does not guarantee the implementation of CT in practice. As research points out, teachers play a significant role in implementing any innovation. For example, Li (2016) claimed that implementing a thinking-based approach to develop 21st-century learners depends on how teachers conceptualise, believe, and practice thinking skills in their classrooms, signalling the significance of researching teacher cognition.

3 Teacher cognition about thinking skills

Teacher cognition is a complex concept concerning all aspects of teachers' lives. In a recent review of the development of language teacher cognition, Borg (2019: 4) offers a sophisticated definition of teacher cognition, defining it as "understanding, with reference to the personal, professional, socio-cultural and historical dimensions of teachers' lives, how becoming, being, and developing as a teacher is shaped by (and in turn shapes) what teachers (individually and collectively) think and feel about all aspects of their work". Equally, Li (2016: 275–276), takes a sociocultural perspective of teacher cognition, claiming it "as a process in which a variety of components (e.g. students, materials, teaching activities and teachers) interact in a particular context ... In this perspective, teacher cognition is not static and does not exist in teachers' heads, but a fluid and interactive understanding that is situated in a given context". Under this perspective, social interaction and context are perceived as the most significant aspects of teacher cognition. Therefore, Li (2017) proposes to study teacher cognition by analysing moment-by-moment interaction. In that respect, researching teacher cognition promotes understanding of classroom instruction at a micro-level and contributes significantly to our understanding of teacher education teacher learning. This paper takes this perspective to examine not only what teachers think and believe but what they do in their instructions.

As mentioned earlier, there are very few studies that focus on teacher cognition about thinking skills within an English as a foreign language context. In particular, there is a lack of research on how teachers conceptualise critical thinking and promote it in their classrooms (Li, 2016, 2020). A similar claim was made in a recent review by Yuan et al. (2022). A thorough examination of the field yielded 25 empirical studies on EFL teachers' perceptions of and engagement with CT in wide range of educational contexts from 2010 to 2020. In addition, there are very few studies concerning secondary school classrooms in the literature (Fung, 2017; Liang & Fung, 2021).

Among the limited studies, some consensus has been made regarding language teachers' knowledge and understanding of critical thinking. Teachers generally hold a positive attitude towards promoting critical thinking (Asgharheidari & Tahriri, 2015; Zhang et al., 2020; Ketabi et al., 2012; Li, 2016). Nevertheless, research also shows teachers demonstrate "fragmented" or deficient understanding of the concept (H. Zhang et al., 2020; Li, 2016; Marin & de la Pava, 2017). In terms of promoting critical thinking, research suggests several obstacles and dilemmas. The first and foremost factor concerns the lack of subject and pedagogical knowledge about thinking skills (Zhang & Sternberg, 2002; Li, 2016). For example, Mok's (2009) study pointed out that teachers lacked knowledge of teaching methods and skills that could develop students' thinking skills in class. Given that the focus of the English classes is on linguistic knowledge acquisition, teachers found it difficult to create opportunities or the space for critical thinking. Li (2011), however, revealed a more complex picture when some teachers created opportunities and space in their classrooms to engage students with critical thinking, and others restricted such possibilities by not giving students time and space to develop their thinking. Zhang et al.'s (2020) study suggested a potential conflict between developing students' language abilities and fostering CT skills simultaneously. Indeed, making room in the tightly packed curriculum for developing thinking skills is a struggle (Zawojewski & McCarthy, 2007). A second influential factor concerns training and professional development. Li (2016) highlighted professional learning opportunities as a critical factor in implementing critical thinking. In a similar vein, Yuan et al. (2022) pointed out an inadequacy in teacher education programmes, particularly in offering student teachers opportunities to engage in systemically conceptualising and actualising critical thinking in practice. In that regard, challenges in practical work and multicultural experience might have a positive influence on fostering (student) teachers' critical thinking skills and awareness. For example, Yuan et al. (2022) revealed that preservice language teachers' overseas field trips had a powerful influence on enhancing their CT skills and dispositions. These teachers might gradually develop CT-oriented pedagogies for future classroom practice.

4 The Chinese context

According to Li (2011), developing learners' thinking skills gained an important role in Chinese education reform. One of the reform objectives is to educate 21st-century learners equipped with critical and creative thinking skills. New curriculum standards were launched to focus on moving away from receptive learning, rote-learning, and mechanical drilling and advocate learner participation, exploration, information collection and comprehension, problem-solving, negotiation, and collaboration (Li, 2016). In English language education, the latest national English curriculum stipulates that CT is one of the critical competencies for secondary school students to attain (MOE, 2022). Specifically, the new curriculum emphasises multiple perspectives, reasoning with evidence, and logical thinking as key outcomes of English language education (MOE, 2022: 5).

At the outset, it is vital to acknowledge the role of the high-stake examinations in the Chinese education system, as Li (2016) identified the exams as a crucial factor that hinders teachers from teaching thinking skills. These exams are pivotal for learners because they are selective exams for further education, especially the NCEE (National College Entrance Examination) at the end of senior high school. NCEE determines whether students can obtain a university place, which might further influence their career (Li, 2016). The examinations are usually summative-oriented, and the NCEE has become teachers' and learners' real aim and motivation (Ding & Lehrer, 2007). The NCEE is also an indicator of teaching effectiveness and is closely linked to the school's academic reputation and possible resources. Thus, Chinese education is exam-oriented (Kirkpatrick & Zang, 2011), and teaching and learning is a process of "accumulating knowledge" rather than "constructing and using knowledge for immediate purpose", in which the process of rote learning and memorisation is essential (Hu, 2002). Learning occurs through imitating others rather than through independent thinking, which is why it is considered a reproductive process of education rather than analytical or speculative (e.g. Carson, 1992; Conner, 1996). Rote learning and repetition is blamed for a lack of criticality and creativity among Chinese students (e.g. Tian & Low, 2011). However, Li and Wegerif (2014) argue that Chinese teaching is dialogic, which asserts that insights emerge out of the inner illumination that occurs when multiple different perspectives are held together in a dialogue. Thus, Chinese thinking is reflective of independent interpretation and the development of understanding. According to Li and Wegerif (2014), reflective thinking involves reflecting on one's own learning attitudes, weaknesses, and strengths, as well as challenging other people's views and learning from peers. On that note, Li and Wegerif (2014: 26) argued, "[T]here are two levels of learning referred to in Confucius' educational philosophy. One is the accumulation of knowledge (through transmission), and the other is discovering knowledge (through reflection)". Given the high stakes of the exam, it is possible that the accumulation of knowledge takes priority in teaching so that students achieve good grades. However, this doesn't mean that discovering knowledge through reflection is not evident in practice.

Given the insufficient knowledge about teacher cognition about critical thinking and its importance, this paper reports a study conducted with secondary school EFL teachers in China. The present study aims to understand how teachers conceptualise critical thinking and examine the approaches they use to foster it in subject learning. As such, this study aims to bridge the research gaps between the theories of teaching thinking and actual pedagogical practices in EFL contexts. The research questions addressed in this study are:

- How do English language teachers conceptualise critical thinking?
- How do English language teachers promote critical thinking in their practices?

5 Research methodology

An exploratory case study approach was adopted for this study as it enabled an in-depth understanding of a phenomenon in its context to answer "how" questions. I used a funnelling approach (Spradley, 1980), in which a broad overview of 182 teachers' conceptualisation of critical thinking and their pedagogical beliefs was captured by means of a survey, a smaller group of 12 teachers were interviewed in three focus groups to gain insights into the research questions, and three teachers were further observed in their classrooms.

The study was undertaken in Beijing, China. The data were collected as part of a more substantive project which examines EFL teachers' cognition of critical thinking in Chinese secondary schools, following Li's (2016) study. The rationale for focusing on secondary school teachers and foreign language instruction is due to the scant research and the importance of higher-level thinking development at this learning stage. Participation in the study was entirely voluntary, and participants were approached through a convenience snowball sampling strategy. An invitation was sent to some secondary school teachers through a Chinese social networking platform (WeChat), and they were subsequently asked to recommend their colleagues and friends to complete the survey. Informed consent was collected from all the participants at the beginning of the survey online. At the end of the questionnaire, participants were invited to be part of the follow-up interview and 27 teachers left their contact details. Subsequently, 17 participants agreed to be interviewed but only 12 participants offered the time and successfully completed the interview. Among those, three teachers were identified to be video recorded with consent from all concerned (including the schools).

The majority of participants (88.5%, N = 161) were female: this is consistent and representative of primary and secondary education in China and worldwide (e.g. Beghetto, 2008; Kampylis et al., 2009; Li, 2016). Nearly 50% of the participants (N = 90) were aged between 35 and 45, and there is a balanced number of teachers with teaching experience of 1–5 years, 6–10 years, and 11–15 years. A large number of teachers (N = 117) have an equivalent Master's degree. The summarised demographic information is reported below in Table 1. Participants have been assigned pseudonyms. The research instruments included a self-report, anonymous, online questionnaire (critical thinking for second language teachers) containing a demographic section and 28 items divided into three sections (teachers' conceptualisation; teachers' attitudes; and teachers' practice). Apart from the demographic section, the rest of the items were based on five-point Likert scales (from "strongly disagree" to "strongly agree"). Due to the focus of this paper, the two sections concerning teachers' conceptualisation of critical thinking skills and their understanding of teaching CT are reported.

Table 1 Demographic Information of Participants

Demographic characteristics		N	%
Gender	**Male**	**21**	**11.5**
	Female	161	88.5
Age	20 to 25	23	12.6
	26 to 35	45	24.7
	36 to 45	90	49.5
	46 to 55	24	13.2
Teaching experience	1 to 5 years	42	23.1
	6 to 10 years	56	30.8
	11 to 20 years	37	20.3
	21 to 30 years	36	19.8
	More than 30 years	11	6
Student level	Junior	82	45.1
	Senior	100	54.9
Qualification	Doctorate	15	8.2
	Masters	117	64.3
	Bachelor	48	26.4
	Diploma	2	1.1

The questionnaire was designed based on the literature (e.g. Facione, 1990; Ennis, 1993; Li, 2016; Moore, 2013). It is clear that interpretation, analysis, evaluation, inference and self-regulation were all identifiable in the across studies. By examining the sub-skills involved in each of these skills, then a definition is established. For example, analysis is defined as a detailed examination of the elements or structure of something. Here, elements include ideas, arguments and views. Structure was added to taken into consideration of language learning. Open-mindedness and flexibility again are identified as something that one characteristically needs to do to engage in critical thinking across the literature, so they were then combined to form the category of "being flexible". When considering what critical thinking means, a particular attention was given to the social-cultural influence. For example, recognising the role of reflective thinking in Chinese culture and its connection to the concept of critical thinking, items such as self-reflection/correction and self-evaluation were added. Definitions were offered to make the terms as straightforward as possible to the respondents. The questionnaire was piloted with similar groups of teachers with a view to pre-testing the instrument content and asking respondents for their interpretation of the items' meaning. A Cronbach's alpha internal consistency reliability was calculated with a good Cronbach's α for each section (α=0.945, 0.899, and 0.924, respectively)(George & Mallery, 2003). After completing the survey, 12 teachers were invited to participate in focus-group interviews. Interviews were conducted in their first language and digitally recorded, then transcribed. Focus group interviews lasted 69, 75, and 83 minutes, respectively. The purpose of the focus group was to explore the participants' in-depth views of their understanding of critical thinking, mainly how they understood the concept and how they promoted it in their teaching. Following the focus-group interviews, three teachers' classrooms were observed and followed with video-based interviews (Liz, Sam, and Karen). Both their teaching and video-based interviews were video recorded subject to further analysis using "applied" conversation analysis. Only the extracts selected were translated, and a bilingual Chinese-English researcher double-checked the translation. In addition, several measures were in place to ensure the accuracy of the chosen methodology to address the research questions, including 1) the instruments were developed based on established findings and literature, and amended based on the pilot results (questionnaire and interview); 2) the use of multiple types of data to achieve triangulation; 3) the identification of sample characteristics and sampling procedure.

The questionnaire data offer an overall picture of Chinese EFL teachers' cognition of critical thinking through descriptive statistics. Means, standard deviations, and percentages are reported. Due to the imbalance of participants in gender, age, and qualifications, correlations were not determined. The three focus group interviews generated 227 mins of recording, and the total amount of classroom video analysed was 135 mins. For focus group interviews, I undertook a grounded approach to classifying teachers' verbal accounts into themes which were then compared with quantitative data. First, the interview transcripts were read and reread to identify the key message of each utterance. Themes were identified through an iterative process to examine commonalities and differences in the focus group interviews. Codes were then grouped to form themes that illuminated the teachers' conceptions and perspectives of teaching critical thinking. For example, when analysing teachers' conceptualisation of critical thinking, keywords such as analysis, evaluation, reasoning, analytical skills, examining grammatical structures and so on were identified as codes, and then they were grouped and classified as themes. Sometimes, one utterance might be coded with different codes. Table 2 is an illustration of such.

Table 2 An example of codes and themes

Utterances	Codes	Themes
In my view, analysis is critical thinking, so for English subject, it involves analysis of the material, for example, students read a passage and analyse the main point of each paragraph.	Analysis of material	Analysis
It (critical thinking) is about doing some deep analysis of language and drawing a conclusion with evidence.	Analysis of language Drawing a conclusion with evidence	Analysis Inference
Analytical thinking is essential, such as comparing and contrasting. I ask students to compare sentences so that they could understand the grammar structure.	Analytical skills (compare/ contrast)	Analysis
Critical thinking involves identifying the components of a sentence or language points and conducting proper analysis.	Analysis of sentence structure or text (compare/contrast)	Analysis
When reading a passage, students can tell how the personality of main characters shape the plot.	Analysis of characters	Analysis

All the identified codes were re-examined, modified, and confirmed by comparing with the questionnaire results, to provide in-depth interpretations. Then video-based reflection data and classroom recordings from three individual teachers were transcribed and coded to provide a fine-grained analytical perspective of what is going on in talk-in interaction using "applied" conversation analysis (ten Have, 2007). According to Li (2020), conversation analysis makes the intertwinedness of cognition and interaction visible, focusing on the nature of the cognition being socially shared, socially mediated, and publically displayed. By focusing on the interactional strategies and resources that teachers employ, we can see how teachers promote critical thinking in practice (Li, 2011). Conversation analysis places a heavy emphasis on the use of the transcript of data. Hutchby and Wooffitt (2008) claim that transcription is a necessary initial step in enabling CA, and the production of transcripts represents a distinctive stage of data analysis. In this sense, transcription is a core procedure of analysis and accuracy of dynamics of turn taking (e.g. overlaps, gaps, pauses) and characteristics of speech delivery (stress, intonation, and pitch)(Hutchby & Wooffitt, 2008)(see Appendix A for transcription conventions). The analysis, therefore, focuses on turn taking organisation, overall structural organisation of the interaction, sequence organisation, turn design and lexical choice (Drew & Heritage, 1992; Heritage, 1997). For example, classroom interaction is "formal" and follows a particular system in turn structure (cf. McHoul, 1978; Mehan, 1979), where teacher often asks the question, and defines what contributions are relevant and appropriate whereas students respond to the questions. The core aim of CA is to investigate talk-in-interaction, not as "a screen on which are projected other processes", but as a phenomenon in its own right (Schegloff, 1992, p. xviii), thus, the commitment to naturalist description of interaction gives addresses the issues of validation by offering the transparency of analytic claims, detailed analysis of turn structure and sequence, institutional character of interaction, and uncover the emic logic underlying the organisation (Peräkylä, 2011; Seedhouse, 2004).

Findings

This section addresses the research questions by combining data gathered from questionnaires, interviews, and classroom recordings.

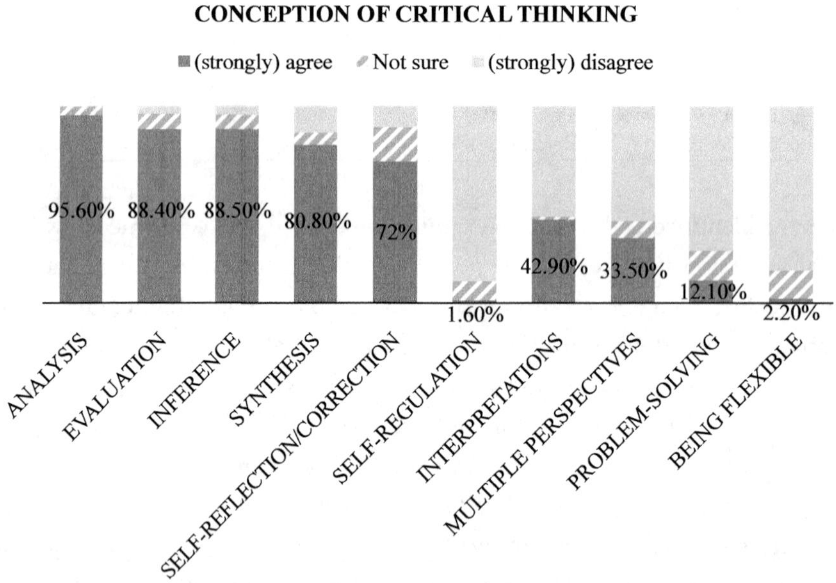

CONCEPTION OF CRITICAL THINKING

(strongly) agree   Not sure   (strongly) disagree

95.60% 88.40% 88.50% 80.80% 72% 1.60% 42.90% 33.50% 12.10% 2.20%

ANALYSIS EVALUATION INFERENCE SYNTHESIS SELF-REFLECTION/CORRECTION SELF-REGULATION INTERPRETATIONS MULTIPLE PERSPECTIVES PROBLEM-SOLVING BEING FLEXIBLE

Figure 1 Teachers' Conception of Critical Thinking

5.1 *Teachers' conceptualisation of critical thinking*

As shown in Figure 1, teachers demonstrated a good understanding of critical thinking. The core elements of critical thinking, such as "analysis", "evaluation" and "inference" were recognised by the participants. Analysis, defined as *a detailed examination of the elements or structure of something* here was considered unanimously as critical thinking (95.6%; M = 4.57; SD = 0.58). Inference, defined as *concluding on the basis of evidence and reasoning*, also received a high score (88.5%; M = 4.36; SD = 0.81). Evaluation referred as *the process of making a judgement about something* was the third highest-rated item (88.4%; M = 4.38; SD = 0.79). Interview data further confirmed the results, as teachers constantly referred to "analysis", "reasoning", "using evidence", and "making a good judgement".

> FG 1: Critical thinking is about analysing the material and drawing a reasonable conclusion based on evidence. I think analysis is the most crucial element of critical thinking, as one cannot make a judgment without rationales.
>
> FG 2: Critical thinking involves many sub-skills, including reasoning, being logical, and using appropriate evidence to build an argument and convince others. But analytical thinking is essential, such as comparing and contrasting.

In addition, "synthesis" and "self-reflection or self-correction" were also highly rated by participants (80.8%; M = 4.03; SD = 1.17; and 72%; M = 4.01; SD = 1.07 respectively). Here, synthesis was interpreted as a process of combining different components to form a connected one, and self-reflection/self-correction was defined as an awareness of considerations of one's work and make appropriate amendments when necessary. The focus group also revealed further insights:

> FG 1: Students must learn to analyse the language. They can come up with principles of using the language to make connections between different aspects of the language.
>
> FG 2: One needs to be equipped with skills to reflect and make changes. Being able to self-correct shows critical analysis.

It is worth noting that self-regulation (1.6%; M = 1.90; SD = 0.61), being flexible and open (2.2%; M = 1.97; SD = 0.66) and problem-solving (12.1%; M = 2.16; SD = 1.04) were the least rated components as critical thinking. The focus group interviews offered more insights into teachers' thinking when they were asked to comment on this issue.

> FG 1: We certainly feel that self-regulation concerns learning style but not to do with thinking. It is about managing oneself. Openness and flexibility are attitudes and have no link to thinking skills.
>
> FG 2: I think problem-solving is the outcome or purpose, while critical thinking is the method to reach that. The other reason is that there is less about problem-solving in English language learning. Of course, it does not mean it is not essential.

5.2 *Implementation of critical thinking in teaching*

Teachers were asked to reflect on their teaching regarding critical thinking skills. It can be seen from Figure 2 that the majority of teachers believed they were teaching critical thinking skills, particularly "analysis" (99.5%; *M* = 4.75; *SD* = 0.45), "evaluation" (96.2%; *M* = 4.66; *SD* = 0.65) and "drawing conclusions based on evidence" (95.6%; *M* = 4.67; *SD* = 0.61). This matches how they defined critical thinking, too (see above). In addition, synthesis (combining ideas) and self-reflection/self-correction were also taught by majority of teachers (89%; *M* = 4.28; *SD* = 0.84 and 81.3%; *M* = 4.25; *SD* = 0.91). Again, this is in line with their understanding of critical thinking.

It seems interesting that although most teachers did not recognise self-regulation as part of critical thinking, they taught it in their teaching (75.3%; *M* = 3.96; *SD* = 1.28). However, insights from the focus group confirmed that teachers considered it essential for learning. They believed that teaching their students to regulate and monitor their learning is critical.

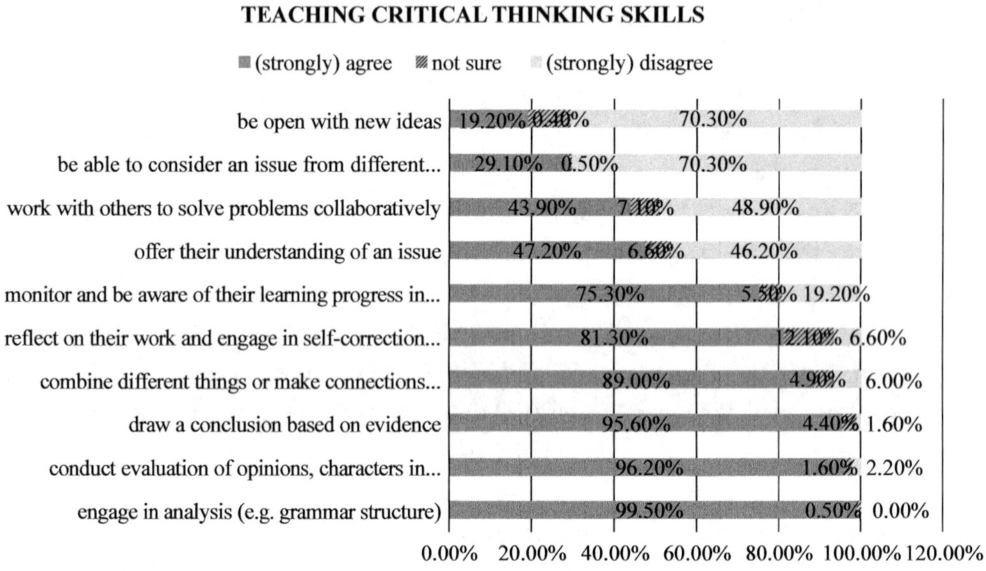

TEACHING CRITICAL THINKING SKILLS

(strongly) agree　not sure　(strongly) disagree

be open with new ideas　19.20%　[illegible]　70.30%
be able to consider an issue from different...　29.10%　0.50%　70.30%
work with others to solve problems collaboratively　43.90%　[illegible]　48.90%
offer their understanding of an issue　47.20%　[illegible]　46.20%
monitor and be aware of their learning progress in...　75.30%　5.50%　19.20%
reflect on their work and engage in self-correction...　81.30%　[illegible]　6.60%
combine different things or make connections...　89.00%　4.90%　6.00%
draw a conclusion based on evidence　95.60%　4.40%　1.60%
conduct evaluation of opinions, characters in...　96.20%　1.60%　2.20%
engage in analysis (e.g. grammar structure)　99.50%　0.50%　0.00%

0.00%　20.00%　40.00%　60.00%　80.00%　100.00%　120.00%

Figure 2　Teachers' Perspective of Approaches to Promote Critical Thinking

Again, in line with teachers' conceptualisation of critical thinking, most teachers did not teach students to consider issues from multiple perspectives (70.3%; *M* = 2.53; *SD* = 1.46) or be open to new ideas (70.3%; *M* = 2.42; *SD* = 1.17). The focus group revealed that the focus or nature of English learning and time constraints were possible reasons.

FG: We do not have many topics/issues for students to consider new ideas or different views because most of the time, we are teaching language-specific content, such as grammar and vocabulary. Even for reading comprehension, there are right or wrong answers.

FG: When we have an open discussion topic, I will encourage students to consider multiple perspectives. But we do not have much time in class as there is a lot to cover, so we have to restrict the amount of time we spend on this activity.

Although teachers did not explicitly mention the packed curriculum, given the amount of the material they need to cover and the issue of insufficient class time, it's indicative that thinking-oriented tasks and activities will not take priority.

The following ideas were frequently mentioned in the focus group discussion regarding strategies to promote critical thinking.

- analysing language features in sentences/paragraphs
- creating situations where language is used (e.g. scenarios)
- asking students to offer opinions and views (e.g. on the story)
- making connections between language points (comparing words)
- collaborative group work
- asking more open questions to allow students' input
- reducing the number of questions focusing on information seeking
- task-based teaching (e.g. asking students to complete a task together)

Classroom data were analysed to gain insights into teachers' approaches and strategies to promote critical thinking. In what follows, I present three extracts to illustrate how teachers teach critical thinking.

Extract 1

T ((showing a Powerpoint slides))
ok (.) now look at these sentences (.)
they are :::
SS attributive clause=
T =yes (.) now I want you to read them (.)
read them carefully and see what patterns
you can observe (.) OK?
((11.0))
T ok (.) tell me when you use which (.) who (.)
where and that (.) an- could we change them?

Extract 1 is taken from Liz's class, where she is teaching grammar. Instead of lecturing, she offers an opportunity for students to do some analysis of the sentences. First, Liz offers a space for students to demonstrate their understanding, as indicated by the stretched sound in line 3, to which students responded with the correct answer (line 4). Understanding is the basis on which she gives further instruction to require students to identify patterns (lines 5–7). It is a referential question that usually facilitates higher-level thinking skills (Li, 2011), as analysis and reasoning is required to complete this task. After a rather long pause, she provides further requests, this time asking students to summarise the rules and make a correct judgement (lines 9–10). The interactional approaches employed by the teacher open a space for students to engage in understanding, summary, analysis, and evaluation—components of critical thinking (Li, 2011).

Despite the low level of recognition of problem-solving as part of critical thinking, teachers promote problem-solving skills. In this lesson, In Extract 2, Sam creates a scenario for students to use language for real-life purposes, specifically, convincing Mum that they can go to Tom's party.

Extract 2

T now we have a problem (.) you wan to go
to Tom's party (.) BUT your mum won't
let you go (.) what are you going to do?
how are you going to convince her?
((eye gaze with a student))
S1 I am going to tell her Tom is my best friend=
T [ok
S1 =[so I want to celebrate his birthday=
T =uh ↑ huh (.) anything else?=
S2 =what's the reason that my mum won't let me
go?
((students laughing))
T That's a good question (.) ok (.) now I'd
like you to work in groups (.) to list the
reasons Mum won't let you go an- the reasons
you want to go

Sam poses the issue by asking an open question, followed by seeking further clarification on how to persuade Mum (lines 1–4). The referential questions here create a space for students to engage in the process of reasoning (Li, 2011). It is also evident that the teacher only offers acknowledgement rather than feedback to encourage more ideas to come forward (lines 7 and 9). It is interesting that when Sam asks for more input in line 9, student 2 makes self-selection and asks a counter-question to the initial problem that Sam poses (lines 10–11). It is potentially a challenge to Sam, which students recognise, as indicated by their laugh (line 12). The interactional structure now changes with an inserted student initiation. Sam, at this point, acknowledges the question with positive evaluation and after a brief pause, makes a swift move to request students to work in groups to work on arguments and counterarguments. Clearly, the interactional structure does not follow the typical Initiation-Response-Feedback (IRF) pattern, which is widely believed to restrict critical and creative thinking (Mercer & Littleton, 2007). Rather, we see the feedback move now is replaced by another initiation (line 9), and the supposed response is an inserted student initiation, which is followed by a dialogic space created by the teacher (lines 13–16)(Wegerif, 2006).

In Extract 3, Karen teaches a reading lesson to high school students. Before the session, students were asked to read a folk story about a boy (Tim) protecting the villagers when his village was attacked.

Extract 3

T what do you think of Tim? (0.4) What's your
opinion?=
S1 =I think he is brave (.)
T yes (.) he is brave BECAUSE↑: : =
S1 =because he was not afraid to fight for his
country=
T =excellent (.) what did he do then?=
S1 =he planned with his £friends£ to trap=
T =ok↓ that's good (.) anybody else? Xiaomi?=
S2 =I think he is clever (1.2)
T because?=
S2 =um because he used his knowledge (.) he knew
the valley=
T =£very good£ (.) ok (.) I would like you to
talk about this in your group now (.) five
minutes (.) go

In Extract 3, Karen initiates a first pair part, requesting students' opinions about the character in the story. After a short pause, she further clarifies the question (lines 1–2). One student makes self-selection, commenting (line 3), which receives positive feedback from Karen (line 4). Again, we see how a referential question is used to promote multiple views. Because it is the individual opinion that is sought, it is natural for students to make a justification based on their views and experience. It is also worth noting that the interactional structure does not follow the typical Initiation-Response-Feedback (IRF) pattern. Instead, it is a "spiral IRF", with the F move replaced by a follow-up initiation until the final feedback is required (Li, 2011; Panselinas & Komis, 2009). In this extract, we see a series of I (lines 1–2, 4, 7, 9,11) and R (lines 3, 5–6, 8, 10, 12–13) before the teacher offers the final feedback, followed by the dialogic space (lines 14–16), albeit positive feedback is also observed (lines 7 & 9). Examining the interactional strategies, we see the teacher, Karen, requesting the student to justify the answer with evidence indicated by a stretched word with a high volume (line 4), requesting further details and information, extending the student's input, and requesting a justification (line 11).

6 Discussion and implications

The findings show that EFL teachers' conceptualisation of critical thinking aligns with the literature that the concept entails analysis, evaluation, and inference as the core elements (Dwyer et al., 2011, 2014; Dwyer, 2017). In addition, it also includes the other two significant elements, namely, synthesis and self-reflection/self-correction. This study suggests that the concept includes these five key components, which also confirms the CTA in EFL framework (Li et al., 2021).

There are some interesting observations in terms of the conceptualisation of critical thinking. First, it is interesting to note that synthesis and self-reflection/self-correction are not often cited in the literature as the core of critical thinking (see Black, 2012; Halpern, 2014; Liu et al., 2014). There are several potential reasons why the teachers identified them as core elements of critical thinking. First, synthesis is highly valued as a skill in literacy education in China, and students are trained to develop such a skill from primary school through journal writing and composition. Second, synthesis is considered a core element in "understanding" and "applying", which is highly recognised in Chinese education (Li, 2016). Third, Chinese educational philosophy advocates reflective thinking, which is also crucial in teaching and learning across subjects (Li & Wegerif, 2014; Li, 2015).

Second, the literature suggests that critical thinking is a skilful ability that involves drawing on inferences, evaluating, reasoning, analysing, and problem-solving (Black, 2012; Moore, 2013). However, teachers in this study did not report problem-solving as a core element of critical thinking. This result is similar to Li's (2016) study, where teachers offered a contextualised view of the concept, involving identifying and analyzing language to discover rules and patterns, making a reasonable argument with evidence, and applying language in real-life contexts. However, teachers do employ problem-based teaching (see Extract 2). Several interpretations could be valid here. It could be that problem-solving is not core to language learning as suggested by focus group interviews, or teachers hold a "fragmented" understanding of critical thinking (Li, 2016). They might not consciously articulate problem-solving as part of critical thinking, they do value the skill and implement it in their teaching. It would be interesting to uncover teachers' understanding of problem-solving and whether it is perceived to be linked to particular subjects.

Third, the findings from the survey and interviews suggest that self-regulation/self-correction and being flexible and open are not highly recognised as critical thinking, but they exhibit in teachers' classroom practice. Again, teachers might consider these crucial skills, despite failing to recognise them as core elements of critical thinking. Some research highlights that these components as essential parts of critical thinking. From that perspective, CT is about making purposeful, goal-directed self-regulatory judgements involving both cognitive and affective skills (Ennis, 2015; Halpern, 2014; Hyytinen et al., 2019; Lau, 2015). Perhaps it is feasible to say that teachers recognise cognitive skills (analysis and evaluation) better than affective skills (e.g. openness and being flexible). However, it is not only cognitive skills that are important in teaching and assessing critical thinking; self-regulation also needs to be considered (Halpern, 2014; Lau, 2015). As such, it makes critical thinking an adaptive process when students plan, adapt, and monitor their thoughts, emotions, and behaviours to the demands of completing the task (Beckman et al., 2021; Schunk & Greene, 2018). There is also a contradictory result compared to Li's (2016) study. Li's (2016) suggested that valuing multiple perspectives was an essential element of higher-order thinking, whereas teachers in this study did not perceive multiple perspectives in critical thinking, despite the evidence in their classrooms. It might be helpful to determine what higher-order thinking skill is associated with multiple perspectives. A longitudinal study might also be helpful to see the trend and changes in teachers' understanding and perceptions of critical thinking in different situations, for example, when training is provided.

In implementing critical thinking, several key issues emerged from the findings. First, it is encouraging to see that teachers actively create opportunities to implement critical thinking in their teaching, with particular attention to analysis, evaluation, inference, reflection, and self-regulation. It looks like further progress has been made in EFL teachers' practice with critical thinking in the last few years compared to Li's (2016) study. Li's (2016) suggested the lack of practice of promoting thinking skills in English classrooms in China, despite the significance of higher-order thinking skills in the curriculum. A primary factor that prevents teachers from implementing thinking skills in teaching is the lack of subject and pedagogical knowledge about thinking skills. This study substantiates the positive and significant influence of teacher knowledge about CT on practice. In other words, integrating critical thinking into teaching depends on the teachers' knowledge, and it can be assumed that sufficient content knowledge can lead to practice (Li, 2016). Bringing an innovative classroom approach depends on various factors, and one frequently cited one is class time. As argued earlier, the tightly packed curriculum might limit opportunities to develop critical thinking (Li, 2016; Zawojewski & McCarthy, 2007). Therefore, developing teachers' pedagogical knowledge about integrating thinking skills in the language learning process becomes a critical issue. This is especially true for beginning teachers, as they are more vulnerable to the pressures of the profession than experienced teachers (Gold & Roth, 1993), who do not have years' experience to draw upon (Li, 2017). It is worth noting that although teachers do not consider self-regulation as a critical element of critical thinking, they promote that skill in their practice because it is perceived as an essential learning skill. It raises an important question: what skills are subject-specific, and what skills are general? Perhaps understandings from the ground up will help to disentangle the different perspectives regarding thinking skills. For example, some argue that CT is a mix of skills and dispositions that can be developed, while others believe it is a general and innate skill.

Second, the study suggests that various pedagogical approaches and interactional strategies are adopted to promote critical thinking. Clearly, teachers are open to different ideas, use collaborative group work, and employ problem-based tasks. Different interactional strategies are used to promote critical thinking, including explanations (Extract 1), asking open questions (Extracts 1–3), giving specific instructions (Extract 1), acknowledgement (Extracts 1–3), and offering positive feedback (Extracts 2, 3), seeing clarification or elaboration (Extract 3) and echoing students' contributions to bring the class together (Extract 3). The classroom data further echoes Ellerton's (2021) suggestion that well-designed pedagogical and curriculum approaches can be developed and implemented to foster critical thinking, particularly when teachers have developed a purposeful understanding of the concept. In addition, we see "dialogic space" is purposively created by the teacher to allow multiple voices (Wegerif, 2006), and spiral IRF is used to encourage participation, reasoning with evidence, analysis, and evaluation (Li, 2011).

The significance of the present study lies in the fact that the findings are compatible with the theoretical contentions and empirical evidence in the literature confirming the five core elements of critical thinking in an EFL context (O. Liu et al., 2014; Li et al., 2021). Moreover, statistical analyses and classroom data further revealed insights into teachers' practice fostering critical thinking. This is one of the few studies combining quantitative and qualitative evidence of critical thinking skills from teachers' perspectives (see Li, 2011). The analysis of the questionnaire data provides a broad collective understanding of critical thinking, and the classroom interaction and interviews offer an emic perspective of how critical thinking is promoted in practice. It is a truism to say that teachers can engage in promoting components of critical thinking in practice even though they fail to perceive or articulate them clearly in their view.

The study findings bear some implications for teacher learning. First, given the importance of critical thinking for language learning, it is crucial for teacher education programmes to integrate critical thinking into the curriculum so that teachers receive systematic training on content and pedagogical knowledge about CT. It can be plausibly argued that the enhancement of teachers' knowledge about CT, in turn, may lead to a systematic implementation of critical thinking in teaching. Various approaches have been proposed to foster teachers' understanding and beliefs about critical thinking. Noting the significance of experience in student teachers' development in critical thinking (Yuan et al., 2021) and the value of Collaborative Dialogic Reflective Practice (CDRP)(Li, 2017), I would argue for peer support as an effective and appropriate method to improve subject and pedagogical knowledge about CT. I would emphasise the significance of collaboration, as that offers teachers a space to support each other and achieve a common goal in a community.

Second, the study also highlights the subject-specific perspective when interpreting critical thinking. Although some skills are considered essential and taught in language classrooms, teachers do not recognise them as core elements of critical thinking (for example, problem-solving, multiple perspectives, and self-regulation). Teacher training programmes might also emphasise the personal and environmental components apart from the cognitive ones (Seo et al., 2005). For example, critical thinking involves self-regulation skills, and understanding the multi-layered concept will further enable teachers to enhance self-regulation in teaching explicitly (Lau, 2015). When teachers support students in setting goals, planning, monitoring, and reflecting on their learning, their critical thinking is facilitated (Beckman et al., 2021; Winne, 2018). Third, this study addresses one critical issue: how teacher cognition of critical thinking manifests in classroom discourse and the connections between thinking skills and language acquisition (Li, 2016). We already know the relationship between interaction and cognition; it is illuminating to identify the relationship between critical thinking and language learning through the lens of interaction. Teachers should be encouraged to evaluate their classroom interactions to see how they increase opportunities to foster critical thinking (Li, 2011).

7 Conclusion

This paper investigates how language teachers conceptualise critical thinking and their practice in promoting it in EFL classrooms in China to address the research gap identified in the literature. As argued in the literature, critical thinking is essential for effective learning and education for motivated, reflective and self-regulated learners and should be systematically integrated into the English curriculum and instruction. This study suggests that teachers' knowledge about critical thinking focuses on cognitive skills and is subject-specific, highlighting the need to develop personal and environmental perspectives of critical thinking and combine the affective aspects (e.g. being open and flexible, self-regulation). Teachers' knowledge about critical thinking has moved away from low-level skills, such as memorisation, although the literature does acknowledge the complex view of memorisation in the Chinese context (Li, 2016). The findings from this study suggest that there is progress in teacher knowledge about and practice of critical thinking in China. Nevertheless, the study takes a convenient sampling strategy, and this line of research merits further investigation, involving perhaps a more substantive sample from broader geographic, social, educational, and subject backgrounds.

As Li's (2016) argues, different factors account for teachers' implementation of critical thinking. Addressing one aspect will not be sufficient in changing practice, but the study does confirm that teacher knowledge is the most influential factor. In the light of the results, it is expected that with sufficient teacher training to enhance teachers' content and pedagogical knowledge, positive progress should be made in teachers' implementation of critical thinking in their classrooms. Therefore, an interventional study might be desired to confirm this. In addition, a longitudinal study would help examine the significance of knowledge on practice, albeit other social and cultural factors (such as tests).

In summary, developing critical thinking is essential in language learning. Still, without understanding teacher cognitions, we are less likely to successfully implement it in the curriculum and, therefore, less likely to educate the open-minded, flexible, self-regulated learners with critical skills. Equally, we can identify opportunities and constraints in developing critical thinking only when we analyse teachers' practice. The current study is only the beginning of this line of inquiry, and future research is greatly needed to examine critical thinking in action.

References

Abrami, P. C., Bernard, R. M., Borokhovski, E., Wade, A., Surkes, M. A., Tamim, R., & Zhang, D. (2008). Instructional interventions affecting critical thinking skills and dispositions: A stage 1 meta-analysis. *Review of Educational Research*, 78(4), 1102–1134. https://doi.org/10.3102/0034654308326084

Alnofaie, H. (2013). A framework for implementing critical thinking as a language pedagogy in EFL preparatory programmes. *Thinking Skills and Creativity*, 10, 154–158. https://doi.org/10. 1016/j.tsc.2013.09.002

Asgharheidari, F., & Tahriri, A. (2015). A survey of EFL teachers' attitudes towards critical thinking instruction. *Journal of Language Teaching and Research*, 6(2), 388–396. https://doi. org/10.17507/jltr.0602.20

Beckman, K., Apps, T., Bennett, S., Dalgarno, B., Kennedy, G., & Lockyer, L. (2021). Selfregulation in open-ended online assignment tasks: The importance of initial task interpretation and goal setting. *Studies in Higher Education*, 46(4), 821–835. https://doi.org/10.1080/03075079.2019.1654450

Beghetto, R. A. (2008). Prospective teachers' beliefs about imaginative thinking in K-12 schooling. *Thinking Skills and Creativity*, 3(2), 134–142. https://doi.org/10.1016/j.tsc.2008.06.001

Black, B. (2012). An overview of a programme of research to support the assessment of critical thinking. *Thinking Skills and Creativity*, 7(2), 122–133. https://doi.org/10.1016/j.tsc.2012.04.003

Borg, S. (2019). Language teacher cognition: Prspectives and debates. In X. Gao (Ed.), *Second Handbook of English Language Teaching*. Cham: Springer. https://doi.org/10.1007/978-3-319-58542-0_59-2

Butler, H. A., Pentoney, C., & Bong, M. P. (2017). Predicting real-world outcomes: Critical thinking ability is a better predictor of life decisions than intelligence. *Thinking Skills and Creativity*, 25, 38–46. https://doi.org/10.1016/j.tsc.2017.06.005

Carson, J. (1992). Becoming biliterate: First language influences. *Journal of Second Language Writing*, 1(1), 37–60. https://doi.org/10.1016/1060-37439290019-L

Casanave, C. P. (2010). Taking risks?: A case study of three doctoral students writing qualitative dissertations at an American university in Japan. *Journal of Second Language Writing*, 19(1), 1–16. https://doi.org/10.1016/j.jslw.2009.12.002

Conner, U. (1996). *Cross Cultural Aspects of Second Language Writing*. CUP.

D'alessio, F. A., Avolio, B. E., & Charles, V. (2019). Studying the impact of critical thinking on the academic performance of executive MBA students. *Thinking Skills and Creativity*, 31, 275–283. https://doi.org/10.1016/j.tsc.2019.02.002

Davis, M., & Barnett, R. (2015). Introduction. In M. Davis & R. Barnett (Eds.), *The Palgrave handbook of critical thinking in higher education* (pp. 1–26). Palgrave MacMillan.

Din, M. (2020). Evaluating university students' critical thinking ability as reflected in their critical reading skill: A study at bachelor level in Pakistan. *Thinking Skills and Creativity*, 35, 100627. https://doi.org/10.1016/j.tsc.2020.100627

Ding, W., & Lehrer, S. F. (2007). Do peers affect student achievement in China's secondary schools? *The Review of Economics and Statistics*, 89(2), 300–312. https://doi.org/10.1162/rest. 89.2.300

Dornyei, Z. (2005). *The psychology of language learner: Individual differences in second language acquisition*. Lawrence Erlbaum Associates.

Drew, P., & Heritage, J. (1992). Analyzing talk at work: An introduction. In P. Drew & J. Heritage (Eds.), *Talk at work* (pp. 3–65). Cambridge University Press.

Dwyer, C. P. (2017). *Critical thinking: Conceptual perspectives and practical guidelines*. Cambridge University Press. https://doi.org/10.1017/9781316537411

Dwyer, C. P., Hogan, M. J., & Stewart, I. (2011). The promotion of critical thinking skills through argument mapping. In C. P. Horvart & J. M. Forte (Eds.), *Critical thinking* (pp. 97–122). Nova Science Publishers.

Dwyer, C. P., Hogan, M. J., & Stewart, I. (2014). An integrated critical thinking framework for the 21st century. *Thinking Skills and Creativity*, 12, 43–52. https://doi.org/10.1016/j.tsc.2013.12.004

Ennis, R. (1993). Critical thinking assessment. *Theory into Practice*, 32(3), 179–186. https://doi.org/10.1080/00405849309543594

Ennis, R. (2015). Critical thinking: A streamlined conception. In M. Davies & R. Barnett (Eds.), *The Palgrave handbook of critical thinking in higher education* (pp. 31–47). Palgrave Macmillan.

Facione, P. (1990). Critical Thinking: A statement of expert consensus for purposes of educational assessment and instruction (The Delphi Report). Educational Resources Information Centre (ERIC).

Fong, C. J., Kim, Y., Davis, C. W., Hoang, T., & Kim, Y. W. (2017). A meta-analysis on critical thinking and community college student achievement. *Thinking Skills and Creativity*, 26, 71–83. https://doi.org/10.1016/j.tsc.2017.06.002

Fung, D. (2017). The pedagogical impacts on students’ development of critical thinking dispositions: Experience from Hong Kong secondary schools. *Thinking Skills and Creativity*, 26, 128–139. https://doi.org/10.1016/j.tsc.2017.10.005

George, D., & Mallery, P. (2003). *SPSS for Windows step by step: A simple guide and reference*. 11.0 update (4th ed.). Allyn & Bacon.

Gold, Y., & Roth, R. A. (1993). *Teachers managing stress and preventing burnout: The professional health solution*. The Falmer Press.

Haji Meibodi, A. (2014). The effect of critical thinking skills on reading English novels. *IJRELT*, 2 (2), 97–108.

Halpern, D. F. (2014). *Thought and knowledge: An introduction to critical thinking* (5th ed.). Psychology Press.

Heidari, K. (2020). Critical thinking and EFL learners’ performance on textually-explicit, textually-implicit, and script-based reading items. *Thinking Skills and Creativity*, 37, 100703. https://doi.org/10.1016/j.tsc.2020.100703

Heritage, J. (1997). Conversation analysis and institutional talk: Analyzing data. In D. Silverman (Ed.), *Qualitative analysis: Issues of theory and method* (pp. 161–182). Sage.

Hu, G. (2002). Potential cultural resistance to pedagogical imports: The case of communicative language teaching in China. *Language, Culture and Curriculum*, 15(2), 93–105. https://doi.org/10.1080/07908310208666636

Hutchby, I., & Wooffitt, R. (2008). *Conversation analysis* (2nd ed.). Polity Press.

Hyytinen, H., Toom, A., & Shavelson, R. J. (2019). Enhancing scientific thinking through the development of critical thinking in higher education. In M. Murtonen & K. Balloo (Eds.), *Redefining scientific thinking for higher education: Higher-order thinking, evidence-based reasoning and research skills* (pp. 59–78). Palgrave Macmillan. https://doi.org/10.1016/j.stueduc.2014.11.001

Jafarigohar, M., Hemmati, F., Rouhi, A., & Divsar, H. (2016). Instructors' attitudes towards the reflection of critical thinking in course syllabi: Evidence from an expanding circle. *Theory and Practice in Language Studies*, 6(1), 59–67. https://doi.org/10.17507/tpls.0601.08

Kamali, Z., & Fahim, M. (2011). The relationship between critical thinking ability of Iranian EFL learners and their resilience level facing unfamiliar vocabulary items in reading. *Journal of Language Teaching and Research*, 2(1), 104–111. https://doi.org/10.4304/jltr.2.1.104-111

Kampylis, P., Berki, E., & Saariluoma, P. (2009). In-service and prospective teachers' conceptions of creativity. *Thinking Skills and Creativity*, 4(1), 15–29. https://doi.org/10.1016/j. tsc.2008.10.001

Karimi, L., & Veisi, F. (2016). The impact of teaching critical thinking skills on reading comprehension of Iranian intermediate EFL learners. *Theory and Practice in Language Studies*, 6(9), 1869–1876. https://doi.org/10.17507/tpls.0609.21

Ketabi, S., Zabihi, R., & Ghadiri, M. (2012). Critical thinking across the ELT curriculum: A mixed methods approach to analysing L2 teachers' attitudes towards critical thinking instruction. *International Journal of Research Studies in Education*, 2(3), 15–24. https://doi.org/10.5861/ijrse.2012.189

Kirkpatrick, R., & Zang, Y. (2011). The negative influences exam-oriented education on Chinese high school students: Backwash from classroom to child. *Language Testing in Asia*, 1(3), 36–45. https://doi.org/10.1186/2229-0443-1-3-36

Kokkidou, M. (2013). Critical thinking and school music education: Literature review, research findings, and perspectives. *Journal for Learning Through the Arts*, 9 (1). https://doi.org/10. 21977/D9912644 .

Larsson, K. (2017). Understanding and teaching critical thinking: A new approach. *International Journal of Educational Research*, 84, 32–42. https://doi.org/10.1016/j.ijer.2017.05.004

Lau, J. Y. F. (2015). Metacognitive education: Going beyond critical thinking. In M. Davies & R. Barnett (Eds.), *The Palgrave handbook of critical thinking in higher education* (pp. 373–390). Palgrave Macmillan US.

Li, L. (2011). Obstacles and opportunities for developing thinking through interaction in language classrooms. *Thinking Skills and Creativity*, 6(3), 146–158. https://doi.org/10.1016/j.tsc.2011.05.001

Li, L. (2015). A Confucian perspective on teaching thinking in China. In R. Wegerif, L. Li, & J. Kaufman (Eds.), *The Routledge International Handbook of Research on Teaching Thinking* (pp. 45–57). Routledge.

Li, L. (2016). Integrating thinking skills in foreign language learning: What can we learn from teachers' perspectives? *Thinking Skills and Creativity*, 22, 273–288. https://doi.org/10.1016/j.tsc.2016.09.008

Li, L. (2017). *Social Interaction and Teacher Cognition*. Edinburgh, Edinburgh University Press.

Li, L. (2020). *Language Teacher Cognition: A Sociocultural Perspective*. Palgrave.

Li, L., & Wegerif, R. (2014). What does it mean to teach thinking in China? Challenging and developing notions of "Confucian Education". *Thinking Skills and Creativity*, 11, 22–32. https://doi.org/10.1016/j.tsc.2013.09.003

Li, X. & Liu, J. (2021). Mapping the taxonomy of critical thinking ability in EFL. *Thinking Skills and*

Creativity, 41, 100880. https://doi.org/10.1016/j.tsc.2021.100880

Liang, W., & Fung, D. (2021). Fostering critical thinking in English-as-a-second-language classrooms: Challenges and opportunities. *Thinking Skills and Creativity*, 39, 1–12. https://doi.org/ 10.1016/j.tsc.2020.100769

Liu, O., Frankel, L., & Roohr, K. (2014). *Assessing critical thinking in higher education: Current state and directions for next-generation assessment*. (No. ISSN. ETS.). https://doi.org/10.1002/ets2.12009

Liu, F., & Stapleton, P. (2018). Connecting writing assessment with critical thinking: An exploratory study of alternative rhetorical functions and objects of enquiry in writing prompts. *Assessing Writing*, 38, 10–20. https://doi.org/10.1016/j.asw.2018.09.001

Marin, M. A., & de la Pava, L. (2017). Conceptions of critical thinking from university EFL teachers. *English Language Teaching*, 10(7), 78–88. https://doi.org/10.5539/elt.v10n7p78

McHoul, A. (1978). The organization of turns at formal talk in the classroom. *Language in Society*, 7(2), 183–213. https://doi.org/10.1017/S0047404500005522

Mehan, H. (1979). *Learning lessons*. Harvard University Press.

Mercer, N., & Littleton, K. (2007). *Dialogue and the development of children's thinking*. Routledge.

Ministry of Education. (2022). *English curriculum standards for compulsory education*. Beijing Normal University Press. http://www.moe.gov.cn/srcsite/A26/s8001/202204/W020220420582349487953.pdf

Mok, J. (2009). From policies to realities: Developing students' critical thinking in Hong Kong secondary school English writing class. *RELC Journal*, 40(3), 262–279. https://doi.org/10.1177/0033688209343866

Moore, T. (2013). Critical thinking: Seven definitions in search of a concept. *Studies in Higher Education*, 38(4), 506–522. https://doi.org/10.1080/03075079.2011.586995

Norton, B. (2001). Non-participation, imagined communities, and the language classroom. In M. Breen (Ed.), *Learner contribution to language learning: New directions in research* (pp. 159–171). Longman.

Panselinas, G., & Komis, V. (2009). "Scaffolding" through talk in groupwork learning. *Thinking Skills and Creativity*, 4, 86–103. https://doi.org/10.10216/j.tsc.2009.06.002

Paul, R. (1988). Critical thinking in the classroom. *Teaching K-8*, 18(1), 49–51.

Pei, Z., Zheng, C., Zhang, M., & Liu, F. (2017). Critical thinking and argumentative writing: Inspecting the association among EFL learners in China. *English Language Teaching*, 10(10), 31–42. https://doi.org/10.5539/elt.v10n10p31

Peräkylä, A. (2011). Validity in research on naturally occurring social interaction. In D. Silverman (Ed.), *Qualitative Research* (3rd ed.). Sage. http://hdl.handle.net/10138/29204

Pithers, R. T., & Soden, R. (2000). Critical thinking in education: A review. *Educational Research*, 42(3), 237–249. https://doi.org/10.1080/001318800440579

Schegloff, E. A. (1992). Introduction. In G. Jefferson (Ed.), *Harvey Sacks: Lectures on Conversation (vol. 1) (Lectures 1964–1968)*(pp. ix–xii). Blackwell Publishing.

Schunk, D. H., & Greene, J. A. (2018). Historical, contemporary, and future perspectives on self-regulated learning and performance. In D. H. Schunk & J. A. Greene (Eds.), *Handbook of self-regulation of learning and performance* (2nd ed, pp. 1–16). Routledge.

Seedhouse, P. (2004). Conversation analysis methodology. *Language Learning*, 54(1), 1–54. https://doi.org/10.1111/j.1467-9922.2004.00268.x

Seo, H., Lee, E., & Kim, K. (2005). Korean science teachers' understanding of creativity in gifted education. *Journal of Advanced Academics*, 16(2–3), 98–105. https://doi.org/10.4219/jsge-2005-476

Shahini, G., & Riazi, A. M. (2011). A PBLT approach to teaching ESL speaking, writing, and thinking skills. *ELT Journal*, 65(2), 170–179. https://doi.org/10.1093/elt/ccq045

Soko, A., Oget, D., Sonntag, M., & Khomenko, N. (2008). The development of inventive thinking skills in the upper secondary language classroom. *Thinking Skills and Creativity*, 3(1), 34–46. https://doi.org/10.1016/j.tsc.2008.03.001

Spradley, J. P. (1980). *Participant Observation*. Holt, Rinehart and Winston.

Tarone, E. (2005). Fossilization, social context, and language play. In Z. Han & T. Odlin (Eds.), *Studies of fossilization in second language acquisition* (pp. 157–172). Multilingual Matters.

ten Have, P. (2007). *Doing conversation analysis* (2nd ed.). Sage.

Tian, J., & Low, G. D. (2011). Critical thinking and Chinese university students: A review of the evidence. *Language, Culture and Curriculum*, 24(1), 61–76. https://doi.org/10.1080/07908318.2010.546400

Veliz, L., & Veliz-Campos, M. (2019). An interrogation of the role of critical thinking in English language pedagogy in Chile. *Teaching in Higher Education*, 24(1), 47–62. https://doi.org/10.1080/13562517.2018.1456424

Wallace, M., & Wray, A. (2006). *Critical reading and writing for postgraduates*. Sage.

Wegerif, R. (2006). A dialogic understanding of the relationship between CSCL and teaching thinking skills. *International Journal of Computer-Supported Collaborative Learning*, 1(1), 143–157. https://doi.org/10.1007/s11412-006-6840-8

Wegerif, R., Li, L., & Kaufman, J. (2015). Introduction. In R. Wegerif, L. Li, & J. Kaufman (Eds.), *Routledge handbook of researching for teaching thinking skills* (pp. 1–7). Routledge.

Wilson, K. (2016). Critical reading, critical thinking: Delicate scaffolding in English for Academic Purposes (EAP). *Thinking Skills and Creativity*, 22, 256–265. https://doi.org/10.1016/j.tsc.2016.10.002

Winne, P. H. (2018). Cognition and metacognition within self-regulated learning. In D. H. Schunk & J. A. Greene (Eds.), *Handbook of self-regulation of learning and performance* (pp. 36–48). Routledge/Taylor & Francis Group.

Yuan, R., Liao, W., Wang, Z., Kong, J., & Zhang, Y. (2022). How do English-as-a-foreign-language (EFL) teachers perceive and engage with critical thinking: A systematic review from 2010 to 2020. *Thinking Skills and Creativity*, 43, 101002. https://doi.org/10.1016/j.tsc.2022.101002

Yuan, R., Yang, M., & Lee, I. (2021). Preparing pre-service language teachers to teach critical thinking: Can overseas field school experience make a difference? *Thinking Skills and Creativity*, 40, 100832. https://doi.org/10.1016/j.tsc.2021.100832

Zare, M., & Biria, R. (2018). Contributory role of critical thinking in enhancing reading comprehension ability of Iranian ESP students. *International Journal of Research in English Education*, 3 (3), 21–28. https://doi.org/10.29252/ijree.3.3.21

Zawojewski, J., & McCarthy, L. (2007). Numeracy in practice. *Principal Leadership*, 7(5), 32–38.

Zhang, H., Yuan, R., & He, X. (2020). Investigating university EFL teachers' perceptions of critical thinking and its teaching: Voices from China. *The Asia-Pacific Education Researcher*, 29(5), 483–493. https://doi.org/10.1007/s40299-020-00500-6

Zhang, L. F., & Sternberg, R. J. (2002). Thinking styles and teachers' characteristics. *International Journal of Psychology*, 37(1), 3–12. https://doi.org/10.1080/00207590143000171

Appendix

Appendix A Transcription conventions

Adapted from Hutchby and Wooffitt (2008)

(1.8)	Numbers enclosed in parentheses indicate a pause. The number represents the number of seconds of duration of the pause, to one decimal place.
(.)	A pause of less than 0.2 seconds.
=	An equal sign is used to show that there is no time lapse between the portions connected by the equal signs. This is used where a second speaker begins their utterance just at the moment when the first speaker finishes.
[]	Brackets around portions of utterances show that those portions overlap with a portion of another speaker's utterance.
((looking))	a description enclosed in a double bracket indicates a non-verbal activity.
an-	A dash indicates an abrupt cut off, where the speaker stopped speaking suddenly.
sou:nd	A colon after a vowel or a word is used to show that the sound is extended. The number of colons shows the length of the extension.
↑ ↓	Up or down arrows are used to indicate that there is sharply rising or falling intonation. The arrow is placed just before the syllable in which the change in intonation occurs.

Digital storytelling for enhancing student academic achievement, critical thinking, and learning motivation: A year-long experimental study[1]

Ya-Ting C. Yang & Wan-Chi I. Wu

Abstract: The purpose of this study was to explore the impact of Digital storytelling (DST) on the academic achievement, critical thinking, and learning motivation of senior high school students learning English as a foreign language. The one-year study adopted a pretest and posttest quasi-experimental design involving 110 10th grade students in two English classes. The independent variable was information technology-integrated instruction (ITII) on two different levels — lecture-type ITII (comparison group) and DST (experimental group). Both quantitative and qualitative data were collected, including English achievement and critical thinking scores, questionnaire responses for learning motivation, as well as recordings of student and teacher interviews for evaluating the effectiveness of DST in learning. Descriptive analysis, analysis of covariance (ANCOVA), multivariate analysis of covariance (MANCOVA), and qualitative content analysis was used for evaluating the obtained data. Our findings indicate that DST participants performed significantly better than lecture-type ITII participants in terms of English achievement, critical thinking, and learning motivation. Interview results highlight the important educational value of DST, as both the instructor and students reported that DST increased students' understanding of course content, willingness to explore, and ability to think critically, factors which are important in preparing students for an ever-changing 21st century.

Keywords: improving classroom teaching; learning communities; media in education; secondary education; teaching/learning strategies

---

1 论文原发表于 *Computers & Education* 2012年第59期。

1 Introduction

21st century learning takes place in a rapidly changing and technology-suffused environment. Key characteristics of this environment include access to an abundance of information, increased classroom availability of emerging technologies (e.g., mobile learning devices, online applications, and social media tools), and the capacity to collaborate and contribute on an unprecedented scale (Malita & Martin, 2010; Robin, 2008). Researchers and practitioners in this new millennium face the challenge of preparing and equipping learners with the skills required for 21st century citizenship. Publications by the Partnership for 21st century skills (2004) and other researchers (e.g., Crane et al., 2003; Eisler, 2006; Robin, 2008) have advocated a focus on core subjects, critical thinking, and learning motivation, along with information literacy.

Seeking a synergy of technological advancements with developments in pedagogy, scholars have suggested that an ideal combination of technology-integrated learning and social constructivism is essential for attaining contemporary educational objectives (Koohang, Riley, Smith, & Schreurs, 2009; Neo & Neo, 2010; Sadik, 2008). Social constructivist principles highlight the importance of students' collaboration in using available tools and learning activities within an authentic environment in constructing and reconstructing ideas and beliefs (Vygotsky & Cole,1978). Knowledge is not simply transmitted from instructor to student but is actively constructed by each student or group of students through their interactions with their physical, social, and technological environment (Fosnot, 1996; Prawat, 1996). Since technological devices are regarded as vital educational tools that can facilitate the co-construction of knowledge among students, many educators (Ayas, 2006; Dodge, 1995; Jonassen & Carr, 2000; Milson & Downey, 2001; Wheatley, 1991) have proposed information technology-integrated instruction (ITII) strategies based on social constructivist theory.

IT integrated learning is an important approach for contemporary educators which influences teaching, learning, curriculum, and materials (Wang & Li, 2000). However, ITII is often incorrectly applied in actual practice due to a lack of knowledge or skills in technology-supported pedagogy (Hew & Brush, 2007; Sulcic & Lesjak, 2009) required for planning and integrating technology into teaching. Technology-supported pedagogy may be classified into three categories in which technology functions as: (a) replacement, (b) amplification, or (c) transformation (Hughes, 2005). Technology as replacement involves technology serving as a different means to the same instructional goal, such as when an instructor presents a poem on a PowerPoint slide instead of writing the poem on the blackboard. Technology as amplification involves the use of technology to accomplish tasks more efficiently and effectively without altering the task (Pea, 1985). For example, when students conduct peer review using word processors rather than by hand, the author's ability to efficiently make revisions is enhanced. Finally, use of technology as transformation has the potential to provide innovative educational opportunities (Hughes, 2005) by reorganizing students' learning content, cognitive processes, and problem solving activities (Pea, 1985) or instructors' instructional practices and roles in the classroom (Reinking, 1997). However, instructors are often accustomed to employing technology in familiar and convenient ways (Hughes, 2005; Zhao, Pugh, Sheldon, & Byers, 2002), often focusing on the delivery of course content rather than innovative instructional strategies. As such, instructors may use PowerPoint slides instead of paper-based textbooks when explaining course content, which is an example of lecture-type ITII. In this case students are still passively listening to lectures, instead of actively engaging in the learning process, experiencing feelings of ownership, and taking responsibility for their learning.

Among technological advancements influencing education, the availability of advanced, low-cost, and user-friendly digital cameras and multimedia editing software (e.g., iMovie, Movie Maker, and Photo Story) offers great potential for innovative teaching and learning. These multimedia authoring and presentation tools are valid constructive tools for transformative student learning which emphasizes production, thinking, collaboration, and project management (Sadik, 2008). Instructors are able to provide comprehensive knowledge that will inspire reflective thinking for crafting transformative technology pedagogy and provide ideas and alternatives for technology use (Hughes, 2005).

Digital storytelling (DST), taking advantage of these advancements in technology and instructional design, is becoming a promising transformative technology-supported approach for enhancing learning, including subject matter content acquisition, critical thinking skills, motivation, and information literacy. Since constructing a successful DST project requires instructors to pose problems that are deeply connected with the course content, students are challenged with thinking critically about effective combinations of content and multimedia elements while considering the audience's perspective. At the same time, digital stories allow opportunities for student control of the learning process and self-expression, fostering learning confidence, task value, and learning motivation. Each story challenges students to meticulously select and edit artifacts, from personal products to other multimedia resources that meaningfully support the story and learning goals, thereby developing technology and media skills (EDUCAUSE Learning Initiative, 2007). However, research studies have not yet explored the effectiveness of different levels of ITII, such as lecture-type ITII and DST. Therefore, this study explores the impact of different levels of ITII on students' learning experiences.

1.1 *Digital storytelling (DST)*

Porter (2005) suggests that Digital storytelling (DST) "takes the ancient art of oral storytelling and engages a palette of technical tools to weave personal tales using images, graphics, music, and sound mixed together with the author's own story voice." Several studies have shown that DST goes beyond the capabilities of traditional storytelling by generating student interest, concentration, and motivation, facilitating student collaboration and organization of ideas, helping students to comprehend complex learning content, and presenting knowledge in an adaptive and meaningful manner (Robin, 2005, 2008; Sadik, 2008; Van Gils, 2005). By providing systematic instructional procedures, convenient free-use software, and objective evaluation, DST constitutes a meaningful approach for energizing instructors and motivating students.

DST provides a clear procedure that helps instructors design instructional activities easily, based on the "learning by doing" immersion method of constructivism. The essence of storytelling consists of the following four phases: 1) pre-production, 2) production, 3) postproduction, and 4) distribution (Chung, 2006; Gere, 2002; Kearney, 2009; Ohler, 2005; Robin, 2005). Pre-production includes five steps: a) posing questions in authentic scenarios, b) exploring topical information, c) writing the script and eliciting peer review, d) performing oral storytelling, and e) designing a story map and storyboard. At the beginning of class, the instructor poses certain questions about a topic based on contexts or experiences related to the students' lives and interests in order to encourage participants to consider alternatives and decide upon a topic. Next, students research the topic for information to write scripts which reflect a logical story or sequence of events. After completing the scripts, they question each other, engaging in peer critiquing or coaching. Students first practice telling their stories in a traditional manner, which aids in the discovery of details essential to their stories. Afterward, a story map (Figure 1) is designed to illustrate the main components of the story and their relationship to the overall narrative. For instructors, story mapping provides a basis for immediate assessment of students' stories and provides feedback on how to improve weaker elements of their stories. In addition, students represent their stories in a storyboard format (Figure 2), arranging the sequence of scenes, effects, and other digital components. Each task in this pre-production phase is paper-based, requiring focus on the content rather than multimedia elements. Writing scripts and story treatments is a key process for creating digital stories since the final product is media-based.

During the production phase, students prepare multimedia elements and record their own voices. Then, in the post-production phase, the content is arranged and edited into a digital story. During the distribution phase, students share their comments and digital stories with others. The dynamic process of creating digital stories develops a deeper connection with the subject matter being learned as well as relevant extra-curricular experiences.

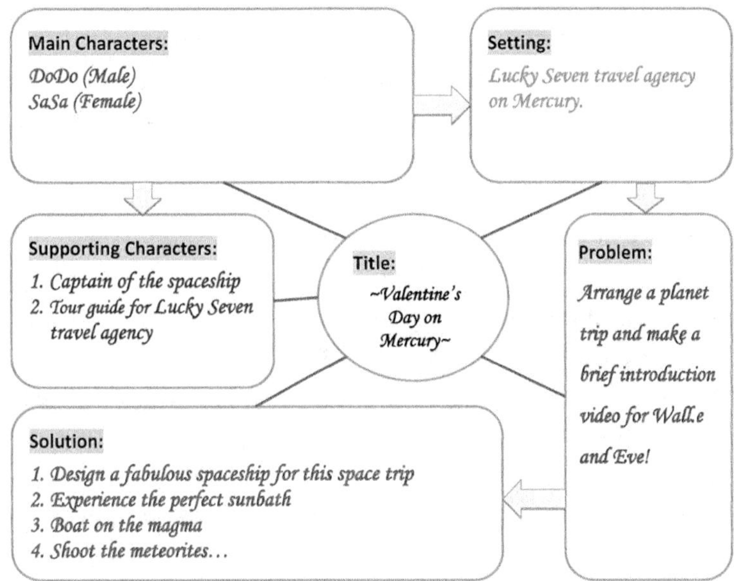

Figure 1　Story map

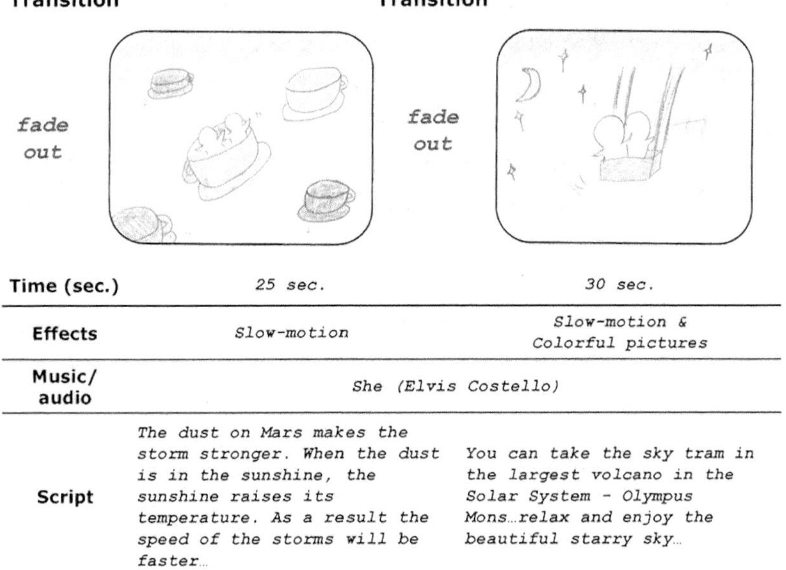

Figure 2　Storyboard

1.2 *DST and academic achievement*

In order for innovative technology-supported instructional strategies to be considered appropriate and permanent options for instructors, their influence on students' academic performance must be evaluated. Researchers have examined the effectiveness of DST in increasing students' academic achievement. In terms of language learning, researchers (Ellis, 1993; Gomez, Arai, & Lowe, 1995; Schank, 1990) have demonstrated that, at an early stage of language acquisition, academic achievement correlates positively with the oral behaviors of repeating, chanting, and singing. In fact, telling and listening to stories shapes early learning and can even influence the nature of our intelligence (Schank, 1990). In particular, the effectiveness of DST has been demonstrated for developing listening comprehension skills in elementary school English as a second language learners (Tsou, Wang, & Tzeng, 2006; Verdugo & Belmonte, 2007). The authors suggest that future studies should include alternative age groups and explore other linguistic areas such as reading and writing, which could further substantiate the link between a media-rich environment and language learning. Hence, exploring the impact of DST on academic achievement in different linguistic areas (listening, reading, and writing) was the first goal of this research.

1.3 *DST and critical thinking*

Another main application of DST is in enhancing students' critical thinking, which scholars since Dewey (1910) have emphasized as a major goal for education. The American Psychological Association (APA) offers a general definition of critical thinking as "judging in a reflective way what to do or what to believe" (Facione, 1990: 112). In the context of contemporary information overload it is increasingly necessary to cultivate students' critical thinking for evaluating the authenticity of claims from among a mass of online information (Yang, Newby, & Bill, 2008). Five measurable dimensions which reflect this critical thinking ability include recognition of assumptions, induction, deduction, interpretation, and evaluation of arguments (Yeh, 2003).

When students create their own digital stories, they gather evidence to support the plot, empathizing with similar difficulties which they may face in their daily life, and project these problems onto characters in the story. Sims (2004) suggests that the process of listening to and telling stories includes many critical elements, as storytellers must use critical thinking such as deductions and interpretations to persuade their audience. In creating their own digital stories, students ultimately make decisions and overcome the characters' problems by using a critical theorizing process and reflection skills (Benmayor, 2008; Maier & Fisher, 2006; Malita & Martin, 2010), suggesting that

DST may be an effective instructional strategy for improving students' critical thinking. Although critical thinking has been identified as an important instructional goal, little research on the impact of DST on critical thinking has been conducted. Therefore, the second goal of this study was to explore the impact of DST on critical thinking.

1.4 *DST and learning motivation*

Engaging and motivating students is always a key factor for successful learning. Research has shown that the application of technology improves student learning motivation and performance in technology-rich classrooms (Jonassen, 2000; Roblyer & Edwards, 2000), including those adopting ITII strategies. However, since students are very familiar with technology, is lecture-type ITII sufficient for activating their learning motivation? Recent research has emphasized that instructors also need to design meaningful activities for enhancing students' interest and motivation in order to promote active learning (Chang, 2005; Pintrich & Schunk, 2002; Svinicki, 2004).

DST usually provides students with authentic scenarios suited to their personal experiences, making the content seem important and valuable. After successfully completing challenging tasks, students who are actively involved in learning will gain confidence and motivation (Koohang et al., 2009; Neo & Neo, 2010). Thus, DST stresses two motivational constructs: task value and self-efficacy for learning. Task value typically refers to students' judgments on the interest, usefulness, and importance of the course content (Pintrich, Smith, Garcia,& Mckeachie, 1993), while self-efficacy refers to the judgment of one's capability to perform an academic task (Pintrich, 1999). Hence, the third goal of this study was to compare the effectiveness of lecture-type ITII and DST in fostering learning motivation.

2 Purpose of the study

Although instructors are often encouraged to use ITII strategies based on social constructivism to conduct effective learning, most instructors still struggle to integrate technology into regular class activities. In fact, technology is often applied simply to replacement or amplification uses. This implies that instructors have not been adequately trained in developing transformative technology pedagogy and are inexperienced in matching appropriate teaching materials and technology tools to course content. This study examines the potential gap between DST and lecture-type ITII by comparing innovative instructional technology strategies for engaging students in active learning and construction of knowledge in the classroom. More specifically, this research intends to empirically investigate the following research questions:

1. Will there be any difference in academic achievement between classes taught under different levels of ITII (lecture-type ITII and DST)?
2. Will there be any difference in critical thinking between classes taught under different levels of ITII (lecture-type ITII and DST)?
3. Will there be any difference in learning motivation between classes taught under different levels of ITII (lecture-type ITII and DST)?

3 Method

A pretest and posttest quasi-experiment design involving an experimental group and a comparison group was used in examining the above research questions. The research design is shown in Figure 3.

3.1 *Participants*

One hundred and ten participants were recruited from two 10th grade English classes at a comprehensive senior high school in Taiwan province. For both classes, students' entrance exams results were below the average of the whole region. The proportion of male to female students was approximately 1:2. Both classes utilized the same course content, instructor, schedule, and examinations but were taught using two different instructional strategies. One class, with 56 students, was taught with ITII and served as the comparison group, while the other class, with 54 students, was taught using DST and served as the experimental group. Students were divided into eight 7-person heterogeneous groups based on their English proficiency.

3.2 *Independent variable*

The independent variable in this study was ITII on two levels: lecture-type ITII (comparison group) and DST (experimental group). Lecture-type ITII refers to the instructor providing course content-based lectures for the majority of the class, applying technology such as computers, projectors, and presentation software, as instructional aides. Students studied individually for paper-based homework/tests and occasionally engaged in group discussions. On the other hand, students in the experimental group participated actively in completing DST projects. That is, students combined images, graphics, music, and sound together with their own voices to create coursework related projects. After an explanation of the course content, students were

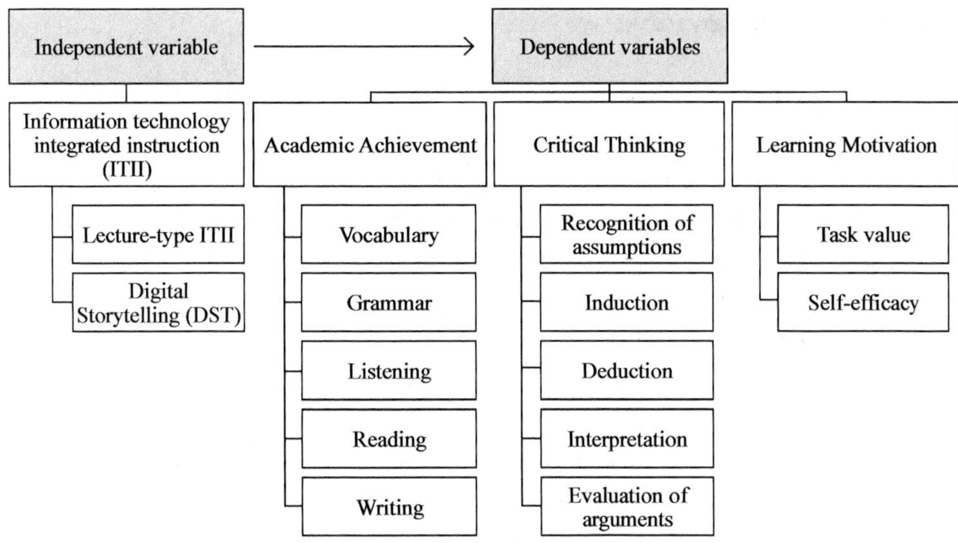

Figure 3　Research design

guided in following the four phases of DST (see Figure 1) for collaboratively creating digital stories. The class activities and allocation of time for the two levels of ITII are shown in Table 1.

Table 1　Class activities and time allocation for the two levels of ITII

Class activities	Comparison group (lecture-type ITII)	Time allocation	Experimental group (DST)	Time allocation
Instruction	Instructor provides leading questions.	5%	Instructor provides leading questions.	5%
	Instructor presents course content with PowerPoint & textbook.	75%	Instructor presents course content with PowerPoint & textbook.	5%
Student tasks	Students collaborate on team work.	10%	Students collaborate on DST project (including four phases: pre-production, production, post-production, and distribution)	70%
Student presentations	Students present their team work.	5%	Students present their DST project and post it to the class blog, accessible for a global audience.	10%
	Instructor provides feedback on students' presentation.	5%	Whole class provides feedback for the DST presentations.	10%

3.3 *Dependent variables*

The three dependent variables evaluated by this study were students' academic achievement in English, critical thinking skills, and learning motivation. These variables were measured by three tests as described below.

An English achievement test (EAT) was developed, based on the course content, by the researchers and instructor to examine students' academic achievement. Content/expert validity was achieved through the cooperation of an experienced instructor and one Education Ph.D. student who had majored in English. The EAT consisted of five parts: vocabulary, grammar, listening, reading, and writing. Apart from the writing component, the other four sections were comprised of multiple choice questions. The sub-total for each section was 20, with a total score of 100. The writing section involved telling stories from pictures and students were asked to write a 100-word essay based on two pictures about traditional festivals. Writing was evaluated based on the General English Proficiency Test (GEPT) Level 1 Writing Rubric, on a scale from 0 (not stated) to 5 (correct expression and few errors in grammar or use of words). Miles and Huberman's (1994) inter-rater reliability formula was used to calculate inter-rater reliability. After two 6-h training sessions, two raters, the instructor and a doctoral student, separately evaluated 10 students' writing tests. The inter-rater reliability was 90%, which met Miles and Huberman's general standard of 90%.

The Critical Thinking Test-Level I (CTT-I)(Yeh, 2003) included a total of five subscales (recognition of assumptions, induction, deduction, interpretation, and evaluation of arguments). Each subscale included 5 multiple choice questions. The total score on each subscale was 5; therefore, the total score for the test was 25. The overall Cronbach's α of the CTT-I was 0.76.

The Motivated Strategies for Learning Questionnaire (MSLQ)(Wu & Cherng, 1992) was used in evaluating participants' learning motivation and strategies. This test is scored on a 6-point Likert scale, from 1 (not at all true of me) to 6 (very true of me). In this study, a total of 11 items from two relevant MSLQ subscales were used: 6 items for task value and 5 items for self-efficacy for learning (see Table 2) were adopted. The Cronbach's α of these two subscales were 0.91 and 0.89, respectively. Moreover, the correlation between these two subscales and other motivational subscales of the MSLQ was 0.17–0.79, which demonstrates overall internal consistency and construct validity.

Table 2　Questions from the two MSLQ subscales

Task value		
Interest	1	I am very interested in the content area of this course.
	2	I like the subject matter of this course.
Importance	3	It is important for me to learn the course material in this class.
	4	Understanding the subject matter of this course is very important to me.
Usefulness	5	I think I will be able to use what I learn in this course in other courses.
	6	I think the course material in this class is useful for me to learn.
Self-efficacy		
7	I'm certain I can understand the most difficult material presented in the readings for this course.	
8	I'm confident I can understand the basic concepts taught in this course.	
9	I'm confident I can understand the most complex material presented by the instructor in this course.	
10	I believe I will receive an excellent grade in this course.	
11	I'm certain I can master the skills being taught in this course.	

3.4　*Research procedures*

Before starting the experiment, the researcher arranged several meetings and discussions to help the instructor understand the research procedures, including DST-based instruction, critical thinking, and strategies for learning motivation. The researcher and instructor then collaboratively designed 10-week lesson plans and class activities for first semester.

This study adopted a pretest and posttest quasi-experimental design with two research groups. Two classes met twice per week for 45 min sessions. The duration of the experiment was 22 weeks. For both research groups, students completed three tests (EAT, CTT-I, and MSLQ) as pretests at the beginning of the semester (week 1). Afterward, they completed the same three tests and interviews as posttests during week 22. The interviews were conducted in groups for about 15–20 min. The two topics adopted in this experiment were "Sky Lantern Festival" and "The Eight Planets," each of which lasted for 10 weeks. Table 3 presents the class outline, including DST activities for the experimental group.

Table 3 Class outline of the experimental group

Week	DST activities
1	Pretest: EAT, CTT-I, and MSLQ
Topic 1: Sky Lantern Festival (Ws 2–11)	
(1) Pre-production phase	
2	(1–1) Pose questions and authentic scenario • Introduce DST procedures • Divide students into groups • Introduce vocabulary, grammar, and content • Show the self-made digital story
3	• Pose questions about the topic to students • Discuss questions • Set up an authentic scenario about traditional Chinese festivals (1–2) Explore topic information • Choose one traditional festival as the group topic for DST • Search for topic information
4–5	(1–3) Script & peer review • Compose the 1st draft of the story • Peer review • Revise the 2nd draft of the story
6–7	(1–4) Perform oral storytelling • Perform oral storytelling • Share comments about oral storytelling • Revise the final story draft (1–5) Design story map and storyboard
(2) Production phase 7	 (2–1) Search for images and audio (2–2) Record
(3) Post-production phase 8–9	 • Edit digital stories with Microsoft Photo Story 3
(4) Distribution phase 9	 • Upload digital stories to class blog • Watch digital stories online and write comments to others (Homework)
10–11	• Final oral report • Share reflections and comments • Provide a conclusion
Topic 2: The Eight Planets (Ws 12–21) 12–21	 The same process as topic 1 using different software (Microsoft Movie Maker)
22	Posttest: EAT, CTT-I, MSLQ, and interview

Table 4　Descriptive statistics for English academic achievement

EAT (maximum score)	Comparison group					Experimental group				
	Pretest		Posttest			Pretest		Posttest		
	M	*SD*	*M*	*SD*	*Adj.M*	*M*	*SD*	*M*	*SD*	*Adj.M*
Vocabulary (20)	9.29	3.76	14.14	4.67	14.82	10.59	4.34	16.67	2.77	15.96
Grammar (20)	8.39	2.92	12.82	4.17	13.98	12.48	3.27	16.67	2.88	15.47
Listening (20)	12.05	5.46	9.73	5.43	10.29	10.65	5.32	14.26	4.99	13.68
Reading (20)	7.68	3.14	7.61	4.75	8.75	10.67	3.30	12.93	4.34	11.74
Writing (20)	3.14	4.40	1.76	4.03	2.35	8.86	6.08	11.29	4.72	10.68
Total score (100)	40.55	9.88	46.06	16.16	49.93	53.25	13.17	71.81	12.74	67.80

The instructional goals were the same for the two classes: helping students learn vocabulary, grammar, listening, reading, and writing skills and become familiar with the Sky Lantern Festival and other relevant traditional Chinese festivals. However, for the comparison group, the instructor lectured on the two topics through PowerPoint presentations and textbook readings. The students discussed the questions from the textbook and wrote a composition related to the topics as a collaborative homework. Finally, they presented their work in groups using presentation software.

For the experimental group, the instructor also used PowerPoint presentations and textbook readings to teach the same topics. Unlike the comparison group, the experimental group participants were assigned the task of collaboratively creating digital stories. Students were divided into groups of seven members based on the design of duties for DST-related tasks. The researcher emphasized the importance of group collaboration at the beginning of the first week, at which time individual duties (e.g., script writer, photographer, and animator) were selected and written on a group collaboration sheet. Students were informed that their final scores of projects would be evaluated by their contribution to the group, to encourage active participation.

Scaffolded use of technology was provided for the two DST topics. During topic one, when students possessed basic editing skills, Microsoft Photo Story 3 was used. For topic two, Microsoft Movie Maker was adopted, which allowed more advanced functions. An example of detailed instructional procedures and DST activities topic two, "the Eight Planets," are described as follows. In the beginning (week 12), the instructor introduced DST procedures and discussed job assignments for the DST task, including responsibilities for writing, art design, acting, and film editing. The instructor also spent about 15 min briefly introducing key vocabulary, grammar patterns, and course content and showed a self-made digital story. In week 13, she posed some open-ended questions about the topic to stimulate discussion among the students. Sample questions include: "Why did there used to be nine planets in the Solar System, but now there are only eight?" and "Do you agree with excluding Pluto from the planets? Why or Why not?" Afterward, the instructor provided the students with an authentic scenario, a competition for designing a story for an international astronomy festival. Students then chose one planet they wanted to include in their digital story and searched for information on the topic via the internet.

The role of the instructor changed to that of a facilitator, monitoring the progress of each group and providing help only when needed, and students became active leaders from week 14 forward. They worked with group members and solved problems independently. During weeks 14 and 15, they composed the first draft of their story collaboratively and revised a second draft according to peer critiques. Each group made comments based on English vocabulary, grammar, the logic of the plot, and the content of the story.

In week 16, each group spent around 5 min performing their story script on a stage, then shared comments in order to revise and write the final draft. Group members then collaboratively designed story maps and storyboards according to the final drafts. Students searched for images and music, and then recorded all the multimedia data they needed in week 17. After that, they proceeded to the post-production phase: editing the digital stories with Microsoft Movie Maker. Each group was required to upload completed digital stories to the class blog, which was accessible to a global audience. Also, they needed to watch a total of seven digital stories and share comments with each other online as homework before the next classes (weeks 18 and 19).

During the last two weeks (weeks 20 and 21) each group presented their work on stage as a final report. The students were encouraged to share their reflections about the DST task, such as what difficulties they encountered and how they solved them, which parts/tasks they preferred and what interesting/exciting/depressing events occurred. Also, the instructor provided feedback and a conclusion about each group's performance and what the students had learned during the previous ten weeks.

Table 5 ANCOVA summary table for English academic achievement

SV	*SS'*	*Df*	*MS'*	*F*	*p*
Pretest EAT	5602.38	1.00	5602.38	34.50	.00*
Between (Group)	6727.71	1.00	6727.71	41.43	.00*
Within (Error)	17373.36	107.00	162.37		
Total	420220.00	110.00			
Corrected total	41194.10	109.00			

*$p < .05$.

Table 6 MANCOVA summary table for English academic achievement

SV	*Df*	*SSCP'*					*Wilks'Λ*
Between	1	169.24	56.67	73.95	149.13	414.74	.62*
		56.67	18.98	24.76	49.94	138.88	
		73.95	24.76	32.31	65.17	181.23	
		149.13	49.94	65.17	131.41	365.47	
		414.74	138.88	181.23	365.47	1016.41	
Covariances	5	274.82	249.02	238.81	282.06	153.22	.56*
		249.02	305.93	305.36	263.51	130.66	
		238.81	305.36	366.88	315.90	118.64	
		282.06	263.51	315.90	434.37	206.21	
		153.22	130.66	118.64	206.21	162.04	
Within	103	2666.54	309.80	380.18	549.08	307.15	
		309.80	1300.93	648.03	554.30	385.94	
		380.18	648.07	1031.34	556.84	66.12	
		549.08	554.30	556.84	1806.70	337.14	
		307.15	385.94	66.12	337.14	1910.26	

*$p < .05$.

3.5 Data analyses

Both quantitative and qualitative data were collected for this study. Descriptive statistics were used to describe the means, standard deviations, and adjusted means for the three tests (EAT, CTT-I, and MSLQ) between the two groups. Next, analysis of covariance (ANCOVA) was used to compare the final learning results of the two research groups after 22 weeks of instruction, with pretest scores on the EAT, CTT-I, and MSLQ as covariates to eliminate the effect of any existing pretest differences on the results. Multivariate analysis of covariance (MANCOVA) and post hoc comparison (Bonferroni confidence intervals) were conducted to examine whether there was a significant difference in the subscales of the three posttests. From a qualitative perspective, interviews with the instructor and students were evaluated in terms of the outcome variables. A content outline was applied to sort the interview data collected from questions concerning the participants' perceptions and experiences. Audio recordings were transcribed and analyzed through protocol analysis wherein categories were created using keywords, such as academic performance, critical thinking, or learning motivation.

4 Results and discussion

4.1 *Academic achievement in English*

Table 4 shows descriptive statistics, including means, standard deviations, and adjusted means, for English scores between the two research groups. Both research groups showed improvement on the posttest. However, the ANCOVA results show a significant difference in EAT posttest scores between the comparison group (lecture-type ITII group) and the experimental group (DST group), $F(1, 107) = 41.43$, $p = .00$, partial $\eta^2 = .28$ (see Table 5). Taking into account the partial eta squared of .28, we can conclude that DST had a significantly large main effect on academic achievement in English (Cohen, 1988: 280–287; Richardson, 2011).

Additionally, the results of MANCOVA reveal that the posttest scores on the five subscales of the EAT differed significantly between the two research groups, *Wilks'* $\Lambda = .62$, $F(5, 99) = 12.01$, $p = .00$. Thus, an analysis of Bonferroni confidence intervals was conducted as a follow-up test (see Tables 6 and 7). The results of the post hoc comparison indicate that three subscales, listening, reading, and writing, differed significantly between the two research groups.

In terms of listening skills, the experimental group outperformed the comparison group, echoing the results of Tsou et al. (2006) and Verdugo and Belmonte (2007). DST students frequently listened to stories from their own team and their classmates and, during the preproduction and distribution phases, evaluated other groups' story drafts and oral storytelling presentations. In addition to completing their own final project in English, participants needed to fully understand the content of their classmates' presentations in order to provide suggestions and reflections to other groups. The pervasive use of the English language in task-related and interaction-based contexts provided ample opportunities for listening to not only stories (Schank, 1990), but directions and feedback for peers and instructors. In addition, DST participants were provided with state-of-the-art technology for voice recording and audio editing, as well as a collaborative and authentic environment wherein English listening was a valuable and productive skill, integral to cooperating toward the final goal of creating a digital story. As such, an emphasis on collaboration and production (Sadik, 2008) in the DST group, resulted in improved listening comprehension as compared to participants in the IT integrated instructional setting, who lacked similar opportunities for collaborative construction of meaning in authentic productive environments.

Concerning reading and writing skills, DST students engaged in both process-oriented (ie, story map construction and feedback notes) and product-oriented (ie, final script writing) tasks while completing their DST projects. Within the DST framework, participants were active in collaboratively constructing the meaning of content-related themes by browsing, summarizing, and sharing several sources of English materials of varying degrees of length and complexity, in the process of composing their story drafts. During peer reviews, DST participants were required to not simply comprehend the authentic writing materials created by their peers, but to provide a critical perspective on their use of vocabulary, structure, logic and plot, by providing critical feedback in English. The use of a media-rich context for reading and writing, as suggested by Verdugo and Belmonte (2007), relied upon the use of multimedia sources such as images, videos, and sounds, which assisted learners in constructing knowledge required for English language composition and comprehension. That is, the scaffolding and structure incorporated by a multimedia approach to storytelling with DST allowed for a context in which both receptive and productive language competencies were exercised. While ITII also provided opportunities for technology-supported reading and writing, DST served as a transformative technology-supported pedagogy by successfully integrating English language learning in a constructivist context which valued and embraced collaboration, feedback, and self-production of authentic materials for a real audience.

Table 7　Post hoc comparison for subscales of English academic achievement

Subscales	Comparison of groups	Mean difference	95% Confidence interval		Direction of difference
			Lower bound	Upper bound	
Vocabulary	E–C	1.14	-.70	2.98	E = C
Grammar	E–C	1.49	-.15	3.13	E = C
Listening	E–C	3.40*	.76	6.04	E > C
Reading	E–C	3.00*	.82	5.17	E > C
Writing	E–C	8.33*	6.10	10.56	E > C

*$p < .05$.

Table 8　Descriptive statistics for critical thinking

CTT-I (maximum score)	Comparison group					Experimental group				
	Pretest		Posttest			Pretest		Posttest		
	M	*SD*	*M*	*SD*	*Adj.M*	*M*	*SD*	*M*	*SD*	*Adj.M*
Recognition of assumptions (5)	4.20	.82	4.30	.74	4.30	4.17	.72	4.33	.64	4.33
Induction (5)	3.86	1.09	4.00	.91	4.00	3.87	1.03	4.19	.85	4.19

续表

CTT-I (maximum score)	Comparison group					Experimental group				
	Pretest		Posttest			Pretest		Posttest		
	M	*SD*	*M*	*SD*	*Adj.M*	*M*	*SD*	*M*	*SD*	*Adj.M*
Deduction (5)	4.14	.88	4.11	1.00	4.12	4.13	.87	4.33	.73	4.32
Interpretations (5)	3.32	1.18	3.46	1.22	3.42	3.02	1.16	3.83	.93	3.88
Evaluation of arguments (5)	2.48	1.13	2.48	1.25	2.46	2.17	1.09	3.28	1.12	3.30
Total score (25)	18.00	3.21	18.36	3.04	18.22	17.35	2.66	19.96	2.29	20.11

Data from interviews with students and teachers assists in triangulating the quantitative findings with the perspectives of participants. These examples illustrate the perceived importance of an immersion environment for English language learning in which students collaborated in script writing and revision, leading to the production of a completed digital story. The following examples of the instructor's and students' responses for the experimental group (where S refers to student responses, I is used for instructor feedback) are provided:

I: "DST was an integrated instructional strategy for helping students learn English. I required them to use English during the whole class while doing DST. This was not easy for 16-year-old students, but at least they tried their best. Their progress was shown in their English grades. The other class (the comparison group) also made progress, but to a lesser degree."

S1: "In order to search for information on the topic, I read lots of English materials and wrote them into our script. I think my English reading and writing skills have improved!"

S2: "The content was difficult, and I had to read several scripts when proceeding with the peer review. Revising scripts for each group really improved my English abilities."

The fact that no significant differences were found between the research groups in terms of vocabulary and grammar scores suggests that DST group performed as well as the lecture-type ITII group, despite a greater emphasis on project-based learning rather than memorization and testing. For the lecture-type ITII group, for example, the instructor used technology, such as PowerPoint, to present and reinforce vocabulary and grammar patterns, asking students to read aloud and memorize the new vocabulary and grammar patterns. As such, ITII group participants spent more time writing practice tests, while the instructor introduced vocabulary and grammar items briefly for the DST group before students began working on their projects. Thus, the DST group, who were expected to write completed scripts with precise vocabulary and accurate grammar, were responsible for negotiating the meaning of vocabulary and grammar patterns through their experiences and interactions with curricular content in the process of designing and revising their stories. While both groups scored similarly in tests of grammar and vocabulary, it is arguable that the DST group was offered a more meaningful environment for using these elements of language.

4.2 *Critical thinking*

Descriptive statistics for critical thinking skills (measured by the CTT-I) are shown in Table 8. The ANCOVA results indicate a significant difference in critical thinking scores between the comparison group and the experimental group, $F(1, 107) = 17.07$, $p = .00$, partial $\eta^2 = .14$ (see Table 9). An effect size of .14 is considered large by Cohen's (1988, pp. 280–287) guidelines.

In addition, the results of MANCOVA reveal that posttest scores on the five subscales of CTT-I differed significantly between the two research groups, *Wilks'* $\Lambda = .85$, $F(5, 99) = 3.45$, $p = .01$. Thus, an analysis of Bonferroni confidence intervals was conducted as a follow-up test (see Tables 10 and 11). The results of the post hoc comparison indicate that two subscales, interpretation and evaluation of arguments, differed significantly between the two groups. These significant differences suggest that the DST project helped students develop overall critical thinking, particularly concerning activities targeting students' interpretation and evaluation of arguments.

Table 9 ANCOVA summary table for critical thinking

SV	*SS'*	*Df*	*MS'*	*F*	*p*
Pretest CTT-I	178.13	1.00	178.13	31.42	.00*
Between (Group)	96.77	1.00	96.77	17.07	.00*
Within (Error)	606.65	107.00	5.67		
Total	41176.00	110.00			
Corrected total	855.67	109.00			

*$p < .05$.

Table 10 MANCOVA summary table for critical thinking

SV	*Df*	*SSCP'*					*Wilks'Λ*
Between	1	.03	.16	.17	.37	.68	.85*
		.16	.98	1.06	2.35	4.29	
		.17	1.06	1.14	2.53	4.60	
		.37	2.35	2.53	5.64	10.26	
		.68	4.29	4.60	10.26	18.68	
Covariances	5	7.38	7.42	4.05	3.58	4.32	.53*
		7.42	14.72	9.47	14.36	9.51	
		4.05	9.47	9.17	8.89	3.19	
		3.58	14.36	8.89	26.21	9.74	
		4.32	9.51	3.19	9.74	10.54	
Within	103	44.46	2.25	−4.87	5.53	2.48	
		2.25	69.43	6.20	10.32	5.71	
		−4.87	6.20	74.19	17.32	1.92	
		5.53	10.32	17.32	101.22	21.23	
		2.43	5.71	1.92	21.23	142.28	

*$p < .05$.

In terms of interpretation, improvement for the DST group may be partially due to the nature of storytelling tasks, in that authors are responsible for developing a plot and persuading others of the events depicted in their stories (Sims, 2004). The use of a story map (see Figure 1) scaffolded students in the process of creating a logical structure for a digital story. Collaborative script writing and the creation of a storyboard (see Figure 2), further enhanced the ability of participants to interpret the meaning of specific visual, audio, and textual features within the context of a cohesive and plot-driven structure. Additionally, the integration of software in organizing and editing multimedia story elements required a degree of familiarity with the instructional content and flexibility with the technology necessary for fostering critical reflection during the process (Hughes, 2005).

The use of DST for fostering decision critical reflection, which applies to the ability of interpreting elements of stories or dialogs, was highlighted by Malita and Martin (2010) in terms of resolving character conflicts and making decisions regarding plot elements. In this study, students were required to create special scenic spots on a planet and design meaningful activities for potential visitors during DST topic two. The Mars group designed a "high speed coffee cup and merry-go-round" activity for their trip. During the plot development and peer review process, groups demonstrated their efforts to logically interpret why this activity seemed reasonable or sensible. The narration developed for one group's digital story is listed as follows (A and B denote the roles of two Mars tour guides in their story):

A: The speed of these storms on Mars is 500 kilometers per hour, five times faster than hurricanes on the earth.
B: The dust on Mars makes the storm stronger. When the dust is in the sunshine, the sunshine raises its temperature. As a result the speed of the storms will be faster.
A: That is why we are preparing the coffee cup and merry-go-round for you.
B: Do you want to experience such a high-speed feeling? This is a special chance for Valentine's Day.

The use of peer review in the DST process was instrumental in fostering students' performance in terms of evaluation of arguments. The use of DST required a great deal of interaction among peers in the process of revising and clarifying their stories, resulting in improvement in their interpretation and evaluation of argument skills, confirming the findings from previous studies (Benmayor, 2008; Maier & Fisher, 2006; Sims, 2004) which indicated that students require critical thinking to persuade their audience and make decisions on behalf of their characters.

Participants in the DST group learned to evaluate the information provided by either their own team members during the draft writing process and during peer reviews of project presentations made by other groups. In evaluating different sources of information or perspectives provided in a team environment, participants collaboratively constructed their understanding of which arguments or propositions were most suitable for their story, a "hands-on" approach for negotiating which ideas to accept or reject. When evaluating other groups' scripts and presentations, they also made comments, recommendations, and provided explanations for their suggestions. In terms of the previous example, for instance, the Neptune group provided certain suggestions to the Mars group, such as "The activities of the high speed coffee cup and merry-go-round are interesting. However, how will you proceed with these activities? Where will you put the coffee cup and merry-go-round? Please explain in more detail." Through this interactive peer review activity, both reviewers and presenters had opportunities to exercise their skills in interpretation and evaluation of arguments.

Table 11 Post hoc comparison for subscales of critical thinking

Subscales	Comparison of groups	Mean difference	95% Confidence interval		Direction of difference
			Lower bound	Upper bound	
Recognition of assumptions	E–C	.03	−.22	.28	E = C
Induction	E–C	.19	−.12	.51	E = C
Deduction	E–C	.21	−.12	.53	E = C
Interpretation	E–C	.46*	.08	.84	E > C
Evaluation of arguments	E–C	.84*	.39	1.29	E > C

*$p< .05$.

Table 12 Descriptive statistics for learning motivation

MSLQ (maximum score)	Comparison group					Experimental group				
	Pretest		Posttest			Pretest		Posttest		
	M	*SD*	*M*	*SD*	*Adj.M*	*M*	*SD*	*M*	*SD*	*Adj.M*
Task value (36)	26.23	4.05	25.09	4.54	25.67	28.54	3.37	29.43	3.83	28.83
Self-efficacy (30)	16.61	3.80	17.61	4.50	18.28	18.56	4.16	20.57	3.92	19.88
Total score (66)	42.84	6.72	42.70	7.90	44.01	47.09	6.20	50.00	6.80	48.64

Interview data was used to triangulate the findings from the quantitative data. The statements below reflect the emphasis of the peer review process (both internal, see S3, and external, see I and S4) in terms of fostering critical and reflective thinking as well as an emphasis on logic and reason:

> I: "Training in critical thinking takes time. The peer review really helps students evaluate others' advantages and disadvantages, which is lacking in traditional English writing classes."
>
> S3: "This (planet trip) is an interesting topic. We searched for planet information and imagined what activity could be held on that planet. The activities should be reasonable and logical."
>
> S4: "Revising others' scripts was difficult. Sometimes I found what was wrong, but I needed to explain the reasons to the groups so that they could revise the script and make it more reasonable or realistic."

While scores on the other three subscales of critical thinking (recognition of assumptions, inductions, and deductions) were not significantly higher for the DST group than the comparison group, both received scores higher than 4.00 for these two subscales on the pretest and posttest (see Table 8). With a maximum score of 5 for each subscale, room for progress may have been limited. Since the results demonstrated that technology-enhanced learning effectively improved students' skills in the recognition of assumptions and deduction, a better result may require more explicit instruction in inductive reasoning or more sensitive measure of inductive and deductive reasoning skills. In the future, DST activities could be designed in which students must complete a story, basing their conclusions on the preceding facts, thus fostering induction.

4.3 *Learning motivation*

Table 12 summarizes descriptive statistics including means, standard deviations, and adjusted means for learning motivation, measured by the MSLQ. The mean scores of the experimental group were higher than those of the comparison group on both the pretest and posttest. The results obtained by ANCOVA indicated a significant difference in the total scores for learning motivation between these two groups, $F(1, 107) = 13.87$, $p = .00$, partial $\eta^2 = .11$ (see Table 13).

Moreover, the results of MANCOVA revealed that the posttest scores for the two subscales of MSLQ differed significantly between the two research groups, *Wilks'* $\Lambda = .86$, $F(2, 105) = 8.36$, $p = .00$. Thus, an analysis of the Bonferroni confidence intervals was conducted as a follow-up test (E and C refer to the experimental group and comparison group, respectively; see Tables 14 and 15). The results of the post hoc comparison indicated that both subscales, task value and self-efficacy, differed significantly between the two research groups.

DST provided students with a meaningful authentic scenario related to their personal experiences, wherein a dynamic and interactive process of creating and publishing digital stories aroused the students' motivation in a rich multimedia classroom (Jonassen, 2000; Pintrich & Schunk, 2002; Roblyer & Edwards, 2000).

In terms of task value, students noted that the technology skills learned during DST tasks were applicable to other classes, for example, art and computer class. Each storytelling task challenged students in using technology for selecting, editing, and presenting multimedia resources for meaningfully supporting the story and learning goals, thereby developing technology and media skills (EDUCAUSE Learning Initiative, 2007). When using English as the language for creating digital stories, learning English became a useful and valuable activity for the students. Additionally, within a collaborative working environment, students were able to focus on their individual roles within the group while recognizing their contribution to the overall effort in the form of a meaningful and authentic published story. For the comparison group, on the other hand, the application of technology for the purpose of replacement and amplification failed to alter the instructional goals/tasks, resulting in no significant improvement in student motivation.

In terms of learning self-efficacy, DST participants were aware that their stories could be viewed by others online, their interest and abilities are reinforced, thus motivating them to create their best work (Standley, 2003). From a constructivist perspective, when the teacher serves as a facilitator, students take responsibility for their learning, respond at their own pace, and learn actively. By completing digital stories collaboratively, students believed that they could master this complicated task and expected to perform well, which influenced their beliefs of self-efficacy (Koohang et al., 2009; Neo & Neo, 2010; Pintrich, 1999). While IT integrated instruction provides some advantages for student learning, the lack of a student-centered focus on technology for transformative learning limits the degree to which student learning motivation can be influenced. The advantage of DST is not only in the technology-infused environment for augmenting and supporting student learning and production, but also in the collaborative approach to problem solving, creativity, and goal-oriented learning which fosters student self-efficacy and satisfaction with the learning experience.

Table 13　ANCOVA summary table for learning motivation

	SS'	*Df*	*MS'*	*F*	*p*
Pretest MSLQ	1791.16	1.00	1791.16	46.83	.00*
Between (Group)	530.50	1.00	530.50	13.87	.00*
Within (Error)	4092.68	107.00	38.25		
Total	242971.00	110.00			
Corrected total	7350.26	109.00			

*$p < .05$.

Table 14　MANCOVA summary table for learning motivation

SV	*Df*	*SSCP'*	*Wilks'Λ*
Between	1	$\begin{pmatrix} 246.81 & 125.15 \\ 125.15 & 63.46 \end{pmatrix}$	.86*
Covariances	2	$\begin{pmatrix} 331.66 & 389.60 \\ 389.60 & 801.76 \end{pmatrix}$	.52*
Within	106	$\begin{pmatrix} 1582.10 & 632.16 \\ 632.16 & 1124.81 \end{pmatrix}$	

*$p < .05$.

Table 15 Post hoc comparison for subscales of learning motivation

Subscales	Comparison of groups	Mean difference	95% Confidence interval		Direction of difference
			Lower bound	Upper bound	
Task value	E–C	3.16*	1.62	4.70	E > C
Self-efficacy	E–C	1.60*	.30	2.90	E > C

*$p < .05$.

Interview data were used to substantiate and triangulate the quantitative findings. In fact, both instructor and student reports indicate that learning motivation was influenced by the incorporation of digital storytelling in the English language classes.

I: "I used to push my students to study English...this was the first time I tried to become a facilitator in class, and they performed well. Unlike the other class (comparison group), every student (in the experimental group) controlled the process of conducting DST and everyone was responsible for their own learning. They were so engaged!"
S5: "I felt confident when I finished the DST task with my group members."
S6: "Recording English narration is interesting! ...I am willing to practice several times to make sure I can perform well."
S7: "I would like to have an English course this way afterwards! It is totally different from the way we used to learn English."

5 Conclusion

Digital storytelling (DST), as a transformative IT integrated instructional strategy, takes advantage of technological advancements, a clear production process and low-cost media materials, and an effective learning environment for fostering collaboration and co-construction of meaning. DST is a valuable tool for invigorating learning and motivating participants to collaboratively construct and personalize digital narratives as authentic products of learning. The results of this quasi-experimental study suggest that after 20 weeks of DST instruction, senior high school students demonstrated significant improvement in English proficiency, critical thinking, and learning motivation, especially for English listening, reading and writing (as measured by the EAT), interpretation and evaluation of arguments (as measured by the CTT-I) and task value and self-efficacy (as measured by the MSLQ). Furthermore, qualitative feedback from interviews with the instructor and students support the potential of DST as an approach for fostering collaborative second language learning in an environment that fosters higher order thinking and learning motivation.

While this study incorporated a quasi-experimental design for long-term evaluation of the dependent variables, certain limitations must be considered. First, while our use of a self-designed English Achievement Test accomplished the research goals of evaluating differences in English language acquisition between the two levels of instructional strategy (ITII and DST), the instrument has not been standardized by use with a larger sample, limiting the external validity of our findings. To address this limitation, we conducted interviews with the instructor and students. Future research should consider adopting a more rigorous approach to developing the content validity of academic achievement measures without sacrificing ecological validity, that is, through the use of standardized instruments (such as the MSLQ and CTT-I instruments used in this study). Concerning learning motivation, future research could also include additional subscales from the MSLQ, such as goal orientation and control of learning beliefs. Future studies in DST are recommended to recognize the value of qualitative as well as quantitative measures, and consider the role of learner affect and engagement in learning.

While instructional design based on social constructivist and IT integrated approaches for transformative learning have demonstrated the effectiveness of student collaboration in constructing and negotiating meaning, individual characteristics of these digital narratives (ie, external and internal thinking styles), should be to be examined. Students with an external thinking style tend to be more extroverted and prefer to learn collaboratively, whereas students with internal thinking style are usually introverted and prefer to learn alone (Betoret, 2007; Sternberg, 1999). Thus, exploring the impact of different individual traits on the effectiveness of instructional strategies will aid researchers and instructors in modifying their instructional activities (e.g., collaborative vs. individual work) in providing adaptive instruction which accommodates individual students' needs.

Additionally, follow-up research is strongly encouraged to explore the influence of DST or other technology-integrated pedagogies in promoting 21st century skills, such as creative thinking, problem solving, and global literacy. As our study has demonstrated the potential for DST in terms of academic achievement in English as a foreign language classes, instructors and researchers should take confidence in designing a variety of courses with interesting and challenging digital storytelling strategies. With such effort, development of learning behaviors, including academic performance, higher order thinking, and learning motivation, will develop active learners who will be prepared for the sweeping changes of the future.

References

Ayas, C. (2006). An examination of the relationship between the integration of technology into social studies and constructivist pedagogies. *The Turkish Online Journal of Educational Technology*, 5(1), 14–25.

Benmayor, R. (2008). Digital storytelling as a signature pedagogy for the new humanities. *Arts and Humanities in Higher Education*, 7(2), 188–204.

Betoret, F. D. (2007). The influence of students' and teachers' thinking styles on student course satisfaction and on their learning process. *Educational Psychology*, 27(2), 219–234. doi:10.1080/01443410601066701.

Chang, H. H. (2005). *The relationship between extrinsic/intrinsic motivation and language learning strategies among college students of English in Taiwan*. Master of Arts. Taipei: Ming Chuan University.

Chung, S. K. (2006). Digital storytelling in integrated arts education. *The International Journal of Arts Education*, 4(1), 33–50.

Cohen, J. (1988). *Statistical power analysis for the behavioral sciences* (2nd ed.). Hillsdale, NJ: L. Erlbaum Associates.

Crane, T., Wilson, J., Maurizio, A., Bealkowski, S., Bruett, K., & Couch, J. (2003). *Learning for the 21st century: A report and mile guide for 21st century skills*. Retrieved November 1, 2011, from. http://www.p21.org/images/stories/otherdocs/p21up_Report.pdf.

Dewey, J. (1910). *How we think*. Boston: D.C. Heath & Co.

Dodge, B. (1995). Webquests: a technique for internet-based learning. *Distance Educator*, 1(2), 10–13.

EDUCAUSE Learning Initiative. (2007). *7 things you should know about digital storytelling*. Retrieved November 1, 2011, from. http://www.educause.edu/ir/library/pdf/ELI7021.pdf.

Eisler, R. T. (2006). *Tomorrow's children: A blueprint for partnership education in the 21st century* (J. H. Fang, Trans.). Taipei: Hungyeh Publishing Co., Ltd.

Ellis, J. (1993). Japanese students abroad: relating language ability in class and in the community. *Thought Currents in English Literature*, 66, 45–82.

Facione, P. A. (1990). *Critical thinking: A statement of expert consensus for purposes of educational assessment and instruction*. Research findings and recommendations. ERIC Document Reproduction Service No. ED315423.

Fosnot, C. T. (1996). *Constructivism: Theory, perspectives, and practice*. New York, NY: Teachers College Press.

Gere, J. (2002). Storytelling tools for the classroom. In J. Gere, B.-A. Kozlovich, & D. A. I. Kelin (Eds.), *By word of mouth: A storytelling guide for the classroom* (pp. 1–8). Hawaii: Pacific Resources for Education and Learning.

Gomez, A. M., Arai, M. J., & Lowe, H. (1995). When does a student participate in class? Ethnicity and classroom participation. In *Paper presented at the 81st annual meeting of the speech communication association*, San Antonio, Texas.

Hew, K. F., & Brush, T. (2007). Integrating technology into k-12 teaching and learning: current knowledge gaps and recommendations for future research. *Educational Technology Research and Development*, 55(3), 223–252. doi:10.1007/s11423-006-9022-5.

Hughes, J. (2005). The role of teacher knowledge and learning experiences in forming technology-integrated pedagogy. *Journal of Technology and Teacher Education*, 13(2), 277–302.

Jonassen, D. H. (2000). Transforming learning with technology: beyond modernism and post-modernism or whoever controls the technology creates the reality. *Educational Technology*, 40(2), 21–25.

Jonassen, D. H., & Carr, C. S. (2000). Mindtools: affording multiple knowledge representations for learning. In Lajoie, S. P. (Ed.). (2000). *Computers as cognitive tools*, Vol. 2 (pp. 165–196). Mahwah, NJ: Lawrence Erlbaum Associates.

Kearney, M. (2009). Towards a learning design for student-generated digital storytelling. In *Paper presented at the future of learning design conference*. New South Wales: University of Wollongong. http://ro.uow.edu.au/fld/09/Program/4/.

Koohang, A., Riley, L., Smith, T., & Schreurs, J. (2009). E-learning and constructivism: from theory to application. *Interdisciplinary Journal of Knowledge and Learning Objects*, 5, 91–109.

Maier, R. B., & Fisher, M. (2006). Strategies for digital storytelling via tabletop video: building decision making skills in middle school students in marginalized communities. *Journal of Educational Technology Systems*, 35(2), 175–192.

Malita, L., & Martin, C. (2010). Digital storytelling as web passport to success in the 21st century. *Procedia-Social and Behavioral Sciences*, 2(2), 3060–3064.

Miles, M. B., & Huberman, A. M. (1994). *Qualitative data analysis: An expanded sourcebook.* Thousand Oaks, CA: SAGE Publications, Inc.

Milson, A. J., & Downey, P. (2001). Webquest: using internet resources for cooperative inquiry. *Social Education*, 65(3), 144–146.

Neo, M., & Neo, T. K. (2010). Students' perceptions in developing a multimedia project within a constructivist learning environment: a Malaysian experience. *The Turkish Online Journal of Educational Technology*, 9(1), 176–184.

Ohler, J. (2005). The world of digital storytelling. *Educational Leadership*, 63(4), 44–47.

Partnership for 21st century skills. (2004). *Framework for 21st century learning.* Retrieved November 1, 2011, from. http://www.p21.org/index.php?option=com_content&task=view&id=254&Itemid=120.

Pea, R. D. (1985). Beyond amplification: using the computer to reorganize mental functioning. *Educational Psychologist*, 20(4), 167–182. doi:10.1207/s15326985ep2004_2.

Pintrich, P. R. (1999). The role of motivation in promoting and sustaining self-regulated learning. *International Journal of Educational Research*, 31(6), 459–470.

Pintrich, P. R., & Schunk, D. H. (2002). *Motivation in education: Theory, research, and applications* (2nd ed.). Upper Saddle River, NJ: Merrill.

Pintrich, P. R., Smith, D. A. F., Garcia, T., & Mckeachie,W. J. (1993). Reliability and predictive validity of the motivated strategies for learning questionnaire (MSLQ). *Educational and Psychological Measurement*, 53(3), 801–813.

Porter, B. (2005). *Digitales: The art of telling digital stories.* Denver, Colorado: Bernajean Porter Consulting.

Prawat, R. S. (1996). Constructivisms, modern and postmodern. *Educational Psychologist*, 31(3/4), 215–225.

Reinking, D. (1997). Me and my hypertext: a multiple digression analysis of technology and literacy (sic). *The Reading Teacher*, 50(8), 626–643.

Richardson, J. T. E. (2011). Eta squared and partial eta squared as measures of effect size in educational research. *Educational Research Review*, 6, 135–147. doi:10.1016/j.edurev.2010.12.001.

Robin, B. R. (2005). *The educational uses of digital storytelling*. Retrieved November 1, 2011, from. http://digitalstorytelling.coe.uh.edu/getting_started.html.

Robin, B. R. (2008). Digital storytelling: a powerful technology tool for the 21st century classroom. *Theory Into Practice*, 47(3), 220–228.

Roblyer, M. D., & Edwards, J. (2000). *Integrating technology into teaching* (2nd ed.). Upper Saddle River, New Jersey: Prentice-Hall, Inc.

Sadik, A. (2008). Digital storytelling: a meaningful technology-integrated approach for engaged student learning. *Educational Technology Research and Development*, 56(4), 487–506.

Schank, R. C. (1990). *Tell me a story: A new look at real and artificial memory*. New York: Charles Scribner.

Sims, D. (2004). Management learning as a critical process: the practice of storying. In P. Jeffcutt (Ed.), *The foundations of management knowledge* (1st ed). (pp. 152–166). UK: Routledge.

Standley, M. (2003). *Digital storytelling: Using new technology and the power of stories to help our students learn and teach*. Retrieved, 2011, from. http://www.mstandley.com/digital_storytelling.pdf.

Sternberg, R. J. (1999). *Thinking styles*. Cambridge: Cambridge University Press.

Sulcic, V., & Lesjak, D. (2009). E-learning and study effectiveness. *Journal of Computer Information Systems*, 49(3), 40–47.

Svinicki, M. D. (2004). *Learning and motivation in the postsecondary classroom*. Bolton, MA: Anker Pub. Co.

Tsou, W., Wang, W., & Tzeng, Y. (2006). Applying a multimedia storytelling website in foreign language learning. *Computers & Education*, 47, 17–28.

Van Gils, F. (2005). Potential applications of digital storytelling in education. In *Paper presented at the 3rd twente student conference on IT*. University of Twente, Department of Electrical Engineering, Mathematics and Computer Science.

Verdugo, D. R., & Belmonte, I. A. (2007). Using digital stories to improve listening comprehension with Spanish young learners of English. *Language Learning & Technology*, 11(1), 87–101.

Vygotsky, L. S., & Cole, M. (1978). *Mind in society: The development of higher psychological processes*. Cambridge: Harvard University Press.

Wang, C. S., & Li, C. C. (2000). An assessment framework for information technology integrated instruction. In *Paper presented at the international conference on computers in education/international conference on computer assisted instruction*, Taipei.

Wheatley, G. H. (1991). Constructivist perspectives on science and mathematics learning. *Science Education*, 75(1), 9–21.

Wu, J. J., & Cherng, B. L. (1992). Motivated strategies for learning questionnaire (MSLQ): a revised version for use with Chinese elementary and junior high school students. *Psychological Testing*, 39, 59–78.

Yang, Y.-T. C., Newby, T. J., & Bill, R. L. (2008). Facilitating interactions through structured web-based bulletin boards: a quasi-experimental study on promoting learners' critical thinking skills. *Computers & Education*, 50(4), 1572–1585.

Yeh, Y. C. (2003). *Critical thinking test-level I (CTT-I)*. Taipei: Psychological Publishing.

Zhao, Y., Pugh, K., Sheldon, S., & Byers, J. L. (2002). Conditions for classroom technology innovations. *Teachers College Record*, 104(3), 482–515. doi:10.1111/1467−9620.00170.

Integrating philosophy into English curriculum: The development of thinking and language competence[1]

Chi-Ming Lam

Abstract: This article reports the results of a study that assesses the effectiveness of a Philosophy in Schools (PIS) program in developing English as a Second Language (ESL) students' thinking skills and English competence in Hong Kong. In the study, training and support were provided for two English teachers to enable them to teach PIS to their Secondary 4 ESL students during English lessons. The students were found to be capable of reasoning and arguing about philosophical problems arising from various stimuli prepared by their teachers according to the English curriculum. Also, PIS was found to play an important role in promoting the students' critical and creative thinking and enhance the development of their English language proficiency to a significant extent. The findings of this study suggest that integrating philosophy into the English curriculum can promote critical thinking, creative thinking, and English language proficiency in ESL students.

Keywords: creative thinking; critical thinking; English language proficiency; Hong Kong; philosophy in schools

Introduction

According to the English Language Education: Key Learning Area Curriculum Guide (Primary 1—Secondary 6)(Curriculum Development Council, 2017), schools and teachers in Hong Kong are expected to foster independent and lifelong learning in students through developing their generic skills, especially critical and creative thinking. Yet, research shows that although teachers are often good at teaching language forms and skills, many are less confident about the cognitive interventions required to develop

---

1 论文原发表于 *The Journal of Educational Research* 2019年版。

specific thinking skills (Fisher, 2001). This results in many teachers engaging students in monologic—typically teacher-led and question-and-answer—rather than dialogic discussion (Caughlan, Juzwik, Borsheim-Black, Kelly, & Fine, 2013; Reznitskaya, 2012; Waring, 2014). Such a monologic approach does not facilitate the improvement of thinking skills but mainly encourages the retrieval of information and other low-level cognitive activities. So far as Chinese learners are concerned, a recent study reveals that their nonparticipation in class is attributable, largely, to too much teacher control over the direction and content of classroom interaction (Xie, 2010).

In Hong Kong, there seems to be no good grounds for optimism under the present conditions. For one thing, research has indicated that local English language teachers regularly deprive their students of the time and space for critical and creative thinking, due to their application of ineffective questioning techniques (including short wait-time and a predominance of lower-order questions) and product-oriented pedagogy (disregarding self-expression and originality in writing), respectively (Mok, 2009). For another, a recent external school review, involving 140 local primary and secondary schools, concludes that despite the frequent use of questioning in class, "it is not common for teachers to probe or seek to extend students' responses or raise a range of questions to stimulate in-depth thinking" (Education Bureau, n.d., 34).

This article reports a study of a Philosophy in Schools (PIS) program for secondary students in Hong Kong. The purpose of the study was to determine to what extent a PIS program facilitates the development of thinking skills and English competence in English as a Second Language (ESL) students. In the following discussion, I first review the literature, state the questions, and explain the significance, of the present study. Then I detail its participants, instruments, design, and procedure one by one. Finally, I present the results of this study, draw conclusions from them, and make recommendations for future research.

Review of related literature

The observation that the Hong Kong government has been having a high regard for English is reflected by two facts. First, the government has adopted some far-reaching measures to strengthen English proficiency over the past three decades. They include employing native English speakers to teach English in all primary and secondary schools, introducing new public examination formats that include spoken English, and introducing benchmark tests to assess the English language capacity of teachers (Berry & McNeill, 2005). Second, the government has pursued language policies that stress the importance of English. A recent action is the fine-tuning policy on medium of instruction, one stated objective of which is to increase the exposure of

Secondary 1 to 3 students to English (Kan & Adamson, 2010).

Research outside Hong Kong has demonstrated the positive effects of philosophical discussion in the classroom on the first language development of students. For example, the United Nations Educational, Scientific and Cultural Organization (2009) asserts that helping students learn to philosophize can facilitate their mastery of language and speech; and Cebas and García Moriyón (n.d.), after reviewing more than 50 empirical studies on PIS, identify at least 10 which show that doing philosophy with students is conducive to their acquisition of language competence in terms of reading, writing, speaking, and listening. To explain how philosophical discussion supports the development of reading and writing skills in addition to that of speaking and listening skills, Haynes (2008) argues that students' confidence as readers and writers grows when they are encouraged to interrogate and deconstruct texts at a deep level, and to use precise definitions and present clear arguments during the discussion, respectively. More relevantly, apart from first language development, philosophical discussion can also promote second language proficiency. Recent evidence comes from Shahini and Riazi (2011), who found that engaging ESL students in philosophical discussions significantly improved their English speaking and writing skills in Iran.

So far as critical and creative thinking are concerned, research has shown that both can be fostered through philosophical dialogue: while a body of empirical evidence links dialogic teaching—in which teachers and students collaboratively engage in the production and evaluation of new interpretations of texts—to such learning outcomes characteristic of critical thinking as enhanced reasoning in new contexts, better conceptual understanding, and improved inferential comprehension of texts (Reznitskaya, 2012); research has revealed that teaching strategies routinely used in philosophical discussion—for example encouraging students to question, explore, imagine, and collaborate—help create an environment which develops creative thinking (Edgar, Faulkner, Franklin, Knobloch, & Morgan, 2008). Indeed, for centuries philosophy has been regarded as an intellectual activity that is focused on both the complex cognitive skills and predispositions connected with critical thinking (Daniel & Auriac, 2011), and the more holistic traits associated with creative thinking. Even today, philosophy is still widely viewed as "a matter of developing a critical mind, rampart par excellence against all forms of doctrinaire passion" (United Nations Educational, Scientific and Cultural Organization, 2007: ix). But as many years of experience in Philosophy for Children (Lam, 2013) also demonstrates, philosophy cultivates creative and imaginative thinking that encourages students to *think outside the box*.

Given its conception of the classroom as a social community of inquiry, the philosophical approach to teaching language and thinking is in accord with Vygotsky's (1978) theory, which holds that social interaction is crucial to language learning, and that language is a major tool for abstract thinking. In regard to the impact of language on thinking, research has suggested that thinking is not directly dependent on those aspects of literacy which are the primary focus of schooling—namely reading and writing—while oracy (speaking and listening) plays a central role in cognitive development. For instance, Jenkins and Lyle (2010) have found that poor reading or writing skills do not preclude the comprehension of abstract concepts or application of abstract thought; and Astington and Baird (2005) assert that the participation of children in conversation is vital to their theory-of-mind development, because it is in conversation that they acquire different concepts of mental states like belief, desire, and intention. Yet, according to Murphy, Wilkinson, Soter, Hennessey, and Alexander (2009), although talk seems to have a significant part to play in text-based learning, simply grouping students together and encouraging them to talk is not sufficient to enhance thinking and comprehension. Much depends on the quality of their talk. A promising approach involves engaging students in philosophical dialogs, where philosophical questions are posed and discussed within the context of a community of inquiry (Lipman, Sharp, & Oscanyan, 1980). This promise is illustrated by a critical review of 10 controlled studies that evaluates the outcomes of PIS, including logical reasoning, creative thinking, reading comprehension, listening skills, and expressive language (Trickey & Topping, 2004). The review shows a broad range of evidence for positive outcomes of PIS with children of different age groups from different countries. Moreover, from a theoretical perspective, Winstanley (2008) argues that critical thinking is promoted more effectively through PIS than through traditional school subjects during classroom discussion because philosophy is not determined by a substantial empirical knowledge base. More specifically, in contrast to knowledge-based subjects in which the discussion is usually skewed in favor of those having the most facts, thereby discouraging students who have limited subject knowledge from participating; philosophy enables students to participate with confidence without fear of making embarrassing factual errors in that it is ideas rather than facts that are under discussion in philosophical inquiry. And ideas are potential sources of truth to which all children have ready access.

Although philosophy programs like PIS are currently offered as extra-curricular or supplementary activities in a large number of schools around the world (Hand & Winstanley, 2008), such programs are extremely rare in Hong Kong schools. Local research on PIS was pioneered by the author of this article as part of his PhD study in 2003. In a study that assesses the effectiveness of Lipman et al. (1980) Philosophy for Children program in promoting Secondary 1 students' critical thinking in Hong Kong, Lam (2013) found that the students who were taught philosophy with first language instruction showed a greater improvement in performance on the New Jersey Test of

Reasoning Skills (see section on Instruments) than those who were not, were capable of doing philosophy, and had a positive attitude towards doing philosophy in the classroom. Also, Lam found that philosophy played an important role in developing students' critical thinking, and that numerous critical factors contributed to the success of the program.

Questions of the study

In order to acquire a complete understanding of the research problem, both qualitative and quantitative data were used as appropriate in the study reported in this article to address the following research questions.

1. How do students do philosophy in English classes?
2. What role does PIS play in promoting students' critical and creative thinking?
3. To what extent does a PIS program help the development of students' English language proficiency?

Significance of the study

The present study has great significance for the following four stakeholders: students, teachers, government, and researchers. First, research on PIS has shown that philosophical inquiry in the classroom is conducive not only to fostering such thinking skills as information-processing, inquiry, reasoning, creative thinking, and evaluation skills (Fisher, 2001), but also to helping students become competent English readers, writers, speakers, and listeners (Williams, 2012). Furthermore, evidence suggests PIS is inclusive in the sense that it can have a positive impact on the achievement of all students, irrespective of gender and ability (Haynes, 2008).

Second, due to the emphasis it places on the development of teacher questioning as well as student questioning, PIS can meet the professional development needs of teachers for effective questioning techniques, the lack of which, as illustrated above, has long been identified as a weakness in school inspection reports in Hong Kong. More generally, according to a recent survey of teachers of English as a second language, most of the respondents indicated that they needed continuing professional development in the domains of improving teaching and learning (91%), fostering student creativity (79%), and teaching thinking skills (76%)(Mak, 2010).

Third, so far as government is concerned, on the one hand, PIS can play a key role in building a democratic society in that it nurtures in students the critical abilities and dispositions they need to participate in democratic life. As United Nations Educational,

Scientific and Cultural Organization (2009: 61) puts it, "development of philosophical debate in education ... makes a major contribution to the training of citizens.... it exercises their capacity for judgment, which is fundamental in any democracy". This contribution is particularly important to local government as it is striving for democratization, which requires the participation of a critical citizenry. On the other hand, PIS has high administrative and financial feasibility in the sense that it can be implemented through integrating philosophy into the existing standard curriculum (Goering & Whittaker, 2007), and that it incurs very modest implementation costs and thus has great potential for sustainability (Topping & Trickey, 2007), respectively.

Finally, the present study focuses on the teaching of both thinking skills and English as a second language. It contributes significantly to the literature for researchers on the development of, and the connection between, thinking skills and second language competence, considering that research attempting to integrate instruction in thinking skills with the teaching of a foreign language is very rare (Li, 2011).

Method

Participants

The sample for this study was comprised of 57 Secondary 4 students at a well-established secondary school in Hong Kong. The school was Catholic, girls only, and using English as the medium of instruction. The students were all Chinese, used English as a second language, and consisted totally of Band 1 students (i.e., the top one-third of students in Hong Kong in terms of academic achievement). Two teachers volunteered for the study who taught English to two separate classes of the students: 4C and 4D having 27 and 30 students, respectively.

Instruments

The following five instruments were used to collect data pertinent to the research questions of this study.

New Jersey test of reasoning skills

The New Jersey Test of Reasoning Skills (NJTRS) was developed by Virginia Shipman to measure elementary reasoning skills in language without contamination from inert items that drew on recollection of content or nonlinguistic skills (Institute for the Advancement of Philosophy for Children, 1987). In the present study, this instrument was used to assess the reasoning ability of the students in each class. The NJTRS comprised 50 multiple-choice items that represented 22 reasoning skill areas, including analogical reasoning, inductive reasoning, syllogistic reasoning, detecting underlying assumptions, discerning causal relationships, identifying good reasons, and recognizing dubious authority. Each correct answer scored 1 point, giving a maximum possible score of 50. The NJTRS's content validity, construct validity, and concurrent validity were respectively claimed by the publisher on the basis of its adequate sampling of an elementary reasoning skills taxonomy, detailed research for test development, and satisfactory correlations with some standardized achievement tests like the New Jersey College Basic Skills Placement Test (ibid.). With regard to the NJTRS's internal consistency reliability as measured by Cronbach's coefficient alpha, it was not only reported by the publisher to be ranging from 0.84 in Grade 5 to 0.91 in Grade 7, but also found by the researcher to be 0.80 for a sample of Secondary 1 students in a local school, suggesting a consistently high reliability.

Cognitive behavior checklist

The Cognitive Behavior Checklist (CBC) was designed by the IAPC to "evaluate possible changes in teacher attitudes toward students' cognitive potentials" (Lipman, 2003: 223). It consisted of 17 items that described three types of cognitive behaviors students might display in dialogical settings, viz. *inquiry behaviors* (items 1–6: "Asks relevant questions" [item 1], "Avoids sweeping generalizations" [item 2], "Asks that claims be supported by evidence" [item 3], "Develops explanatory hypotheses" [item 4], "Recognizes differences of context" [item 5], and "Readily builds on the ideas of others" [item 6]), *open-minded behaviors* (items 7–9: "Accepts reasonable criticisms" [item 7], "Welcomes hearing 'the other side of the case'" [item 8], and "Respects others and their rights" [item 9]), and *reasoning behaviors* (items 10–17: "Offers appropriate analogies" [item 10], "Seeks to clarify ill-defined concepts" [item 11], "Makes relevant distinctions and connections" [item 12], "Supports opinions with convincing reasons" [item 13], "Provides examples and counter-examples" [item 14], "Seeks to uncover underlying assumptions" [item 15], "Draws suitable inferences" [item 16], and "Makes balanced evaluative judgments" [item 17]). Since the 17 behavioral traits included in the Checklist were highly characteristic of putative critical thinking abilities and dispositions (Ennis, 1987), the CBC was utilized as an instrument in this study to examine whether, and to what degree, the cognitive behaviors displayed by the participating students during philosophical discussions were characteristic of critical thinking.

Creativity checklist

The Creativity Checklist (CC) was designed by Proctor and Burnett (2004: 428) for teachers to "gather observational data about the cognitive and dispositional traits displayed by their students when they are engaged in classroom activities requiring creativity". It consisted of nine items that described nine sets of behaviors indicative of creative students in the classroom context, viz. "A fluent thinker" (item 1), "A flexible thinker" (item 2), "An original thinker" (item 3), "An elaborative thinker" (item 4), "An intrinsically motivated student" (item 5), "A curious student who becomes immersed in the task" (item 6), "A risk taker" (item 7), "An imaginative or intuitive thinker" (item 8), and "A student who engages in complex tasks and enjoys a challenge" (item 9). Since the CC allowed the researcher to structure the observations of the personal creativity characteristics of students, it was utilized as an instrument in this study to explore whether, and to what degree, the cognitive and dispositional traits displayed by the participating students during philosophical discussions were characteristic of creative thinking.

English proficiency checklist

The English Proficiency Checklist (EPC) was created by the researcher in this study to evaluate the participating students' English language proficiency. It was modeled on, and adapted from, the English Language Learning Targets set by the Curriculum Development Council (2002) in the Interpersonal, Knowledge, and Experience Strands. The EPC consisted of nine items that described three strands of cognitive and linguistic behaviors students might display in dialogical settings, viz. the *Interpersonal Strand* (items 1–2: "Able to converse and exchange points of view" [item 1] and "Able to participate with others" [item 2]), the *Knowledge Strand* (items 3–7: "Able to provide or find out, select, organize, and present information" [item 3], "Able to interpret and use more extensive information" [item 4], "Able to identify and discuss ideas in spoken and written texts" [item 5], "Able to identify and define problems from given information" [item 6], and "Able to understand how the English language works in relation to basic differences between formal and informal contexts" [item 7]), and the *Experience Strand* (items 8–9: "Able to respond to characters, events, and issues in imaginative and other narrative texts" [item 8] and "Able to give expression to one's experience" [item 9]). Since the three strands included comprehensive language development strategies and attitudes conducive to English learning, the EPC was utilized as an instrument in this study to examine whether, and to what degree, the cognitive and linguistic behaviors displayed by the participating students during and after philosophical discussions were characteristic of English proficiency.

Video recording

Twelve PIS classes (six per teacher) were videotaped at different periods to record the complex interactions among students and the teacher during philosophical discussions in the classroom. The video recordings (VR) thus obtained allowed the researcher repeated viewing for in-depth analysis of both visual and verbal data. Specifically, these VR were used in the present study to find out how the students did philosophy in English classes, to assess the development of the students' English language proficiency, and to investigate the role played by PIS in developing the students' critical and creative thinking.

Design

A triangulation mixed method design, in which both the qualitative data (including text data transcribed from the VR and those optically scanned from the post-discussion writing tasks [PDWT]) and quantitative data (including numeric scores from the NJTRS, CBC, CC, and EPC) were collected simultaneously and given equal priority, was adopted to assess both the process (qualitative) and outcome (quantitative) of the present study. The results from the analysis of both qualitative and quantitative data were directly compared, or triangulated, to ascertain whether the two databases supported or contradicted each other.

Procedure

A formal invitation was sent via email to all principals of local primary and secondary schools—excluding English Schools Foundation and other international schools—in Hong Kong to attend a briefing on this research project on 1 June 2016. After the briefing, a 2-day PIS training workshop was organized by the researcher for 5 interested school teachers on 20 and 26 August 2016. The training workshop was modeled on the successful P4C Foundation Course Level 1 run by the Society for the Advancement of Philosophical Enquiry and Reflection in Education in the UK, including such topics as the aims and processes of the community of inquiry, the role of the facilitator, and philosophical questioning (Society for the Advancement of Philosophical Enquiry and Reflection in Education, 2015). During the project (i.e., from 19 September 2016 to 22 June 2017), nine onsite training and support sessions were provided for the two participating teachers by the researcher, focusing on lesson observation and evaluation. The NJTRS was administered to the 57 participating students before the start of the PIS lessons on 19 September 2016.

The participating teachers taught the participating students PIS by means of the textbook materials they collected and discussion plans they created based on the requirements of the English curriculum and PIS program, respectively. The textbook materials, including articles and videos, were easy to understand and filled with philosophical ideas and concepts that the questions in the discussion plans were designed to explore and extend. The PIS lessons, each taking 45 minutes, were taught to each class once a week for 17 weeks and 6 of them were videotaped every two to four weeks. A typical PIS session operated as follows: after being presented with an article or video by the teacher as a stimulus for philosophical thought, the students first took turns to share with the others what they found intriguing or perplexing about its content in the form of questions, and then decided on a question that was agreeable to the majority for in-depth inquiry in a teacher-facilitated whole-group discussion. After the discussion, in order to develop in the students a critical and creative response to the stimulus, the teacher assigned them various follow-up writing tasks. A sample of the students' written responses to a stimulus was examined for evidence of English proficiency through the EPC. As regards the videotaped discussions, selected segments of them were transcribed into two transcripts (A and B) and analyzed in four different ways: first, the philosophical content of the transcript A was annotated and used as evidence to demonstrate how the students philosophized in English classes; second, the CBC was used to identify and quantify the students' cognitive behaviors characteristic of critical thinking in the transcript A; third, the CC was used to identify and quantify the students' cognitive and dispositional traits characteristic of creative thinking in the transcript A; and fourth, the EPC was used to identify and quantify the student's cognitive and linguistic behaviors characteristic of English proficiency in the transcript B.

About two weeks after the end of the PIS lessons, the students were administered the NJTRS on 26 May 2017. The posttest was followed by a close analysis of all data collected in this project. The quantitative data from the NJTRS, CBC, CC, & EPC were analyzed by means of the statistical package IBM SPSS Statistics 21.0. As for the qualitative data from the VR and PDWT, they were carefully examined by using content analysis to identify themes related to the research questions and thoroughly searched not only for examples in support of, but also for evidence against (if any), the emerging themes so as to bring the data to a fair and justified interpretation.

Results

Quantitative data

NJTRS

The pretest NJTRS scores and posttest NJTRS scores of the participating students were compared using the paired samples t-test. Results demonstrated that there was not a significant difference between the pretest (M = 35.74, SD = 4.49) and posttest (M = 35.37, SD = 4.98) mean scores (n = 54, p>0.05). These findings indicate that the students performed neither significantly better nor significantly worse in the NJTRS after receiving PIS instruction. Being inconsistent with the well-documented success of PIS in developing students' reasoning ability, the current findings suggest that simply bringing a PIS program into the classroom does not help improve their reasoning skills. To develop students' reasoning ability, the teacher needs to do more than just encourage them to talk and share; they need to be aware of, and able to overcome, the problems that exist in the process of facilitation (see section on VR).

CBC

To find out what role PIS plays in promoting students' critical thinking, a selected segment of videotaped discussions among the students in class 4C was first transcribed and then analyzed with the CBC to identify and quantify the students' cognitive behavior characteristic of critical thinking. The following is a transcript (A) of a 7-min discussion extracted from the discussion in session 16 on the question, "Which one will have more pressure, the winner or the loser?". The numbers in square brackets denote the sequence of ideas advanced by the pseudonymous teacher and students.

As shown in Table 1, the students displayed all but two of the 17 behavioral traits included in the CBC. More specifically, during the discussion, they displayed most frequently the cognitive behaviors "Develops explanatory hypotheses" (i.e., item 4), "Makes relevant distinctions and connections" (i.e., item 12), "Supports opinions with convincing reasons" (i.e., item 13), and "Makes balanced evaluative judgements" (i.e., item 17), followed by "Welcomes hearing 'the other side of the case'" (i.e., item 8) and "Draws suitable inferences" (i.e., item 16); yet, none of them displayed the cognitive behaviors "Ask relevant questions" (i.e., item 1) and "Asks that claims be supported by evidence" (i.e., item 3). Considering that a total of 76 cognitive behaviors characteristic of critical thinking (approximately 11 per minute on average) were elicited from the students, it seemed that conducting philosophical inquiry in the classroom helped stimulate students to think critically. Regardless of the relative frequencies of the 17 cognitive behaviors that were likely to vary with the content of discussion, this result was entirely consistent with—even more positive than—the positive result similarly produced by the application of PIS's pedagogical principles in another local study (Lam, 2013), indicating that PIS might play a major role in promoting students' critical thinking.

Table 1 Quantity and location of students' cognitive behavior in transcript A

CBC item	Frequency	Whereabouts
1	0	Nowhere
2	3	[8]: "Even though the winner may have more pressure, they are also likely (*i.e. not "certainly"*) to have more confidence and energy ..."; [10]: "... as seen from the fact that a lot of (*i.e. not "all"*) students who ... losers in school ..."; & [12]: "If you think of winning as having done better than before, you may (*i.e. not "certainly"*) get the feeling of being a winner ..."
3	0	Nowhere
4	9	[1], [4], [5], [7], [8], [9], [10], [12], & [13]
5	2	[12]: "It *depends on how you define* what it means to be a winner or loser."; & [13]: "I agree that whether we think we are losers *depends on how we think of* them."
6	4	[4](*building on the idea of Student A in [1]*), [8](*building on the idea of Student C in [5] & [7]*), [9](*building on the idea of Student D in [8]*), & [13](*building on the idea of Student B in [12]*)
7	2	Between [7] & [8](*because Students A and B did not behave defensively towards Student C right after their argument was countered by Student C in [5] & [7]*); & between [10] & [11](*because Students A and B did not behave defensively towards Student E right after their argument was countered by Student E in [10]*)
8	7	[5], [7], [8], [9], [10], [12], & [13]
9	1	[8]: "Even though the winner may have more pressure, they are also *likely* to have more confidence and energy ..."
10	1	[10](*between students who...and losers in school*)
11	4	[1], [12], & [13](*clarifying the concept of winner*); & [4](*clarifying the concept of loser*)
12	9	[1], [4], [5], [7], [8], [9], [10], [12], & [13]
13	9	[1], [4], [5], [7], [8], [9], [10], [12], & [13]
14	3	[10]: "I think the loser will have much more pressure than the winner, as seen from the fact that a lot of students who ... are losers in school ..." *(example)*; [12]: "If you think of winning as having done better than before, you may get the feeling of being a winner even if you lose a competition." *(example)*; & [13]: "For example, you can consider yourself a winner in a test where you got 50 marks last time and get 52 marks this time, ..." *(example)*

续表

CBC item	Frequency	Whereabouts
15	6	[5] & [7](*seeking to uncover the assumption of Student A in [1] that it is more easier for the loser to improve their results*), [8] & [9](*seeking to uncover the assumption of Student B in [4] that it is more difficult for the winner to cope with the pressure*), & [12] & [13](*seeking to uncover the assumption of Teacher P in [11] that the definition of losing is unambiguous*)
16	7	[1], [4], [5], [7], [10], [12], & [13]
17	9	[1], [4], [5], [7], [8], [9], [10], [12], & [13]
	Total: 76 cognitive behaviors	

Table 2 Quantity and location of students' cognitive-dispositional traits in transcript A

CC item	Frequency	Whereabouts
1	9	[1] & [12](*answers questions fluently and readily*); [4] & [13](*can retell and label easily*); [5], [7], & [10](*finds different ways of doing things*); & [8] & [9] (*hypothesizes easily*)
2	8	[4](*can magnify and improve*); [5] & [7](*is sensitive to new ideas*); [8] & [9](*can modify and improve*); [10](*can reverse and improve*); & [12] & [13](*is flexible in approach to problems*)
3	9	[1](*can create and construct*); [4](*can combine and improve*); [5], [7], & [10] (*can substitute and improve*); [8] & [9](*can construct and improve*); & [12] & [13](*is attracted by complexity*)
4	9	[1](*goes beyond assigned tasks*); [4](*can extend and modify*); [5], [7], & [10] (*can replace and modify*); [8] & [9](*embellishes situations*); & [12] & [13](*sees new possibilities in the familiar*)
5	7	[4], [5], [7], [9], [10], [12], & [13](*appears to enjoy learning for learning's sake*)
6	9	[1](*is adventurous and engages in spontaneous action*); [4] & [13](*tries to find out more about a topic of interest*); [5], [7], & [10](*tries to discover the unusual*); [8] & [9](*can uncover and investigate*); & [12](*can uncover and analyse*)
7	9	[1](*can make a choice between and give reasons*); [4], [8], [9], & [13](*can justify and defend*); [5], [7], & [10](*can challenge and give reasons*); & [12](*not afraid to try new things*)
8	9	[1], [5], [7], & [10](*can compose and suppose*); [4] & [13](*can fantasize and suppose*); [8] & [9](*can make mental leaps from one idea to another*), & [12](*is perceptive and sees relationships*)
9	9	[1], [5], [7], & [10](*can reflect upon and evaluate*); [4] & [13](*can move from general to specific*); [8] & [9](*can reflect upon and converge*); & [12](*can reflect upon and generalize*)
	Total: 78 cognitive-dispositional traits	

CC

To find out what role PIS plays in promoting students' creative thinking, the transcript A was analyzed with the CC to identify and quantify the students' cognitive and dispositional traits characteristic of creative thinking. Table 2 shows that the students displayed all the nine behavioral traits included in the CC. In particular, during the discussion, they displayed most frequently the cognitive and dispositional traits of "A fluent thinker" (i.e., item 1), "An original thinker" (i.e., item 3), "An elaborative thinker" (i.e., item 4), "A curious student who becomes immersed in the task" (i.e., item 6), "A risk taker" (i.e., item 7), "An imaginative or intuitive thinker" (i.e., item 8), and "A student who engages in complex tasks and enjoys a challenge" (i.e., item 9). Considering that a total of 78 cognitive and dispositional traits characteristic of creative thinking (approximately 11 per minute on average) were elicited from the students, irrespective of the relative frequencies of the nine cognitive and dispositional traits that probably depended on the content of discussion, it appeared that such philosophical inquiry in the classroom helped stimulate students to think creatively and thus should be promoted in schools.

EPC

To find out to what extent a PIS program helps the development of students' English language proficiency, the contributions made by an active female student to a selected videotaped discussion among the students in class 4D were first transcribed and then analyzed with the EPC to identify and quantify the student's cognitive and linguistic behavior characteristic of English proficiency. The following is a transcript (B) of all contributions made by the active female student to the 15-min discussion in session 16 on the question, "Should all kids be winners in school?". The numbers in square brackets denote the sequence of ideas advanced by the pseudonymous student "A" throughout the discussion.

As shown in Table 3, the active female student displayed all but two of the nine behavioral traits included in the EPC. In particular, during the discussion, the student displayed most frequently the cognitive and linguistic behaviors "Able to converse and exchange points of view" (i.e., item 1), "Able to participate with others" (i.e., item 2), "Able to provide or find out, select, organize, and present information" (i.e., item 3), "Able to identify and discuss ideas in spoken and written texts" (i.e., item 5), "Able to identify and define problems from given information" (i.e., item 6), and "Able to respond to characters, events, and issues in imaginative and other narrative texts" (i.e., item 8); yet, she did not display the cognitive and linguistic behaviors "Able to understand how the English language works in relation to basic differences between formal and informal contexts" (i.e., item 7) and "Able to give expression to one's experience" (i.e., item 9). Considering that a total of 33 cognitive and linguistic behaviors characteristic of English proficiency (2.2 per minute on average) were elicited from the student, irrespective of the relative frequencies of the nine cognitive and linguistic behaviors that were likely to vary with the content of discussion, it seemed that the PIS program helped the development of the student's English language proficiency to a significant extent and thus should be organized in schools.

Table 3 Quantity and location of students' cognitive-linguistic behaviors in transcript B

EPC item	Frequency	Whereabouts
1	5	[1], [2], [3], [4], & [5](*able to converse and exchange points of view*)
2	5	[1], [2], [3], [4], & [5](*able to participate with others in carrying out discussion*)
3	5	[1] & [2](*able to organize and present information on familiar topics*); & [3], [4], & [5](*able to organize and present information on less familiar topics*)
4	3	[1], [3], & [4](*able to interpret and use more extensive information through explaining*)
5	5	[1], [2], [3], [4], & [5](*able to identify and discuss ideas in spoken and written texts*)
6	5	[1] & [3](*able to identify problems from given information*); [2] & [4] (*able to consider related factors*); & [5] (*able to explain the solutions*)
7	0	Nowhere
8	5	[1], [2], [3], [4], & [5](*able to respond to issues in imaginative texts*)
9	0	Nowhere
	Total: 33 cognitive-linguistic behaviors	

Indeed, the positive effects of PIS on English proficiency were corroborated by an analysis of the students' performance on the follow-up writing tasks, which showed that various cognitive and linguistic behaviors characteristic of English proficiency were displayed, to a greater or lesser degree, in their writing. As an illustration, the following excerpt from one of the students' written responses to the question "Can we be more altruistic or selfless?", the full version of which contained 175 words, indicated that the student displayed six behavioral traits included in the EPC (i.e., items 3, 4, 5, 7, 8, and 9):

> Dear Mr. Campbell Remess: After I read your story, I was so touched by it. You are at a young age, but what you did is something most people of your age or older than you will not do. Although you need to devote a lot of time to your charity work, you never mind about it. You put your love and care into

the teddies you make. The thing that really heals the sick people is not the toy. It is your time, your love, and your care that make them feel better. Your love gives them courage to withstand the attack of their illness.

So much then for the quantitative data.

Qualitative data

VR

Apart from investigating the role played by PIS in developing the students' critical and creative thinking (see sections on CBC and CC) and assessing the development of the students' English language proficiency (see section on EPC), the VR of PIS classes were used to find out how the students did philosophy in English classes. Based on close observation of all the recorded discussions, the students were found to be able to reason and argue about philosophical problems arising from various stimuli prepared by their teachers according to the S4 English curriculum in Hong Kong. These problems included the value of passion, the conception of poverty, the nature of scams, the value of academic qualifications, the conception of sustainability, and the meaning of winning. Here, the aforementioned discussion on the question "Which one will have more pressure, the winner or the loser?" (see Transcript A) serves to illustrate how the students do philosophy. To demonstrate the students' capacity for examining and elucidating the meaning of winning and thus for doing philosophy, a set of annotations was made according to their contributions (see Table 4).

Table 4 Annotations for students' contributions in transcript A

Contribution	Annotation
[1]	Suggesting that it is more difficult for the winner to win again than for the loser to win next time
[4]	Implying that losing does not necessarily make one a loser
[5] & [7]	Refuting the implication that it is more easier for the loser to win next time than for the winner to win again
[8] & [9]	Raising the possibility that it is more easier for the winner to win again than for the loser to win next time
[10]	Suggesting that it is more difficult for the loser to win next time than for the winner to win again
[12]	Recognizing the possibility of broadening the definition of winning
[13]	Illustrating how changing the definition of winning can make a loser a winner

However, two common problems were found to persist during most of the philosophical discussions, conceivably stemming from the pedagogical practice adopted by the teachers. First, quite a lot of the students were quiet, reserved, and passive, especially in the discussions where the teacher exhibited such dominating behaviors as talking too much about their own ideas and answering their own questions. Second, quite a lot of the discussions were superficial and non-philosophical due to the following facts: that the teacher did not allow sufficient time for the students to build towards a better understanding of the relevant issues, particularly at the conceptual level; that the teacher seldom, if ever, demonstrated to the students how to frame philosophical questions or rephrase unphilosophical questions into philosophical ones, hence the predominance of content-based over concept-based questions and discussions; that the questions in the discussion plan, though well-designed, were rarely used by the teacher to acquaint the students with philosophical thinking and inquiry; that the teacher, intentionally or unintentionally, allowed the students to raise psychological questions and give psychological responses, which was unlikely to lead to a philosophical investigation; that the teacher tended to give priority to developing the students' English proficiency over their thinking competence, asking them, for example, to read aloud each of the questions they made for discussion; and that the teacher failed to model and encourage the key elements of thinking like requesting reasons to support arguments and clarifying concepts through making comparisons, allowing the students to self-manage and self-facilitate the discussion prematurely without joining, let alone leading, it.

PDWT

The participating students were assigned various follow-up writing tasks after the discussion in order to develop in them a critical and creative response to the textbook materials used for stimulating philosophical thought. A textual analysis of the completed writing tasks showed that, on the whole, the students' responses to the textbook materials were relevant, reasonable, and thoughtful. Indeed, various cognitive and linguistic behaviors characteristic of English proficiency were found to be displayed, to a greater or lesser degree, in their writing. For instance, a sample of the students' responses to an article indicated that the student displayed six behavioral traits included in the EPC (see section on EPC).

Discussion

Conclusions

The results of this study fully answered the three research questions posed at the beginning. The Secondary 4 students who were taught PIS were found to be capable of reasoning and arguing about philosophical problems arising from various stimuli prepared by their teachers according to the S4 English curriculum in Hong Kong (question 1). It was also found that PIS played an important role in promoting the students' critical and creative thinking, because PIS could elicit from them a large quantity and variety of cognitive behaviors characteristic of critical thinking, and a large quantity and variety of cognitive and dispositional traits characteristic of creative thinking, respectively (question 2). Besides, the PIS program was found to help the development of the students' English language proficiency to a significant extent, because the program could elicit from them a large quantity and variety of cognitive and linguistic behaviors characteristic of English proficiency (question 3).

The results were consistent with research on PIS in general, and in particular with the findings of Trickey and Topping (2004) and Lam (2013) concerning the promotion of students' critical and creative thinking, as well as with those of Haynes (2008) and Shahini and Riazi (2011) concerning the development of students' English language proficiency. Indeed, the significance of the present study lies mainly in the positive implications of these results for three things: the capacity of Hong Kong students to do philosophy across the curriculum; the effectiveness of the PIS program on promoting critical thinking, creative thinking, and English language proficiency in students within a Chinese context; and the teaching of critical thinking, creative thinking, and English as a second language for Hong Kong secondary students.

Recommendations for future research

However, this study has two main limitations. First, the results cannot be generalized to all Hong Kong students because its sample came from a girls-only Catholic secondary school with Band 1 Chinese students only. Second, there was not enough time for the teachers to prepare, teach, and consolidate the philosophy lessons as there were considerable demands on them to deliver the exam-oriented English curriculum. In response to these limitations, two specific suggestions can be made for future research. On the one hand, in order to increase the generalizability of the results, further studies should be designed to replicate the present study in other settings (e.g., co-educational schools, non-religious schools, primary schools, etc.) and with other participants (e.g., students of different band levels, students of different achievement levels, students of different class levels, etc.). On the other hand, in order to resolve the time and curriculum constraints, apart from implementing PIS through the existing curriculum rather than as a stand-alone program unrelated to the curriculum content (O'Riordan, 2013), future researchers should explore the possibility of running the PIS program in classes with more lesson time and a more flexible curriculum.

References

Astington, J. W., & Baird, J. A. (2005). Introduction: Why language matters. In J. W. Astington & J. A. Baird (Eds.), *Why language matters for theory of mind* (pp. 3–25). New York, NY: Oxford University Press, Inc.

Berry, V., & McNeill, A. (2005). Raising English language standards in Hong Kong. *Language Policy*, 4(4), 371–394. doi:10.1007/s10993-005-2887-z

Caughlan, S., Juzwik, M. M., Borsheim-Black, C., Kelly, S., & Fine, J. G. (2013). English teacher candidates developing dialogically organized instructional practices. *Research in the Teaching of English*, 47(3), 212–246.

Cebas, E., & García Moriyón, F. (n.d). *Research in philosophy for children*. Retrieved from http://www.montclair.edu/cehs/academics/centers-and-institutes/iapc/research/

Curriculum Development Council. (2002). *English language education: Key learning area curriculum guide (Primary 1—Secondary 3)*. Hong Kong: Author.

Curriculum Development Council. (2017). *English language education: Key learning area curriculum guide (Primary 1—Secondary 6)*. Hong Kong: Author.

Daniel, M.-F., & Auriac, E. (2011). Philosophy, critical thinking and philosophy for children. *Educational Philosophy and Theory*, 43(5), 415–435. doi:10.1111/j.1469-5812.2008.00483.x

Edgar, D. W., Faulkner, P., Franklin, E., Knobloch, N. A., & Morgan, A. C. (2008). Creative thinking: Opening up a world of thought. *Techniques: Connecting Education & Careers*, 83(4), 46–49.

Education Bureau. (n.d.). *QA inspection annual report 2009/10*. Retrieved from http://www.edb.gov.hk/en/sch-admin/sch-qualityassurance/reports/insp-annual-reports/index.html

Ennis, R. H. (1987). A taxonomy of critical thinking dispositions and abilities. In J. B. Baron & R. J. Sternberg (Eds.), *Teaching thinking skills: Theory and practice* (pp. 9–26). New York, NY: W. H. Freeman and Company.

Fisher, R. (2001). Philosophy in primary schools: Fostering thinking skills and literacy. *Reading*, 35(2), 67–73. doi:10.1111/1467-9345.00164

Goering, S., & Whittaker, D. (2007). Integrating philosophy for children and young adults into the public schools: Tales from Long Beach, California. *Theory and Research in Education*, 5(3), 341–355. doi:10.1177/1477878507081804

Hand, M., & Winstanley, C. (2008). Introduction. In M. Hand & C. Winstanley (Eds.), *Philosophy in schools* (pp. x–xviii). London: Continuum.

Haynes, J. (2008). *Children as philosophers: Learning through enquiry and dialogue in the primary classroom* (2nd ed.). London: Routledge.

Institute for the Advancement of Philosophy for Children. (1987). Philosophy for children 1987. *Thinking: The Journal of Philosophy for Children*, 7(1), S1–S24.

Jenkins, P., & Lyle, S. (2010). Enacting dialogue: The impact of promoting philosophy for children on the literate thinking of identified poor readers, aged 10. *Language and Education*, 24 (6), 459–472. doi:10.1080/09500782.2010.495781

Kan, V., & Adamson, B. (2010). Language policies for Hong Kong schools since 1997. *London Review of Education*, 8(2), 167–176. doi: 10.1080/14748460.2010.487336

Lam, C. M. (2013). *Childhood, philosophy and open society: Implications for education in Confucian heritage cultures*. Singapore: Springer.

Li, L. (2011). Obstacles and opportunities for developing thinking through interaction in language classrooms. *Thinking Skills and Creativity*, 6(3), 146–158. doi:10.1016/j.tsc.2011.05.001

Lipman, M. (2003). *Thinking in education* (2nd ed.). Cambridge: Cambridge University Press.

Lipman, M., Sharp, A. M., & Oscanyan, F. S. (1980). *Philosophy in the classroom* (2nd ed.). Philadelphia: Temple University Press.

Mak, B. (2010). The professional development needs of Hong Kong ESL teachers. *Asia Pacific Education Review*, 11(3), 397–410. doi:10. 1007/s12564-010-9073-5

Mok, J. (2009). From policies to realities: Developing students' critical thinking in Hong Kong secondary school English writing classes. *RELC Journal*, 40(3), 262–279.

Murphy, P. K., Wilkinson, I. A. G., Soter, A. O., Hennessey, M. N., & Alexander, J. F. (2009). Examining the effects of classroom discussion on students' comprehension of text: A meta-analysis. *Journal of Educational Psychology*, 101(3), 740–764.

O'Riordan, N. (2013). Swimming against the tide: The implementation of philosophy for children in the primary classroom (Unpublished Doctoral dissertation). University of Hull, Kingston upon Hull.

Proctor, R. M. J., & Burnett, P. C. (2004). Measuring cognitive and dispositional characteristics of creativity in elementary students. *Creativity Research Journal*, 16(4), 421–429.

Reznitskaya, A. (2012). Dialogic teaching: Rethinking language use during literature discussions. *The Reading Teacher*, 65(7), 446–456. doi: 10.1002/TRTR.01066

Shahini, G., & Riazi, A. M. (2011). A PBLT approach to teaching ESL speaking, writing, and thinking skills. *ELT Journal*, 65(2), 170–179.

Society for the Advancement of Philosophical Enquiry and Reflection in Education. (2015). *SAPERE handbook to accompany the Level 1 P4C foundation course* (4th ed.). Abingdon: Author.

Topping, K. J., & Trickey, S. (2007). Collaborative philosophical enquiry for school children: Cognitive effects at 10–12 years. *British Journal of Educational Psychology*, 77(2), 271–288.

Trickey, S., & Topping, K. J. (2004). "Philosophy for children": A systematic review. *Research Papers in Education*, 19(3), 365–380.

United Nations Educational, Scientific and Cultural Organization. (2007). *Philosophy: A school of freedom*. Paris: Author.

United Nations Educational, Scientific and Cultural Organization. (2009). *Teaching philosophy in Asia and the Pacific*. Paris: Author.

Vygotsky, L. S. (1978). In M. Cole, V. John-Steiner, S. Scribner, & E. Souberman (Eds.), *Mind in society: The development of higher psychological processes*. Cambridge, MA: Harvard University Press.

Waring, H. Z. (2014). Managing control and connection in an adult ESL classroom. *Research in the Teaching of English*, 49(1), 52–74.

Williams, S. (2012). P4C in English. In L. Lewis & N. Chandley (Eds.), *Philosophy for children through the secondary curriculum* (pp. 38–52). London: Continuum.

Winstanley, C. (2008). Philosophy and the development of critical thinking. In M. Hand & C. Winstanley (Eds.), *Philosophy in schools* (pp. 85–95). London: Continuum.

Xie, X. (2010). Why are students quiet? Looking at the Chinese context and beyond. *ELT Journal*, 64(1), 10–20. doi:10.1093/elt/ccp060

Transcript A

[1] Student A:	I think the winner will have more pressure because it is more difficult for them to keep or improve their good results. But for the loser, they can consider themselves a winner if they do a little bit better than before.
[2] Teacher P:	We can also think of some examples in our lives, about winning or losing a game in our school ... (After rephrasing the idea of Student A) Do you agree with her? Disagree? Partly agree? Other ideas?
(Some students start talking with their neighbors.)	
[3] Teacher P:	Don't just share your idea with your neighbors. Share it with all of us.
[4] Student B:	I agree that the winner will have more pressure because it is much more difficult for them to win the championship again and again. But for me, even if I got the second runner-up last time and only gets the first runner-up this time, I will not consider myself a loser: although I still lose the championship, I have improved myself.
[5] Student C:	I think the pressure for both the winner and the loser is the same because the loser also needs to think how they can avoid losing again and again, and to (Turning to her neighbors)
(Student C seeks help from her neighbors and encourages one of them to express her idea despite her reluctance to do so.)	
[6] Teacher P:	(Looking at Student C) You can tell us her point of view. It doesn't matter.
[7] Student C:	The loser also needs to think continuously how they can improve and get better results, which brings great pressure to them.
[8] Student D:	Even though the winner may have more pressure, they are also likely to have more confidence and energy to take part in the next competition. But the loser may be very sad and (Thinking what to say) ...
[9] Student C:	They would be scared to lose again.
[10] Student E:	I think the loser will have much more pressure than the winner, as seen from the fact that a lot of students who ... are losers in school and cannot cope with the pressure of school work.
[11] Teacher P:	Can the pressure of losing be eased or lessened? Is it hard to escape the pressure of losing? ...
[12] Student B:	It depends on how you define what it means to be a winner or loser. If you think of winning as having done better than before, you may get the feeling of being a winner even if you lose a competition. So I think if you can change your point of view on winning, the pressure of losing will be much reduced.
[13] Student E:	I agree that whether we think we are losers depends on how we think of them. For example, you can consider yourself a winner in a test where you got 50 marks last time and get 52 marks this time, even though the highest mark this time is 90 something, if you think of yourself as already performing better than last time. It all depends on how you perceive that.

Transcript B

[1] Student A:	It is said in the text that if all kids are treated as winners, it can help build their confidence. But I want to know whether someone will get hurt if this situation happens. So I ask the question: Would you like everyone to be treated as a winner if you were the winner in a competition?
[2] Student A:	I want to know the feelings of those kids who are the winner.
[3] Student A:	Usually in a competition, there is just one winner. But in the passage, it is said that if all kids are treated as winners, it can help build their confidence. In a competition, if everyone is treated as a winner, what will be the feelings of those kids who are the winner?
[4] Student A:	It seems so, but in this competition, you are the only winner and everyone else is a loser. Suppose, in order to help kids gain confidence, we now treat everyone as a winner. What will be your feelings?
[5] Student A:	I would not be motivated to play any game or take part in any competition, because everyone can get a prize.

The effects of a critical thinking oriented instructional pattern in a tertiary EFL argumentative writing course[1]

Dan Lu & Yueguang Xie

Abstract: This study introduced an instructional pattern that integrated the framework of the International Critical Thinking Reading and Writing Test (ICTRWT), designed by Paul and Elder, into a tertiary English as a Foreign Language (EFL) argumentative writing course. To measure the effects of the instructional pattern, a mixed methods approach was adopted. Two groups of students were involved in the experiment, with the treatment group receiving the instructional intervention and the control group receiving regular instruction in a tertiary argumentative writing course. A critical thinking test and a writing test were used to investigate the effects of the treatment, and questionnaires and interviews were also employed to examine students' attitudes toward the instructional pattern. The quantitative statistic data reveals that students who received the instructional treatment outperformed the students in the control group in terms of overall critical thinking skills and skills of identifying and evaluating the elements of thoughts. Meanwhile, the treatment group also performed better with regard to overall writing ability, organization and coherence. Additionally, the data gained from the questionnaires and interviews suggest students' general positive attitudes toward the instructional pattern.

Keywords: critical thinking; argumentative writing; tertiary level

Introduction

Critical thinking, together with problem-solving and decision making, has been considered to be a tool for knowledge construction and one of the essential skills

1 论文原发表于 *Higher Education Research & Development* 2019年第38卷第5期。

for twenty-first century citizens. Critical thinking enables people to perceive and reflect on information and facts critically when they face challenges (Huitt, 1998). In the information age, when people face a large amount of information every day, critical thinking has become especially important. In recent years, the cultivation of critical thinking in higher education has been advocated all over the world. It is one of the features of the tertiary curriculum and has received attention from assessment organizations (Markle et al., 2013).

Recent years have witnessed an increasing interest in integrating critical thinking cultivation into EFL teaching. According to Davidson (1998), the introduction of critical thinking into second language teaching should be emphasized by stressing the importance of critical thinking cultivation in second language programs. Brown (2004) further notes that, apart from the linguistic factors, objectives of a curriculum in a desirable English program should also take critical thinking into consideration.

With regard to EFL writing, although the importance of critical thinking instruction in writing programs has been widely acknowledged, it is still often neglected in EFL college writing classrooms (Barnawi, 2011). Barnawi (2011) called for a place for critical thinking in EFL writing course instructional design. However, to the best of our knowledge, very few studies incorporated critical thinking instruction into a second language writing course through systematic course design. Therefore, in this study, we aim towards designing an instructional pattern by adopting the framework of the International Critical Thinking Reading and Writing Test (ICTRWT) in a tertiary level EFL argumentative writing course and then examining its effects on students' critical thinking and writing.

Literature review

Critical thinking

A vast number of critical thinking definitions can be found in the literature (e.g., Ennis, 1996; Fisher & Scriven, 1997; Paul, 1992). Despite the emphasis on different aspects, the theoreticians of critical thinking agree that critical thinking entails taking charge of one's own thinking with the purpose of improving it. As one of the most commonly accepted and widely quoted definitions states, "Critical thinking refers to the ability of individuals to take charge of their own thinking and develop appropriate criteria and standards for analyzing their own thinking" (Elder & Paul, 1994). According to Paul and Elder (1999), critical thinking is composed of three dimensions: the first is the elements of thought (reasoning); the second is the intellectual standards; the third is the intellectual traits. Paul and Elder suggest that people need to master two essential dimensions of thinking (elements of thinking and intellectual standards) in order to learn how to upgrade their thinking. Specifically, people need to be able to identify the "parts" (elements) of their thinking, and they need to be able to assess their use of these parts of thinking using intellectual standards. Gradually, the intellectual traits could be developed.

Cultivation of critical thinking

It has been commonly acknowledged that critical thinking skills can be taught to students. Some researchers believe that direct instruction in an independent course is the most effective way to cultivate critical thinking. Conversely, in their meta-analysis of 117 studies on critical thinking instruction, Abrami et al. (2008) suggest that infusing critical thinking into the regular content course would be a better way to cultivate students' critical thinking, which is also echoed in other studies, such as Solon (2007) and Ramsay (2009).

In the EFL setting, scholars have paid special attention to critical thinking cultivation in language programs. Recent studies in the EFL classroom context reveal that different activities, models or techniques as interventions in the instruction could have a positive effect on students' critical thinking. For example, Gao, Gao, and Yang (2017) proposed a cognition-based interactive teaching method in academic English reading and found the method effective in improving critical thinking and reading skills. Tous, Tahriri, and Haghighi (2015) studied the effect of debate in EFL reading instruction, and the findings revealed that the instruction through debate is an effective intervention to develop students' reading comprehension and critical thinking.

ICTRWT

The ICTRWT was one of the critical thinking assessment tools developed by Paul and Elder. Despite the fact that the title includes "reading" and "writing", the underlying assumption of the test is that close reading and substantive writing are the embodiment of critical thinking (Paul & Elder, 2006). Therefore, the primary purpose of the test is to assess students' critical thinking. The whole test consists of five forms, each representing a level of close reading and substantive writing — paraphrasing, explicating, analysis, evaluating, and role-playing. Among the five levels, "analysis" and "evaluating" direct to the two essential dimensions of critical thinking — elements of thinking and intellectual standards in Paul-Elder's critical thinking model. A test as it is, ICTRWT can also serve as a framework to design the instruction so that students get the routine practice of critical thinking skills (Paul & Elder, 2006). In the current study, the instructional intervention was designed based on the framework of ICTRWT and named the "ICTRWT instructional pattern".

Critical thinking cultivation in EFL writing

Since the purpose of the study is to examine the effects of an EFL writing instructional pattern in terms of critical thinking skills and writing ability, several studies focusing on critical thinking cultivation in EFL writing instruction are worth mentioning. Li (2011) conducted an action research on cultivating critical thinking and audience awareness in an EFL writing course at tertiary level. The study incorporated writing tasks in key stages of a writing process, designing exercises for the purpose of consolidation and four types of feedback (teacher feedback, peer feedback, self-evaluation and teacher-student writing conference) to enhance reader awareness and critical thinking. The data were collected from various sources including students' writing assignments, grades of students' tests, teachers' weekly teaching journals, classroom observation notes, classroom videos, and questionnaires and interviews with the students. Li (2011) concludes that training in audience-awareness, logical fallacy identification and correction, and multiple drafts can reduce students' writing anxiety and improve their critical thinking and audience awareness. The instructional design to improve students' critical thinking in Li's study was thoroughly designed; the effectiveness of the design, however, cannot be generalized to other contexts due to its nature of action research.

Fahim and Hashtroodi (2012) conducted a study to find out whether the instruction of critical thinking techniques through writing could lead to better performance in Iranian EFL university students' argumentative essay. The authors used a pattern of Thesis-Analysis — Synthesis Key as the main treatment and a five-paragraph argumentative essay as the source of data collection. The findings of the study showed that although both treatment group and control group performed better in the post-test compared with the pre-test, the difference in the improvement of students' writing between the treatment group and the control group was not statistically significant.

Liu, Wu, and Shieh (2015) examined whether asynchronous debate could enhance EFL students' critical thinking skills and writing ability. The participants were assigned to two classes with conventional and debate conditions. The data were collected from students' writing drafts and revisions, online statement, surveys and interviews. Anderson et al. 's educational taxonomy framework was used to analyze the critical thinking skills and the words were counted to measure students' writing ability. The findings of the study suggest that debate conditions help students improve their critical thinking and writing more than a conventional condition. Meanwhile, students' attitude towards the debate activities were generally positive. One limitation of the study is that the quality of the writing was mainly examined through counting the words, which could not represent the overall quality of the writing.

In another study, Bashiri and Shahrokhi (2016) explored the effect of a process-based approach on students' critical thinking abilities, writing skills and learning autonomy. The study also adopted a quasi-experimental design, with the experimental group receiving a process-based approach and a control group receiving a product-based approach. Ennis and Weir's test and an argumentative writing test were administered to both groups before and after the instruction. The students in the experimental group also completed the Learner Autonomy Questionnaire before and after the intervention. Statistical analysis of the data revealed the positive effect of the process-based approach on students' writing skills, thinking abilities and autonomy.

The above studies suggest that carefully designed instructional activities in writing courses could bring positive effects to students' critical thinking. However, most studies tend to focus on the effectiveness of the intervention of a certain strategy or method. Relatively few studies have attempted to explore the effectiveness of a systematically designed instructional model. Furthermore, as for whether the quality of writing could be improved more than the regular instruction due to the critical thinking-related intervention, the results are still mixed. Therefore, this study aims to explore the effectiveness of an instructional pattern deriving from ICTRWT on students' critical thinking and writing. Specifically, this study intends to answer the following three research questions:

1) What are the effects of the ICTRWT instructional pattern in an EFL argumentative writing course in terms of students' critical thinking?
2) What are the effects of the ICTRWT instruction pattern in an EFL argumentative writing course in terms of students' writing?
3) What are the students' attitudes towards the argumentative writing course with the ICTRWT instructional pattern?

Method

The study adopts a mixed method with a quasi-experimental study, supplemented with some qualitative data.

Participants

Two intact English major junior classes from a university in China were chosen as the control group and the treatment group in the study. The control group had 29 students (27 females and 2 males), and the treatment group had 30 students (29 females and 1 male). The age of all the participants ranged from 19 to 21, and their English level is about intermediate or above. Prior to the treatment, both groups had enrolled in the course "Introduction to Argumentative Essay", in which they learned the basic elements of argumentative writing and finished several assignments of short argumentative essays. We presented the instructional plan to the head of the department and obtained his permission to carry out the study. Before the experiment, all the participants also signed consent forms.

Course description

The study was carried out within the course "Advanced English Argumentative Writing". By the end of the course, students were expected to be able: 1) to consolidate their knowledge of argumentative essay writing; 2) to write relatively long argumentative essays; 3) to improve critical thinking. The textbook selected as the teaching material for both groups in the study is *Advanced Writing of Contemporary College English*, which comprises relatively long argumentative essays and follow-up writing tasks. The essays cover a variety of topics such as the meaning of life, obesity, GM food and education reform. With each lecture covering 90 min, the course went through the whole semester of 16 weeks and was delivered once a week, dealing with one topic every two weeks. The first class of the course for both groups is an orientation, in which the instructor introduced the objectives and contents of the course, the concept of critical thinking, its relationship with reading and writing, as well as the rationale to cultivate it in tertiary education. From the second class on, both groups first read the passage in the textbook and then attempted to analyze the passage in class, with a different approach for each group. After class, the two classes were assigned the same number of after-class writings. Finally, the two groups reviewed their peers' writing respectively in different ways. One of the researchers delivered treatments to both groups, which helped minimize the confounding effect of the instructor.

Instruction procedure for treatment group

The instruction pattern of the treatment group was designed to enable students to improve their critical thinking through accomplishing a series of learning tasks within the argumentative writing course. It is worth noting that the students were not deliberately trained to compose argumentative essays with critical thinking skills. Drawing on the first four forms of ICTRWT (Form A: Paraphrasing a Text Sentence by Sentence; Form

B: Explicating the Thesis of a Text; Form C: Explicating the Logic of a Text; Form D: Evaluating the Logic of a Text), the instruction was generally divided into the following steps: 1) Students jointly paraphrased difficult sentences in the assigned part of the passage in groups. Considering the length of the passage and the difficulty of the sentences, students were divided into groups, with each group taking responsibility for one part; 2) Students jointly explicated the thesis of the assigned part. During this stage, students needed to state the main idea of the part in their own words, elaborate on the idea with additional explanation, give one or more examples of the idea, and finally, illustrate the idea with a metaphor or analogy; 3) Students jointly explicated the logic of the whole passage. The logic of the passage refers to the elements of thoughts in Paul-Elder's framework, such as main purpose, key question, inferences and so on. Students still worked within the same group, focusing on one element each time. The instructor deliberately switched the elements for each group, as, in doing so, students would have the chance to examine each element; 4) Students finished a writing assignment individually after class; 5) Students explicated and evaluated the logic of their peer's writing. In this activity, students worked in groups to identify the elements of thought and evaluate them according to the intellectual standards of Paul-Elder's framework in class. The reason for evaluating a peer's writing instead of the reading materials is that the writing in the reading materials is usually well-written and considered a model essay by the students. It would be difficult for the students to find the inappropriateness in logic.

Instructional procedure for the control group

Instead of following the framework of ICTRWT, the instructor designed a different and more regular instructional procedure for the control group. The procedure did not require paraphrasing and directed students' attention to the elements of argumentative essay rather than the elements of thinking in Paul-Elder's framework. Specifically, the procedure was carried out with the following steps: 1) Students jointly discussed the meaning of difficult sentences of the assigned part in groups. Students only needed to explain the meaning, paraphrasing was not required; 2) Students jointly summarized the main idea of each part and identified the methods the author used to organize the paragraph, such as exemplification, definition, cause and effect and so on; 3) Students jointly analyzed the elements of argumentative writing in each essay within the same group. The elements included issue, claim, support (reason, evidence and emotional appeal), and refutation. Same with the treatment group, each group was assigned to different elements for analysis each time; 4) Students finished a writing assignment individually after class; 5) Students reviewed peers' writing together in class. Specifically, students needed to evaluate their peers' writing in terms of organization, content, coherence and language.

As shown in the table (Table 1), the instructional pattern in the control group, which is the regular practice of argumentative writing instruction in the course context, also involves some elements of critical thinking (for example claim, issue and support). But compared with the experimental group, the elements covered in the instruction are not complete and the intellectual standards are not introduced. Therefore, we would suggest the major intervention of the experiment is the instructional pattern, which stresses the elements of thinking and intellectual standards according to Paul and Elder's model. Besides, compared with the paraphrasing and elaborating activities for the treatment group, the activities involving understanding the sentences and main ideas of the passage for the control group are less challenging, requiring relatively less in-depth thinking.

Table 1 Instructional procedure for experimental group and control group

Steps	Group			
	Experimental group		Control group	
Step One	Jointly paraphrasing the difficult sentences		Jointly discussing the meaning of difficult sentences	
Step Two	Jointly explicating the thesis of the assigned part	• State the main point in one or two sentences. • Elaborate on the idea with more explanation. • Give examples of the meaning in other contexts. • Generate metaphors, analogies, pictures, or diagrams of the basic thesis.	Jointly summarizing the main idea of the assigned part and identify the arguing methods	• Summarize the main idea of each part. • Identify the methods that the author uses to organize the paragraph, such as exemplification, definition, cause and effect and so on.
Step Three	Jointly explicating the logic of the whole passage	Identify the key elements of thought including point of view, purpose, question at issue, information, interpretation and inference, concepts, assumption, and implications and consequences.	Jointly analyzing the elements in the argumentative essay	Identify the key elements of argumentative essays including issue, claim, support and refutation.
Step Four	Finishing the writing assignment individually		Finishing the writing assignment individually	

续表

Steps	Group			
	Experimental group		Control group	
Step Five	Explicate and evaluate the logic of their peer's writing	• Identify the elements of thinking in peer's writing. • Apply intellectual standards such as clarity, precision, accuracy, relevance, significance, depth, breadth, logic and fairness to evaluate the elements of thinking.	Reviewing peer's writing	Evaluate peer's writing in terms of organization, content, coherence and language.

Instruments

Critical thinking test

The study adopted the first four levels (paraphrasing, explicating, analyzing, and evaluating) of the ICTRWT as the test to measure students' critical thinking. According to Paul and Elder (2006), the test forms of ICTRWT can be selected and combined to form new tests in accordance with different contexts. Since students' language proficiency may pose too much of a challenge for the students to accomplish the last level (role-play) of ICTRWT, we decided to exclude this part in our test. The ICTRWT provides three essays to choose as the test content. To avoid the potential influence caused by different difficulty levels of the essay in the test, we chose one essay to serve both as pre-test and post-test to examine the effect of the treatment. Considering the length (16 weeks) from the pre-test to post-test, the chance for students to remember the answers would be small.

Writing test

The study selected two tasks from the Independent Writing tasks of the Test of English as a Foreign Language (TOEFL) as the pre- and post-writing test. The reason for choosing a TOEFL writing task is that the topics and the directions are well designed and the grading rubric is available to assess the quality of the writing, which includes: 1) topic response, 2) organization and development, 3) unity, progression and coherence, 4) language and grammar.

The instruction response questionnaire

The questionnaire was designed by the researchers and aimed to find out students' attitude towards and perception of the instructional pattern in the treatment group.

The first part of the questionnaire explores how students perceive each activity in the instruction. The students were asked to grade each activity using a 5-Likert scale in terms of degree of interest, difficulty, and the like. Besides, they could also give some comments on the activities. The second part of the questionnaire contains two open questions about students' general attitudes, advice and suggestions.

The semi-structured interview

In order to explore the students' attitude in depth, semi-structured interviews were conducted with students from the treatment group. The participants for the interviews were chosen after the preliminary analysis of the questionnaires. This enabled the researchers to include the students who favored the instructional pattern and who were not convinced of the effectiveness of this application. As the interview provides supplementary data to the questionnaire, only four students were invited to the interview. In the interviews, the students were encouraged to express their attitudes towards the ICTRWT instruction pattern and explain their reasons. All the interviews were conducted by the researchers and lasted about half an hour.

Research procedure

The basic concept and Paul-Elder's model of critical thinking were introduced to both groups in their first lecture. After the introduction, students of both groups took the pre-test of writing in class within the time limit required by TOEFL. The critical thinking test was left to both groups of the students as their after-class assignment and the students handed them in at the following week's class. After 16 weeks of different treatments, both groups took the post-tests of writing and critical thinking. As with the pretest, the writing test was administered in class, the critical thinking test after class. The students from the treatment group were also asked to finish the questionnaires and four students were invited to the interviews. Finally, both qualitative and quantitative data were collected for analysis.

Data collection and analysis

The data of the study were collected from four sources: scores of the critical thinking test, scores of the writing test, students' response to the questionnaire, and the transcribed script of the interviews.

We used the 1–10 point grading rubrics suggested by Paul and Elder to grade the critical thinking test. As mentioned in the previous section, there are four levels in the test. The full score of each level is 10, which makes the full total score 40. The items within each level were first graded with the grading scale. Then the score for each level was calculated through averaging all the item scores within the level, which were added up to obtain the total score of the test. Because the questions of the test require the students to give short answers, such as identifying the elements of the passage and evaluating the elements with certain standards, the grading relies on the raters' thorough reading and evaluation of the answers. The ICTRWT provides some specimen answers for reference, but they cannot be treated as "right" answers. That is, there are multiple "reasonable" answers to the tasks of each form. As suggested by Paul and Elder, the two raters did the test individually before grading the test forms, and then compared and discussed the specific grading rules. After that, the two raters read through the specimen answers provided and held discussions where necessary. Finally the two raters graded all the forms separately. The inter-rater reliability was 0.75, which indicates a high level of reliability. We ran ANCOVA (covariance analysis) to reveal the effectiveness of the treatment with respect to the improvement in critical thinking. Both the overall scores and individual scores for each level were compared to see the difference. The reason to use ANCOVA is that it could statistically control the effects of confounding variables and evaluate the effects of a treatment or independent variable.

The researchers adopted the four aspects of the TOEFL grading rubric and assigned each aspect a full score of 5 points, which makes the total score of the test 20. As with the critical thinking test, the two researchers graded the writing individually according to the rubric and the inter-rater reliability was calculated. ANCOVA was also run to examine the effectiveness of the instructional pattern on the students' overall writing scores and scores for each aspect.

As for the data gained from the questionnaires, we calculated the mean scores of each closed question. Written answers to the open-ended questions were closely read and summarized by the two researchers.

The interviews were tape-recorded and transcribed for analysis. As with the open-ended questions in the questionnaire, the two researchers read through the script repeatedly and summarized the reasons for students' attitudes and perceptions of the instructional pattern. Specifically, a data-coding process was used to analyze the interview transcript. The researchers first broke the data down into small meaningful units and analyzed them phrase-by-phrase to form several categories. Then the categories were examined and regrouped according to their properties. Thus, the reasons behind students' attitudes and perceptions were generalized.

Results and discussion

The covariance analysis needs to meet the following assumptions: 1) the relationship between each group of covariates and dependent variables is linear; 2) the residuals of each group are normal; 3) the regression slopes of each group are equal, that is, the regression lines of each group should be parallel. Among them, the third assumption is the most important and is the first hypothesis to be tested. In this study, we need to clarify whether the regression lines of pre-test and post-test scores of the critical thinking and writing (both total and subscale) are parallel. Therefore, the pre-test scores of critical thinking and writing were interacted with the teaching method respectively. The parallel hypothesis test results (Table 2) show that each interaction has no statistical significance ($p > 0.05$), which means the data accords with applicable conditions of the covariance analysis.

Table 2 Tests of between-subjects effects

Dependent variable	Interaction	Mean square	*F*	*p*
Post-writing-overall	instruction*pre-W-overall	4.442	1.669	.202
Post-task	instruction*pre-task	0.009	0.017	.896
Post-organization	instruction*pre-organization	0.030	0.054	.818
Post-coherence	instruction*pre-coherence	0.167	0.770	.384
Post-language	instruction*pre-language	0.839	3.292	.075
Post-CT-overall	instruction*pre-CT-overall	2.915	0.494	.485
Post-Level 1	instruction*pre-Level 1	0.848	2.193	.144
Post-Level 2	instruction*pre-Level 2	5.526	3.956	.052
Post-Level 3	instruction*pre-Level 3	0.004	0.006	.938
Post-Level 4	instruction*pre-Level 4	0.004	0.006	.938

The effect of ICTRWT instructional pattern in terms of students' critical thinking

Table 3 presents the average score and standard deviation of the post-critical thinking tests of experimental and the control group in the five covariance analyses. The covariance analyses show that scores of the treatment group are statistically higher than the control group in the overall critical thinking, Level 3 (identifying the elements of thought) and Level 4 (evaluating the elements of thought). Figure 1 presents the changes in the overall scores before and after the treatment, and Figure 2 presents the changes in subscale scores.

Table 3　Differences in the scores of critical thinking of two groups after the intervention

Areas	Group	Mean	SD	*F*	*p*
Overall	Treatment	23.07	2.887	11.736***	.001
	Control	21.23	2.363		
Level 1	Treatment	6.345	0.6827	2.727	.104
	Control	6.200	0.7497		
Level 2	Treatment	4.66	1.330	0.433	.513
	Control	4.60	1.170		
Level 3	Treatment	5.53	0.944	15.342***	.001
	Control	4.72	0.795		
Level 4	Treatment	6.53	0.944	15.342***	.001
	Control	5.72	0.795		

The result shows that the critical thinking instruction adopted from the ICTRWT enables students to better improve their critical thinking skills, particularly in analyzing and evaluating the logic. This result is consistent with Li (2011), whose study found that students improved more in terms of performing critical thinking when explicit instructions were provided. As for paraphrasing sentences and explicating the thesis of a paragraph, the treatment does not exhibit more effects. Paraphrasing sentences involves

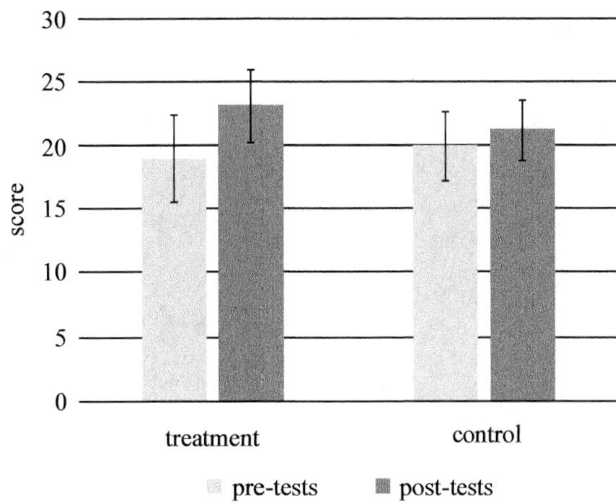

Figure 1　Changes in overall scores of critical thinking test

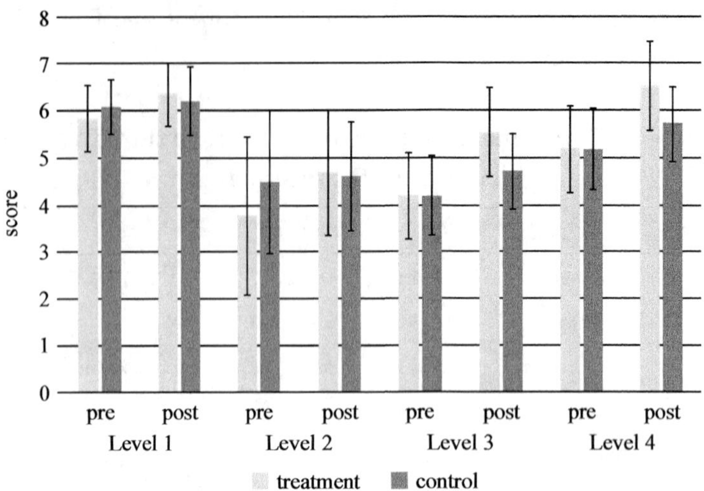

Figure 2 Changes in subscale scores of critical thinking test

more to do with language resources and proficiency; sometimes failure to interpret sentences might be attributed to the limitation of language rather than the constraint of thinking. As for explicating the thesis, by carefully examining the data, the researchers found that the reason students did not improve significantly in explicating the thesis of paragraphs might be that they could not clearly distinguish between the connotations of "example", "metaphor" and "analogy".

Table 4 Differences in scores of critical thinking of two groups after the intervention

Areas	Group	Mean	SD	*F*	*p*
Overall	Treatment	14.73	2.083	4.957*	.030
	Control	13.76	2.671		
Task	Treatment	3.76	0.636	2.930	.092
	Control	3.40	0.770		
Organization	Treatment	3.90	0.817	5.859*	.019
	Control	3.30	0.952		
Coherence	Treatment	3.59	0.501	8.407**	.005
	Control	3.23	0.504		
Language	Treatment	3.45	0.783	0.226	.636
	Control	3.33	0.547		

The effect of ICTRWT instructional pattern in terms of students' writing

Table 4 presents the average score and standard deviation of the post-writing tests of experimental and the control group in the five covariance analyses. The covariance analyses show that the scores of the treatment group are statistically higher than the control group in the overall writing, organization and coherence. Figure 3 presents the changes in the overall scores before and after the treatment, and Figure 4 presents the changes in subscale scores.

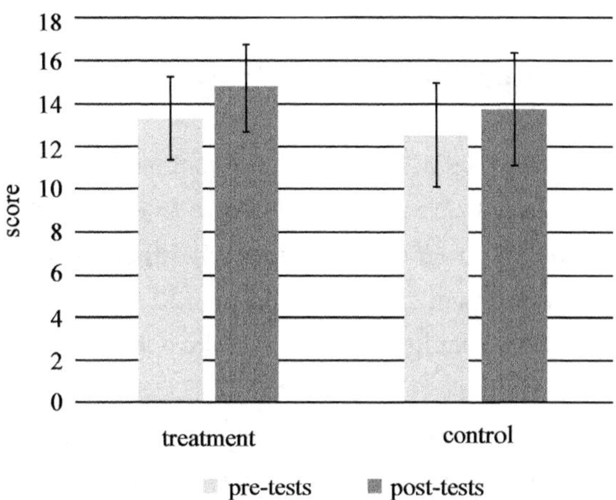

Figure 3　Changes in overall scores of writing test

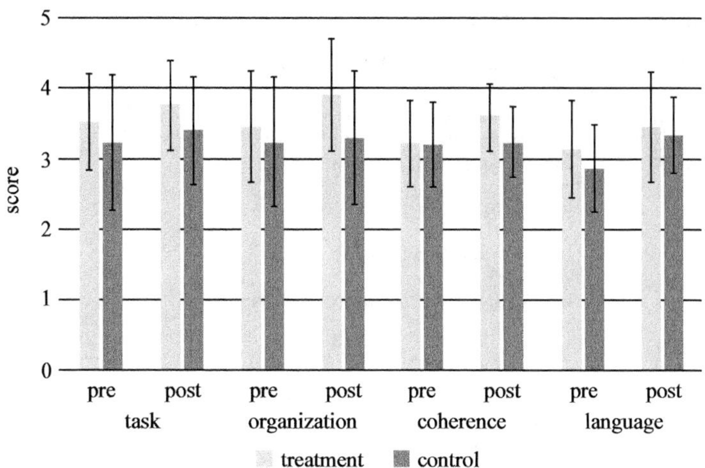

Figure 4　Changes in overall scores of critical thinking test

The findings reveal that critical thinking instruction enables students to write better argumentative essays. Specifically, students who received the treatment scored higher in terms of the overall score, the organization and coherence. This result confirms the effectiveness of critical thinking instruction on writing. This finding does not align with Fahim and Hashtroodi's (2012) study, which shows critical thinking treatment did not lead to better writing. This contradiction might be accounted for by the different time spans of the treatment. In their study, Fahim and Hashtroodi's treatment only covered four sessions, while in the current study, the treatment extended over the whole semester of 16 weeks. The treatment group did not perform better in the aspects of task response and language. The reason might be that these two aspects need more time to show the improvement.

Students' attitudes towards ICTRWT instructional pattern

The feedback on the ICTRWT instructional pattern is revealed in Table 5. From the Table, we can see students are generally positive towards the activities tailored for critical thinking in writing instruction. The perceived difficulty is relatively high (Mean= 4.45), in particular, students consider explicating and evaluating a peer's writing as very difficult. Despite the difficulty, students like the activities (Mean= 4.76) and they generally think the activities interesting (Mean= 4.67). And one thing worth noting is that students seem to prefer the cooperative work to the individual work, with relatively higher degrees of interest and similar. Students especially feel jointly explicating the thesis and logic interesting, with degree of interest as 4.90 and 4.93, respectively.

Table 5 Descriptive statistics of students' attitudes towards the ICTRWT instruction

		Mean	SD
Degree of Interest	Jointly paraphrasing difficult sentences	4.67	0.47
	Jointly explicating the thesis	4.90	0.30
	Jointly explicating the logic	4.93	0.25
	Explicating and evaluating peer's writing	4.53	0.63
	Mean of the above activities	4.76	
Degree of difficulty	Jointly paraphrasing difficult sentences	4.17	0.87
	Jointly explicating the thesis	4.17	0.60
	Jointly explicating the logic	4.60	0.62
	Explicating and evaluating peer's writing	4.95	0.70
	Mean of the above activities	4.45	

续表

		Mean	SD
Degree of liking	Jointly paraphrasing difficult sentences	4.67	0.48
	Jointly explicating the thesis	4.83	0.38
	Jointly explicating the logic	4.57	0.50
	Explicating and evaluating peer's writing	4.57	0.90
	Mean of the above activities	4.67	

In answering the two open-ended questions, the students gave their comments and suggestions toward the instructional pattern. As for the positive aspects, the students expressed that the format of instruction was interesting, which made them more engaged in the class activities. They also enjoyed the group work, in which they could find more opportunities to learn from each other. Besides, they described the class atmosphere as relaxed and less stressful. Meanwhile, students offered some suggestions to further improve the instruction. First, the instructor needs to play a more active role. Second, class needs to be better managed, especially during the group discussion. Finally, more writing activities should be designed and assigned.

The data gained from the interview further reveals the reasons behind the students' different attitudes. The favorable attitudes mainly come from an awareness of the significance of critical thinking and the student-centered and cooperative activities. The researchers selected the transcripts that represent typical reasons as examples. As Student A told the interviewer,

> I think critical thinking is very important for my future study and life. I am happy that I had this opportunity to get training in critical thinking. And I really like to solve problems with my group members. The discussion enabled us to accomplish the tasks and I enjoyed the whole process very much.

Students who did not like the instructional pattern mainly expressed their preference for a more traditional, teacher-centered approach. For example, Student B said: "I did not think I learned much from the course. What we did was mainly discussion. I wish I could hear more from the teacher."

Summarizing the data, we found students were generally positive towards the instruction. Even though some of the tasks posed big challenges for them, they liked the instructional activities and showed interest in completing them. This reveals that students nowadays may not be content with the traditional methods of instruction.

Instead, they prefer to construct knowledge on their own through accomplishing tasks, so as to develop their thinking. The suggestions that they proposed to further improve the instruction also indicates that students are not passive receivers of instruction, instead, they tend to reflect and evaluate the instruction in a reasonable way.

Conclusion and pedagogical implications

Critical thinking is increasingly seen as an essential element in EFL instruction. This study designed an instructional pattern adapted from the ICTRWT in a tertiary writing course and examined the effect of the pattern both on students' critical thinking and writing. The statistic analysis of the quantitative data suggests that students who undertook the treatment outperformed the control group in both critical thinking and writing. Specifically, these students performed better in analyzing and evaluating the elements of thinking. Even though the instruction of the control group inevitably entails the involvement of thinking skills, it is more hidden than explicit. We would argue that constantly drawing students' attention to the "Elements of thinking" and "Intellectual standards" dimensions of critical thinking could bring more positive effects in terms of critical thinking. The findings also show that the ICTRWT instructional pattern was more effective in improving the organization and coherence of students' argumentative writing. Furthermore, the data obtained from the questionnaires and interviews reveals that students held a generally positive attitude toward the instruction. Their feedback also indicates that some adjustments need to be made in terms of the instructional design and class management. One limitation of the study is that it only measured the direct effect of the instruction. Since the development of critical thinking and writing takes a complex process, whether the effect of the instruction could be enhanced, retained or even weakened is worth further exploring. Therefore, the long-term effects of the instruction can be measured in further studies.

The results from the study yield some pedagogical implications for critical thinking instruction in language courses. First, the infusion approach of critical thinking instruction should be adopted in language teaching. Under this approach, students systematically receive training of critical skills throughout the course. Meanwhile, students are more aware of the importance of critical thinking and more convinced of new instructional patterns. Second, successful training of critical thinking requires the careful construction of the learning environment. The activity designers or teachers should provide sufficient guidance to lead students to move from a teacher-centered to a student-centered classroom. And the tasks and dynamics of the group should also be considered when organizing the activities. Third, the contents of the course should not be downplayed due to the incorporation of critical thinking activities. The best practice should aim at balancing the objectives of both the content level and thinking level. Stressing cultivation of critical thinking at the cost of the course content might not be an acceptable practice.

References

Abrami, P. C., Bernard, R. M., Borokhovski, E., Wade, A., Surkes, M. A., Tamim, R., & Zhang, D. (2008). Instructional interventions affecting critical thinking skills and dispositions: A stage 1 meta-analysis. *Review of Educational Research*, 78(4), 1102–1134.

Barnawi, O. (2011). Finding a place for critical thinking and self-voice in college English as a foreign language writing classrooms. *English Language Teaching*, 4, 190–197.

Bashiri, A., & Shahrokhi, M. (2016). Improving writing proficiency, autonomy, and critical thinking ability through process-based writing instruction: A study of Iranian EFL learners. *International Journal of Applied Linguistics & English Literature*, 5(1), 232–244.

Brown, H. D. (2004). Some practical thoughts about student-sensitive critical pedagogy. *The Language Teacher*, 28(7), 23–27.

Davidson, B. (1998). A case for critical thinking in the English language classroom. *TESOL Quarterly*, 32, 119–123.

Elder, L., & Paul, R. (1994). Critical thinking: Why we must transform our teaching. *Journal of Developmental Education*, 18(1), 34–35.

Ennis, R. H. (1996). *Critical thinking*. New York, NY: Prentice Hall.

Fahim, M., & Hashtroodi, P. (2012). The effect of critical thinking on developing argumentative essays by Iranian EFL university student. *Journal of Language Teaching and Research*, 3(4), 632–638.

Fisher, A., & Scriven, M. (1997). *Critical thinking: Its definition and assessment*. Norwich: Center for Research in Critical Thinking.

Gao, Z., Gao, S., & Yang, Q. (2017). Cognition-based interactive phases and strategies in teaching academic reading. *Journal of Electronic Science and Technology*, 15(1), 33–40.

Huitt, W. (1998). Critical thinking: An overview. Retrieved from http://www.edpsycinteractive.org/topics/cogsys/critthnk.html

Li, L. (2011). An action research on how to increase reader awareness and critical thinking. *Foreign Language in China*, 8(3), 66–73.

Liu, P. E., Wu, W. V., & Shieh, R. (2015). Enhancing EFL students' critical thinking and writing: An asynchronous debate instructional design. *English Teaching and Learning*, 39(3), 33–59.

Markle, R., Brenneman, M., Jackson, T., Burrus, J., & Robbins, S. B. (2013). *Synthesizing frameworks of higher education student learning outcomes (Research Report No. RR-13-22)*. Princeton, NJ: Educational Testing Service. doi:10.1002/j.2333-8504.2013.tb02329.x

Paul, R. (1992). Critical thinking: What, why and how? *New Directions for Community Colleges*, 77, 3–24.

Paul, R., & Elder, L. (1999). Critical thinking: Teaching students to seek the logic of things. *Journal of Developmental Education*, 23(1), 34–36.

Paul, R., & Elder, L. (2006). *The international critical thinking reading & writing test*. Dillon Beach, CA: the Foundation for Critical Thinking.

Ramsay, P. (2009). *Blooming with the pious: Critical thinking, reading and writing across the curriculum*. Miami, FL: Ian Randle.

Solon, T. (2007). Generic critical thinking infusion and course content learning in introductory psychology. *Journal of Instructional Psychology*, 34, 95–109.

Tous, D. M., Tahriri, A., & Haghighi, S. (2015). The effect of instructing critical thinking through debate on the EFL learners' reading comprehension. *Journal of the Scholarship of Teaching and Learning*, 15(4), 21–40.

The integration of "critical" and "literacy" education in the EFL curriculum: Expanding the possibilities of critical writing practices[1]

Shin-ying Huang

Abstract: Despite the increasing recognition of the need for critical perspectives in teaching English to speakers of other languages, critical literacy remains very much a marginalised practice. The implementation of critical literacy is still limited in English-as-a-second-language classrooms and is almost non-existent in English-as-a-foreign-language (EFL) contexts. To address this gap, this study explores an EFL writing curriculum that aimed to integrate both critical education and literacy education. The study examines students' critical writing practices that resulted from this implementation and considers its implications for the EFL curriculum. The study demonstrates that critical writing enabled the students to understand their lives in relation to the world. It became a means of transforming and creating knowledge, and allowed them to become socially relevant and locally/globally involved. It provided an example of the power of critical writing to affect the writer's understanding of society and to enable the writer to rethink and revise the possibilities of a better world. The study also exemplifies the potential of critical literacy in an EFL curriculum where students gain a global perspective as equal participating members on personal, cultural, social, economic, and political levels.

Keywords: critical literacy; critical writing; English-as-a-foreign-language writing; second language writing; critical pedagogy; teacher inquiry

Introduction

As a form of critical pedagogy that focuses on literacy practices, critical literacy is

1 论文原发表于*Language, Culture and Curriculum* 2012年11月第25卷第3期。

supported by language scholars and educators in many English-speaking nations such as the UK, the USA, and Australia. However, despite the "critical turn" (Kumaravadivelu, 2006) and the acknowledgement of the importance of critical approaches in English-as-a-second-language (ESL) and English-as-a-foreign-language (EFL) education (Alford, 2001; Pennycook, 1996, 1999), critical literacy remains very much marginalised. Its implementation in ESL classrooms is still limited and it is almost non-existent in EFL contexts. Ramanathan and Morgan (2009: 163) suggest that what would help to advance critical pedagogy is "linking concepts/ideas to concrete practices and settings". To address this gap, this paper reports on a study that implements critical literacy in an EFL curriculum.

Critical literacy emphasises both reading and writing as bridging: "the political and the personal, the public and the private, the global and the local, the economic and the pedagogical, for reinventing our lives and for promoting justice in place of inequity" (Shor, 1999: 1). Therefore, a critical literacy pedagogy moves beyond the dichotomous instructional goals of critical social awareness and language learning, and aims to integrate both critical education and literacy education in the teaching of reading and writing. As such, it should be a part of all language education, including ESL and EFL education.

This study is based on an EFL writing curriculum that aims to integrate both critical education and literacy education. In this curriculum, students acquire research-writing knowledge and skills (i.e. literacy education) based on a socially aware perspective (i.e. critical education). The study explores students' writing practices when a critical literacy perspective is incorporated and considers the implications for the EFL curriculum.

Theoretical context

Classroom implementations of critical literacy have more frequently been associated with the teaching of reading (Brown, 1999; Kalmer, 2001). As Janks (2009: 128) observes, writing "has not been developed as the main focus of critical literacy work in schools". Moreover, most of the work on critical literacy writing has been "rewriting", that is, writing that is a result of and an extension of critical reading. For example, critical writing often takes the form of rewriting the ending of a story, rewriting a story from the perspective of one of the minor characters or a character of a different gender, or in the case of non-fiction, rewriting an article from another point of view. Although it is important to reconstruct texts in the form of rewriting in addition to their deconstruction in critical reading practices, critical writing should not solely centre on reactionary writing, that is, responding to others' texts.

Instead, writing that is based on the critical literacy framework should be a way to explore social issues and an avenue towards social change (Auerbach, 1999). It should include a "critical agenda that seeks to raise issues of social, economic and political concern" (Pennycook, 1997: 29). Thus, the critical literacy perspective draws attention to writing as a form of social critique and social action and places emphasis on the social, cultural, and political implications of writing. In addition, critical literacy writing empowers learners to "explore their own worlds with the words they have at their disposal" and experience "world literacy at the same time they deal with word literacy" (Ghahremani-Ghajar & Mirhosseini, 2005: 297). Thus, a critical writing curriculum enhances learners' critical word and world literacy.

Despite the more frequent emphasis on critical reading, there have been a few examples of critical writing instruction in recent years that do not involve rewriting. For example, in a sixth-grade language arts class, Fairbanks' (2000: 35) students examined "social issues that affected their lives" and wrote up their findings in a report. The students researched topics including drugs, divorce, career, guns, homelessness, feminism, dress code, and school violence. Rubin's (2002) tenth-grade students worked on a project in which they researched problems or questions of personal concern, including issues relating to sexual assault, depression, suicide, inequalities in sports, and negative body images. Rubin (2002: 16) reflects that this is a form of critical inquiry that combines personal experience with the social world and also, "builds the very skills of research, analysis and writing advocated for by social studies researchers and critical pedagogues alike". Although both these studies emphasise research writing as a means to explore how the social impacts upon the personal, the view of writing as a form of social critique and social action was not emphasised.

In a tertiary classroom, Shor (1987: 196) implemented critical literacy so that, "language study was a vehicle for social inquiry, and the investigation of reality was the means to gain stronger literacy". Thus, his students conducted language projects through which reading and writing assisted in the examination of social issues and their lived experiences. Their work culminated in creative forms of reporting, including a revised US Constitution, alternative forms of marriage contracts, and an issue of the school newspaper. Similarly, Morrell (2003: 7) shares the conviction that writing, rather than being the reproduction and expression of the current social order, should be "about re-making and re-articulating reality". In a college-level course on critical research and writing, his students examined issues pertaining to equity and access in urban schools, progressing from students' personal understanding of the problem to exploring possible causes for inequality in urban education. The students then reported their findings in the form of a traditional research report and presented their research to a variety of audiences.

Even though both Shor (1987) and Morrell (2003) demonstrate how critical writing enables the study of language and literacy to become a means for social inquiry while the examination of social issues becomes a medium for literacy development, their students were not impelled to explore issues beyond their immediate local contexts. Benesch (2009: 82) points out, however, that as a result of the globalised world we live in today and the various changes it brings, it is pertinent for educators to take account of "the relationship between academic English(es) and the larger sociopolitical context". Thus, a critical literacy pedagogy that seeks to cultivate sociopolitical awareness in students cannot ignore the implications of the globalising world which we now inhabit, as the local and the global inevitably impact upon each other. Consequently, teachers have the responsibility to extend the scope of students' attention and interests beyond the bounds of their immediate lives and direct locales. This is particularly true in EFL classrooms where students not only learn writing but also the English language in the context of globalisation in which English is the dominant undercurrent.

The present research differs from the above studies in that it takes into account the importance of exploring topics of both local and global significance while placing emphasis on a view of writing as a form of social critique and social action. In addition, it underscores both critical and literacy practices, that is, how the critical literacy perspective impacts upon students' writing practices.

Methodology

The qualitative teacher inquiry method was employed (Goswami & Rutherford, 2009). Qualitative research is particularly suited for exploring a topic that has received less attention, such as critical literacy writing practices, and calls for rich description (Merriam, 2009) of the phenomenon studied. Teacher inquiry differs from traditional educational research in its emphasis on teachers' reflections on their practices as a way of contributing to the further development of educational theories.

Context, setting, and participants

The study was conducted in fall 2009 in a university in Taiwan, where English remains the dominant foreign language as a result of its association with globalisation and international trade. I was both the researcher for this study and the instructor of the course in which the study was conducted, a one-semester Sophomore English course. The focus of the course was research-based writing, because it is a form of writing that "often poses the greatest challenge to new university students" (Tardy & Courtney, 2008: 73).

Participants were 20 students, comprising 16 females and 4 males, who had taken and passed the one-year general English course in their freshman year. They are humanity majors, and most are high-intermediate and advanced learners of English according to the university's English proficiency placement test.

Data collection and analysis

Data for this study include students' research papers, writer's autobiographies, reflection papers as well as my researcher/teacher journal and notes from the individual consultation sessions with students. There are three aspects to the research papers that differ from traditional second and foreign language writing as a result of the critical literacy emphasis. These consist of the themes the students chose and the narrowing down of the themes into a focus for their research, the ways the students argue their own thoughts on the research topics based on the findings of the literature review, and the students' discussion of the implications of their research. In the writer's autobiography submitted at the beginning of the semester, the students reflected on experiences writing in their native language, Chinese, writing in English, and how they see themselves as writers. This information helped me better understand and relate to the students based on their prior experience with academic writing, which in fact was almost non-existent. In the reflection papers submitted at the end of the semester, the students discussed what they had learned about their research topics, the sociopolitical implications of their research, and how the research writing differed from previous writing experiences. (Please see Appendices 1 and 2 for the writing prompts of the writer's autobiography and the reflection paper.) In the researcher/teacher journal, I documented the pedagogical process throughout the course and the progress of the research after each class session as well as reflected on my role as both a researcher and a teacher. Details from the journal later helped me to consider the implications of this research. The notes from the individual consultations allowed me to think about students' development and progress during the semester.

In the data analysis, the data were first read a number of times, and data belonging to each student were organised into a file, including their research papers, the writer's autobiographies, and the reflection papers. For each of the students, I coded the data for the ways in which they positioned themselves in relation to the themes and the research focus they chose, how they made sense of the knowledge they gained from the literature, and how they understood the social significance and implications of the research topics and findings. I then compared the codes across all of the students, looking for patterns of how they did or did not critically engage with writing to address social, economic, and political concerns. Finally, I generated broad themes that illustrate the ways in which students' writing reflected a critical disposition. Throughout the process, the researcher/

teacher journal and the notes from the individual consultations served as triangulation for the major data sources of the students' research papers and reflection papers.

Pedagogical process

This section discusses the method through which the students decided on a research theme and focus, the instructional approach through which the students were guided in the critical research, some of the tensions that arose during the process, and the positionality of the teacher with regard to the students' critical research process and product.

Choice of research themes

I recommended broad themes for the students' research, including advertisement, child labour, gender, global economy, global warming, and popular culture. I chose these themes because they are issues that are deemed important in today's globalising world by critical scholars (e.g. Bigelow & Peterson, 2002). Also, as Tardy and Courtney (2008: 87) point out, students are prone to thinking about research "as supporting an argument rather than investigating the complexities of an issue". They (2008: 87) suggest that rather than asking students to decide on a topic of research, which often results in "very broad and unfocused investigation", it may be a better idea for students to "develop research questions within a particular topic area". Therefore, the students chose from one of the themes I proposed and narrowed down the specific focus in the form of research questions.

This decision was also motivated by Benesch's (2001: 82) proposal for "a mix of teacher and student choice" of topics and Shor's (1992) recommendation for the integration of topical themes and generative themes. Generative themes "grow out of student culture and express problematic conditions in daily life that are useful for generating discussion", while a topical theme is, "a social question of key importance locally, nationally, or globally that is not generated directly from the students' conversation" (Shor, 1992: 55) but proposed by the teacher. Shor argues that there is a need for topical themes in critical classrooms because students do not always heed important social issues. He also cautions, however, that topical themes need to be accompanied by generative principles; that is, students should be able to negotiate with teachers and modify the themes of their writing.

I acquainted the students with my proposed themes by means of the articles listed in Table 1. The students were prohibited from using these articles in their literature review but were required to review literature that specifically pertained to their research questions.

Instructional approach

As a way to simplify the complex process of research-based writing, I separated the research paper into four assignments, including background and research questions, literature review, argument and critique, and conclusion. This culminates in a final research paper that combines the four assignments, emphasising coherence throughout the four sections. In the section on the background and research questions, the students explained their choice of themes as well as the reasons behind their research focus. In the review of the literature, they read and discussed at least three pieces of academic literature, that is, academic books or journal articles. The argument and critique section was emphasised, as this was the section in which the students argued their viewpoints based on the findings from their review of the literature. In the conclusion, the students summarised the purpose and the results of their research. There were also multiple individual consultation sessions after each of the assignments was submitted, during which the students and I discussed their writing as well as their thoughts on the research topics and the research process. Following this, they reviewed their work and then submitted a revised version. Table 2 presents a weekly schedule of the process through which the students' critical research was conducted, with the instructor's guidance, throughout the semester.

The focus of the first three weeks was to equip the students with an understanding of critical research and to help them decide on a research theme and topic. The students read the assigned articles and the class discussed the issues surrounding each of the themes. Also, as the students had no prior experience with research writing, a fact which was reported in their writer's autobiographies, I spent time throughout the semester explaining the organisation of a research paper and what each section of the paper entails. The students were also required to give a short presentation after submission of each of the three assignments: the background and research questions, the literature review, and the argument and critique. The presentations enabled the students to learn from one another's work as well as to provide suggestions to one another.

Table 1　Readings for the proposed themes

Themes	Article titles
Advertisement	Durning, A. T. (2004). Can't live without it. In K.A. Ackley (Ed.), *Essays from contemporary culture* (5th ed., pp. 316 – 326). New York, NY: Thomson Wadsworth. Kilbourne, J. E. (2004). Beauty … and the beast of advertising. In R. Schwegler (Ed.), *Patterns of exposition* (7th ed., pp. 304 – 309). New York, NY: Longman.

续表

Themes	Article titles
Child labour	Newbery, B. (2002). Rethinking child labor. In B. Bigelow & B. Peterson (Eds.), *Rethinking globalization: Teaching for justice in an unjust world* (pp. 194–199). Milwaukee, WI: Rethinking Schools. Peterson, B. (2002). Child labor: Pain and resistance. In B. Bigelow & B. Peterson (Eds.), *Rethinking globalization: Teaching for justice in an unjust world* (pp. 200–203). Milwaukee, WI: Rethinking Schools.
Gender	Morgan, J. (2009). Sex, lies, and videos. In S. Maasik & J. Solomon (Eds.), *Signs of life in the USA: Readings on popular culture for writers* (6th ed., pp. 616–619). New York, NY: Bedford/St. Martin's. Tannen, D. (2009). There is no unmarked woman. In S. Maasik & J. Solomon (Eds.), *Signs of life in the USA: Readings on popular culture for writers* (6th ed., pp. 620–624). New York, NY: Bedford/St. Martin's.
Global economy	B. Bigelow & B. Peterson (Eds.), *Rethinking globalization: Teaching for justice in an unjust world* (pp. 103–104). Milwaukee, WI: Rethinking Schools. Somers, J. (2009). Debt: The new colonialism. In B. Bigelow & B. Peterson (Eds.), *Rethinking globalization: Teaching for justice in an unjust world* (pp. 78–81). Milwaukee, WI: Rethinking Schools.
Global warming	Jaworowski, Z. (2003 – 2004). Solar cycles, not CO_2, determine climate. *21st Century, 16*(4), 52–65. McKibben, B. (2002). The environmental issue from hell. In B. Bigelow & B. Peterson (Eds.), *Rethinking globalization: Teaching for justice in an unjust world* (pp. 263–267). Milwaukee, WI: Rethinking Schools.
Popular culture	Davidson, J. (2004). Menace to society. In K. A. Ackley (Ed.), *Essays from contemporary culture* (5th ed., pp. 288–293). New York, NY: Thomson Wadsworth. Johnson, S. (2009). It's all about us. In S. Maasik & J. Solomon (Eds.), *Signs of life in the USA: Readings on popular culture for writers* (6th ed., pp. 446–448). New York, NY: Bedford/St. Martin's.

Note: With the exception of Jaworowski (2003–2004), the sources cited are the anthologies in which these articles appear rather than their original sources of publication.

The individual consultations took place after the students submitted each assignment and its revision. The first assignment on the background and research questions necessitated three individual consultation sessions. These sessions were integral to the instructional process, as the background and research questions was an important section that influenced the whole research paper. Despite having introduced the students to critical research in the first week, abundant time was still spent with each individual student during these sessions explaining how the critical literacy perspective impacts upon the research process. Ample time was also spent discussing with students the possible angles from which to view the social significance of their research interests. Some students also required help in turning their research focus into appropriately phrased research questions.

During the individual consultations for the literature review assignment, emphasis was placed on helping the students consider whether the literature they reviewed addressed their research questions and whether they had adequately presented the results of their review. Some students also needed help understanding the literature. In the sessions devoted to the argument and critique assignment, emphasis was placed on whether the students critiqued the findings from the literature and whether they put forward their own thoughts on the research questions in light of the results from their literature review.

The individual consultations placed enormous demands on me as a teacher. However, it was also through these sessions that I gained an intimate knowledge of the students' growing understanding of critical research and their developing perceptions of research writing. This was a deeply rewarding process.

Table 2 Weekly schedule

Week	Topic	Assignment due
1	Orientation to course and introduction to critical research	
2	Lecture on organisation of research paper—overall discussion of research themes	
3	Discussion of research topics	Writer's autobiography
4	Lecture on organisation of research paper—background and research questions	
5	Individual consultation (background and research questions)	Background and research questions
6	Individual consultation (background and research questions)	Revised background and research questions
7	Student presentation of background and research questions	
8	Individual consultation (background and research questions)	Revised background and research questions
9	Lecture on organisation of research paper—literature review	
10	Individual consultation (literature review)	Literature review
11	Individual consultation (literature review)	Revised literature review
12	Student presentation of literature review	
13	Lecture on organisation of research paper—argument and critique	
14	Individual consultation (argument and critique)	Argument and critique
15	Individual consultation (argument and critique)	Revised argument and critique
16	Student presentation of argument and critique	
17	Reflections on the critical research process	Reflection paper
18	Instructor feedback on final research paper	Final research paper

Tensions in the critical research process

Even though most of the students were immersed in the critical research, four students in particular demonstrate the tensions involved in the process. These students resisted my emphasis on defining a socially significant research focus and insisted on investigating the cause and the effect of their research topics. In particular, one of the students maintained her desire to select her own topic and focus of research, that is, the cause and the effect of internet addiction. After a few negotiations regarding the necessity of a socially aware research focus, I decided to respect these students' views of what research meant to them and what they hoped to gain through the process. Although I believe the students would benefit from the experience of conducting critical research, it is also important that critical educators allow for students who are not ready to engage with the critical perspective or who have their reasons for resisting it.

Although the tensions that arise in any attempt to implement critical literacy are an important aspect of the critical perspective, it is beyond the aims of this study and the space available to properly address the issue of resistance as it has been discussed in the literature, that is, resistance as distinct from opposition (Canagarajah, 1993) or non-participation (Norton, 2001) in the form of "silence and incomplete class work" (Pietrandrea, 2008: iii).

Positionality of the researcher/teacher

It is also important to note that because the purpose of the study is to explore students' writing practices when a critical perspective is incorporated, I took care not to impose my own views of the research themes on the students. It was they rather than I who were conducting the research. In other words, although I worked with the students to identify socially significant questions regarding their topics of interest, I respected whatever findings and conclusions they reached.

In addition, even though in many cases counter arguments can be mounted against the positions taken by the students, it is not the purpose of this study, nor was it the purpose of the students' research, to resolve these difficult issues which continue to be debated among scientists, academics, and the world at large. Rather, the aim was limited to allowing the students to experience critical research and to gain an understanding of issues that interest them through a socially aware lens and to exploring EFL students' writing practices when a critical literacy perspective is incorporated.

Expanding the possibilities of critical writing practices

In exploring students' critical writing practices, I focus my analysis and discussion on the 16 students whose writing reflected a critical orientation, using examples from four students for focused illustration. I sought to maintain the students' original voices in the quotes taken from their papers and therefore I have made only minor corrections to the grammar of the quotes, identified in square brackets, in those cases where the original form of words may hinder understanding. In what follows, quotes relating to the discussion of writing as the intersection of self and world and as knowledge transformation and knowledge creation are taken from the students' final research papers. Quotes relating to the discussion of writers as socially relevant and locally/globally involved are taken from their reflection papers. All the students' names are pseudonyms to ensure anonymity.

Writing as the intersection of self and world

In order to explore the ways in which students positioned themselves in relation to the themes and the research focus they chose, it is important to examine not only why students chose a theme but also how they understood the significance of the topics in relation to themselves.

Yi-Hwa's choice of the theme of child labour stemmed from her personal aspiration for the future and a desire to sympathise with people whose worlds are different from hers. Because she saw herself as becoming a teacher, she believed that she "should know more about young people's issues". However, in framing the aim of her research as exploring why "child labor still exist in the post-industrial world" and the possible "alternatives to child labor", she exemplified her understanding of the issue from a historical and economic perspective. She also demonstrated the understanding that possible solutions to such a problem can only result from an understanding of its social antecedents. Therefore, in framing her choice of theme and research focus, Yi-Hwa has connected the personal and the social, that is, understanding her own future aspiration of becoming a teacher as connected to a global problem of simultaneous social, economic, and historical significance.

By comparison, Chu-Xia's interest in the theme of global warming stemmed from an activist stance (Simon, 2009) that moved beyond the mere understanding of an issue to considerations of his own role, specifically in relation to reducing the impact of environmental damage. In particular, his research focused on the ways in which the "Kyoto Protocol contributed to positive changes in the environment" and on what he "can do to fight global warming". In focusing on the Kyoto Protocol, "an international agreement aimed to reduce the effect of global warming", Chu-Xia demonstrated an appreciation of the impact of international politics on environmental issues and how such politics might affect him on a day-to-day basis.

Therefore, through their decisions about the focus of their research, Yi-Hwa and Chu-Xia constructed themselves as having personal lives that are connected to broader sociopolitical issues. In contrast, Fen-Chi and Bo-Min presented themselves as writers who understand academic writing as more than an opportunity to explore topics with personal implications and, instead, opted for topics that are imbued with serious sociopolitical ramifications.

Fen-Chi chose advertisement as her research topic because "advertisements can affect the values in our society". She focused her research on the ways advertisements affect human behaviour and how advertisements "affect gender values". What deserves particular attention is Fen-Chi's focus on the impact of advertisements on gender values in general rather than just their effect on female images, the aspect which has drawn more discussion in the literature. Not only does she direct attention to an area that has received less concern, that is, the impact of advertisements on male images, but by focusing on gender values in general, she has also demonstrated a concern for the complicated and intersecting systems of marginalisation.

Bo-Min chose the theme of gender, focusing on same sex marriages because he believed it to be a social issue that has garnered less attention compared to problems such as child labour or global warming. It is also an area of gender relations that has only been sanctioned as an appropriate topic of public discussion relatively recently. His research sought to explore the arguments for and against same sex marriages and their social consequences. The line of research that is concerned with the social consequences of same sex marriages reveals Bo-Min's awareness of how issues related to the approval or restriction of human behaviour always have social ramifications.

Through the research-based writing, these students examined issues that speak to marginalized groups in society (e.g. child labour) as well as those that concern social relations (e.g. advertisement) and human rights (e.g. same sex marriages). They also employed research writing as a way to explore their own roles in relation to a worldwide problem (e.g. global warming). In other words, when an explicit connection is made between writing and social issues, students were able to construct themselves as writers who use English literacy to assert their membership and participation in the global village and thus cross the boundaries of the classroom into the broader world.

Writing for purposes of knowledge transformation and knowledge creation

The students provided examples of writing as knowledge transformation in their ability to reconceptualise their own understanding and societal assumptions of an issue. They illustrated writing as knowledge creation by being able to further contextualise the result of their research in relation to politics and power struggles that is an inevitable aspect of human relations.

Yi-Hwa came to understand child labour as a problem closely associated with capitalism. She argued that the reason child labour exists in today's post-industrial society "is money", identifying a vicious cycle that is the result of a demand-and-supply situation:

> Nowadays, it is hard to find legal labor who can accept salary lower than the minimum wage; therefore, factories employ children to save the cost. And poor families need their children to earn money, so a terrible cycle occurs.

Yi-Hwa was able to see the problem not only from the economic perspective of factory owners making every attempt to increase earnings. She interpreted the "terrible cycle" from a number of different angles, including the fact that some families are desperate enough to put their children in horrifying conditions because they see no alternative, but also that child labour takes away work opportunities from adults, exacerbating the circumstances of poverty-stricken families. In addition, Yi-Hwa was astonished to learn that child labour may even be a "necessary evil" in some regions, "because if they ban children working they may not be able to survive or even find illegal work such as child prostitution".

Yi-Hwa's discussion of child labour provides an example of knowledge transformation as a result of research-based writing. Not only was she successful in achieving the original aim of her research — to examine the factors that maintain the establishment of child labour even in today's society — she further discovered the situation as both contributing to more economic problems while possibly preventing a worse predicament for some children.

Fen-Chi's research investigated how "advertisements affect gender values". First, she considered the impact of advertisements on men as a result of the changing roles of women in society. She noted that most research on advertisements focuses on their negative impact on women, as advertisements often depict women in passive domestic roles, emotionally dependent on men, and physically appealing only when very slim. But she also acknowledged that advertisements have reflected changes in women's social status and went on to observe that men are also victims of advertisements as they have begun to experience "confusion and psychological conflict" from the increasing prevalence of women depicted as successful breadwinners who also manage to juggle home responsibilities. Finally in this context, Fen-Chi considered the impact of such advertisements on women who may experience frustration as a result of changing societal expectations for them to be successful both in their careers and as mothers. Fen-Chi has expanded, therefore, upon her original understanding of advertisements affecting gender values, and explained at the conclusion of her paper that: "the influence of advertisements and gender values is interactive. Advertisements influence gender values, but at the same time, societal values also affect advertisements".

Just as Yi-Hwa's writing led her to revise her original understanding of the factors and conditions that sustain the exploitation of children as labourers in today's world, Fen-Chi's research led her to reconceptualise her assumption of advertisements as unilaterally affecting gender values. Their examples demonstrate how the students not only engaged in knowledge construction by learning more about the topics but also knowledge transformation in amending their original understanding and questioning societal assumptions of the issues. In this case, writing has led the students to a critical literacy disposition wherein they "develop[ed] a critical relationship with their own knowledge" (Aronowitz & Giroux, 1985: 132).

Bo-Min and Chu-Xia's examples, on the other hand, demonstrate writing as knowledge creation. That is, in their attempt to learn more about their topics of interest, they came to an understanding of social affairs as often implicated in institutional politics and structural power relations.

Bo-Min found that arguments for same sex marriages "mainly focus on human rights and minority discrimination" while arguments against same sex marriages involve social concerns over the increase in venereal diseases such as AIDS and HIV, the destabilization of family values, the disruption of the constitutional definition of lawful marriage, and the neglect of the rights of children in same sex marriage homes. This led Bo-Min to consider the politics of public debate. He noticed that arguments for same sex marriages are based only on the entitlement of the couple, but arguments against same sex marriages "are closely connected with our daily lives, so it can more easily get people's approval and support". That is, because people usually are more concerned about preserving their own comforts and privileges, evoking the rhetoric of public wellbeing and societal integrity is how those in power manage to maintain the status quo. Therefore, while originally interested in learning about the social consequences of same sex marriages and the reasons for and against them, Bo-Min concluded his research with a critical appreciation of the politics and power relations involved in disputes over social values and the insight that debates over social norms are often about whose rights and concerns deserve more weight in the formation of policy.

Similarly, in an attempt to explore the ways in which the "Kyoto Protocol contributed to positive changes in the environment", Chu-Xia learned of the many contradictions and paradoxes related to the Kyoto Protocol that often characterise international and large-scale humanitarian efforts. As he explained: "If a country wants to prosper, it will produce a lot of greenhouse gases (GHG); in other words, if a country follows the Kyoto Protocol and cuts down the emission of GHG, the country's economic development would eventually decline". In addition, the research heightened his awareness of the power relations that are inevitable even in a noble cause such as environmental protection. Chu-Xia noticed that countries of power tend to put the blame on others, even when they themselves are responsible for the problems. In his own words: "The members of the Kyoto Protocol are mostly developed countries, and they produce most of the GHG, but they ask developing countries to reduce the GHG".

At the conclusion of his research, Chu-Xia demonstrated that what is at issue is not whether the Kyoto Protocol was successful in creating positive changes in the environment, but rather that politics and power relations between nations determine whether an international agreement will be put into practice. However, because it is the powerful developed countries that are the main cause of environmental problems, Chu-Xia realised that it is unlikely they will compromise their own economic gains for the purposes of environmental protection. Disillusioned, he believed that the most effective and perhaps the only effective way to help protect the environment is personal and day-to-day action. He then discussed a number of ways to fight environmental damage which he felt was "not hard to do in our daily lives".

Thus, in an attempt to construct knowledge, Bo-Min and Chu-Xia created new knowledge of the ways in which social issues and global matters are more often about the maintenance of the status quo so that the socioeconomic hierarchy and power relations of global politics are preserved. In this case, writing has led the students to a critical literacy understanding of the ways in which "knowledge serves very specific economic, political and social interests" (Aronowitz & Giroux, 1985: 132).

The writer as socially relevant and locally/globally involved

Through rethinking social relations and the possibilities of altering established societal standards, students have aligned themselves with a critical community of writers who understand writing as a form of social action and a means towards social justice. In addition to this "abstract" critical community, the students also became aware of the social impact, implications, and potential of writing for various "real-life" communities in both local and global contexts. In particular, Fen-Chi's and Bo-Min's writing demonstrated their association with a critical writing community while Yi-Hwa and Chu-Xia made connections with local and global communities.

In researching the social consequences of same sex marriages, Bo-Min observed that, "the definitions of gender and marriage have become more and more blurred with the change of time". He realised that the definitions of these terms are socially constructed, that is, what men and women can and should do and the function of marriage are sanctioned by society and supported by the majority. Also, by noting the blurring of definitions, he was referring to the possible reconceptualisation of gender and marriage. He explained that the emergence of same sex marriages stemmed from transformations in social structure and has implications for the reconstruction of what it means to be normal and acceptable. As a result, he recognised that a revised definition of gender roles and marriage will lead to a modification of traditions and customs, and that, "the demand of same sex marriages will certainly have a tremendous impact on other areas in our society".

Similarly, Fen-Chi called for a reconstruction of how we think about gender values. She suggested that even though it sometimes appears that advertisements impose negative gender values, in actuality negative gender values may not have been caused by advertisements. They may already exist in a society and have merely been exacerbated by advertisements. Fen-Chi concluded that "in order to stop the terrible cycle, we need to think about our societal values first". She believed that the importance of her research lay in drawing attention to the need to rethink social norms before falsely attributing gender problems to the negative influence of advertisements.

Yi-Hwa and Chu-Xia discussed their responsibilities as members of local and global communities. Yi-Hwa reflected:

> Child labor is not only a regional but also a global problem. Child laborers contribute a lot to the world. The things we use in our daily lives are often produced by these children. Therefore it can be said that we are all responsible for the problem of child labor.

By situating the problem of child labour in the context of global relations, she is including herself as part of a wider community of people beyond her immediate locale who similarly and equally contribute to the problem. Through her writing, Yi-Hwa also positions herself as a member of the globalised world in which social relations are blurred and boundaries are crossed as a result of the economic situation in the post-industrialised society.

Chu-Xia examined the implications of environmental protection in relation to both local and global communities. He considered that: "... government should really start to do something to prevent the disaster from happening. It is true that cutting down the emission of GHG may cause serious economic slump, but it's much more important to save our Earth!" He also extended his concerns to other parts of the world. He mentioned, "I read an article about the US government trying to stifle scientific evidence about the dangers of global warming in order to keep the public uninformed", and commented that, "this is a severe problem; the government knows the consequences of global warming, but to improve the economy and win the next election, they neglect the problem". By showing concern for environmental protection efforts, Chu-Xia saw himself as a member of the world who is responsible for monitoring his own government and those of others, and as someone who is entitled to both show concern and provide criticism of environmental policies and their implementation worldwide. Finally, he took an activist stance and considered his own role: "We should take actions like joining pressure groups in order to let the government realize the seriousness of global warming".

Through their writing, Bo-Min and Fen-Chi demonstrated a sensibility towards how social justice can be achieved through rethinking social norms and a responsibility as writers in drawing attention to the areas of social life that need to be reconceptualised. Writing became a way of participating in local and global communities for Yi-Hwa and Chu-Xia.

Critical writing as transformative practice

The study has demonstrated that as the result of the critical literacy emphasis on bridging "the political and the personal, the public and the private, the global and the local" (Shor, 1999, p. 1), writing has enabled the students to make sense of themselves in relation to the rest of the world. It has become a means for transforming and creating knowledge. Critical writing has also pushed the students to become socially relevant and locally/globally involved.

The emphasis on critical literacy has pushed writing beyond exercises in which the content is inconsequential as it only exists in service of language learning (Morgan, 2009). Critical literacy helps make explicit the potential of writing: critical writing is imbued with social significance in that it functions as social critique and serves to promote social justice. Thus, the study has provided an example of how the integration of "critical" and "literacy" education can affect an EFL writer's understanding of society and enable the writer to rethink and revision the possibility of a better world.

Implications for the EFL curriculum: co-constructing the critical research process

The students' final research papers show a considerably different appreciation of research writing from their initial understanding. During the first few consultation sessions, I found the students had a tendency to focus their research on the cause and the effect of an issue, possibly as a result of their previous writing experiences which mainly involved learning the different genres of composition. Some students also had difficulty conceptualizing the research question as guiding their research, most likely because their previous experiences with composition writing involved broad topics such as "an unforgettable vacation".

Despite these initial obstacles, however, the process of learning to conduct critical research proved rewarding for the students. They shared sentiments in the reflection papers and in informal conversations with me about how amazed they were at the ways in which their thinking had evolved. A few frequently encountered sentiments include "I have never thought about this issue in this way!" and "I never thought the issue has such complex ramifications and implications!" The students were also proud of being able to complete a research paper. One student was particularly pleased that his paper actually resembled a published journal article that he had come across. The journey from initial hesitance to final fulfilment on the part of the students can be attributed in large part to the students' and the teacher's co-construction of the critical research process.

The first essential aspect was the co-construction of the research topics following Shor's (1992) suggestion for topical themes to include generative principles, as it would be extremely unrealistic to expect novice critical writers to identify globally relevant topics. In particular, inexperienced student writers often understand research writing as arguing a specific point of view rather than examining complex issues (Tardy & Courtney, 2008). This is particularly true of EFL writers whose experiences with writing consist mainly of learning about the different genres of composition and their organisation. Despite this, it is important that students are allowed to narrow down a specific focus of research from the suggested list of themes, as it is through this process that students gain ownership of their research.

The key also lies in the co-construction of the research questions. Students need rigorous guidance in identifying a socially significant angle to their research interests. This is the defining moment in the research process, for without asking the right questions, it would be impossible to conduct socially aware critical research. Rigorous guidance involves multiple consultations with individual students. During these sessions, the teacher should be prepared to explain numerous times what socially aware critical research is and how students' research interests can be imbued with social significance. As each student's research rationale and purpose differ, this is a process that can only be conducted individually.

In addition, co-constructing the research experience with students means that the teacher needs to be intimately involved with every aspect at every stage of students' research. It is a deeply gratifying experience for the teacher when students not only complete a research report but also come to the realisation that they have learned to consider the complexities of an issue from perspectives which had previously been foreign to them. It is also through this industrious involvement that the teacher is able to support her students in their development of a critical consciousness without imposing on them her own positionality.

Conclusion

This study has demonstrated the potential of critical literacy for the EFL curriculum. Tam (2004) reminds EFL educators that in addition to learning English, students also need to, "acquire a global perspective, from which they will learn how to position themselves, personally and culturally" (p. 19) in order to "enhance cross-cultural understanding of diversities in the age of globalization" (p. 21). The study provides an example of an EFL curriculum in which students can "acquire a global perspective" not as an add-on to or subsumed by the global, but rather, as equal members. Through a critical literacy perspective, these EFL learners relate to the global not only "personally and culturally" but also socially, economically, and politically.

As this study has shown, writing that is based on a critical literacy perspective can aid in the development of students' critical social awareness. Critical writing has proved to be an avenue through which "self and collective understandings are (re)imagined and potentially transformed" (Morgan, 2009: 312). As such, the integration of "critical" and "literacy" education contributes to the development of a pedagogy of possibility.

References

Alford, J. (2001). Learning language and critical literacy: Adolescent ESL students. *Journal of Adolescent & Adult Literacy*, 45(3), 238–242.

Aronowitz, S., & Giroux, H. (1985). *Education under siege: The conservative, liberal and radical debate over schooling*. South Hadley, MA: Bergin & Garvey.

Auerbach, E. R. (1999). The power of writing, the writing of power: Approaches to adult ESOL writing instruction. *Focus on Basics*, 3(D). Retrieved from http://www.ncsall.net/index.php?id=341

Benesch, S. (2001). *Critical English for academic purposes: Theory, politics, and practice*. Mahwah, NJ: Lawrence Erlbaum Associates.

Benesch, S. (2009). Theorizing and practicing critical English for academic purposes. *Journal of English for Academic Purposes*, 8(2), 81–85.

Bigelow, B., & Peterson, B. (2002). *Rethinking globalization: Teaching for justice in an unjust world.* Milwaukee, WI: Rethinking Schools Press.

Brown, K. (1999). *Developing critical literacy*. Sydney: National Centre for English Language Teaching and Research, Macquarie University.

Canagarajah, A. S. (1993). Critical ethnography of a Sri Lankan classroom: Ambiguities in student opposition to reproduction through ESOL. *TESOL Quarterly*, 27(4), 601–626.

Fairbanks, C. M. (2000). Fostering adolescents' literacy engagements: "Kid's business" and critical inquiry. *Reading Research and Instruction*, 40(1), 35–50.

Ghahremani-Ghajar, S., & Mirhosseini, S. A. (2005). English class or speak about everything class? Dialogue journal writing as a critical EFL literacy practice in an Iranian high school. *Language, Culture and Curriculum*, 18(3), 286–299.

Goswami, D., & Rutherford, M. (2009). "What's going on here?": Seeking answers through teacher inquiry. In D. Goswami, C. Lewis, M. Rutherford, & D. Waff (Eds.), *Teacher inquiry: Approaches to language and literacy* (pp. 1–11). New York, NY: Teachers College Press.

Janks, H. (2009). Writing: A critical literacy perspective. In R. Beard, D. Myhill, J. Riley, & M. Mystrand (Eds.), *The Sage handbook of writing development* (pp. 126–136). Thousand Oaks, CA: Sage.

Kalmer, B. (2001). *Relocating the personal: A critical writing pedagogy*. Albany, NY: State University of New York Press.

Kumaravadivelu, B. (2006). TESOL methods: Changing tracks, challenging trends. *TESOL Quarterly*, 40(1), 59–81.

Merriam, S. (2009). *Qualitative research: A guide to design and implementation*. San Francisco, CA: Jossey-Bass.

Morgan, B. (2009). Fostering transformative practitioners for critical EAP: Possibilities and challenges. *Journal of English for Academic Purposes*, 8(2), 86–99.

Morrell, E. (2003, March). *Writing the word and the world: Critical literacy as critical textual production.* Paper presented at the annual meeting of the Conference on College Composition and Communication, New York.

Norton, B. (2001). Non-participation, imagined communities, and the language classroom. In M. Breen (Ed.), *Learner contributions to language learning: New directions in research* (pp. 159–171). Harlow: Pearson Education.

Pennycook, A. (1996). TESOL and critical literacies: Modern, post, or neo? *TESOL Quarterly*, 30(1), 163–178.

Pennycook, A. (1997). Vulgar pragmatism, critical pragmatism, and ESP. *English for Specific Purposes*, 16(4), 253–269.

Pennycook, A. (1999). Introduction: Critical approaches to TESOL. *TESOL Quarterly*, 33(3), 329–348.

Pietrandrea, L. M. (2008). *Co-constructing critical literacy in the middle school classroom* (Unpublished doctoral dissertation). Ohio State University, Ohio.

Ramanathan, V., & Morgan, B. (2009). Global warning? West-based TESOL, class-blindness and the challenge for critical pedagogies. In F. Sharifian (Ed.), *English as an international language: Perspectives and pedagogical issues* (pp. 153–168). Tonawanda, NY: Multilingual Matters.

Rubin, B. C. (2002). Beyond "I": Critical literacy, social education, and the "I-search". *Penn GSE*

Perspectives on Urban Education, 1(2), 1–21.

Shor, I. (1987). *Critical teaching and everyday life*. Chicago, IL: The University of Chicago Press.

Shor, I. (1992). *Empowering education: Critical teaching for social change*. Chicago, IL: The University of Chicago Press.

Shor, I. (1999). What is critical literacy? In I. Shor & C. Pari (Eds.), *Critical literacy in action: Writing words, changing worlds* (pp. 1–30). Portsmouth, NH: Boynton/Cook.

Simon, L. (2009). Working to change the world: An examination of one child's social activism. *The Urban Review*, 42(4), 296–315.

Tardy, C. M., & Courtney, J. (2008). Assignments and activities in teaching academic writing. In P. Friedrich (Ed.), *Teaching academic writing* (pp. 73–92). New York, NY: Continuum.

Appendix 1 Prompt for the writer's autobiography

Please reflect on the following:

1) What are your experiences as a writer in your native language, Chinese?
2) What are your experiences of learning to write in the foreign language, English?
3) How do you see yourself as a writer in general?

Appendix 2 Prompt for the reflection paper

This paper requires that you reflect on your experiences of writing the research paper on a topic of social significance. Please also think about what you have learned about writing over the course of the semester. Make sure your reflection includes the following:

1) Why did you choose this topic over others?
2) What are the social implications of this topic?
3) What did you find out about this topic that you did not previously know?
4) How is this writing experience different from your previous writing experiences?

Critical literacy supplementary materials in high school EFL[1]

Hyeyoung Jung

Abstract: Building on the concept of Freirean culture circles, this study reports on the development of supplementary materials to incorporate critical literacy into high school EFL textbooks. Collaborating with two experienced high school EFL teachers in South Korea, critical supplementary materials were developed to compensate for the speaking sections of Korean high school EFL textbooks. Teacher interviews, classroom interactions, and students' surveys revealed five key elements of critical materials that were necessary for students' critical engagement, namely: framing, safer topics, critical questions, critical vocabulary, and writing before speaking. This study shows that critical materials enable teachers' critical literacy teaching practices, helping teachers deal with the dilemma between what is feasible and the principles of critical literacy. With classroom-based examples and discussions, this article offers insights to ELT teachers, materials developers, and teacher educators who strive to promote critical literacy in skill-based ELT classrooms.

Keywords: critical literacy; materials development; high school EFL; critical pedagogy

Introduction

Following Freire's culture circles (Freire 1970), this article incorporates critical literacy (CL) supplementary materials into language teaching to reframe high school EFL classrooms as a site where students are encouraged to be critical thinkers and actors. Given that the lack of concrete materials and examples is one of the biggest roadblocks to critically oriented language teaching (Crookes 2013), the present study responds to a call for research into materials to supplement skill-based ELT textbooks

---

1 论文原发表于 *ELT Journal* 2023年4月第77卷第2期。

(Janks 2010; Crookes 2021). To teach both critical and conventional literacy in two Korean high school EFL classrooms, critical supplementary materials were designed as an extension of themes and vocabulary in a textbook. This exploratory study is part of a larger study in the author's dissertation on EFL teacher emotions. Based on teacher narratives, students' surveys, and audio-recorded classroom interactions, five essential elements of critical materials are analysed, which provide a window into how CL theories can be put into practice in skill-based ELT contexts.

CL in EFL

CL has become a significant part of literacy education and research in the last fifty years to help students critically understand and use texts. CL, which has its roots in Paulo Freire's (1970) critical pedagogy, believes public education is a powerful means to question existing sociopolitical norms and to empower students as agents for change through dialogical transactions. Being "critical" in CL is beyond what is normally understood by the concept of critical thinking, which indicates reasoned analysis based on an examination of evidence and argument. Adding to critical thinking, CL entails questions regarding power and ideology such as "Who benefits? Who is disadvantaged?" (Janks 2010: 13). Focusing on issues of power, students engage in critical dialogue by challenging the status quo, considering multiple viewpoints, focusing on the sociopolitical, and taking action for social justice (Lewison, Leland, and Harste 2008). In this type of classroom, students can develop a deeper understanding of texts and appreciate different perspectives and worldviews.

Despite the growing interest in CL, however, little research is available in public high school EFL classrooms, which are often characterized by a topdown, government-initiated national curriculum; a strict school schedule with high-stakes exams; heavy teacher workload; and students with different proficiency levels in a large class often with about thirty students. In South Korea, the context of this study, quite a few CL studies have been conducted with students in secondary schools (e.g. Shin and Crookes 2005; Byean 2011), private cramming schools called hagwon (e.g. West and Crookes 2017), and universities (e.g. Huh 2016). I expand this line of research to public high school regular EFL classrooms to help students engage in CL while learning and using language.

Freire's culture circles

Freire's culture circles provided a theoretical and pedagogic model for the critical supplementary materials developed here. Freire is adamant that critical content should be developed and searched with students for experiences that are relevant to these students' lives. Teaching without critical content can only make students "memorize mechanically" but cannot raise critical consciousness to help them participate in the political process and to have a say in day-to-day decisions concerning change (Freire 1970: 71).

Based on critical content, *critical dialogue* is possible, which consists of non-authoritarian interactions among students or between teachers and students. Through critical dialogue, students can raise critical consciousness, which is the identification of social injustice and what leads to transformative action. The questions below for group discussions present how Freirean culture circles were translated into the high school EFL contexts of this study:

1. What problems do you see in this article/picture? (Problem-posing)
2. Why does the problem happen? (Reading from multiple perspectives)
3. How can we solve the problem(s)? (Problem-solving for transformation)

These critical questions were used to give students a critical lens as well as to make it easier to participate in discussions. Critical questions helped to facilitate the dialogical process in which students reflect on their reality, ask questions by not taking the status quo for granted, and come up with alternative solutions.

Methodology

Participant and context

The study participants, Sunmi and Yura (pseudonyms are used throughout), are experienced high school EFL teachers in Korea with MA degrees. Both teachers are females in their late thirties who were born and raised in Korea and have a year-long experience of studying in English-speaking countries. Critical supplementary materials were initially developed by me and revised with the teachers. Then, the materials were implemented by the teachers in their homeroom classes for one semester. Sunmi's homeroom class had twenty-eight eleventh graders (eighteen males, ten females) in Minju high school. Yura's homeroom class had thirty-one tenth graders (fifteen males, sixteen females) in Dasan high school. Both schools were located in Gyeonggi province, the area surrounding Seoul. Due to the highly centralized structure of the school curriculum, school funding, educational policies, and teacher management in Korea, both schools appear to have no distinguishable differences at the school level. Sunmi and Yura were colleagues of mine whom I met when I was a high school teacher in Korea.

Data collection and analysis

Results for study analysis were drawn from: 1) in-depth and semistructured interviews at three different stages (before, during, and after the teachers' use of critical materials); 2) audio-recorded classroom group discussions; and 3) surveys of the students at the end of the semester. All interviews and surveys were conducted in their L1 (Korean) which is translated in italics in this article. The classroom data were collected from August to December 2019 and the final analysis was shared with the two teachers for validation as well as further insights.

Speaking sections in both textbooks were used for critical dialogue because they were naturally allowed for dialogic interaction. Critical topics and related vocabulary were initially chosen to connect neutral themes and vocabulary in their textbooks (cf. Benesch 2012) and discussed with the teachers for sociopolitical and pedagogic appropriateness. Table 1 shows some examples of selected themes based on the topics and expressions to teach in a textbook.

Then, discussion questions were outlined based on the framework of Freirean culture circles including problem-posing, knowledge negotiation from multiple perspectives, and problem-solving. Further adaptations and revisions were made with the teachers to produce supplementary materials more appropriate and relevant to their students' interests, proficiency levels, and time constraints.

Table 1 Selected critical themes based on textbook expressions

Textbook expression(s) in speaking sections		***Expanded critical themes***
• *Lose some weight*	→	*Beauty standards in Korea*
• *In Canada, you shouldn't avoid eye contact while speaking*	→	*Who is American?: Asian Americans in the US*
• *Give an effective speech*	→	*Native-speakerism*
• *How to slow down global warming*	→	*Environmental justice*

Sunmi and Yura used critical materials eight times as a supplement for speaking sections and the classes were conducted mostly in English, switching to Korean whenever necessary. Each activity was designed to last for about 30–40 minutes out of a 50-minute class period.

Difficulties encountered during CL

During teacher interviews before using critical materials, the teachers expected challenges such as students' limited English proficiency, backlash towards some critical topics, and students' motivational issues when teaching materials out of the normal routine of textbooks are not directly relevant to school exams. During the first CL sessions, other difficulties were also observed. A frequently raised issue was that students gave simple moral answers without elaboration (e.g. "Racism is bad.") and one-sentence negative responses without further negotiation (e.g. "No, I haven't seen racism."). These types of simple, usually yes or no, responses limited class discussions because the negotiation of meanings and persuasion can be an integral part of critical dialogue to read text from multiple perspectives and to look for solutions. Sunmi attributed this lack of engagement to the Communicative Language Teaching-based discussions on neutral topics such as personal interests, hobbies, favourite places, or food.

> Sunmi: We don't usually do that kind of activity. Since the questions in a textbook are usually about something neutral such as hobbies and personal preferences, students are more used to saying, "I like this. How about you?" and then moving on to the next topic, merely listing their opinions.

According to Yura, the lack of students' background knowledge should be addressed. For example, Korean students may not be familiar with Asian American marginalization in the United States because critical issues in other countries do not always reflect the same ways of presenting issues in Korea. Racism may be more subtle in Korea than in the United States given Korea's level of ethnic homogeneity, while other forms and representations of social injustice issues, such as nepotism, regionalism, and cronyism, are more visible.

Based on these reflections with the teachers, critical supplementary materials were developed considering five elements to make CL practices work in Korean high school EFL classrooms, namely: framing for critical themes by linking them to textbook themes and clarifying key terms; safer critical topics for socio-cultural appropriateness; critical vocabulary as lexical resources; critical questions for the facilitation of critical dialogue; and writing before speaking for the organization of students' initial thoughts for knowledge negotiation.

Key elements for materials development

Framing

While framing is what many successful teachers do in any type of classroom, framing CL practices in Korean high schools was particularly important given students' limited experience with CL in ELT classrooms. Two important aspects of framing by Sunmi and Yura were: 1) to explicitly mention how a CL-based activity can help textbook-learning, and 2) to define the meaning of critical topics such as racism, identity, and native-speakerism. As Sunmi shared, some students could feel supplementary materials are irrelevant when they are not related to school textbooks and exams. The students' immediate needs to improve conventional literacy for school exams have to be addressed to motivate them.

Extract 1: defining the term, "identity" (classroom interaction, 3 December 2019)

In addition, Sunmi and Yura employed different strategies to make the meaning of critical topics clear by providing real-life and concrete examples, whole-class discussions, literal translation, and code-switching whenever necessary. Critical topics such as identity and marginalization were unfamiliar or fuzzy concepts for students, which needed elaboration for better understanding. Clarification of terms enhanced the likelihood of students' active engagement as it evoked certain aspects of students' prior experiences and emotions. Extract 1 shows how Sunmi clarified a key term of "identity" using mind-mapping to give concrete examples.

T: what is identity in Korean?
Ss: Jeong-che-sung ((*identity*))
T: yes, then yes, what is your identity?
for example, I'm a teacher
you are a:::
Ss: a boy, a student, a girl (h)
T: yes, good students or bad students?
S: handsome student?(h)
T: I agree (h). what else? what about nationality?
S: Korean
T: and how about religion?
S: Christian
T: yes, Christian, Catholic, Buddhist:::or how about hometown?
Ss: Gonjiam, Seoul, Daejeon
T: good! these are your identity or who you are and what you are

In Extract 1, Sunmi started by asking the literal translation of "identity" in Korean. Then, she asked the whole class for concrete and real-life examples of identity such as their status, nationality, religion, and hometown. By collaboratively connecting abstract critical concepts (e.g. identity) with concrete localized examples (e.g. nationality, religion, hometown), this framing practice could not only help both teachers and students reach a clear understanding of critical terms but also help students connect their own experiences with critical topics for critical dialogue.

Safer topics

Less difficult alternatives to controversial topics were necessary. When selecting class content, teachers in Korean high schools face substantial pressures that can even affect their job security if those critical topics violate cultural appropriateness and political neutrality (Crookes 2021). Sunmi avoided some topics (e.g. divorce or teenagers' sensitivities about their appearance) that might produce negative emotions among her students and thus hinder students' language learning.

> Sunmi: If a story about a divorced family comes out, for example, if we have a student from a divorced family and we talk about a single mother issue or talking about beauty standards when some students are sensitive about their perceived appearances, then it can hurt the students' feelings [...] how painful and uncomfortable it would be for those students. Some students may feel the topic targets them.

Yura also showed her concern about what can be seen as political from the parents' perspectives of her students.

> Yura: Racism in America or poverty in Africa is okay. But if you talk about a sensitive issue such as the anti-discrimination law for homosexuality in Korea, you'll get a complaint call from parents right away.

It was noteworthy that teachers perceived critical topics as safe if they were not directly related to students' lives. "Perceived distance" seemed to make a topic safe in these language classrooms (Bender-Slack 2015: 192). Avoidance of some critical topics despite their relevance to students' lives may not sound critical enough for some enthusiasts of CL. But in order not to sacrifice the possible for the ideal, teachers should choose a topic wisely to avoid backlash from educational stakeholders.

If the issues regarding homosexuality are seen as culturally inappropriate or too sensitive, other issues related to identity can be dealt with using the narratives of marginalized groups (e.g. a narrative from a Yemeni refugee in Jeju island in Korea). Using personal narratives of the marginalized, students can navigate and understand sensitive social issues (e.g. power relations caused by politics, religions, gender, ethnicity, etc.) from a narrator's perspective, naturally opening room for discussion. Although classroom topics should be introduced to the degree that is feasible, critical teachers should also find a way to guide learners to be aware of critical and often controversial issues in society.

Critical vocabulary

The importance of building critical vocabulary has been raised by many scholars (e.g. Hammond and Macken-Horarik 1999; Crookes 2013; Parba 2018), but is rarely discussed in CL literature. To help students develop both conventional and critical literacy skills, theorizing critical vocabulary as language tools to actively engage in critical dialogue is important (Parba 2018).

Critical vocabulary refers to words and phrases that provide students with the necessary lexical repertoire for critical engagement. In this study, critical vocabulary was divided into two categories: 1) theme-specific vocabulary that defines key notions of critical topics (e.g. identity, marginalization, bias); and 2) academic vocabulary that entails relatively less frequent or complex lexical items from the reading texts (e.g. characterize, fluency). This distinction aims at enabling students to easily access and retrieve words and concepts that provide a critical lens for understanding, analysing, and producing critical texts and dialogues (i.e. critical theme-specific vocabulary); as well as those traditionally used in academic dialogue and text which are not necessarily common or frequently encountered in informal conversation (i.e. academic vocabulary).

Extract 2: bias (group discussion, 30 August 2019)

Extract 2 is when students learned a word, "bias", to explain racism. According to the teachers, it was sufficiently observed that the students looked at a handout (such as in the Appendix) to incorporate the new terms taught by the teachers into their speech during critical dialogue.

01 S5: Jiyeon, if someone says I don't like white people
02 I prefer Asian people for a date,
03 do you think it's racism?
04 S6: I think this is racist

05		white people are like other race (.) if white people feel bad,
06		they can racist
07	S5:	how about Woohyun?
08	→S7:	I don't think so. it is common {[bɪəs]}..{[bɪəs]}
09		because, for example
10		two people, one is a white guy, another is Asian guy
11		both are related to white guy, one is..one can't be able to
12		seen..look like (.) like
13	→	white guy. but it is {[bɪəs]}{[bɪəs]}
10	S8:	{[bɪəs]}?
11	Sunmi:	{[baɪəs]}

In Extract 2, S7 used the word "bias" in lines 8 and 13 to justify his argument that dating preference based on race is a racial bias, and therefore it is racism. In this case, the value-laden word, "bias", provided a critical lens to persuade others while expanding the student's lexical repertoire for conventional literacy by using a new word. It is also expected that using a word in a meaningful context would increase the retention of newly learned terms.

Critical questions

For critical dialogue, critical questions aim to help students "to consider the text from critical perspectives" (Huang 2011: 148). Bartlett (1990) pointed out that becoming a critical teacher involves moving beyond a primary concern with instructional techniques, or "how to" questions, and toward asking "what" and "why" as an integral element of larger educational goals rather than as an end in itself:

> Asking "what and why" questions gives us certain power over our teaching. We could claim that the degree of autonomy and responsibility we have in our work as teachers is determined by the level of control we can exercise over our actions. In reflecting on the above kind of questions, we begin to exercise control and open up the possibility of transforming our everyday classroom life. (Bartlett 1990: 267)

"What and why" questions were employed to promote collaboration, dialogue, and knowledge negotiation for transformation of reality as in Freire's culture circles.

Critical questions in this study also seemed to create a safe space for collaborative problem-posing and problem-solving by providing discussion routines for students. Many students reported that critical questions reduced anxiety by letting them know what to do and engage in dialogue:

> Questions and vocabulary were written in the handout, which made it easy to understand and easy to start a discussion with. (S21, Yura's class)
>
> CL practices were the most memorable of the English class this semester. They [critical materials] were much more fun and informative than the textbook. (S6, Yura's class)
>
> I was always embarrassed to speak in English and I used to be nervous because I couldn't think of anything in my head. But talking in English with my friends using critical supplementary materials was very fun and helped me practise English. (S8, Sunmi's class)

Writing before speaking

Whereas speaking tasks usually precede writing activities, this study finds writing before speaking helps critical engagement for learners. When they were given time for preparation, the students wrote down what they wanted to say and produced longer and more elaborated speeches, which in turn facilitated further negotiation and engagement in dialogue. This observation supports Hwang, Jung, and Kim's (2020) recommendation that, although Korean textbooks typically present a speaking activity before writing, writing activities before engaging in spontaneous dialogue can help students produce more organized thoughts and sentences given that speaking imposes greater processing demands. That is, writing time before speaking can reduce the cognitive burden associated with spontaneous speech production while helping students efficiently retrieve expressions and ideas from their writing experience.

Extract 3 shows how planned speech could facilitate improvised talk among students. The teachers in this study allowed their students to search the web, refer to translation apps such as Google Translate, or simply think for themselves, to articulate their opinions before answering critical questions. Extract 3 is from a group discussion about the English divide in Korea after 10 minutes of preparation in Sunmi's class.

Extract 3: English is a neutral skill (group discussion, 7 October 2019)

01	S14	so do you think there is a gap between the rich and the poor
02		regarding English proficiency?
03	S15	I think there's a gap between the rich and poor in English

because there's difference when you talk to foreigners
S14 ah..ok. how about you?
S13 sorry I didn't think about it
S14 ah ok. it's ok. how about you?
S16 I don't think so. English is the only a language which is
no discrimination with about proficiency by nature
→S14 ah..ok. for me, I think there are gap between the rich
→ and the poor in English ability. Rich families can provide
→ children with various support
→ such as early studies and English kindergarten
→ on the contrary, poor families are limited English education
→ to their children and make gap between the rich and the poor
→S13 you are cunning ((cheating))!
S14 no cunning, it's copy (h) but I also think that. I agree
S16 do you think English is different from the rich and the poor?
S14 yes, for example they are studying in early studies
and English kindergarten
→S15 early studies?
S14 Jogi-yuhak ((early study-abroad)).
→S16 but the rich people also study
→ they study in English kindergarten and early studies
→S14 but poor people can't study in English kindergarten
→ and early studies

In a small group discussion, S14 read the memo she had noted down during the writing time prior to the discussion (lines 10–15) and it facilitated further dialogue among students through linguistic (line 21) and critical (lines 23–26) negotiation of meaning. In line 21, S15 asked for the definition of a new word, "early studies". S16 provided a counter-argument in lines 23–24, which emphasized that rich people "also study" and therefore the rich also get English proficiency through their effort. As a response, S14 in line 25 pointed out unequal access to resources which can affect the different results of education. Although S13 (line 16) jokingly blames S14 for cheating by reading her written memo using a Konglish word, "cunning", these interactions would not have been possible if S14 had not organized her thoughts before speaking—whether it was copied from the website or developed on her own.

Conclusion

Five essential elements of critical supplementary materials were identified that could create and foster CL practices in two Korean high school EFL classrooms.

1. Framing to situate CL within current textbooks and to clarify key notions of critical topics were found to be important to raise the students' motivation and critical engagement.
2. Safe topics, or easier options of critical topics, were indispensable to lower the barrier to engaging in CL for teachers who feel uncomfortable about certain culturally and socially sensitive topics and teach under institutional restrictions. Critical supplementary materials should carefully provide different options, including easier ones, to help teachers make the best possible choices according to their situation.
3. Routinized critical questions of "what-why-how" helped students feel easier to collaboratively pose problems, examine multiple perspectives, and think about possible solutions and limitations.
4. Critical vocabulary, which encompassed critical theme-based and academic vocabulary, provided students both lexical repertoire and a critical lens for critical engagement to understand and articulate social injustice and oppressive practices.
5. Having writing time before speaking helped EFL students produce longer and more elaborated expressions, which in turn facilitated critical dialogue as well as language learning.

This exploratory study is meaningful given that CL cannot be adopted in a classroom only from abstract theorization. Theory-informed classroom practices grounded in concrete contexts are insightful as well as productive for teachers by providing authentic and organic approaches in which CL can take place. Most importantly, to reach out to more teachers in diverse contexts, the process of developing critical supplementary materials and teachers' actual teaching practices can offer a concrete picture of how that theory is actually realized in classroom practices. This study also raises the issue of caution and balance in the dilution of a critical approach as seen in safer topics. Although it is important to get a critical perspective in place using topics that are seen as safe and possible, it is also important that the approach is not diluted to the extent that the critical aspect is compromised. How to strike a balance between critique and feasibility is a dilemma that any teacher attempting to draw on this perspective must face and solve based on their own circumstances, experience, capabilities, and those of their students. To better tackle this classroom dilemma and provide insights, more classroom research on critical materials will broaden the pedagogic possibilities of CL even in test-oriented and skill-based ELT classrooms.

References

Bartlett, L. 1990. "Teacher Development Through Reflective Teaching". In *Second Language Teacher Education*, edited by J. C. Richards and D. Nunan. Cambridge: Cambridge University Press.

Bender-Slack, D. 2015. "Texts, Talk ... And Fear? English Language Arts Teachers Negotiate Social Justice Teaching". *English Education* 42(2):181–203.

Benesch, S. 2012. *Considering Emotions in Critical English Language Teaching*. New York: Taylor & Francis.

Byean, H. 2011. "An Exploration for Glocalizing Critical Pedagogy in the Korean Middle School Context: Toward Critical Co-teaching Praxis between Local and Native-English-speaking Teachers." Unpublished master's thesis, University of Wisconsin-River Falls.

Crookes, G. V. 2013. *Critical ELT in action: Foundations, promises, and praxis*. New York: Routledge.

Crookes, G. V. 2021. "Critical Language Pedagogy: An Introduction to Principles and Values". *ELT Journal* 75(3): 247–55.

Freire, P. 1970. *Pedagogy of the Oppressed*. New York: Continuum.

Hammond, J., and M. Macken-Horarik. 1999. "Critical Literacy: Challenges and Questions for ESL Classrooms." *TESOL Quarterly* 33(3): 528–44.

Huh, S. 2016. "Instructional Model of Critical Literacy in an EFL Context: Balancing Conventional and Critical Literacy." *Critical Inquiry in Language Studies* 13(3): 210–35.

Hwang, H., H. Jung, and H. Kim. 2020. "Effects of Written Versus Spoken Production Modalities on Syntactic Complexity Measures in Beginning-level Child EFL Learners." *Modern Language Journal* 104(1): 267–83.

Janks, H. 2010. *Literacy and Power*. New York: Routledge.

Lewison, M., C. Leland, and J. C. Harste. 2008. *Creating Critical Classrooms: K-8 Reading and Writing with an Edge*. New York: Routledge.

Parba, J. 2018. "Empowering the Filipino Language Classroom: Towards Critical Pedagogy and Curriculum." Unpublished PhD thesis, The University of Hawai 'i at Mānoa.

Shin, H., and G. V. Crookes. 2005. "Exploring the Possibilities for EFL Critical Pedagogy in Korea: A Two-Part Case Study". *Critical Inquiry in Language Studies* 2(2): 113–36.

West, G. B., and Crookes, G. V. 2017. "Critical Practitioner Research in Language Education under Difficult Circumstances." In *Reflections on Qualitative Research in Language and Literacy Education*, edited by S. A. Mirhosseini. Cham: Springer.

Appendix A sample handout

Native-speakerism

I. Literal meaning

Native-speakerism is a pervasive ideology within English education, characterized by the belief of the "native speaker" as a superior or ideal model. Native-speakerism falsely positions teachers and students as culturally superior or inferior in many English classrooms.

Gireogi Appa (a wild goose father) & an advertisement for native-like fluency of English

II. Vocabulary

Theme-specific vocabulary	Academic vocabulary
native speaker	characterize
ideology	position (v.)
superior vs inferior	advertisement
bias	fluency

III. Discussion Questions

1. What problems do you see in these pictures? (problem-posing)
2. Why does the problem happen? (reading from multiple perspectives)
3. How can we solve the problem(s)? (problem-solving)

第三部分

教材研究

基于语料库的大学英语专业教材中的思辨元素探究[1]

刘艳红 & Lawrence Jun Zhang (张军)

提　要：《外国语言文学类教学质量国家标准》提出了以"思辨能力"为根本的创新人才和以"广博知识"为基础的高素质人才培养要求。同时，2020年教育部印发的《高等学校课程思政建设指导纲要》指明，高等学校应根据不同学科专业的特色和优势，科学设计课程思政教学体系。英语教材不但为学习者提供基本学习资源，同时与社会、经济发展及教育政策密切相关。鉴于教材在英语教学中的重要作用，本研究运用语料库方法，对我国英语专业教材《大学思辨英语教程》中的思辨元素进行分析，并简要探讨其在课程思政教学中的作用。研究发现，教材主题语义域几乎涵盖了思辨性文本要求具备的各项基本要素。同时，教材根据不同主题，通过对中、西文化进行解构、对比和反思，积极引导学生讲仁爱、尚和合、求大同等思想，有利于培育社会主义核心价值观和加强中国优秀传统文化教育。

关键词： 思辨要素；英语教材；语料库；课程思政

1　引言

2018年1月教育部最新颁布的《外国语言文学类教学质量国家标准》(以下简称《外语类国标》)指明外语类专业学生应具备外语运用能力、文学赏析能力、跨文化交流能力、思辨能力，以及一定的研究能力等。其中，关于思辨能力的具

1　论文原发表于《外语教学》2022年5月第43卷第3期。

体阐释是“勤学好问，相信理性，尊重事实，谨慎判断，公正评价，敏于探究，持之以恒地追求真理；能对证据、概念、方法、标准、背景等要素进行阐述、分析、评价、推理与解释；能自觉反思和调节自己的思维过程”。《外语类国标》为外语专业教育领域提供了明确的教学导向，尤其阐释了培养以“思辨能力”为根本的创新人才和以“广博知识”为基础的高素质人才的具体要求。

工欲善其事，必先利其器。在以英语为外语的“扩展圈”国家，教材作为教学的主要载体，其编写是否符合我国外语类人才培养标准，是否服务于课程体系中有关“思辨能力”培养的要求，是培养和提高学生思辨能力的关键。因此，对英语专业教材中的思辨元素进行考察，探讨其是否为培养学生的思辨能力提供有效的资源，不仅重要而且必要。

2　研究现状

国外有关思辨能力的研究，除理论著述外（Atkinson 1997；Facione 1990；Fisher 2001；Glaser 1941），在量表开发（Watson-Glaser 2002；Center for Assessment & Improvement of Learning 2017）、学生思辨能力测评（Davidson & Dunham 1997；DeWaelsche 2015）、教师思辨意识（Matthews & Lally 2010；Tuzlukova et al. 2017）和思辨能力培养的课堂实现形式（Wilson 2016）等方面都积累了较丰富的研究成果。但是，关于教学材料与思辨能力培养的研究十分有限，仅有Ilyas（2015）和Sobkowiak（2016）分别考察了印度尼西亚和波兰英语教材对思辨能力要素的体现程度。研究主要采用内容分析法，其主观判断多于客观分析，使研究的客观性受到质疑（Curdt-Christiansen & Weninger 2015）。

在我国，早在《外语类国标》发布之前，语言教育学者们就倡导外语学界进行以培养学生思辨能力为导向的人文英语教育改革（胡文仲、孙有中2006；金利民 2010；黄源深 2010；胡文仲 2014）。然而，我国外语教育领域有关批判性思维研究却相对滞后，杨艳霞、任静生（2017）梳理了2000年至2015年我国外语类CSSCI来源期刊中批判性思维研究相关文献，分析发现，当前批判性思维研究侧重批判性思维理论的引介，此类研究约占70%，而实证性研究只占30%左右。实证性研究中，有关于学生思辨能力的研究，且成果较为丰富（文秋芳、张伶俐 2016；文秋芳等 2018），有关于教师与思辨能力培养的研究（李莉文、刘雪卉 2018），有关于思辨能力培养的课堂实现形式的研究（林岩2019），亦有新国标背景下口语思辨“一体化”课程规划研究（王博佳 2020）。然而，除徐锦芬等（2015）对德国英语教材思辨能力进行研究外，关于对我国外语教材与思辨能力培养的相关实证研究非常匮乏。

有研究发现，98%的课堂指导来自教材而非教师（Suarez 2001），教材在教学过程中起着至关重要的作用（Tomlinson 2013；张军、刘艳红 2022），在“扩展圈”国家尤为重要（Kachru 1992；Liu et al. 2022；刘艳红等 2015）。综上，教材对我国英语专业学生思辨能力培养至关重要（胡文仲 2014），且教材思辨元素研究亟待展开以填补国内外相关研究的匮缺。本研究基于语料库对英语专业《大学思辨英语教程》进行考察分析。研究结果将有助于提高我国高校外语教材建设，使其为培养以“思辨能力”为根本的创新人才和以“广博知识”为基础的高素质人才提供所需学习资源。

3　研究设计

3.1　研究的理论框架

P. A. Facione带领特尔斐项目组（The Delphi Project）对构成思辨能力的要素进行了系统研究并发布了著名的《特尔斐报告》（1990）。报告对思辨能力进行了权威性的定义：思辨能力是有目的的、自我调节的判断，它包括“认知能力”（cognitive skills）和“情感特质”（affective dispositions）两方面。为了某个具体目的，它通过运用分类、概念澄清、议题确定、观点评析、证据呈现等具体认知技能，对主题展开阐释、分析、评价、推理与解释等系列认知活动，基于这个认知结果而做出自我调节的判断。

因思辨能力的双维结构特性，该能力的培养在外语教学中的实现方式多样，就教材而言，该思维过程的培养一般通过对教材语篇的学习和任务（作业）设置来实现，而相关任务的设置及完成需围绕语篇话题展开，因此，教材语篇是教材的核心成分，其话题设置、思辨元素呈现与材料的选择是培养学习者思辨能力的重要实现方式。因此，通过对教材语篇的科学、客观分析，考察其所提供的学习资源是否有利于培养学习者的语言和思辨能力是本文的研究重点。

3.2　研究问题

本研究旨在回答两大问题：

1）教材语篇主题语义域有哪些？

2）教材语篇的特征是否有利于培养学生的思辨能力？

3.3　研究方法

3.3.1　构建“《大学思辨英语教程》语料库”

为系统地分析英语专业教材《大学思辨英语教程》精读教程，本研究构建“《大学思辨英语教程》语料库”。教材共计4册，分别为《语言与文化》《文学与人生》《社会与个人》和《哲学与文明》。本研究只考察教材课文语篇，不包括课后练习等其他部分。

3.3.2　研究工具和数据分析

本研究采用Rayson（2003，2008）的语料库语义标注、分析工具Wmatrix4对教材语篇展开分析。Wmatrix是基于网络的语料分析工具，其内嵌两个语料库标注工具：语法标注工具CLAWS和语义标注工具USAS。文本上传后：首先，CLAWS对文本进行语法标注；然后，USAS在初步语法标注的基础上对文本进行语义赋码。语义赋码是多层次的、复杂的语义选择、排歧和标注过程，如基于语境准确对spring（春天、跳跃、弹性的、春天的）进行语意选取和赋码。“在无人工干预下，CLAWS的语法标注准确率达97%–98%，USAS语义标注准确率达91%–92%”（Rayson 2003：28–29）。

上传语料库经在线语法标注、语义赋码并与其内嵌的参照语料库BNC Sampler进行对比，根据语义赋码在两个语料库中使用的频率生成关键词表和关键主题语义域（Key Semantic Domain/Cloud/ Field）。结果有列表和云图两种显示方式。主题语义域按其关键性（Keyness）即对数似然值Log-Likelihood（LL）排列，表示该语义域超常使用的显著性。“LL 3.84代表$p < 0.05$，LL 6.63代表$p < 0.01$，LL 15.13代表$p < 0.0001$，将LL 6.63设为关键性分界值”（Rayson 2003：106），为提高其显著性，本研究将LL 15.13设为关键性分界值。因教材语篇多为书面文本，故本研究选用BNC Sampler Written子库作为参照语料库。

4 研究结果与讨论

将四册教材语篇分别上传至Wmatrix，经在线语法标注、语义赋码并与参照语料库对比，将LL 15.13设为关键性分界值，分别得到关键主题语义域67、75、92、85个，因篇幅所限，以第一册教材为例，部分主题语义域如图1和表1所示：

4.1 《语言与文化》语义域分布

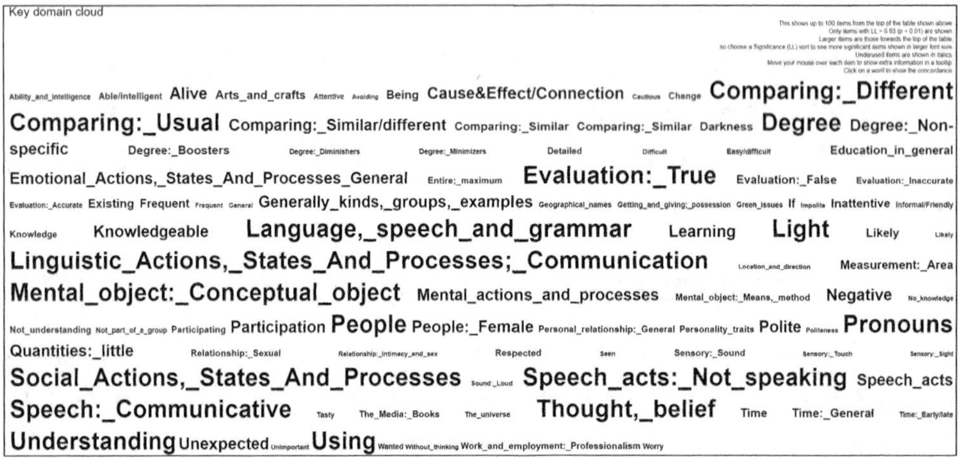

图1 《语言与文化》主题语义域云图

图1中字体越大关键性越高，详细信息见表1,限于篇幅只展示前35个关键语义域。表1中的“01”和“%1”是该语义域在研究语料库中出现的频率和相对频率，“02”和“%2”是该语义域在参照语料库中的频率和相对频率，“+”表示该语义域在研究语料库中超常使用（overused)。

表1 《语言与文化》主题语义域表

			Item	01	%1	02	%2	LL	LogRatio
1	Listl	Concordance	Q3	1638	2.55	1653	0.17+4749.55	3.90	Lauguage, speech and grammar
2	Listl	Concordance	S2	626	0.98	2896	0.30+553.23	1.70	People
3	Listl	Concordance	Q2.1	1043	1.62	7024	0.73+483.85	1.16	Speech: Communicative
4	Listl	Concordance	A6.1−	775	1.21	4629	0.48+456.45	1.34	Comparing: Different

续表

			Item	01	%1	02	%2	LL	LogRatio
5	Listl	Concordance	X2.1	684	1.07	4139	0.43+393.25	1.32	Thought, belief
6	Listl	Concordance	A13	57	0.09	0	0.00+316.65	10.75	Degree
7	Listl	Concordance	X2.5+	189	0.29	551	0.06+279.77	2.37	Understanding
8	Listl	Concordance	X4.1	355	0.55	1947	0.20+242.64	1.46	Mental object: Conceptual object
9	Listl	Concordance	A5.2+	177	0.28	779	0.08+167.25	1.78	Evaluation: True
10	Listl	Concordance	W2	30	0.05	0	0.00+166.66	9.82	Light
11	Listl	Concordance	Q1.1	350	0.55	2564	0.26+133.86	1.04	Linguistic Actions, States and Processes; Communication
12	Listl	Concordance	A6.2+	321	0.50	2275	0.23+132.84	1.09	Comparing: Usual
13	Listl	Concordance	S1.1.1	297	0.46	2089	0.22+125.08	1.10	Social Actions, States and Processes
14	Listl	Concordance	Q2.2−	26	0.04	4	0.00+121.39	6.62	Speech acts: Not speaking
15	Listl	Concordance	Z8	5534	8.62	72023	7.44+107.01	0.21	Pronouns
16	Listl	Concordance	A1.5.1	269	0.42	1965	0.20+103.60	1.05	Using
17	Listl	Concordance	X2.2+	300	0.47	2302	0.24+102.02	0.97	Knowledgeable
18	Listl	Concordance	L1+	49	0.08	93	0.01+101.16	2.99	Alive
19	Listl	Concordance	S1.2.4+	52	0.08	130	0.01+87.80	2.59	Polite
20	Listl	Concordance	E1	88	0.14	373	0.04+87.27	1.83	Emotional Actions, States and Processes General
21	Listl	Concordance	A13.1	119	0.19	653	0.07+81.26	1.46	Degree: Non-specific
22	Listl	Concordance	A6.1	29	0.05	32	0.00+80.80	3.77	Comparing: Similar/ different
23	Listl	Concordance	Z6	763	1.19	8052	0.83+80.58	0.52	Negative
24	Listl	Concordance	A4.1	409	0.64	3769	0.39+78.55	0.71	Generally kinds, groups, examples
25	Listl	Concordance	X2.3+	74	0.12	307	0.03+75.38	1.86	Learning
26	Listl	Concordance	N5−−−	35	0.05	65	0.01+73.29	3.02	Quantities: little
27	Listl	Concordance	A2.2	449	0.70	4362	0.45+69.96	0.63	Cause & Effect/ Connection
28	Listl	Concordance	S1.1.3	11	0.02	0	0.00+61.11	8.37	Participation
29	Listl	Concordance	Q2.2	855	1.33	9724	1.00+57.87	0.41	Speech acts

续表

			Item	01	%1	02	%2	LL	LogRatio
30	Listl	Concordance	X2.6−	35	0.05	100	0.01+52.76	2.40	Unexpected
31	Listl	Concordance	X2	24	0.04	46	0.00+49.23	2.98	Mental actions and processes
32	Listl	Concordance	S2.1	168	0.26	1364	0.14+48.88	0.89	People: Female
33	Listl	Concordance	A6.1+	218	0.34	1924	0.20+48.82	0.77	Comparing: Similar
34	Listl	Concordance	P1	360	0.56	3691	0.38+43.98	0.56	Education in general
35	Listl	Concordance	A6.1+++	97	0.15	668	0.07+42.85	1.13	Comparing: Similar

纵观所得主题语义域，将二级主题语义域合并得到上位语义域，如将主题性值排名第一的［Q3：Language, speech and grammar］、第三位的［Q2.1：Speech: Communicative］以及后面的［Q1.1：Linguistic Actions, States and Processes; Communication］、［Q2.2−：Speech acts: Not speaking］、［Q2.2：Speech acts］等归为上位语义域“语言与交流”［Q：Language and communication］。依此合并其他主题语义域，并按其主题性值大小排列结果为：语言与交流［Q：Language and communication］；心理行为和过程［X2：Mental actions and processes］；对比［A6：Comparing］；社会行为、状态和过程［S：Social actions, states, process］；分类［A4：Classification］；评估［A5：Evaluation］；因果/关系［A2：Affect］；情感行为，状态和过程［E1：Emotional Actions, States and Processes］；教育［P1：Education in general］；艺术品和手工艺品［C1：Arts and crafts］。

首先，从以上十个显著语义域可以看出，该册教材凸显“语言”和“文化”两大主题语义域。第一位的“语言与交流”表明该册教材语篇侧重语言知识和能力的培养。进一步分析构成该语义域的语篇，发现教材从多层面对语言理论、言语行为、语法、交际行为等内容进行系统、深入介绍。文化上，根据William（1976：80），文化内涵有三个方面：1）智力、精神和艺术发展的一般过程；2）一个人或一个群体，或一个时期的一种特定的生活方式；3）知识或艺术实践及作品（如音乐、文学、绘画、雕塑、戏剧和电影）。因此，第四位的“社会行为、状态和过程”下的各次级语义域以及“教育”和“艺术品和手工艺品”等显著语义域表明该册教材语篇凸显文化主题。

其次，分析、推理、评价等思辨元素在该册教材中体现明显。第二位“心理行为和过程”的各次级语义域反映出语篇涉及大量关于“未知、学习、理解、思考、辨析”等思维活动内容。第三位的“对比”、第五位的“分类”和第六位的"评估"语义域，表明语篇对所涉话题的论述大量使用了对比、分类和评价等方法进行阐释，得出相关结果或结论，因此，"因果/关系"［Cause & Effect/Connection］语义域亦显著。此处值得一提的是，"评估"的次级语义域显示，语篇在对事物评价时倾向于客观呈现［Evaluation：True、False、Inaccurate、accurate］，而体现个人主观观点的语义域［Evaluation：Good/bad］并未出现。

如上分析发现，教材语篇"对比""分类"和"评估"等语义域显著，表明语篇通过使用大量对比、分类和评价等思辨元素来对话题进行论述。为加深学生对相关思辨元素的内证实践，并构建具有客观价值的认知体系，围绕语篇话题，一方面，教材体例上设置了"跨文化能力"（Intercultural Competence）板块，根据单元主题引导学生对课文内容做延伸思辨，主要是对中西文化进行解构、对比和反思。另一方面，教材注重收录中国优秀传统文化教育题材，并在"跨文化能力"板块设置任务，引导学生对主题展开阐释、分析、评价等系列认知活动。例如，课文Virtue as Mastery in Early Confucianism（早期儒学中的道德修养）的"跨文化能力"任务设置为：1）分别从中、西方视角解读道德的意义；2）评析当代学校德育与儒家道德培养方式等。此外，教材中"情感行为、状态和过程"语义域显著。思辨能力包含"认知能力"和"情感特质"两方面，它通过对主题展开阐释、分析、评价、推理与解释等系列认知活动，基于这个认知结果而做出自我调节的判断。因此，教材语篇"情感行为、状态和过程"语义域显著在一定程度上说明，其有利于培养学生思辨能力中的"情感特质"。

4.2　《文学与人生》语义域分布

《文学与人生》分册中，关键主题语义域列表排第一位的是"代词"［Z8：Pronouns］，进一步观察构成该语义域的成员词发现，代词主要指代人物。第二位的"身体/生理结构"［B1：Anatomy and physiology］多为对眼睛、头发等人体外貌描写；后面"感官"［X3：Sensory］和"情感"［E：Emotion］，以及"外貌评价"［O4.2：Judgement of appearance］和"人格特质"［S1.2：Personality traits］等语义域均显示教材语篇从多方面对人物进行了大量描写。

关键主题语义域"光线"［W2：Light］、"黑暗"［W2-：Darkness］、"地点/方位"［M6：Location and direction］、"建筑"［H2：Parts of buildings］和"家具/家居配饰"［H5：Furniture and household fittings］等语义域显示教材语篇突出对地点、环境和氛围的描写。关键主题语义域"移动/来/去"［M1：Moving, coming and going]、“言语/交际” [Q2.1：Speech：Communicative] 和“行为动作” [M2：Putting，pulling，pushing，transporting] 等语义域表明，语篇运用了大量的语言和动作描写。

综上，该册教材凸显了大量对人物、时间、地点/环境/氛围、动作的描写，其文学属性特征明显，充分体现了《文学与人生》中的“文学”特征。然而其“人生”话题并不十分清晰。进一步考察发现，教材语篇涉及话题丰富且不突出某一主题，话题涉及：情感、伦理道德、种族偏见和自我发现与成长等题材。同一单元的两篇文章往往神似而题不同、题同而意相远，例文如下：

神似而题不同、涉及道德伦理的两篇文章，如Unit 3的两篇文章War和The Prince Finds a Wise and Happy Man，话题完全不同但却有着相同的意趣旨归：两篇文章的主人公都在开篇时慷慨陈词树立己见，可就在文中听众、文外读者对其心悦诚服之时，事件斗转，颠覆前言。在阅读过程中，读者自己的道德意识和价值观随着这一系列的跌宕起伏的矛盾纠葛和冲突不断地解构、反思、重构。这种自觉的探求过程激发读者的好奇心和同理心，在五味杂陈中深思作品的意义。

题同而意相远的两篇文章，如Unit 2的Revolt of the Evil Fairies和The Revenge of Her Race，主题都是种族偏见，Revolt of the Evil Fairies是关于非裔美国人面对种族歧视不公的斥诉和精神反抗，而The Revenge of Her Race的主旨却是新西兰原住民毛利女孩因种族自卑感而自我禁锢和消亡的故事。两篇文章展现了不同的种族矛盾，尤其不同的叙述视角——主人公与外界的抗争和与自己的不能共处，使读者下意识地比较人物关系及人物所处的情境来理解种族矛盾这一复杂主题。

4.3 《社会与个人》语义域分布

关键主题语义域排第一位的“人” [S2：People] 和第二位的“社会行为/状态/过程” [S1.1.1：Social Actions，States and Processes] 显示该册教材主题为“人与社会”。主题语义域排名前二十位的还有“犯罪” [G2.1-：Crime]、“贫穷/富有” [I1.1-：Money：Lack；Money：Affluence]、“婚姻家庭” [S4：Kin]、“教育” [P1：Education in general]、“工作就业” [I3.1：Work and employment]、“变化” [A2.1+：Change]、“环境保护” [W5：Green issues]、“性别” [S2.1：People：Female]、“年龄” [Time：Old，new and young，age]、“种族” [G2.2：General ethics]、“科技” [Y1：Science and technology]、“法律秩序” [G2.1：Law and order］、“权利/组织”［S7.1：Power，organizing］、“疾病”［B2-：Disease］、“宗教”［S9：Religion and the supernatural］等等。

另一方面，主题性显著的还有“对比”“评估”“分类/举例”和“因果/关系”，此类语义域表明，语篇采用了大量的对比、分类和评价等方法对话题进行逻辑关系阐释。同时，较之其他教材分册，“调查/测试/研究”［X2.4：Investigate，examine，test，search］、“程度”［A13：Degree］、“数量”［N5：Quantities；Entire，maximum］等主题语义域在该册教材中凸显，体现了社会学的实证科学特征，同时说明其研究成果是语篇作者采用大量的定量或定性的调查、测试等实证研究方法对以上社会问题和现象进行分析和评价。

语篇是特定时代和特定社会结构的折射，它能反映出其所属社会的经济、社会和文化变革。该册教材涉及广泛的社会学领域里重要的主题和议题，一方面，学习者可以通过辩证的思维方式透过现象（文本的或社会的）对目标语文化的社会的本质进行批判性思考。另一方面，对此类社会学语篇的学习，有助于培养学习者求证的思维方式和依靠科学的方法获取数据证据的意识，这种实证的思维方式正是思辨能力训练的有效途径。

4.4 《哲学与文明》语义域分布

该分册教材显著语义域的前五位体现了语篇显著的哲学属性。第一位的“思想/信念”［X2.1：Thought，belief］主要语义域成员词包括Philosophy（79次）、philosopher（s）（42次）、thinker（s）（17次）。进一步观察主要构成该语义域的语篇发现，除了一些语篇专门探讨笛卡尔哲学思想（如Second Meditation）、东西方哲学观（如A History of Western Philosophy、The Spirit of Chinese Philosophy等），在其他语篇中亦大量涉及哲学思想的论述，如在The Mortal Wound中，语篇中讨论了古希腊的四大哲学学派，并主要阐述了其中伊壁鸠鲁学派（Epicurus）的思想，并将其救治哲学（medical philosophy）的思想应用到心理治疗中。在语篇What Is Human Nature中，作者探讨人类本性的过程中，追根溯源地阐释了柏拉图哲学思想对西方哲学家、思想家的影响。

主题语义域第二位的“生命”［L1+：Alive］和第三十三位的“死亡”［Dead］表明，语篇涉及对哲学范畴中关于生命和死亡等主要话题的讨论。显著语义域第五位的“心理/概念”［Mental object：Conceptual object］的成员词主要包括：idea（s）（123次）、view（74次）、theory（46次）、principle（23）

等。所涉语篇主要是讨论哲学、历史和社会学领域的一些概念，如The Spirit of Chinese Philosophy、What Is History、Defining Social Justice、Two Concepts of Liberty，以及对认知中习以为常的概念进行深入探究，如The Meaning of Life、The Meaning of Love、The Meaning of Freedom、The Meaning of Death。

第六位的“评价”和第九位“程度”以及十一位的“对比”［Comparing: Different］表明语篇存在大量对比和评价内容。值得关注的是，其中“对比”语义域凸显“不同”。对构成该语义域主要语篇进一步分析发现，教材语篇在呈现哲学、历史、政治、文学乃至社会学领域的知识时，力求提供多元思想供读者思辨。例如，语篇The Meaning of Life：Questions and Answers中既呈现了索福克勒斯（Sophocles）的悲剧《俄狄浦斯王》（Oedipus the King）中的悲剧观，又陈述了维根斯坦（Ludwig Wittgenstein）的语言哲学观、德国哲学家马丁·海德格尔（Martin Heidegger）的“存在”思想和阐释学转向中哲学家的现实主义观点，激发读者在各种思想中进行对比、反思。

5 结语

根据Facione（1990），思辨能力包括“认知能力”和“情感特质”两个方面，即为了某个具体目的，通过运用一系列认知技能，如分类、概念澄清、议题确定、观点评析、证据呈现等，对主题展开阐释、分析、评价、推理与解释等系列认知活动，基于这个认知结果而做出自我调节的判断。在“认知能力”方面，本研究的数据分析和论述表明，《大学思辨英语教程》的四个分册尽管每个分册显著语义域不尽相同，但整套教材前十名的显著语义域有：语言、人、思想/信念、对比、概念、评估、社会行为/状态/过程。前五十位的显著语义域还包括因果/关系、分类、情感、环保、犯罪、贫穷、教育、种族等。这些主题语义域几乎涵盖了思辨性文本应具备的基本要素：分类、概念、议题、观点评析、证据呈现、阐释、分析、评价、推理等系列认知活动。

在“情感特质”方面，“情感”主题语义域显著，表明教材语篇有利于激发学习者在认知活动中触发情感体验，例如对一些社会问题的思考唤起学习者的同理心。此外，教材中“对比”语义域显著，因为教材“跨文化能力”等体例设置，以及中国文化相关题材的选择，为引导学生通过对中、西文化进行解构、阐释、对比和反思等系列认知活动开创空间，从而培养学生基于这个认知结果而做出自我调解的情感特质，同时起到积极引导学生讲仁爱、尚和合、求大同等思想的作用，有利于培育和践行社会主义核心价值观和加强中国优秀传统文化教育。综上，《大学思辨英语教程》在培养学习者的语言能力、思辨能力以及通过运用英语系统地学习语言、文化、文学、历史、哲学乃至社会学领域的学科知识，搭建跨学科知识结构，并将在提高人文素养、培育社会主义核心价值观和加强中国优秀传统文化教育方面将起到积极的作用。

参考文献

Atkinson, D. A critical approach to critical thinking in TESOL [J]. *TESOL Quarterly*, 1997(1): 71–94.

Center for Assessment & Improvement of Learning. *Critical Thinking Assessment Test* [M]. Cookeville: Tennessee Technological University, 2017.

Curdt-Christiansen, X. & C. Weninger. *Language, Ideology and Education: The Politics of Textbooks in Language Education* [M]. London: Routledge, 2015.

Davidson, B. & R. Dunham. Assessing EFL student progress in critical thinking with the Ennis-Weir critical thinking essay test [J]. *JALT Journal*, 1997(1): 43–57.

DeWaelsche, S. A. Critical thinking, questioning and student engagement in Korean university English courses [J]. *Linguistics and Educations*, 2015(32): 131–147.

Facione, P. A. *Critical Thinking: A Statement of Expert Consensus for Purposes of Educational Assessment and Instruction—The Delphi Report* [M]. Millbrae, CA: California Academic Press, 1990.

Fisher, A. *Critical Thinking: An Introduction* [M]. Cambridge: Cambridge University Press, 2001.

Glaser, E. M. *An Experiment in the Development of Critical Thinking* [M]. New York: Bureau of Publications,1941.

Ilyas, H. Critical Thinking: Its Representation in Indonesian ELT Textbooks and Education [D]. University of York, 2015.

Kachru, B. B. World Englishes: Approaches, issues and resources [J]. *Language Teaching*, 1992(1): 1–14.

Liu, Y. H., Zhang, L. J. & S. May. Dominance of Anglo-American cultural representations in university English textbooks in China: A corpus linguistics analysis [J]. *Language, Culture and Curriculum*, 2022(1): 83–101.

Matthews, R. & J. Lally. *The Thinking Teacher's Toolkit: Critical Thinking, Thinking Skills and Global Perspectives* [M]. New York: A & C Black, 2010.

Rayson, P. Matrix: A Statistical Method and Software Tool for Linguistic Analysis through Corpus Comparison [D]. Lancaster University, UK, 2003.

Rayson, P. From key words to key semantic domain [J]. *International Journal of Corpus Linguistics*,

2008(4): 519–549.

Sobkowiak, P. Critical thinking in the intercultural context: Investigating EFL textbooks [J]. *Studies in Second Language Learning and Teaching*, 2016(4): 697–716.

Suarez, E. T. A. Behavioral Systems Analysis of Textbook Quality Improvement [D]. Western Michigan University, the U. S., 2001.

Tomlinson, B. *Developing Materials for Language Teaching* [M]. London: Bloomsbury Publishing, 2013.

Tuzlukova, V., Al Busaidi, S. & S. L. Burns. Critical thinking in the language classroom: Teacher beliefs and methods [J]. *Social Sciences & Humanities*, 2017(2): 615–634.

Watson, G. B. & E. M. Glaser. *Watson-Glaser Critical Thinking Appraisal* [M]. London: The Psychological Corporation, 2002.

Williams, R. *Keywords: A Vocabulary of Culture and Society* [M]. London: Fontana/ Croom Helm, 1976.

Wilson, K. Critical reading, critical thinking: Delicate scaffolding in English for academic purposes [J]. *Thinking Skills and Creativity*, 2016(22): 256–265.

胡文仲. 试论我国英语专业人才的培养：回顾与展望[J]. 外语教学与研究，2014（1）：111-117.

胡文仲，孙有中. 突出学科特点，加强人文教育——试论当前英语专业教学改革[J]. 外语教学与研究，2006（5）：243-247，319.

黄源深. 英语专业课程必须彻底改革——再谈“思辨缺席”[J]. 外语界，2010（1）：11-16.

金利民. 注重人文内涵的英语专业课程体系改革[J]. 外语教学与研究，2010（3）：176-183.

李莉文，刘雪卉. 教师反馈与思辨能力培养的个案研究——以英语专业本科毕业论文为例[J]. 外语界，2018（6）：20-27.

林岩. 语言模板在英语辩论课思辨能力培养中的应用效果研究[J]. 外语教学，2019（1）：66-71.

刘艳红，Lawrence Jun Zhang, Stephen May. 基于国家级规划大学英语教材语料库的教材文化研究[J]. 外语界，2015（6）：85-93.

王博佳. 新国标背景下口语思辨“一体化”课程规划——基于思辨模型和产出导向法理论[J]. 西安外国语大学学报，2020（4）：69-72.

文秋芳，孙旻，张伶俐. 外语专业大学生思辨技能发展趋势跟踪研究[J]. 外语界，2018（6）：12-19.

文秋芳，张伶俐. 外语专业大学生思辨倾向变化的跟踪研究[J]. 外语电化教学，2016（1）：3-8，16.

徐锦芬，朱茜，杨萌. 德国英语教材思辨能力的体现及对我国英语专业教材编写的启示[J]. 外语教学，2015（6）：44-48.

杨艳霞，任静生. 我国外语批判性思维研究可视化分析与反思[J]. 外语界，2016（3）：50-56，80.

张军，刘艳红. 教材语篇的文化内涵——一项基于语料库的《大学思辨英语教程》研究[J]. 中国外语，2022（1）：90-97.

中学英语教材阅读中的思辨能力培养：基于中德两套教材的对比[1]

陈则航　邹　敏　苏晓俐

提　要：本文从思辨能力的视角出发，以阅读活动和问题设计为切入点，分析和对比了中德两套初中英语教材。研究发现，两套教材都关注学生思辨能力的培养，并循序渐进地将思辨能力融入阅读任务中，但它们对各分项技能的关注程度和发展方式略有不同。因此，本研究建议教材编写者依据国家课程标准和学生的认知水平，进一步关注阅读活动中分析类、推理类和评价类任务的分布和类型，促进学生对文本的深入理解和适度质询，提升中学生的思辨能力。

关键词：思辨能力；英语教材；分析；推理；评价

1　引言

思辨能力是21世纪人才的核心能力之一，培养学生思辨能力已成为许多国家和地区教育改革的重中之重。在我国，对学生思辨能力的培养是国家中长期教育改革和发展的战略性任务之一（中华人民共和国教育部 2012），也是基础教育阶段的重要培养目标之一（中华人民共和国教育部2012，2018）。教材是学生学习和教师教学的重要内容和手段，也是培养思辨能力的重要组成部分（徐锦芬等 2015）。因此，英语教材的内容选择和活动设计应有利于学生思维品质的发展（中华人民共和国教育部 2018）。然而，我国传统的英语教材缺乏合适的思辨任务设计，教材编排强调语言技能的发展，限制了思维活动的开展（崔琳琳 2013）。英语在德国也是一门外语，其出版的教材有效提升了英语的教学效果（束定芳 2011；徐锦芬等 2015）。徐锦芬等（2015）对德国一套大学英语教

1　论文原发表于《外语教育研究前沿》2020年8月第3卷第3期。

材进行研究，发现其把获取知识、训练语言和提高思辨能力融为一体，是通过教材培养学生思辨能力较好的范本。因此，笔者对中德两套中学英语教材进行对比研究，以期为新一轮教材修订和思辨能力培养活动的编写提供建议。本文聚焦教材中的阅读教学，探讨两套教材如何帮助学生从各种语篇中获取、理解、分析、综合和评价信息，从而形成自己的判断（OECD 2019），提升思辨意识与能力（Lepionka 2008）。

2 阅读中的思辨能力

阅读不是消极接受作者观点、记忆阅读内容的过程，而是“释义和评价、质疑和审视的过程，包括通过思辨推导出符合逻辑的结论，包括提出假设、找出问题、进行验证”（王牧群、白彬 2011：31）等。学生在阅读中要对文本进行质疑、解疑和析疑，对文本信息、作者观点、假设等进行分析、整合、推理和评析等（OECD 2019）。因此，阅读的过程也是运用和发展思辨能力的过程（Elder & Paul 2009）。前人的研究表明，教材中占比最高的阅读任务类型是推断文本隐含的意义、推论理解、个人对所读文本进行回应以及词汇学习和文本理解类任务（Freeman 2014），这说明教材编写者十分重视学习者高阶思维和语言能力的发展。不过，Freeman（2014）的研究并没有系统地探究阅读任务中的思辨能力（Ilyas 2015）。徐锦芬等（2015）对这一领域进行了初步探索，她们发现德国的大学英语教材重点关注作者及其相关信息、写作手法和文章脉络等问题，强调学生综合运用推理、解释等思辨能力和元思辨能力完成阅读任务的能力。遗憾的是，目前的文献缺乏适用于分析阅读活动、实操性强、系统的思辨能力框架（Ilyas 2015）。因此，笔者基于Kneedle（1985，引自Lepionka 2008）和Paul et al.（1995）的框架，结合阅读教学的特点，建构了适用于分析和评价教材中阅读活动和问题设计的思辨技能框架（详见表1），并详细描述了思辨能力的三个核心技能——分析、推理、评价在阅读活动和问题设计中的具体表现。

3 研究设计

本研究聚焦中国某出版社的教材《英语》（7—9年级，共6本）和德国某出版社的教材*English*（5—7册，共3本）[1]。两套教材都是当地初中生使用的主要英语课本之一，且都是按照所在地的课程标准进行编写（ISB 2019；中华人民共和国教育部 2012），均强调思维和语言的共同发展。虽然两国学生的英语水平存在差异，但英语都是作为外语进行教学的，活动和问题设计可以互相借鉴。具体而言，《英语》强调英语教学中人文性和工具性的统一，以模块为基本构成单位，通过板块形式设计活动和任务。*English*以能力发展为导向，关注学生在有意义的情境中的学习过程和结果。教材的每个单元围绕一个主题语境设计活动，引导学生运用目的语进行主题探究，发展语言和思维能力。由于本研究关注阅读活动和问题设计，笔者只选取了教材中含有阅读文本的部分进行分析。《英语》的阅读文本集中在每个单元的Reading and Vocabulary和Reading部分，*English*除了每个单元的Text和Access to cultures两部分以外，一些零散的阅读文本也都纳入了统计之中。

在正式分析数据前，笔者为分析框架配备了具体案例[2]（见表1）。研究团队中的两名成员根据分析框架对两套教材中的阅读活动和问题设计进行独立分析和编码。对于有分歧的编码，两名成员与另一位有经验的研究者进行讨论和协商，确定最终编码。

表1　分析框架：思辨技能与阅读活动/问题设计

思辨能力的核心技能	在阅读活动/问题设计中的具体体现	样例
分析	识别并阐明文章的中心论点、主要思想和社会文化价值观	Make a program for the play. List your titles for each scene. Give information about the story and the characters.（*English* 5）
	比较人物、事物或观点间的异同，区分事实和观点	Work in pairs. Look at the pictures and talk about the differences between the two museums. [《英语9》（上）]
	分析文本特征、写作手法、写作目的和作者态度等	Explain in what way a diary is a different kind of text from a text message.（*English* 7）
	分析文本中的现象、人物或行为等	How did English become an international language? [《英语9》（下）]

1　本研究使用《英语》代表中国某出版社的英语教材，使用*English*代表德国某出版社的英语教材。

2　案例主要来源于本研究中的两套教材和中国某套高中教材（以下简称《高中英语》）。

续表

思辨能力的核心技能	在阅读活动/问题设计中的具体体现	样例
推理	从字里行间推断作者的言外之意、人物心理和态度等，并提供原因或证据	Look at lines 44-73. Find sentences that show Tom's mother is a) worried and b) happy.（*English* 5）
	对文本内容发展作出合理的推断、预测或解释	Look at the woman in the photo. How do you think she feels? Think about what she will talk about: family/work/health/education. [《英语9》(下)]
	深度质询，质疑信念、观点、解释，提出恰当的疑问等	You're a reporter for the *Tintagel Times*. Write down three questions for a character in the play.（*English* 6）
	提出不同的假设、方案或结果，并提供原因、证据或事实	Imagine you're Dylan, Mrs. Grant or Mr. Smart. Write one part of the story again from that person's points of view.（*English* 7）
评价	评估信息或资料来源的可信度	(Read the passage about "Understanding", discuss in groups.) How do I know what I'm reading is true? (《高中英语5》)
	评价文本的写作手法、作者观点和态度等，并作出解释	Which of the two texts gives you a clearer idea of what Philip did and felt? Give reasons for your view.（*English* 7）
	评价文本内容、相关人物、事件或方案等，并提供原因或证据	What do you think about Dylan and Emily's punishment? Make notes like this (fair/not fair because...)（*English* 7）

4 研究结果与讨论

本部分首先整体对比了两套教材中的思辨任务，接着分述分析、推理和评价任务的特点。

4.1 关注思辨，循序渐进

《英语》共包含442个阅读活动和问题，其中104个与思辨能力有关（23.53%）；*English*共包含531个阅读活动和问题，其中246个与思辨能力有关（46.33%）。由此可见，两套教材在设计阅读任务时，都关注到了思辨能力的培养。同时，两套教材都注重依照学生的学龄，循序渐进地增加思辨任务的比重（见表2）。

表2　两套教材整体思辨任务比例的年级分布

年级＼教材	《英语》	*English*
初一	9.22%	34.67%
初二	21.88%	41.97%
初三	39.72%	60.11%

值得注意的是，*English*每个年级的思辨任务占比均远高于《英语》，这可能与学生的语言水平有关。虽然德国中学生接受英语教育的年限和总体学时比中国学生少，但得益于欧洲特殊的语言环境和高质量的教材，德国中学生的英语水平要比中国学生高得多（束定芳 2011），因此能够更好地完成高阶思维活动（Floyd 2011），教材对思辨的要求也会相应提高。考虑到中国学生英语学习的具体情况和英语水平，《英语》在循序渐进方面应该比较稳妥。从初一到初三，《英语》中涉及思辨能力的活动和问题占比几乎是翻倍增长，可能是教材编写者考虑到学生运用英语进行思维的能力是一个逐渐发展的过程。

就各类具体的思辨任务而言，分析类任务在两套教材思辨任务中的比重均最大，其次是推理类任务，最后是评价类任务（见表3），这可能与每类认知技能的难度及初中学生的认知水平和语言水平相关（Arnold & Rixon 2008；Bloom et al. 1956）。从两套教材的思辨任务类型来看，在《英语》思辨任务中，分析类任务占大多数，推理类任务和评价类任务的比例相差无几。而在*English*思辨任务中，分析类任务和推理类任务的占比均为40%以上，评价类任务相对较少。这说明两套教材的编写者对思辨能力分项技能的发展方式有不同的考虑：《英语》重分析，给学生的挑战相对较小；而*English*设计了大量推理类任务，给学生的挑战相对较大。

表3　分析、推理、评价类任务在思辨任务中的比重

思辨任务类型＼教材	《英语》	*English*
分析类任务	64.42%	48.78%
推理类任务	19.23%	41.87%
评价类任务	16.35%	9.35%

4.2 注重分析，深入理解

分析能力强调在对文本各部分（如目的和写作手法）及其关系进行理解、识别、比较和判断的基础上，实现对文本的多角度和深入认识（Elder & Paul 2009；Lepionka 2008；陈则航 2015）。分析类任务是这两套教材最关注的思辨任务类型。其中，两套教材最为关注“分析文本中的现象、人物或行为等”“识别并阐明文章的中心论点、主要思想和社会文化价值观”和“比较人物、事物或观点间的异同，区分事实和观点”这三个方面的分析能力（见表4），这可能与两国的课程要求有关。根据《义务教育英语课程标准（2011年版）》，学习者应“能找出文章中的主题，理解故事的情节”和“增强对文化差异的理解与认识”（中华人民共和国教育部 2012：11，17）。而德国巴伐利亚州的课标LehrplanPLUS指出，学习者在阅读理解中，应准确理解各类文本的中心思想，获取有关人物、行为或情境的重要信息（ISB 2019）。通过分析文章的主要内容、相关人物或行为，学习者可以对文本有更深入和系统的理解。此外，随着年级逐渐升高，两套教材也逐渐增加了分析类任务的类型。例如，《英语8》和*English* 6都在上一年级教材的基础上，新增了“分析文本特征、写作手法、写作目的和作者态度等”阅读任务。

表4　各项分析类任务在两套教材思辨任务中的比例

分析类任务	《英语》	*English*
分析文本中的现象、人物或行为等	24.04%	24.80%
识别并阐明文章的中心论点、主要思想和社会文化价值观	18.27%	12.20%
比较人物、事物或观点间的异同，区分事实和观点	15.38%	10.57%
分析文本特征、写作手法、写作目的和作者态度等	6.73%	1.22%

虽然两套教材都强调循序渐进地培养学生分析中心思想、文本现象、人物或事物的能力，但两套教材中分析类任务的深度和难度有所不同。以“分析文本中的现象、人物或行为等”为例（见表5），虽然《英语》的编写者也要求学生分析文本中的相关现象和人物，但阅读活动或问题多为简单整合文本信息所作的浅层分析。例如，在《英语9》（下）Module 2（p. 12）中，原文说：My name is Susie Thompson，and I’m fifteen. I’ve been at River School，London，since I was eleven，学生需要基于原文信息，计算和分析出Susie在River School的时间。虽然这类活动可以培养学生的分析能力（Freeman 2014），但学生并不需要经过太

复杂的思考过程便可得出答案。*English*中也不乏类似的分析活动或问题，但更加注重分析判断的过程，学习者必须综合文本中的各类信息，结合相关背景信息，深入阅读文本，才能理解特定现象的成因和特点，以及相关人物的形象和行为。例如，在*English* 7 Unit 3（p. 60）中，学习者需要在深入阅读文本“Monument Valley”的基础上，借助文章中的各种描写、故事情节的发展和Philip的感情变化，并联系文章的写作背景，去理解和分析Philip的叔叔和阿姨的性格特征。在这类活动中，学生需要在对文本进行整体阅读的基础上，读透文本内涵，准确、深入地理解文本中的相关事物和人物（Freeman 2014）。

表5 “分析文本中的现象、人物或行为等”的具体活动或问题（初三）

《英语》	*English*
• Why was there nothing to see?（四选一） • How long has Susie been at River School? • How did English become an international language?	• Look at the list of American federal holidays. What are the reasons for the celebrations? • Explain why the Freedom Tunnel attracts graffiti artists. • Describe Philip's aunt and uncle. Say why you would (n't) enjoy a trip with them.

4.3　预测为主，质询不足

推理能力强调通过相关信息和证据（如数据和陈述等）形成猜想和假设，或得出合理的结论，主要包括质疑、假设和推论等分项技能（Lepionka 2008；Paul et al. 1995；文秋芳等 2009）。如表6所示，两套教材中“对文本内容发展作出合理的推断、预测或解释”占比很高，说明两套教材的推理类任务都是以培养学生的预测能力为主，这可能与课标中强调利用多种信息理解文本的阅读策略以及预测事件发展和结局的阅读目标有关（ISB 2019；中华人民共和国教育部 2012）。

表6　各项推理类任务在两套教材思辨任务中的比例

推理类任务	《英语》	*English*
对文本内容发展作出合理的推断、预测或解释	16.35%	25.61%
从字里行间推断作者的言外之意、人物心理和态度等，并提供原因或证据	2.88%	12.20%
提出不同的假设、方案或结果，并提供原因、证据或事实	0.00%	2.85%
深度质询，质疑信念、观点、解释，提出恰当的疑问等	0.00%	1.22%

以初二年级预测类具体活动或问题为例（见表7），虽然两套教材都强调培养学生的预测能力，但《英语》注重让学生依据图片、标题或部分情节，预测文本相关内容；而*English*则多通过创设情境，让学生站在某个主人公的视角，通过图片、对话、邮件、续写等多种方式推断文本内容和故事情节发展。

表7 "对文本内容发展作出合理的推断、预测或解释"的具体活动或问题（初二）

《英语》	***English***
• Read the start of the *Alice's Adventures in Wonderland* and guess what happens next. • Look at the title of the passage and think about what to do in the earthquake. • Read the passage and decide where you are likely to see the photo.（三选一）	• Justin skypes with his father. What does he say about the film? Write a short dialogue. • Imagine you're a Dartmoor pixie. Describe what you're going to do at the next full moon. • Imagine you are Lucy. Think of an answer to Sam's problem and write an ending to the story.

例如，《英语8》（上）Module 7（p. 58）中的以下任务：Read the start of the *Alice's Adventures in Wonderland* and guess what happens next，学生需要在理解故事开篇的基础上，预测故事情节。在*English* 6 Unit 3（p. 69）中，学生需要在阅读完"Master Wu and the magic book"这一篇文章后，预测其中三个人物Sam、Maya或Justin的写作或对话内容（三选一）：

1）Sam arrives home. His mother sees him. Write their dialogue.

2）Maya writes an email to her friend Abby. Write her email.

3）Justin skypes with his father. What does he say about the film? Write a short dialogue.

虽然两个任务都是预测类活动，但*English*的活动给予学生更大的想象空间，鼓励学生从故事中人物的视角去看待世界和思考问题，有利于培养学生站在他人角度预测事情的习惯和能力。

除预测能力外，*English*比《英语》更注重培养学生推断作者言外之意和人物心理的能力，这可能与德国课程标准强调培养学生理解他人心理和态度的能力有关（ISB 2019；Schreiber & Siege 2016）。例如，在*English* 7 Unit 3（p. 77）中，学生在阅读完Philip和Tiffany骑马的故事后，需要推断人物的心理变化：

> Each student reads one of these sections of the story again: Part 1, Parts

2-3, Parts 4-5. Choose a few lines from your section that express well how the characters feel. Explain your choice. Describe how their feelings change.

此外，*English*还设计了一些让学生换位思考，以形成不同方案的活动，培养学生的多元视角（Schreiber & Siege 2016）。例如，在*English* 6 Unit 5（p. 113）中，学习者在阅读完“A day to celebrate”之后，需要完成以下任务：Imagine you are one of the kids（Lucy，Justin，Maya，Sam，and Leo）. Write about what happened on Lord Mayor’s Day。虽然他们描述的是同一件事情，但选择不同的视角意味着学生需要跳出文本的论述方式，从另一个人的视角去提出事件的不同假设和叙述方案。

值得关注的是，两套教材对学生的质询能力都未作过多要求。在《英语》中没有找到相关阅读活动和问题，可能是考虑到初中生的语言水平不足以支撑这种能力。虽然培养学生质询和提问的能力十分困难（Paul et al. 1995），但在*English*中倒也能找到个别例子。例如，在*English* 6 Unit 6（p. 137）中，学习者需要在理解和分析话剧*The Sword in the Stone*中人物特征的基础上，假设自己是*Tintagel Times*的记者，对剧中的某个角色进行发问与质询，这是发展学生质询能力的初步尝试。

4.4 评价欠缺，类型单一

评价能力指基于一定标准对思维过程和成果进行评估，主要包括评价观点、文本内容、写作手法等（Elder & Paul 2009；陈则航 2015）。如前所述，可能是考虑到初中生的实际认知能力和英语能力，评价类任务在两套教材中的占比均最低（见表3），且类型单一，主要关注“评价文本内容、相关人物、事件或方案等，并提供原因或证据”的能力（见表8）。

表8 各项评价类任务在两套教材思辨任务中的比例

评价类任务	《英语》	*English*
评价文本内容、相关人物、事件或方案等，并提供原因或证据	16.35%	8.94%
评价文本的写作手法、作者观点和态度等，并作出解释	0.00%	0.41%
评估信息或资料来源的可信度	0.00%	0.00%

以初三年级的评价活动为例（表9），《英语》中的文本评价类任务强调学生对文本的个人反应，如喜欢/不喜欢等。*English*虽然也有个人评价类任务，但它还设计了深层次的文本评价任务，要求学生运用某些标准对文本和信息进行评估，并有理有据地论证他们的判断（Freeman 2014；Ilyas 2015）。

表9 "评价文本内容、相关人物、事件或方案等，并提供原因或证据"的具体活动或问题（初三）

《英语》	*English*
• Would you like to read *The Adventures of Tom Sawyer*? Why/Why not? • Where do you think is the best place to keep food safe from the bears? • Do you think their camping trip was interesting?	• What do you think about Dylan and Emily's punishment? • Say which ending to the legend of the Monument Valley you prefer and why? • Which do you think is better: celebrating a holiday on the exact date or having a long weekend? Explain your opinion.

例如，在《英语9》（上）Module 7（p. 59）中，学生阅读完*The Adventures of Tom Sawyer*的书评后，需要对该书进行个人评价：Would you like to read *The Adventures of Tom Sawyer*? Why/Why not? 这种个人对文本的喜好类评价活动虽有助于发展学生的独立思考能力和思辨能力，但比较主观和表层（Freeman 2014）。在*English* 7 Unit 2（p. 49）中，学生在阅读"Snowdonia at night"故事的基础上，基于公平（fairness）这一标准，有理有据地判断Dylan和Emily受到的惩罚是否公平，如图1所示。

What do you think about Dylan and Emily's punishment? Make notes like this:

Fair because	Not fair because
Roof dangerous …	Kids only wanted to see stars …

图1　公平（fairness）判断标准

这一活动与《英语》中的活动相比，主要区别在于是否需要有理有据地评价，而不只是个人的主观感受，这需要学生在更加深入阅读文本的基础上作出更加深思熟虑的评估（Freeman 2014）。

除了"评价文本内容、相关人物、事件或方案等，并提供原因或证据"之外，《英语》并没有其他评价任务类型，但*English*还有少量其他评价任务，关注学生评价文本写作手法的能力。例如，在*English* 7 Unit 3（p. 67）中，学生需要比较结构完整的文本和图文并茂的帖子这两种不同类型文本的写作手法及其带给读者的不同感受：

> Compare the content and style of the posts and the structured texts. What is similar? What is different? Which of the two texts gives you a clearer idea of what Philip did and felt? Give reasons for your view.

虽然评价类任务对学生的认知要求较高（Bloom et al. 1956），但*English*还是给我们展示了可能性和多样性。

5　结语与启示

虽然在语言教材编写中恰当地融入指向思辨能力培养的活动和问题设计对广大教材编写者来说是一个巨大的挑战（徐锦芬等 2015），但本研究发现中德两套教材的阅读活动和问题设计都比较关注学生思辨能力的发展，支持了Freeman（2014）的分析结果。两套教材根据学生的认知水平和语言水平，在编排上都强调在阅读任务中循序渐进地帮助学生练习和发展分析、推理和评价能力。其中，分析能力是两套教材共同的重点，主要目的在于引导学生加深对文本的理解。在推理能力方面，两套教材都更注重培养学生的预测能力，对于质询能力的培养比较欠缺。培养学生评价能力的活动比重小，类型也比较单一，有较大的改进空间。从研究结果来看，《英语》中思辨能力的占比还是要低于*English*，虽然学生的语言水平在一定程度上制约了思辨活动的编写，但德国教材中的某些活动或提问方式依然值得借鉴。我国教材编写者可以进一步了解思辨技能及其培养方式，并将其与阅读活动和问题设计相结合，根据中学生的认知水平和语言水平（Arnold & Rixon 2008），探索语言与思维（特别是质询与评价能力）共同发展的、更为系统的教材编写方式。

通过对比和分析中德两套英语教材，本研究发现了中学英语教材阅读任务中思辨任务的特点，为我国基础教育阶段的教材编写提供了有益启示。但本次教材分析只是从思辨能力角度出发进行的内部评价，并没有从教师和学生的视角来评价这两套英语教材对培养学生思辨能力的影响，也没有与教材编写者进行对话，了解他们的设计理念。未来的教材分析可以采取内部评价和外部评价相结合的方式，全面评估英语教材在发展中学生思辨能力中的作用。

参考文献

Arnold, W. & S. Rixon. 2008. Materials for teaching English to young learners [A]. In B. Tomlinson (ed.). *English Language Learning Materials: A Critical Review* [C]. London: Continuum. 38–58.

Bloom, B. S., M. D. Engelhart, E. J. Furst, W. H. Hill & D. R. Krathwohl. 1956. *Taxonomy of Educational Objectives: The Classification of Educational Goals: Handbook 1 Cognitive Domain* [M]. New York: David McKay Company.

Elder, L. & R. Paul. 2009. Close reading, substantive writing and critical thinking: Foundational skills essential to the educated mind [J]. *Gifted Education International* 25: 286–295.

Floyd, C. B. 2011. Critical thinking in a second language [J]. *Higher Education Research & Development* 30: 289–302.

Freeman, D. 2014. Reading comprehension questions: The distribution of different types in global EFL textbooks [A]. In N. Harwood (ed.). *English Language Teaching Textbooks: Content, Consumption, Production* [C]. Basingstoke: Palgrave Macmillan. 72–110.

Ilyas, H. P. 2015. Critical Thinking: Its Representation in Indonesian ELT Textbooks and Education [D]. Ph.D. dissertation. York: University of York.

ISB. 2019. LehrplanPLUS [OL]. https://www.lehrplanplus.bayern.de/fachprofil/gymnasium/englisch/auspraegung/englisch (accessed 30/10/2019).

Lepionka, M. E. 2008. *Writing and Developing Your College Textbook: A Comprehensive Guide to Textbook Authorship and Higher Education Publishing* (2nd Ed.)[M]. Gloucester: Atlantic Path Publishing.

OECD. 2019. PISA 2018 Assessment and Analytical Framework [OL]. https://www.oecd-ilibrary.org/docserver/b25efab8-en.pdf?expires=1584150924&id=id&accname=guest&checksum=9ED9D632B6953B5A5E697C27F83D1D80 (accessed 15/03/2020).

Paul, R. W., A. J. A. Binker, D. Martin, C. Vetrano & H. Kreklau. 1995. *Critical Thinking Handbook: 6th–9th Grades: A Guide for Remodelling Lesson Plans in Language Arts, Social Studies, and Science* [M]. Tomales: Foundation for Critical Thinking.

Schreiber, J.-R. & H. Siege. 2016. Curriculum Framework: Education for Sustainable Development (2nd Ed.) [OL]. https://www.globaleslernen.de/sites/default/files/files/link-elements/curriculum_framework_education_for_sustainable_development_barrierefrei.pdf (accessed 30/10/2019).

陈则航，2015，批判性阅读与批判性思维培养 [J]，《中国外语教育》(2)：4–11。

崔琳琳，2013，基础英语教育要重思辨 [N]，《光明日报》，2013–10–20。

束定芳，2011，德国的英语教学及其对我国外语教学的启发 [J]，《中国外语》(1)：4–10。

王牧群、白彬，2011，培养批判性思维能力的解构式英语阅读教学研究 [J]，《教育科学》(2)：30–34。

文秋芳、王建卿、赵彩然、刘艳萍、王海妹，2009，构建我国外语类大学生思辨能力量具的理论框架[J],《外语界》(1)：37-43。

徐锦芬、朱茜、杨萌，2015，德国英语教材思辨能力的体现及对我国英语专业教材编写的启示[J],《外语教学》(6)：44-48。

中华人民共和国教育部，2012,《义务教育英语课程标准（2011年版）》[M]。北京：北京师范大学出版社。

中华人民共和国教育部，2018,《普通高中英语课程标准（2017年版）》[M]。北京：人民教育出版社。

第四部分

测评研究

构建我国外语类大学生思辨能力量具的理论框架[1]

文秋芳　王建卿　赵彩然　刘艳萍　王海妹

提　要： 本文首先回顾了国内外有关大学生思维能力的研究，然后评析了三个主要相关思维能力理论模型。在此基础上，作者提出了构建我国外语类大学生思辨能力量具的层级理论模型。该模型将思辨能力分为两个层次，第一层次为元思辨能力，第二层次为思辨能力；元思辨能力监控、统管思辨能力，思辨能力涵盖认知与情感两部分。认知部分包含技能与标准，情感部分包含典型的情感特质。技能有分析、推理与评价，标准有精晰性、相关性、逻辑性、深刻性与灵活性。

关键词： 外语专业；大学生思维能力；思辨能力；思辨能力测量

1　引言

近年来，外语类学生思辨能力的强弱问题引起一些争论。有些专家学者认为，外语专业学生患有“思辨缺席症”，其思维能力明显低于其他文科专业学生，需要引起密切关注和认真研究（何其莘等1999；《入世与外语专业教育》课题组2001）。也有学者不同意这样的结论（与王克非、陈国华的交谈）。他们认为学习和掌握一门外语，理应使人的眼界更开阔，思辨更灵活；新中国成立前不少外语专业出身的学者最后都成了大家。外语专业的学习究竟是制约了学生思维能力的发展，还是促进了学生思维能力的发展，凭空无法回答这个问题。目前，我们缺乏具有效度与信度的量具以评估我国外语专业与非外语专业大学生的思维能力，也无法确定两类学生在思维能力方面是否真的存在差异。

笔者就此申请了国家社科基金项目“我国外语类大学生思维能力现状研

1　论文原发表于《外语界》2009年第1期（总第130期）。

究”，计划通过多次试测，不断检验量具的信度与效度，最终设计出比较有效的量具。开发一个符合我国国情、信度高且效度好的大学生思维能力测量工具是一项长期而艰巨的任务，需要不断评价、修改与完善。本项目只是为完成该任务所迈出的第一步。

本文只报告该项目第一阶段完成的任务及其结果。全文分为三个部分：（1）国内外大学生思维能力研究现状述评；（2）国内外相关思维能力模型评析；（3）中国大学生思辨能力量具的理论框架构建。

2 国内外大学生思维能力研究现状述评

2.1 术语界定

“critical thinking skills”这一术语在西方被广泛使用；我国不少学者将其译为“批判性思维能力”。文秋芳（2008）指出该译文歪曲了原义。“critical”源于希腊语的两个词根：一个是“kriticos”，意为“有眼力的判断”，另一个是“kriterion”，意为“标准”，其涵义是：“运用恰当的评价标准，进行有意识的思考，最终做出有理据的判断”（Paul & Elder 2006：20）。文秋芳建议将“critical thinking skills”译为“高层次思维能力”。最近与中国外语教育研究中心研究员讨论这个术语的翻译时，大家也认为“批判性思维能力”确有误导成分，但他们又不赞同译成“高层次思维能力”，因为这样的译法含混，容易引发过于宽泛的解释，大家建议译成“思辨能力”。我们决定采纳他们的建议，因为思辨能力比高层次思维能力更确切，也更能反映高等教育的培养目标。正如北伦敦大学校长Brian Roper指出的：高等教育应该培养学生的抽象思维能力、逻辑思维能力、有效推理能力以及论据评价能力（Chapman 2005）。本文所用的“思辨能力”与“critical thinking skills”相对应，涵盖北伦敦大学校长提出的大学生应具有的几种思维能力。

需要说明的是，思辨能力只是思维能力的重要部分，不能涵盖思维能力的全部，比如不包括形象思维能力。我们申请的国家社科项目中所提及的“思维能力”也只是“思辨能力”。涉及国外“critical thinking skills”时，本文采用“思辨能力”；涉及国外“thinking skills”时，本文采用“思维能力”；涉及国内文章时，本文尊重原文作者的用法。另外，所涉及内容如既有“思辨能力”，又有“思维能力”，本文采用“思维能力”。

2.2 国外研究现状

近20年来，西方国家，尤其是美国，对大学生思辨能力研究越来越重视。他们的研究大致可以分为三类：（1）界定思辨能力的分项能力，（2）构建思辨能力的量具，（3）探索高等教育中思辨能力培养的途径及其有效性。

1）定义研究　清晰界定思辨能力的分项能力是基础性工作。1987年，美国哲学联合会（American Philosophic Association）委托著名的哲学家、作家Peter Facione召集了美国和加拿大45位有名望的哲学家、科学家与教育专家，经过两年、多轮、严格的共同探讨，完成了“特尔斐”项目（The Delphi Project）（APA 1990），构建了思辨能力的双维结构模型。同期，美国思辨中心（Foundation for Critical Thinking）主任Richard Paul从教学需求出发构建了思辨能力的三元结构模型（Paul 1995：195）。双维结构模型与三元结构模型的具体内容将在下文介绍。

2）量具研究　为了测量大学生的思辨能力，目前开发的量具已有20多种。例如，美国“特尔斐”项目组开发了两个量具（Insight Assessment 2008）：（1）“加利福尼亚思辨技能量表”（California Critical Thinking Skills Test，CCTST），（2）“加利福尼亚思辨倾向问卷”（California Critical Thinking Disposition Inventory，CCTDI），并经过了4年的信度和效度检验。欧洲最大的评估公司剑桥评估集团研发了“剑桥思维能力测试”（Cambridge Thinking Skills Assessment，CTSA），从2001年开始在剑桥大学试用，参考人数逐年增长。2007年11月，剑桥大学29个学院中已有27个把它作为入学测试的一部分（剑桥大学入学考试网站2008）。

3）教学研究　研究者围绕思辨能力是否能教、如何教等问题展开了系列研究。除了关注各学科共同的思辨能力外，不少研究者着力分析各学科特需的思辨能力，例如医学、生物科学、会计学、护理学等。Pithers和Soden（2000）总结了英国高等教育界在该领域的研究状况，指出了高校教学在此方面存在的诸多问题。

2.3 国内研究现状

目前国内对中小学生的思维能力发展研究较多（林崇德2006），对大学生思维能力的研究未完全起步。现在国内还没有综合的、可靠的大学生思维能力测评工具。现有工具大都是对国外量具的翻译和修订，也有少数自编量具，但这些自编量具多数缺乏可靠的信度和效度检验。

对外语类大学生思维能力的实证研究更是寥寥无几，为数极少的研究仅仅限于分析大学生的英语演讲（高一虹1999）、英语口语与英语作文（文秋芳等1999；文秋芳，刘润清2006）。但是，演讲、口语、作文等均不能全面反映外语专业学生的思维水平。

2.4　研究意义

近20年来，为了应对全球化竞争加剧的形势，西方发达国家，尤其是美国，将思辨能力培养列为高等教育的重要任务。美国政府从1993年开始将其列为大学教育目标（The National Education Goals Report—1993），同时学界对这方面的研究也很重视。根据罗清旭（2002）的报告，1970到2000年间美国心理学和教育学领域中围绕“思辨能力”完成的学位论文有158篇；美国国会图书馆共收藏114本与“思辨能力”相关的著作；发表的相关论文不计其数。

我国目前几乎还没有高校将思辨课程列为大学生的必修课。因为缺乏具有信度和效度的量具，这方面的实证研究更为鲜见。本课题从构建思辨能力的理论框架入手，构建适合测量中国外语类大学生思辨能力的工具，进而对外语类大学生的思辨能力进行测量与分析。这一课题具有重要的理论意义与实践意义。理论框架的构建与量具的研发有利于我国大学生思辨能力理论的创建，测量的结果有助于准确诊断我国外语类大学生的思辨能力是否存在问题，以及弄清楚这些问题是大学生普遍都有的问题还是外语类大学生特有的问题。

3　国内外相关思维能力模型评析

目前比较有影响的思维能力理论框架有“特尔斐”项目组提出的双维结构思辨能力模型、Richard Paul的三元结构思辨能力模型和林崇德的三菱结构思维能力模型（2006）。下面我们将对这三个模型逐一进行评析。

3.1　双维结构模型

从1988年2月到1989年12月，“特尔斐”项目组采用质化法，经过6轮充分讨论，最终求同存异，界定思辨能力为认知能力与情感特质两个维度。认知维度可分解为6项能力：（1）阐释，（2）分析，（3）评价，（4）推理，（5）解释，（6）自我调节，其中分析、评价与推理为核心技能，每项认知能力又包括多项子能力。情感维度包括好奇、自信、开朗、灵活、公正、诚实、谨慎、善解人意等（见表1）。

表1　双维结构模型

认知能力（cognitive skills）						情感特质（affective dispositions）
阐释（interpretation）	分析（analysis）	评价（evaluation）	推理（inference）	解释（explanation）	自我调节（self-regulation）	
归类 理解意义 澄清意思	分析看法 找出论据 分析论证过程	评价观点 评价论据	质疑证据 提出替代假设 得出结论	陈述结果 说明方法 得出论据	自我评估 自我纠正	好奇、自信 开朗、灵活 公正、诚实 谨慎、好学 善解人意等

3.2　三元结构模型

Paul和Elder（2006）提出了三元结构模型，即思维元素、标准和智力特征（见图1）。该模型的中心是思维8元素。他们认为思维应该有目的、问题、信息、基本概念、假设、特定视角、推理、启示，这8个元素形成思维的循环链。每个思维元素都应该运用10条标准去衡量或者检验。人的智力特征（intellectual virtue）必须随着思维能力的发展而发展，否则高效的思维能力可能走向狭隘，变成利己主义，最终无所建树。

比较双维模型与三元模型，两者相同的地方是：都有类似的情感特征。这表明这两个理论模型都赞成认知与情感不可分割。传统西方理论主张认知与情感是两个互为独立的系统，最近科学研究结果表明这两者关系密切。例如，研究发现：由于大脑损伤导致情感能力丧失的病人也失去了理性判断能力，其中包括道德层面上的判断力（Watson-Gegeo 2004）。双维模型与三元模型的不同点有两个：其一，前者从认知技能出发，后者从思维元素出发。笔者认为从技能出发的好处是，不受思维内容限制，应用起来具有更大的灵活性，而且46位专家经过6轮反复讨论才达到的共识肯定更具普遍性。其二，三元模型包括了思维的10条标准。建立标准便于自我评估、自我调节、自我完善个体的思维能力，同时也便于对他人的思维能力进行评价。从这个意义上说，三元模型优于双维模型，但10条标准过于烦琐，可以进行适当压缩。

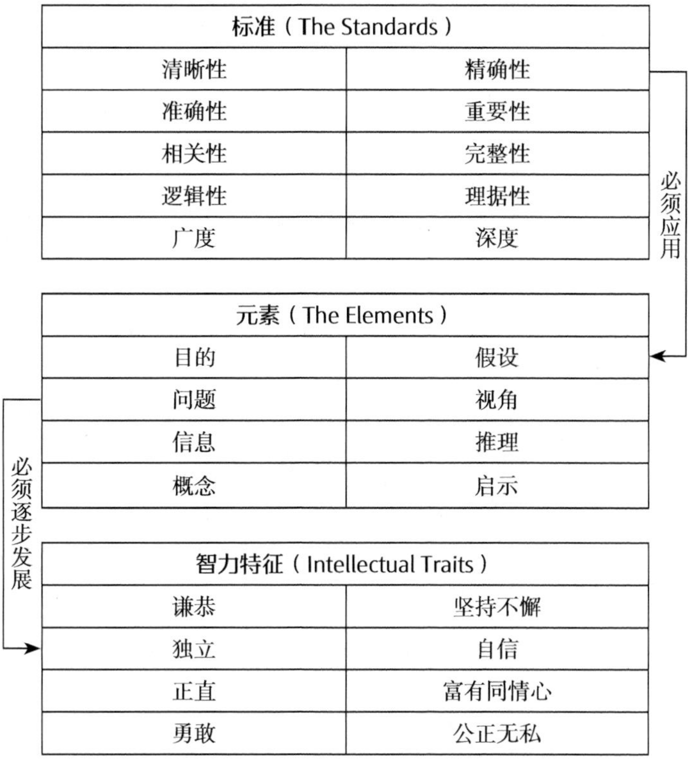

标准（The Standards）	
清晰性	精确性
准确性	重要性
相关性	完整性
逻辑性	理据性
广度	深度

必须应用

元素（The Elements）	
目的	假设
问题	视角
信息	推理
概念	启示

必须逐步发展

智力特征（Intellectual Traits）	
谦恭	坚持不懈
独立	自信
正直	富有同情心
勇敢	公正无私

图1　三元结构模型

3.3　三棱结构模型

林崇德（2006）提出了三棱结构模型，其中包括6种因素：思维目的、思维过程、思维材料、思维自我监控、思维品质、思维中的认知与非认知因素（见图2）。笔者认为这6种因素与Paul、Elder提出的三元模型有较多的相似之处。例如，思维目的、思维过程、思维材料都包含在三元模型的思维元素之中，思维品质与标准很相近，非认知因素与智力特征有相通之处。该模型的一个优点是将自我调节置于顶部，具有统管全局的能力。换句话说，这个能力是元思维能力（meta-thinking），应该置于其他因素的上一个层次。逻辑上说，这个说法符合事实。人的自我调节能力不仅计划、检验、调节、管理与监控认知能力，而且对非认知因素起着同样的作用。遗憾的是，林崇德在文章中没有特别强调它与其他因素之间的层级关系。

比较上述三个模型，笔者认为双维模型整体上直观易懂，可以作为本研究的基本框架，但三元模型中的标准以及三棱模型中对自我调节的全局作用的认定，应该融入我们的理论框架。

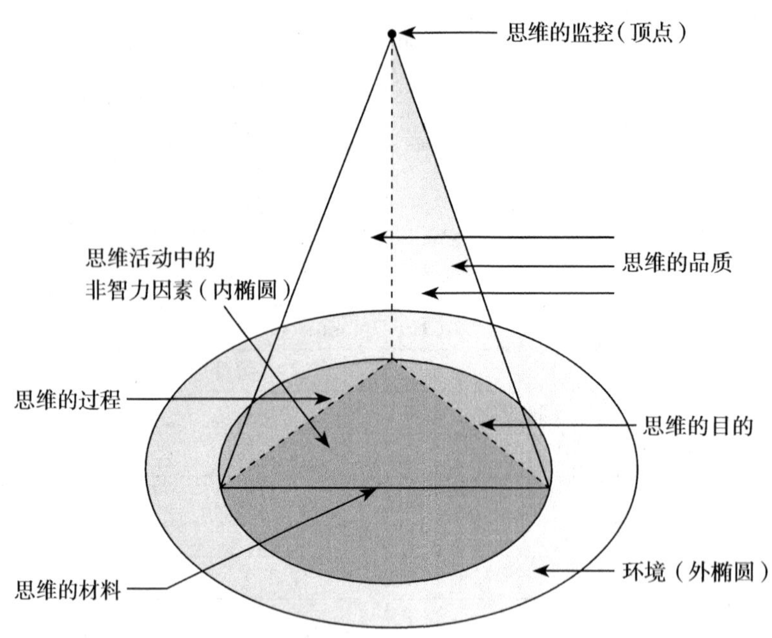

图2　三棱结构模型（林崇德2006：6）

4　我国思辨能力量具的理论框架：层级模型[1]

文秋芳（2008）在借鉴双维模型、三元模型与三棱模型的基础上，提出了层级模型（见表2）。层级模型主张将思辨能力细化为两个层次：元思辨能力和思辨能力。第一层次元思辨能力是指对自己的思辨计划、检查、调整与评估的技能；第二层次思辨能力包括与认知相关的技能和标准，以及与思辨品质相关的情感特质。处于第二层次的思辨能力受第一层次元思辨能力的管理与监控。将这两种思辨能力置于上下层关系，目的是为了突出思辨者的主观能动性在思辨能力中的主导作用。层级模型的基本框架借用的是双维模型的框架，但在认知维度上增加了三元模型中的“标准”。

层级模型的认知技能只列举了双维模型中的三项核心技能：分析技能、推理技能与评价技能。分析技能包括归类、识别、比较、澄清、区分、阐释等分项技

1　该层级模型曾咨询了以下专家的意见：北京大学刘壮虎教授；北京师范大学陈英和教授与车宏生教授；北京外国语大学吴一安教授、周燕教授、朱红教授和张朝意副教授，在此一并致谢。

能；推理技能包括质疑、假设、推论、阐述、论证等分项技能；评价技能是指对假定、论证过程、结论等的评判技能。

层级模型将三元结构模型中的10条标准精简为5条。这5条认知标准包括精晰性、相关性、逻辑性、深刻性与灵活性。精晰性即指思辨应清晰与精确；相关性即指思辨内容应与主题密切相关，详略得当，主次分明；逻辑性即指思辨应条理清楚，说理有根有据，具有说服力；深刻性是指思辨活动具有广度与深度；灵活性则要求能够娴熟、恰当地变换角度思考问题。

层级模型中的情感维度概括起来包括5个情感特质：好奇、开放、自信、正直、坚毅。（1）好奇，即指思辨者对新事物充满兴趣，喜欢刨根问底，对司空见惯的现象善于提出新问题，对新知识、新技能具有强烈的学习愿望；（2）开放，即表明思辨者心胸开阔，眼界宽广，能够尊重、容忍不同意见，并乐于修正自己的不当观点；（3）自信，具有这一特质的思辨者对自己的分析、推理、评价能力信心很足，敢于向权威挑战；（4）正直，即指思辨者所思所想的出发点是为追求真理和正义，而非个人私利；（5）坚毅，即指思辨者具有很强的韧性，不怕挫折，锲而不舍。

表2　思辨能力层级理论模型（修订文秋芳2008：30）

元思辨能力（自我调控能力）——第一层次		
思辨能力——第二层次		
认知		情感
技能	标准	
分析（归类、识别、比较、澄清、区分、阐释等） **推理**（质疑、假设、推论、阐述、论证等） **评价**（评判预设、假定、论点、论据、结论等）	**精晰性**（清晰、精确） **相关性**（切题、详略得当、主次分明） **逻辑性**（条理清楚、说理有根有据） **深刻性**（有广度与深度） **灵活性**（快速变化角度、娴熟自如地交替使用不同思辨技能）	**好奇**（好疑、好问、好学） **开放**（容忍、尊重不同意见，乐于修正自己的不当观点） **自信**（相信自己的判断能力、敢于挑战权威） **正直**（追求真理、主张正义） **坚毅**（有决心、毅力，不轻易放弃）

以上框架是我们构建思辨能力量具的理论基础。要将理论框架转换成具有操作性的测试题目，还有许多工作要做。例如，我们需要考察国内外可供参考的各种与思维能力测量相关的量具，分析各种量具的题型以及测试内容，进而确定我国外语类大学生思辨能力量具的具体内容、题型及操作程序。我们未来计划大致包括评析现有量具、设计新量具、试测、根据试测结果调整量具、再试测、再调整……如此多次循环，才可能完成拟定任务。严格说来，量具的完善将永无休止。

参考文献

American Philosophical Association. The Delphi Report Executive Summary: Research Findings and Recommendations Prepared for the Committee on Pre-college Philosophy [D]. ERIC Doc. No. ED 315423，1990.

Chapman J. The Development of the Assessment of Thinking Skills [EB/OL]. http://www.cambridgeassessment. org.uk/ca/digitalAssets/109493_The_development_of_the_Assessment_of_Thinking_Skills.pdf, 2005.

Insight Assessment [EB/OL].http://www.insightassessment.com/test-cctst.html, 2008-12-06.

National Education Goals Panel. The National Education Goals Report—1993，Volume One: The National Report [EB/OL].http://www.ed.gov/pubs/goals/report/goalsrpt.txt.，2008-04-12.

Paul R. *Critical Thinking: How to Prepare Students for a Rapidly Changing World* [M]. Santa Rosa, CA: Foundation for Critical Thinking, 1995.

Paul R. & Elder L. *Critical Thinking: Learn the Tools the Best Thinkers Use* [M]. New Jersey: Pearson Prentice Hall, 2006.

Pithers R. T. & Soden R. Critical thinking in education: A review [J]. *Education Research*, 2000，(2): 237-249.

Watson-Gegeo K. A. Mind, language, and epistemology: Toward a language socialization paradigm for SLA [J]. *The Modern Language Journal*, 2004，(4): 331-350.

高一虹. 外语学习木桶的“短板”——从一次失败的演讲谈起[J]. 国外外语教学，1999，(3)：6-9.

何其莘，殷桐生，黄源深，刘海平. 关于外语专业本科教育改革的若干意见[J]. 外语教学与研究，1999，(1)：24-28.

剑桥大学入学考试网站. www.admissiontests.cambridgeassessment.org.uk, 2008-12-07.

林崇德. 思维心理学研究的几点回顾[J]. 北京师范大学学报（社会科学版），2006，(5)：35-42.

罗清旭. 批判性思维理论及其测评技术研究[D]. 南京：南京师范大学，2002.

《入世与外语专业教育》课题组. 关于高等外语专业教育体制与教学模式改革的几点思考（一）[J]. 外语界，2001，(5)：9-15.

文秋芳. 口语教学与思维能力的培养[J]. 国外外语教学，1999，(2)：1-4.

文秋芳. 论述外语专业研究生高层次思维能力的培养[J]. 学位与研究生教育，2008，(10)：29-34.

文秋芳，刘润清. 从英语议论文分析大学生抽象思维特点[J]. 外国语，2006，(2)：49-58.

文秋芳，吴彩霞，Lydia So. 对全国英语专业四级口语水平的评估[J]. 外语教学与研究，1999，(1)：29-34.

思辨能力对综合型口语测试表现的影响[1]

殷晟恺　金　艳

提　要： 培养思辨能力已经成为全球化的教育理念。研究发现，思辨能力可以通过语言学习和使用加以训练与强化。但是，国内外学者对于语言测试中的思辨能力测评研究尚显不足。本文旨在探索综合型口语测试对思辨能力的考察，进而为思辨能力融入综合口语测试构念提供理据。首先，通过对思辨研究文献的回顾，我们建立了一个口语语篇分析框架。然后，从"文本化"与"再现语义单位"两个维度对48位考生的托福口语测试文本进行编码。最后，运用相关和多元线性回归分析，并结合评分员访谈，本研究论证了思辨能力中的理解、分析、概括和推理技能对综合型英语口语测试表现产生的显著影响。本研究凸显了思辨能力对综合型口语测试中意义建构的重要作用，对口语测试评分量表构建、口语教学和测试都具有重要的启示。

关键词： 思辨能力；口语能力构念；口语语篇分析；综合口语测试

1　引言

近年来，我国英语教育领域广泛提倡思辨能力的培养，并将其作为核心能力之一写入《高等学校外国语言文学类专业教学质量国家标准》和《大学英语教学指南》(2020版)。在语言学习过程中，我们需要将思辨能力纳入语言能力中，依托语言学习的优势加以训练与强化(孙有中2019)。在口头交际中，尤其是学术交流中，思辨能力对于表达的重要性不言而喻，表达的逻辑性、条理性等都体现说话者的思辨能力(Thornbury 2007)。然而，目前鲜有研究讨论口语测试中的思辨能力。为此，本研究将首先厘清思辨能力的内涵，并在此基础上探索综合型口语测试对思辨能力考察的维度和程度，进而为思辨能力融入口语测试构念提供理据，也为思辨能力的教学和测试提供参考。

1　论文原发表于《外语与外语教学》2022年第6期(总第327期)。

2 文献综述

2.1 学术英语中的思辨能力

教育的宗旨是培养学生的思维能力，引导学生勤于思考，成为一个独立的思考者。思辨能力可以使学生按照明确的标准进行更为严谨的思维活动，因此思辨能力的培养是整个高等教育的终极核心之一（孙有中2019）。

美国哲学联合会于1990年组织了全美哲学、教育、心理学和自然科学等领域的46位专家，采用德尔菲法（Delphi Method），经过专家六轮研讨，历时近2年，对教育领域中的思辨能力达成了共识，将思辨能力分为认知技能和情感倾向两个维度：认知技能是思辨活动本身，而情感倾向是人们的思辨动机。他们认为“思辨能力是一种有目的的，自我调控的判断，它是一种基于阐释、分析、评价、推理，并结合事实、概念、方法、标准和语境的判断”（Facione 1990：3）。在我国，文秋芳（2008）提出了层级模型，将思辨能力细分为元思辨能力和思辨能力，强调思辨者的主观能动性。尽管不同学者对思辨能力的定义还存在分歧，但都认为思辨能力包含以下几项核心认知技能：“评价所做出的观点”“分析给出的解释和要求”“有逻辑地阐述各类问题”“概括形成中心思想”和“积极发现新的解决方案”（Facione 1990；Paul & Elder 2014；文秋芳2008）。可见，思辨能力不是单纯地怀疑、批评、否定一切，而是一种源于评价、分析，以逻辑推理为核心，并辅以科学思维方法（诸如比较、概括等），进而形成观点的思维能力。

思辨能力的核心技能对外语学习者的听、说、读、写能力均有显著影响（Fahim et al. 2010；Yang et al. 2013；刘航、金利民2012；余清萍、王璐瑶2020），学术英语教学尤其应将思辨能力置于核心地位（de Chazal 2014）。学术英语能力并非局限于语言使用中的“语法”或“句子结构”，而是将语言视作一种可以处理复杂交际任务能力的体现（Murray 2016：70）。Cummins（1979）将语言能力区分为“基本人际交流技能”（Basic Interpersonal Communication Skills，BICS）和“认知学术语言能力”（Cognitive Academic Language Proficiency，CALP）。分析、综合、评价等高层级的逻辑思维能力在认知学术语言能力中起到关键的作用，对顺利完成学术英语交际活动、合理运用表达策略（写作策略和口语策略）等都至关重要（Taylor & Geranpayeh 2011；邓华、邓杰2022）。其中，学术英语口语活动形式多样，包括演讲、辩论、研讨等，思辨能力在其中扮演重要角色，是语言和思维之间的桥梁（de Chazal 2014）。与此同时，学术英语教学通常采用融合式的教学模式，将思辨能力的培养融入语言学习的活动中。通过教学环境、教学内容和教学策略三方面来实现师生思辨素养的共同发展。

2.2　综合型测试任务中的思辨能力研究

2.2.1　思辨能力的评价方式

测试是教学的一个重要环节，有效的测试能够对教学发挥正向的反拨作用。从语言研究领域中的思辨能力评价方法来看，可以细分为三大类：客观性评价、主观性评价及主客观相结合评价（何莲珍、林晓2018）。客观性评价工具大多采用多项选择题，属于封闭性评价工具（如文秋芳等2009）；主观性评价以访谈、口试和作文为主，属于开放性评估（如Stapleton 2001）。主观性评价工具能让考生发挥主观能动性，展现更多思辨特质。因此，将口语或写作测试任务作为思辨能力展示的媒介，一方面可以增加思辨能力测试的真实性，同时也拓展了语言测试的构念。虽然思辨能力在学术英语语境中至关重要，但并未在现有的学术英语口语测试中得到明确的界定和评价，这对测试分数的解释、使用与构念的代表性都会产生影响（Fulcher 2003）。

2.2.2　思辨能力在综合型测试构念中的体现

当代学术英语测试的一个显著特征是采用综合型测试任务（integrated task），考察学生综合运用语言技能的能力，如听后说、读后写、听和读之后再说或写等（Brown et al. 2005）。这样的测试具有更高的真实性，同时需要考生具备非语言的认知能力（Frost et al. 2012）。尤其在高等教育阶段，语言的使用更为复杂与多元，学术英语测试也应采用综合型测试任务，从而更全面、准确地体现学术英语特征（Khabbazbashi et al. 2022）。

大部分综合型测试任务属于表现性评价，测试构念主要通过测试任务特征和评分标准体现出来。从任务特征来看，综合型测试任务增加了阅读或听力等提示材料，需要考生充分调动认知能力方能更好地作答。考生完成综合测试的认知过程包括理解材料、选择信息、组织内容、产生思想等；思辨的过程通常包含思辨推理和创造推理两个主要阶段，即理解、分析材料并根据材料创造有逻辑的语篇（Dobson & Feak 2001）。可见，综合型测试所需的认知过程本质上是思辨的过程。Khvatova和Krutskikh（2020）从理论层面探究了概要写作过程中思辨能力的运用，考生在分析文本内容的结构、组织、情境、文体并最终完成写作的过程中，运用了诸如分析、综合、反思等思辨技能；马利红和刘坚（2021）从实践层面分析了思辨能力在综合写作任务中的体现。该研究运用多层面Rasch模型，从被试、评分员、任务和评分标准四个层面验证了高中英语写作思辨能力评价框架，从提出问题、表达观点、提供证据、推理论证、得出结论、阐释等方面评价思辨能力。

从评分标准的构成来看，标准化语言测试对思辨能力的描述都融入“内容”维度，比如托福网考综合写作的得分取决于内容的完整性和精确性，要求考生“能从讲座中摘取重要信息，并连贯、准确地联系阅读材料”，托福综合口语要求考生“条理清晰、充分、连贯展开回答”（Educational Testing Service 2020）。这些对思维能力的描述都使用诸如“连贯地”“清晰地”“合适地”形容考生输出观点，然而这些措辞比较含糊，会给评分员判分带来挑战。另一些非标准化测试则结合思辨能力的内涵构建了相应的评价指标。比如，Wagner（2019）为了探究英语演讲学习者的思辨技能，制定了英语演讲思辨能力评价框架，重点关注“提问”“评价”“分析”等思辨过程，考察与思辨技能最为相关的内容质量，并提出“清晰性”“深度”“广度”“相关性”“逻辑性”等评价标准检验思辨过程。该研究对不同语境下的思辨能力构念探究和评价具有理论和实践价值。

2.2.3 思辨能力对综合型测试表现的影响

思辨能力与综合型测试的交际语境、任务类型、答题过程、评分标准等密切相关，从而对考试表现产生影响。语言是承载思维和意义的工具，传统的独立型口语或写作测试任务难以充分展示语言表达中的思维能力。综合型测试关注任务的完成度，重视内容质量，需要考生运用认知能力。因此，考生在组织、分析、评价、概括、创造内容时，思辨能力充当了关键角色，并对测试任务的完成度产生影响。

目前，大部分对综合型测试构念的研究聚焦写作能力，例如语篇融合（discourse synthesis）被认为是综合写作测试的构念之一，体现在组织、选择和连接文本材料这三个子过程中（Gebril & Plakans 2013）。然而，学界对综合型口语测试的构念尚未形成一致的看法，相关的研究（如Frost et al. 2012，2021）也较少，而且，研究者大多关注口语的流利度、复杂度和准确度等语言维度，却忽略了内容质量（Sato 2012）。因此，本研究将内容质量作为综合型口语测试的主要表现，从思辨视角对内容质量进行分析，进而解释考生理解材料和产出文本的整个过程，帮助我们更深入地理解综合型口语测试的构念，完善考试设计，改进教学后效。

2.3 思辨能力分析指标

思辨能力具有内隐性，思辨活动与语言活动之间互相影响，因此，有效地描述和表征口语测试文本中的思辨能力是本研究的重点。测试产生的文本是评价思辨能力的有力工具（Stapleton 2001），越来越多的学者从口语或写作文本内容质量的视角，通过分析语篇特征（discourse features）来探究综合型测试的构念。

Gebril和Plakans（2013）为探究读后写综合测试任务的构念，对二语学习者的作文文本进行语篇分析，将句子切分成单独的语义单位并计算单位长度来探究句子复杂度对综合写作测试的影响；Brown等（2005）通过语篇分析的方法研究托福综合口语测试所考核的语言能力构成；Frost等（2012，2021）将口语文本切分并归纳成不同种类的语义单位（idea unit），探究不同语言能力的学生在综合口语表现中复述、总结与整合输入材料的策略使用情况，从而验证读—听—说综合测试任务的效度。这些研究聚焦考生的实际作答，运用语篇分析的研究方法深入探究了综合型测试中的语言能力构念，对我们理解和界定语言测试中的思辨能力有重要的启示意义。

本文借鉴Brown等（2005）和Frost等（2012，2021）对口语文本的分析方法，并结合思辨能力的定义提出以下几个分析指标。第一，通过“文本化”（textualization）从句法维度量化学生使用连接词的数量及正确率。评分量表研究表明，与传统的质性描述评分相比，依据构念相关特征的频数统计评分具有更高的评分员内部一致性，是一种更为有效的评分方式（Knoch 2008）。连接词可以让各个观点之间具有逻辑并能独立存在（Halliday & Hasan 1976），连接词的数量及正确率可以直观地体现学生有“策略”地使用语言。同时，Brown等（2005）将逻辑连接词归为考生的语言资源，是考生口语能力的一部分。思辨能力的核心技能之一是“分析”能力，需要读者或听者依靠逻辑连接词辨识出材料中观点的结构，从而使用正确的逻辑连接词来回忆、理解材料并组织自己的语言（Dwyer et al. 2014）。因此，逻辑连接词的数量及质量对口语中思辨能力的评价尤为重要，体现了“有逻辑地阐述各类问题”的思辨能力。本研究基于Halliday和Hasan（1976）提出的四种常见连接词（时空、因果、相反和附加）对口语文本进行量化，将正确使用连接词标为+TEX。

第二，通过“再现语义单位”（reproduction of input material units）从语义维度体现口语文本所含的思辨能力。为了评估学生对于材料的理解、概括和创造程度，体现思辨能力的核心技能，即“分析给出的解释和要求”“概括形成中心思想”和“积极发现新的解决方案”，本研究结合Kintsch和van Dijk（1978）输入材料处理的认知过程模型，即理解文本、概括信息与建构意涵等心理过程，并根据Kroll（1977）对语义单位的划分，将小句（clause）以及各类次小句变体（sub-clause variations）划分为单独的语义单位（参见Frost et al. 2012：356），提出以下三类语义单位的组合：

（1）理解性（comprehension，标记成+ COM），指正确理解语义单位，能理解并转述原文内容。准确理解材料是思辨过程的第一步，也是“分析”技能的前提，涉及到阐明概念、辨认关系、领会内涵等其他能力（Pienaar 2001）。

（2）概括性（generalization，标记成+ GEN），指正确概括语义单位，能对原文内容“概括提炼出中心思想”。概括能力是对不同信息挑选后整合的过程，是思辨的中级发展阶段（de Chazal 2014）。

（3）建构化（construction，标记成+ CON），指正确建构新的语义单位，能“积极发现新的解决方案”并给出自己的“分析与评价”。建构形成多样化的解决方案，并能预测可能性的结果，这是思辨能力中“推理”技能的展现。推理能力是核心思辨能力，不单是外语思辨能力教学的重点（文秋芳2008），也是思辨的高阶发展阶段，与个体对事件认识的程度有关，合理的推断可以展现思考问题的深度与广度（Paul & Elder 2014）。本研究的分析框架如表1所示。

表1 综合口语思辨能力分析指标

评价维度	具体指标	基本内容	测量指标
句法	“有逻辑地阐述各类问题”	使用连接词的数量及正确率	文本化（TEX）
语义	“分析给出的解释和要求”	正确理解语义单位百分比	理解性（COM）
	“概括形成中心思想”	正确概括语义单位百分比	概括性（GEN）
	“积极发现新的解决方案”	正确建构新的语义单位百分比	建构化（CON）

3 研究设计

3.1 研究问题

本研究从口语测试文本内容质量的视角探索思辨能力对综合型口语测试表现

的影响，并对测试中考生所展现的思辨能力做出分析与解释，以加深对综合型口语测试构念的理解。具体研究问题如下：

（1）思辨能力与综合型口语测试表现是否相关？

（2）思辨能力对综合型口语测试表现的预测效力如何？

3.2 研究对象

本研究的样本为50名来自不同高校不同专业的本科学生，均参加过或准备参加托福考试，熟悉综合型口语测试题型。剔除2个在实验过程中未在规定时间内完成作答的样本，最终选取了48名学生的数据，包括28名女生和20名男生。

3.3 研究工具

研究工具为综合口语任务，语篇选自美国考试中心官方发布的托福考试在线训练任务TPO 13（TOEFL Practice Online）中的听后说综合任务，与真实考题具有高度一致性（Educational Testing Service 2020）。样本考生均未使用过该测试训练任务。本题要求学生听对话（时长为2分钟），内容为一位学校社团主席原计划开私家车带领社员参观美术馆，但车临时损坏，面临两个解决方案及其优缺点：要么推迟计划，却担心让大家扫兴；要么自行租车继续计划，却担心大家不付车费。考生需要复述困难，提供一个解决方案，并给出充分理由。准备时间30秒，回答时间为1分钟。

托福口语测试包括听—说和读—听—说两种形式，是典型的综合型口语测试任务，考察学生思考问题的能力，增加了考试的真实性。托福综合口语任务所期望的回答质量特征包括可理解性、流利度、内容、连贯度以及组织结构，考生需做到语言上的持续饱满、充分拓展、语义之间互相关联、前后一致，观点有逻辑地层层递进（Educational Testing Service 2020）。从托福综合口语考试的设计可见，思辨能力运用在各个环节：评价能力、分析能力与表达能力可运用在理解输入信息和口头表达中，而逻辑能力、概括能力、对比能力是流利、连贯、内容正确以及理解无误的基本要素。因此本文选择托福综合口语测试题目作为研究工具。

3.4 数据收集

每位学生根据要求用录音设备进行录音。共有两位参与过托福口语评分的评分员对学生的录音内容进行打分与数据标注。评分标准采用托福官方公布的综合口语任务评分中对内容质量的评价维度“话题展开”。这一维度要求考生清晰、详细地展开观点，语义连续递进（a clear progression of ideas），是综合型口语测试的核心要素。评分共分为三个阶段：第一阶段为试评，评分员将全部受试者的50条录音试听，从而熟悉了全部受试者的整体表现，并筛选出48条完整的录音。第二阶段评分，评分员对每位受试者的口试录音根据评分标准进行整体打分（0–4分），并记录打分结果。第三阶段为结果汇报，研究为保证评分的信度，进行了斯皮尔曼（Spearman）等级相关系数检验，相关系数为0.820，表明评分者一致性很高。评分结束后对两位评分员分别进行了半结构化访谈，内容涉及评分标准的解读、评分的心理活动以及对学生表现的评价与建议等。

3.5 数据标注与分析

为了获得考生口语文本中所能体现出的思辨能力的量化数值，首先将48位受试者口试的录音转写为文本，并进行审核校对。其次，通过两个维度对口语文本进行人工编码与量化分析。其中，“文本化”计算每位学生口语产出中连接词的数量及正确率：数量的计算剔除语义和形式重复的连接词，正确率的计算为正确使用连接词数量除以总的连接词数量。

其二“再现语义单位”分为三个子部分量化。一是“理解性”，即计算学生口语产出中正确理解句子的语义单位数量并除以总的句子语义单位数量，得到正确理解句子语义单位的百分比，正确标记为+COM，错误则为−COM。示例：

原文：I don’t want to get stuck with having to pay for most of the bill.

回答1：…/but he doesn’t want to end up with paying most of the bill.（+COM）

回答2：…/but he doesn’t have enough money to pay most of the bill.（−COM）

二为“概括性”，同理，计算学生口语产出中正确概括原文的语义单位的百分比，正确标记为+GEN，错误则为−GEN。示例：

原文：I am supposed to drive everyone in the club to see a special exhibit at the museum tomorrow with my mom’s car. But unfortunately, it broke down and it is not gonna be repaired in time for the trip.

回答：The men's problem is that /he was supposed to take his members to the exhibition tomorrow,/but his mother's van was broken down.（+ GEN）

三是"建构性"，即计算学生口语产出中所新建构的语义单位的百分比，正确标记为+ GEN，反之则为 - GEN。示例：

原文：I don't know. It'd probably be ok with them too, but that's the risk. I don't know for sure.

回答：He can just prepay the bill and /they can just split it up afterwards.（+ GEN）

为保证编码的信度，对每一维度的准确率进行了科恩卡帕系数（Cohen's kappa coefficient）检验，k=0.853（三个子维度的卡帕系数分别为0.833、0.822和0.904），表明编码结果可靠。

在两个维度中，研究对每一个变量与学生托福口语成绩变量进行皮尔森（Pearson）相关性分析。同时为了探讨各个变量对口语成绩的影响，将体现思辨能力的四个指标作为自变量，口语成绩作为因变量，对各个变量进行多元线性回归分析，以进一步检验各个自变量解释因变量的变异性的能力以及变量之间的关系的密切程度。此外，还结合半结构化访谈对量化结果进行解释和补充说明。

4　研究结果

4.1　描述性统计分析

为了解思辨能力与口语测试成绩之间的关系及其预测解释作用，本研究使用SPSS22.0对各个变量进行描述性统计和正态分布检验，结果见表2。各个变量偏度值的绝对值都小于1，表明数据均呈正态性分布（Porte 2002），其中正确概括语义单位的平均值最低，且偏度大于0，呈右偏，表明该技能的成绩偏低，对于考生而言有难度。

表2　各个变量的描述性分析

	个案数	平均值	标准差	偏度	峰度
托福口语"话题展开"维度分数	48	2.937	0.783	−0.443	0.010
连接词数量	48	8.625	2.702	−0.737	0.302
正确使用连接词百分比（+ TEX）	48	0.690	0.160	−0.667	0.293

续表

	个案数	平均值	标准差	偏度	峰度
正确理解语义单位百分比（+ COM）	48	0.492	0.138	−0.906	−0.077
正确概括语义单位百分比（+ GEN）	48	0.123	0.072	0.330	0.188
正确建构语义单位百分比（+ CON）	48	0.215	0.092	−0.810	0.560

4.2 文本化

针对第一个研究问题，从句法维度来看，通过图1的散点图可以直观地发现，随着口语成绩提高，考生所使用的连接词数量也会随之增加，其中，托福口语成绩最高的同学使用的连接词数量最多，托福口语成绩最低的同学几乎不使用连接词。

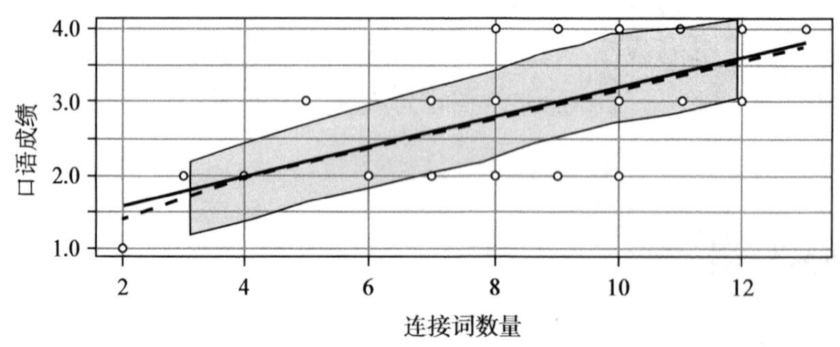

图1 口语成绩与连接词数量关系

基于表2的正态分布检验结果，皮尔森相关分析显示，“口语成绩”与“连接词数量”之间存在显著性的正相关关系（$r=0.703$，$p=0.000$，$R^2=0.494$），同时“口语成绩”与“正确使用连接词数量百分比”之间相关性更高（$r=0.758$，$p=0.000$，$R^2=0.574$）。即口语成绩随着连接词数量及正确率的增加而提高，连接词数量与正确率可以解释口语成绩的49.4%和57.4%左右的变异。

4.3 再现原文语义单位

针对第一个研究问题，从语义维度来看，皮尔森相关分析结果显示，“口语成绩”与三个变量之间均存在显著性的正相关关系，其中，“正确理解语义单位百分比”与“口语成绩”的相关性最高（$r=0.664$，$p=0.000$，$R^2=0.441$），其次为“正确建构语义单位百分比”（$r=0.602$，$p=0.000$，$R^2=0.362$），最后为“正确概括语义单位百分比”（$r=0.289$，$p=0.046$，$R^2=0.084$）。统计结果还显示“正确理解语义单位百分比”与“正确建构语义单位百分比”之间也存在着较为显著的相关性（$r=0.327$，$p=0.023$，$R^2=0.107$），即理解问题的能力与提出新解决方法的能力之间有着紧密的联系。值得注意的是，“正确概括语义单位百分比”与“正确理解语义单位百分比”之间无显著相关性（$r=0.233$，$p=0.111$，$R^2=0.054$），即概括能力与理解能力没有显著的关联性。

针对第二个研究问题，从强制回归结果（表3）来看，回归模型显著（$F(4, 43)=27.476$，$p=0.000$），表明这四个指标对被试的口语成绩具有良好的预测作用，可以解释口语成绩69.3%左右的方差（$R^2=0.693$）。从作用机制来看，这四个自变量中“正确使用连接词”的回归系数最高（$\beta=0.408$），对因变量的贡献最大，预测力最强。其次为“正确理解语义单位”（$\beta=0.311$，$t=3.112$，$p=0.003$）和“正确建构语义单位”（$\beta=0.279$，$t=2.920$，$p=0.006$）。而“正确概括语义单位”在实际检验过程中并无多大用处（$\beta=0.121$，$t=1.443$，$p=0.156$）。最后，通过共线性统计量可发现，三个自变量的容差都大于0.1，方差膨胀因子（VIF）值都小于10，可得出它们的共线性水平很低（Cohen et al. 2003），从而回答了第二个研究问题，即“有逻辑地阐述问题”“分析给出的解释和要求”以及“积极发现新的解决方案”这三项思辨技能对口语测试中内容维度的表现有显著的预测力。

表3　综合口语思辨能力指标的回归系数

分类	标准系数 β	t	Sig.	共线性统计量	
				容差	VIF
正确使用连接词TEX	0.408	3.681	0.000***	0.533	1.876
正确理解语义单位COM	0.311	3.112	0.003*	0.656	1.524
正确概括语义单位GEN	0.121	1.443	0.156	0.932	1.073
正确建构语义单位CON	0.279	2.920	0.006*	0.714	1.400

注：$R^2=0.693$，$F=27.476$，*表示$p<0.05$，**表示$p<0.01$，***表示$p<0.001$

4.4　访谈

针对评分标准，两位评分员都一致强调了评价内容质量的重要性，但侧重点有所不同。一位评分员关注考生是否完成了题目要求，表示："综合口语测试的要求比较明确，需要先分析文本、再总结信息、最后创造想法，若考生能够在回答中做到这几点，我会给高分"，另一位则更关注学生的思维层面，表示："高分段的描述语中要求语义清晰地递进展开，有些同学前后的逻辑不通顺，比如错误类比或者结论无据，我就会判低分"。

针对学生的表现，两位评分员均重视培养学生的非语言认知能力，尤其是逻辑思维能力，并结合自身的教学经验提出了建议，其中一位评分员谈到："口语考试不能只关注学生用了什么'高级'词汇和'复杂'语法，还要看表达是否有逻辑，内容是否清晰，这些思维层面的能力也应该是口语考试的一部分"，另一位对现今的口语教学和评价表示担忧，"学生很少有机会在语言课堂或者考试中展现他们思考问题的能力"。

5 讨论

5.1 主要发现

首先，本研究发现思辨能力与综合型口语测试表现显著相关。从"文本化"这一句法维度来看，连接词的正确使用可以体现出学生"有逻辑地阐述各个问题"，比如使用因果连接词来连接问题产生的缘由、使用附加连接词来补充细节等。考生需要调动连接词这一语言资源，对观点信息进行选择、创造和组织。因此，连接词的数量和质量影响着口语话语能力，体现了Brown等（2005）所界定的认知能力，即口语交际中的思辨能力。从"再现语义单位"这一语义维度来看，学生的口语成绩与"正确理解语义单位"最为相关，即与"分析给出的解释和要求"这一思辨技能有关。"正确构建语义单位"对于口语表现也有重要意义，即学生能基于材料"积极发现新的解决方案"，展现思辨技能中的推理能力，体现思维的深度和广度。"正确概括语义单位"与口语成绩显著相关，然而与"正确理解语义单位"相关不显著，表明概括评价能力独立性较强，与口语能力紧密相连。概括能力与分析能力无显著的相关的原因可能是，准确理解并分析材料是综合口语产出的必要条件，但并不是正确概括评价的充分条件。"分析""评价"与"推理"能力是思辨能力的三大核心技能（Facione 1990；文秋芳2008），统计结果也从语言测试的角度证实了这三者之间的关联性与独立性并存，共同影响着综合型口语测试的构念。

其次，本研究发现思辨能力对综合型口语测试表现有显著的预测力。从回归模型来看，有逻辑地阐述、分析理解和推理能力这三个思辨技能在口语分数中尤为重要，而概括评价能力对口语分数的影响不明显，该自变量与因变量存在相关性，但当加入其他三个自变量之后对于“口语成绩”的解释力被稀释了。潜在的一个原因是该变量在实验中的频数和正确率较低，学生较少运用这一技能，一位评分员表示：“一部分学生在回答中喜欢抠原材料细节，不太注意整合冗余信息”。另外，评分员在访谈中谈到，“我听到学生使用了firstly、secondly等连接词，大致就可以判断他们语义之间是否连贯”，这表明评分员在打分过程中更容易关注句法维度，而对概括的质量关注不足。这也从另一个侧面印证了Knoch（2008）的研究发现，即采用与构念相关的特征的频数统计评分更精确，信度更高，避免了评分员集中趋势而导致的评分误差。

5.2　对综合型口语测试的启示

综合口语测试的复杂性在于其测试构念的定义不够明确。Brown等（2005：41）认为综合口语测试中如何评判考生内容维度是一大难点，评分员往往在评价“内容”和“语言”上会产生“脱节”，对低分段考生很难判断是因为听力障碍、口语能力还是认知技能导致其内容有误，对高分段的考生有着“光环效应”，认为语言质量的比重大过内容质量，比如本研究中的一位评分员在访谈中坦言，“若这个学生的口语很流利，我会不自觉地给他的内容打高分”，因此，高分可能仅仅代表高的语言质量，并不一定代表高的内容质量。

本研究通过对综合型口语测试中思辨能力的探究，验证了Frost等（2012，2021）与Brown等（2005）所发现的结果，即口语的内容质量与“关键信息点数量”和“原文还原质量”高度相关，也进一步论证了学术英语能力的多维性，考生的思辨能力对于其口语内容质量有关键影响，从一定程度上证明了思辨能力对综合型测试构念的影响。同时，本研究也从考生内容质量角度验证了Sato（2012）的研究发现，即评估口语内容质量可以作为展现语言能力的一种方式，也可以是一个重要的评估测试表现的标准，弥补了该研究仅从评分员视角关注内容维度的不足。因此，对于综合型口语测试而言，应当重视对内容的评价并将内容质量作为一项重要的评分标准。从考试设计来看，评分标准是语言测试构念的具体体现（Knoch 2008），评分标准对考生的测试表现和测试效度产生重要影响（Sato 2012）。目前从托福口语及其他大规模口语测试的评分标准来看，对思辨能力的描述虽有所涉及，但意义不够明确，且隐含在各个维度的描述语中。我们认为，思辨能力应更明确、更充分地体现在口语评分的内容质量标准中，从而避免综合型测试的构念模糊性问题。如在本研究中，两位评分员对于“语义连续递进”这一描述语存在分歧，解读不同。其中一位从回答内容的广度来看，认为“信息之间需要连接词、前后指代等衔接才能体现语义递进”，而另一位则从回答内容的深度来理解，认为“需要在原信息基础之上有新的内容出现，并且表述要层层推进、引出要合理”。应当将这条描述语从思辨能力技能的角度进一步细化，将其可操作化，方能更全面、准确地界定综合测试口语能力构念。

5.3 对思辨能力评估的启示

现有测量工具从思辨技能等个人特质界定思辨能力的构念，较多采用离散式的客观测试，且测试的构念效度有待论证和提高，也无法捕捉到考生背后更为细腻的思辨能力特征（Liu et al. 2016）；此外，主观测试的任务设计、构念代表性、评价标准、评价可靠性等颇具挑战，已开发的写作测试思辨能力评分量表（如 Dong 2017）效度证据不充分。综合型口语测试任务能充分激发考生的理解、分析、概括、推理等思辨技能，体现考生在学术英语口语测试语境下从“输入”到“输出”的整个过程。本研究所提供的指标能为综合型口语测试评分量表的开发和修订提供依据，能更全面地定义思辨能力，拓展并重新审视语言测试的构念，使思辨能力能够通过语言测试的任务设计和评分标准得到更全面、系统的考核。

6 结论

本研究聚焦综合型口语测试的内容质量，从句法和语义层面对考生口语文本进行考察，挖掘各项思辨能力指标对英语口试表现的影响。研究发现，“有逻辑地阐述问题”“分析给出的解释和要求”及“积极发现新的解决方案”这三个思辨技能是影响综合型口语测试成绩的关键要素。本文的研究意义和价值体现在以下三个方面。第一，从口语语篇分析的视角界定听后口头复述任务的构念，凸显意义构建过程中思辨能力的重要作用，加深对综合口语测试构念的认识，为考试任务设计、分数阐释奠定基础。第二，从句法和语义层面来评价综合口语产出中所体现的思辨能力，并探讨这两个层面的指标对于口语能力评价的应用价值，进一步细化思辨能力在评分量表中的体现。第三，拓展了综合型口语测试的构念，对教学将有积极的引导作用，促进教师对语言能力与思辨能力关系的思考，帮助学生通过语言课程提升思维能力。

限于篇幅，本研究缺少更多定性分析（如考生访谈）的支撑，考生的样本量也不够大，未对考生的语言水平进行分组比较，以探究语言水平对思辨能力的影响。未来的研究还可聚焦对比不同文体的输入材料（如学术/校园话题）、不同输入模式（如阅读/视频）、不同输入顺序（听—读—说/读—听—说）对考生在综合型口语测试中的思辨能力的影响。另外，本文所提出的思辨能力指标的有效性还有待更多相关实证研究验证，通过增减精细指标，形成更完善的分析框架。总之，我们认为有必要加强语言测试中的思辨能力研究，为教学和测评提供更多有益的启示。

参考文献

Brown, A., N. Iwashita & T. McNamara. 2005. *An Examination of Rater Orientations and Test-Taker Performance on English-for-Academic-Purposes Speaking Tasks (TOEFL Monograph Series MS-29)* [M]. Princeton: Educational Testing Service.

Cohen, J., P. Cohen, S. West & L. Aiken. 2003. *Applied Multiple Regression/Correlation Analysis for the Behavioral Sciences* (3rd Edition) [M]. Mahwah: Lawrence Erlbaum.

Cummins, J. 1979. Cognitive/academic language proficiency, linguistic interdependence, the optimum age question, and some other matters [J]. *Working Papers on Bilingualism*, (19): 121–129.

de Chazal, E. 2014. *English for Academic Purposes* [M]. Oxford: Oxford University Press.

Dobson, B. & C. Feak. 2001. A cognitive modeling approach to teaching critique writing to nonnative speakers [A]. In D. Belcher & A. Hirvela (eds.). *Linking Literacies: Perspectives on L2 Reading-Writing Connections* [C]. Ann Arbor: The University of Michigan Press.

Dong, Y. 2017. Teaching and assessing critical thinking in second language writing: An infusion approach [J]. *Chinese Journal of Applied Linguistics*, (4): 431–451.

Dwyer, C., M. Hogan & I. Stewart. 2014. An integrated critical thinking framework for the 21st Century [J]. *Thinking Skills and Creativity*, (12): 43–52.

Educational Testing Service. 2020. TOEFL iBT test framework and test development. (Volume 1). [TOEFL Research INSIGHT Series][OL]. https://www.ets.org/s/toefl/pdf/toefl_ibt_research_insight.pdf.accessed 13/06/2021.

Facione, P. 1990. *Critical Thinking: A Statement of Expert Consensus for Purposes of Educational Assessment and Instruction (The Delphi Report)*[M]. Millbrae: The California Academic.

Fahim, M., M. Bagherkazemi & M. Alemi. 2010. The relationship between test takers' critical thinking ability and their performance on the reading section of TOEFL [J]. *Journal of Language Teaching & Research*, (6): 830–837.

Frost, K., C. Elder & G. Wigglesworth. 2012. Investigating the validity of an integrated listening-speaking task: A discourse-based analysis of test takers' oral performances [J]. *Language Testing*, (3): 345–369.

Frost, K., G. Wigglesworth & J. Clothier. 2021. Relationships between comprehension, strategic behaviours and content-related aspects of test performances in integrated speaking tasks [J]. *Language Assessment Quarterly*, (2): 133–153.

Fulcher, G. 2003. *Testing Second Language Speaking* [M]. London & New York: Routledge.

Gebril, A. & L. Plakans. 2013. Toward a transparent construct of reading-to-write tasks: The interface between discourse features and proficiency [J]. *Language Assessment Quarterly*, (1): 9–27.

Halliday, K. & R. Hasan. 1976. *Cohesion in English* [M]. London: Longman.

Khabbazbashi, N., S. Chan & C. Tony. 2022. Towards the new construct of academic English in the digital age [J]. *ELT Journal*, https://doi.org/10.1093/elt/ccac010.

Khvatova, E. & E. Krutskikh. 2020. Summary writing as a form of integrated skills assessment in tertiary settings [A]. In S. Hidri (ed.). *Changing Language Assessment: New Dimensions, New Challenges* [C]. Cham: Springer International.

Kintsch, W. & T. van Dijk. 1978. Toward a model of text comprehension and production [J]. *Psychological Review*, (5): 363–394.

Knoch, U. 2008. The assessment of academic style in EAP writing: The case of the rating scale [J]. *Melbourne Papers in Language Testing*, (1): 34–67.

Kroll, B. 1977. Combining ideas in written and spoken English: A look at subordination and coordination [A]. In, E. Keenan & T. Bennett (eds.). *Discourse Across Time and Space* [C]. Los Angeles: University of Southern California.

Liu, O., L. Mao, L. Frankel & J. Xu. 2016. Assessing critical thinking in higher education: The HEIghten™ approach and preliminary validity evidence [J]. *Assessment & Evaluation in Higher Education*, (5): 677–694.

Murray, N. 2016. *Standards of English in Higher Education: Issues, Challenges and Strategies* [M]. Cambridge: Cambridge University Press.

Paul, R. & L. Elder. 2014. *Critical Thinking: Tools for Taking Charge of Your Learning and Your Life* (3rd Edition) [M]. Upper Saddle River: Prentice Hall.

Pienaar, E. 2001. Teaching critical thinking skills in the language classroom [J]. *Journal for Language Teaching*, (2): 125–137.

Porte, G. 2002. *Appraising Research in Second Language Learning: A Practical Approach to Critical Analysis of Quantitative Research* [M]. Philadelphia: John Benjamins.

Sato, T. 2012. The contribution of test-takers' speech content to scores on an English oral proficiency test [J]. *Language Testing*, (2): 223–241.

Stapleton, P. 2001. Assessing critical thinking in the writing of Japanese university students [J]. *Written Communication*, (4): 506–548.

Taylor, L. & A. Geranpayeh. 2011. Assessing listening for academic purposes: Defining and operationalising the test construct [J]. *Journal of English for Academic Purposes*, (2): 89–101.

Thornbury, S. 2007. *How to Teach Speaking* [M]. London: Pearson Education.

Wagner, P. 2019. Reviving thinking in a speaking course: A critical-thinking model for public speaking [J]. *Communication Teacher*, (2): 158–163.

Yang, Y., Y. Chuang, L. Li & S. Tseng. 2013. A blended learning environment for individualized English listening and speaking integrating critical thinking [J]. *Computers & Education*, (63): 285–305.

邓华，邓杰. 2022.《中国英语能力等级量表》写作策略能力量表的构念效度验证[J]. 外语与外语教学，(6)：78–87.

何莲珍，林晓. 2018. 基于大学英语课堂学习共同体的中国大学生思辨能力培养研究[M]. 杭州：浙江大学出版社.

刘航，金利民. 2012. 英语辩论与大学生批判性思维发展的实证研究[J]. 外语与外语教学，(5)：24–28.

马利红，刘坚. 2021. 外语写作思辨能力评价效度研究——基于多面Rasch模型分析[J]. 外语教学理论与实践，(2)：97–115.

孙有中. 2019. 思辨英语教学原则[J]. 外语教学与研究，(6)：825–837.

文秋芳. 2008. 论外语专业研究生高层次思维能力的培养[J]. 学位与研究生教育，(10)：29–34.

文秋芳，王建卿、赵彩然、刘艳萍、王海妹. 2009. 构建我国外语类大学生思辨能力量具的理论框架[J]. 外语界，(1)：37–43.

余清萍，王璐瑶. 2020. 对比续写任务对议论文写作的影响[J]. 外语与外语教学，(6)：96–108.

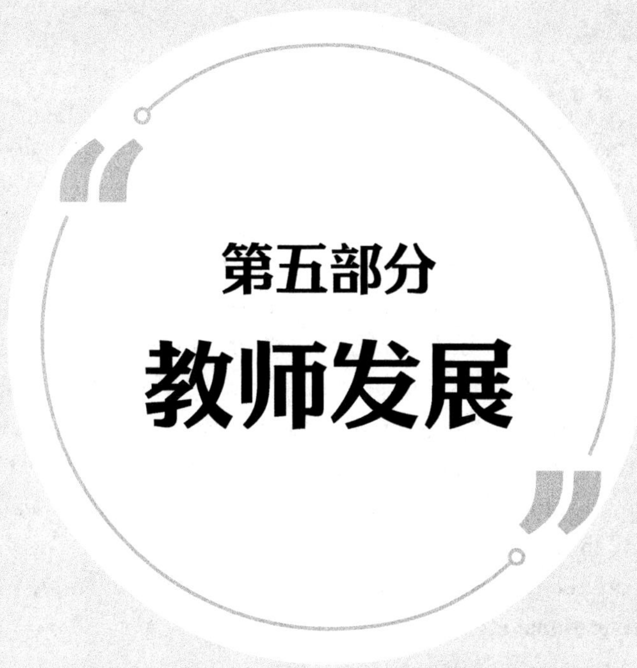

第五部分

教师发展

Facilitating language teachers' learning to teach critical thinking through lesson study[1]

Hong Zhang & Yuheng He

Abstract: This qualitative study seeks to explore how two university English-as-a-foreign-language (EFL) teachers learned to teach critical thinking (CT) through lesson study in China. Informed by relevant literature on CT and teachers' learning to teach CT, and drawing on data from interviews, classroom observation, artefacts and research journals for one year, this study revealed that the two teachers began their learning journeys in different ways, but gradually shared similar trajectories after they joined lesson study projects, and that lesson study was facilitative for the teachers to improve CT instruction pedagogy. The study concludes with implications for supporting in-service EFL teachers' learning to teach CT through lesson study.

Keywords: teacher learning; critical thinking; lesson study; EFL teachers; educational reform

1 Introduction

Viewed as the essence of liberal education, critical thinking (CT) has drawn increasing attention among educators and researchers since the first wave of the CT movement in the 1970s (Facione, 1990). Educational experts now agree that CT is a crucial 21st century skill for students in primary, secondary, and tertiary education and a key to one's success (Van et al., 2022). CT development has become a global educational concern leading to worldwide educational reforms, especially in higher education (Davies & Barnett, 2015).

In view of the close relationship between language and thinking, researchers have argued that language is not only a tool for expressing ideas but also a source that shapes our thinking, and that language education should move beyond cultivating

1 论文原发表于 *Teachers and Teaching: Theory and Practice* 2023年第29卷第4期。

learners' language skills and integrate CT (Luk & Lin, 2015; Yuan et al., 2021). In many educational systems worldwide, CT has been infused with language curriculum and textbooks, aiming to cultivate students' all-round abilities such as decision making and problem solving in real-life situations (Yuan et al., 2022; Zhang & Yuan, 2022). Although CT development in education has decades of history in some European and North American countries, it has just begun to burgeon in Asian countries in the past two decades after the "teacher-as-authority" culture was challenged (Davies & Barnett, 2015). For instance, in China, Huang (1998) first criticised the absence of CT in foreign language education, which began to catch teachers' and researchers' attention to CT integration with foreign language education. Some Chinese scholars have therefore attempted to investigate CT development among foreign language majors (Wen et al., 2010). Other researchers and curriculum developers have initiated educational reforms that incorporate CT into foreign language education (Sun, 2015). Accordingly, in 2018, CT, as one of the four key educational goals, was included in the *China National Teaching Quality Standards for the Foreign Language and Literature Major at the Bachelor's Level* (Ministry of Education, 2018).

Against this backdrop, teachers, as front-line implementers, play a direct and decisive role in realising educational goals proposed by the reform. Only when teachers learn to teach CT, can students develop their CT skills and dispositions. The focus of most researchers, however, has been on effective teaching methods and classroom activities (Teo, 2019; Zhang & Yuan, 2022), and teachers' perceptions of CT (instruction) (Zhang, 2019; Zhang et al., 2020). Previous studies show that teachers are facing serious challenges in CT-oriented reforms such as having vague conceptualisations of CT, lacking related pedagogy and learning opportunities of teaching CT (Ketabi et al., 2013; Zhang et al., 2020). Given the difficulty of teaching CT in language classrooms, systematic support should be provided to help teachers to rise to the occasion. How do they rise to the challenges and learn the related theories and pedagogy to teach CT? What support is useful for their learning to teach CT? These questions still remain unresolved. Examining the process and outcome of teachers' learning to teach CT helps understand how to bridge the divide between CT instruction theory and teachers' practice.

In view of the complexities and challenges involved in CT teaching, we argue that lesson study can serve as a viable approach to promoting teachers' competence in CT teaching. Referred to as an effective learning model for teachers, and a channel for improving pedagogy, educational practice and learning outcomes (Hudson, 2016), lesson study generally contains three cyclable steps: 1) a teacher-driven team discuss existing problems regarding student learning or teaching methods of a research lesson, and co-plan this lesson to reconcile the identified problems; 2) one teacher of the team executes the research lesson for the first time while other members observe the lesson and collect feedback from students after class; 3) based on observation and feedback, the team gather again to reflect upon teaching (Akiba & Wilkinson, 2016). However, there is a paucity of research on how English-as-a-foreign-language (EFL) teachers learn to teach CT in their situated contexts through lesson study. This gap thus gives impetus to the present study to tap two language teachers' personal experiences and inner voices in the process of learning to teach CT facilitated by lesson study. This study not only can shed light on the complexity of language teachers' professional learning, but also may provide useful implications for teachers who will learn to teach CT and for teacher educators in China and other similar EFL contexts where CT is an integral part of foreign language education.

2 Literature review

2.1 Understanding CT and CT instruction

Despite the prominence of CT within the educational discourse, there is still a lack of consensus on the conceptualisations of CT (Abrami et al., 2015). Among various definitions, CT may consist of two classic components, namely *skills* and *dispositions* (Ennis, 2015). Additionally, new elements are added, such as *knowledge* (Thomas & Lok, 2015) and *actions* (Davies & Barnett, 2015). In this study, CT comprises: a) cognitive and metacognitive skills; b) dispositions or intellectual traits owned by critical thinkers. In particular, this study adopts an operational model of CT development demonstrated by Paul and Elder (2006). In this model, CT skills refer to applying ten *intellectual standards* to evaluate eight *elements of thought*; CT dispositions equal *eight intellectual traits* which one should develop as they practice CT skills. The model is selected as a reference for observing the participants' classes because it can be effectively applied to reading and writing.

Given the global trend of including CT development into curricular aims, a growing number of studies have been concerned with effective approaches and strategies to teach CT. Four approaches were proposed by Ennis (1989): 1) *the general approach*: teaching CT separately from the subject-matter; 2) *the infusion approach*: subject-matter instruction with CT development as an explicit instructional aim; 3) *the immersion approach*: similar to infusion but with CT development as an implicit instructional aim; 4) *the mixed approach*: a combination of the general approach with either the infusion or immersion approach. Among these approaches, *infusion* was found to be the most effective one (El Soufi & See, 2019), even though *immersion* was most commonly used (CRITHINKEDU-02, 2018). Cáceres et al.'s (2020) study advocated the specific and explicit teaching of CT, whether through the general approach or infusion approach. Zhang and Yuan (2022) has found that the infusion approach adopted by EFL teachers could cultivate students' CT through reading journals and explicit orientation.

Regarding CT instruction strategies, Bezanilla et al.'s (2019) large-scale investigation showed that the majority of university teachers in Spain and Latin America regarded oral and written reflection and argumentation as the most promising teaching strategies, followed by reading, analysis, and synthesis of resources. Specifically, in EFL classes, the "dialogic pedagogy" (Teo, 2019) was reported to be effective ways to cultivate students' CT, which aimed to facilitate students' knowledge construction through negotiating ideas and opinions, and questioning. Additionally, authentic activities embedded in content-based learning was found to be useful in improving both thinking and linguistic skills (Luk & Lin, 2015).

In general, these studies could inspire teachers to employ certain approaches and strategies to teach CT. Their central focus, however, heavily lay in promising teaching methodologies, which lacked voices from teachers themselves and more in-depth investigation of the complicated process of teachers' learning to teach CT.

2.2 Teachers' perceptions of and engagement with CT

Teachers are widely recognised as critical agents performing and mediating in educational changes (Fullan & Hargreaves, 1992). Yet in the global CT-oriented educational reform, only a few studies gave teachers a central place. Some were interested in teachers' perceptions of CT and incorporating CT into their teaching (Zhang et al., 2020). According to these studies, teachers (both pre-service and in-service) believed in the benefits of CT and strongly agreed with the incorporation of CT into EFL teaching. Ma and Liu's (2022) study found that experienced secondary school EFL teachers were less aware of the importance of CT and developing CT in foreign language teaching, but knew more about how to design CT activities in EFL contexts than novice ones. Nevertheless, problems also emerged from findings of these studies. For example, Zhang et al. (2020) pointed out four prominent challenges faced by the teachers: 1) vague conceptualisations of CT; 2) gaps between teachers' perceptions of teaching CT and their actual practices; 3) a lack of updated theories and concrete pedagogy for teaching CT; 4) difficulties in improving students' CT and language proficiency simultaneously.

A second growing body of research has focused on both in-service teachers' own CT performance and prospective teachers' CT skills such as systematicity, self-confidence and scepticism (Janssen et al., 2019; Kavenuke et al., 2020). For instance, Janssen et al. (2019) invited 263 teachers from a Dutch university to take the Cognitive Reflective Test (CRT, a test to assess CT and attitudes towards teaching CT). The results showed that teachers' dispositions towards effortful thinking, their teaching domains and levels of education were associated with their CRT performances. These two lines of research further indicated that teachers are also "learners" in the CT-oriented educational reform. Accordingly, there is an urgent need for deeper understanding of how teacher learning happens and continues in this reform.

2.3 Teacher learning to teach CT through lesson study in educational reforms

It is a well-accepted fact that educational innovations have been ubiquitous in a fast-changing society (Hubers, 2020), where students are in pressing need of abilities such as problem-solving, CT and creativity (Lieberman & Mace, 2008). The requirement for EFL teachers to blend CT with language teaching poses challenges for teachers (Zhang et al., 2020), and pushes teachers in the front line, who are supposed to translate the innovative ideas into daily practice. However, scholars have noted that many language teacher education programmes tended to pay lip service to CT by acknowledging its importance without systematically conceptualising and actualising it in teacher education practice (Yuan et al., 2021). This limitation has impeded EFL teachers' learning to teach CT, thus exacerbating the gap between the ongoing curriculum reform which advocates the integration between CT and language teaching and the classroom reality dominated by the traditional teaching approach which focuses on linguistic knowledge and communication skills (Yuan et al., 2022).

Teacher learning is conceptualised as a process in which teachers attain learning outcomes such as changes in knowledge, beliefs, skills, identity and attitudes through the use of cognitive, affective, and social learning activities. This process is influenced both by contextual factors such as school culture as well as personal factors such as motivation, professional identity, and agency (Vermunt et al., 2019). As noted, teacher learning involves identity construction, and teacher research can bring about their identity change (Beijaard et al., 2004). Teachers' learning to teach CT is a "complex, dynamic, and situated process" (Yuan et al., 2022: 2), and the effect of teacher learning is related to the strength of teachers' professional community (Lewis et al., 2009).

Scholars have called for a more collaborative approach such as joint lesson planning, observation and reflections to facilitating teachers' engagement in CT innovations and research within and across their situated communities of practice (Yuan et al., 2022). Lesson study, which is implemented in professional communities

(Elkomy & Elkhaial, 2022), is regarded as a viable approach to teacher learning to teach CT. Cognitively, lesson study enables teachers to renew their knowledge of the subject matter, their students, and pedagogy (Akiba et al., 2019; Leavy & Hourigan, 2016), as well as improving their self-efficacy (Puchner & Taylor, 2006). Socially, lesson study can enhance teachers' collaboration through providing resources, suggestions and their own classes for the teacher to rehearse their teaching (Zhang, 2019). Emotionally, although teachers experienced "torture" (Zhang, 2019: 547) and "lack of confidence" (Zhang, 2021: 628), they became more resilient in dealing with challenging situations (Zhang, 2019). More interestingly, from a social constructive perspective, lesson study offers teachers an access to interactions with multiple voices from consultants, peers, and students, which are "sometimes marked by tension and conflict" (Saito & Atencio, 2016), and thus likely reshape their identities. For teachers, one of the significant roles pertaining to lesson study is "participants as researchers" (Bjuland & Mosvold, 2015).

Some studies have also documented teachers' learning to teach CT (e.g. González &Deal, 2019; Zhang, 2021). For example, Zhang's (2021) study showed lesson study could engage language teachers in preparing lessons together with colleagues, help teachers theorise their CT instruction practice and teach CT based on theories and evidence; thus lesson study helps close the gap between theories and practices about CT instruction (Zhang, 2021). González and Deal's (2019) study provided evidence of teacher learning outcomes through lesson study in three aspects: 1) teachers increased their mathematical knowledge for teaching; 2) teachers advanced the development of a professional community; and 3) teachers developed teaching and learning resources. These studies focused more on the outcome of teachers' learning to teach CT through lesson study instead of the complex learning process.

To unpack teacher learning in lesson study, researchers have also dedicated to exploring facilitating factors and tended to attribute the effectiveness to the problem-oriented, reflective and collaborative nature of lesson study (Dudley, 2013; Puchner & Taylor, 2006), onsite professional learning communities and facilitators (Huang et al., 2021). The first distinctive feature of lesson study is its strong focus on existing problems in teaching and student learning instead of evaluation of teacher behaviours, which creates a rather comfortable and safe environment for teachers and thus truly motivates them to learn and teach (Dudley, 2013; Saito & Atencio, 2016). Secondly, individual and group reflection is pervasive throughout lesson study cycles, which further sharpens teachers' focus on teaching effectiveness (Leavy & Hourigan, 2016), making the whole process "visible" (Bjuland & Mosvold, 2015). Thirdly, the collaborative nature of lesson study entails the pivotal role of either external or internal facilitators (Akiba et al., 2019). Viewed as "knowledgeable others" (Skott & Møller, 2020: 2), the facilitators usually perform as leaders of lesson study projects and crucial providers of theories and new insights of pedagogical content knowledge (Schipper et al., 2017). This teacher-consultant relationship, however, is unavoidably intertwined with power imbalances, which could generate fake learning and even teacher resistance (Saito & Atencio, 2016). In Saito and Atencio's (2016) conceptual discussion, they highlighted the difficulty of realigning the power relations and establishing shared mutual respect and trust in lesson study projects, and thus called for further exploration in future studies.

In a recently published systematic review, Yuan et al. (2022) advocated adopting collaborative initiatives to facilitate teachers' learning to teach CT. However, little research has been conducted in this regard. To respond to this clarion call, this present study was conducted to look into the black box of the process of teacher learning to teach CT through a collaborative approach such as lesson study. One research question guides the present study: *How did two EFL teachers learn to teach CT through lesson study in a CT-oriented educational reform?*

3 The study

3.1 Research context and participants

The study took place in the School of English Studies (SES)(pseudonym) of a university in Beijing, where the CT-oriented reform has been carried out since 2005. SES had endeavoured to transform its educational objectives, curriculum design, teaching methodology, assessment and teacher development by introducing a series of textbooks to advocate a new educational idea "Language and Critical Thinking Integrated Teaching" (LaCTIT) in 2015. LaCTIT advocates infusing CT into language skill classes such as reading and writing as required by the national standards. In CT-oriented curriculum, both language objectives and CT objectives are the focuses of English language lessons. However, the teachers expressed their confusion about how to effectively integrate CT into language teaching, which motivated them to learn more about CT and CT instruction. At the beginning of the current study, both participants had finished a lesson study project (lesson $study_1$)(November 2016–December 2018), which aimed to help teachers implement CT in their teaching practice. Lesson $study_1$ was launched by the subdean of SES, who has expertise in applied linguistics and served as a project leader (PL). The first author (R1) was involved in lesson $study_1$ as one of the knowledgeable others. After lesson $study_1$ finished, she initiated another lesson study project (lesson $study_2$), and invited the two participants, Anhao and Linshi (pseudonyms)(Table 1), to join lesson $study_2$ (January 2019–December 2021). Lesson

$study_2$ intended to help teachers integrate CT and language teaching, and facilitate teachers' learning to teach CT.

They were invited to participate in this study because 1) they had been making continuous efforts to incorporate CT teaching into their classes and exhibited explicit evidence of learning to teach CT in both lesson $study_1$ and lesson $study_2$; 2) they were willing to use lesson study as a catalyst to improve their abilities to teach CT; and 3) their individual differences such as educational background and types of courses they teach may lead to different learning trajectories. The two participants had 19 years of teaching experience before the study commenced. Both majored in English literature. They claimed that their own English learning experience focused on cultivating students' language skills while CT development was seldom mentioned.

Table 1　Demographic information of participants

Pseudonym	**Gender**	**Educational background**	**Teaching experience**	**Teaching courses (semester)**
Anhao	Female	Doctor (English literature)	19 years	*Narrative Writing* (spring) *Exposition Writing* (autumn)
Linshi	Female	Master (English literature)	19 years	*Intensive Reading: Language and Culture* (spring) *Intensive Reading: Literature and Life* (autumn)

3.2　Data collection

The study adopted a case study approach, which "investigates a contemporary phenomenon (the 'case') in depth within its real-world context, especially when the boundaries between phenomenon and context may not be clearly evident" (Yin, 2018: 50). Case study research is appropriate for this study because it can capture the dynamic and context-based nature of teacher learning trajectories.

To answer our research question which focused on the teachers' learning to teach CT through lesson study, we collected multiple data: classroom observation (50 lessons [Anhao]; 54 lessons [Linshi]) with each lesson lasting 50 minutes, semi-structured interviews, text-based artefacts, and the researchers' research journals (see Table 2).

Classroom observation, which was carried out for two terms in 2019, helped us note details about what the participants did in class to capture their CT teaching practices. Noticing that both teachers frequently mentioned Paul and Elder's (2006) framework of CT development in class, we focused on how the two teachers incorporated CT into their practices. After class, we sometimes discussed the participants' teaching with them based on our observations and wrote down our communication in research journals which consisted of both informal conversations and researchers' reflections (15,199 Chinese characters). In-depth semi-structured interviews were conducted at the end of the semester of 2019 (two hours with Anhao; 90 minutes with Linshi) to include the insiders' voices, which helped us guard against potential bias and reach a contextualised understanding about the teachers' CT instruction engagement. During the initial coding stage, we found that one critical event mentioned by Anhao necessitated more details, therefore a supplementary interview was conducted. All the interviews were conducted in Chinese, audio-recorded and transcribed (36,475 Chinese characters for Anhao and 20,948 for Linshi). Additionally, text-based artefacts which consisted of course materials such as syllabuses, and memos of meetings or discussions, and research journals were collected. These materials together with classroom observation triangulated the self-reports from the two teachers.

Table 2 Data collection of the participants

Sources	Anhao (number of lessons)	Linshi (number of lessons)
Classroom observation	• Exposition Writing (28)(Feb.– June 2019) • Narrative Writing (22)(Sep.– Dec. 2019)	• Reading: Literature and Life (28) (Feb.– June 2019) • Reading: Language and Culture (26) (Sep.– Dec. 2019)
Interviews	2-hour interview (Int1, Dec. 2019) 1-hour supplementary interview (Int2, Jan. 2021)	1.5-hour interview (Int1, Dec. 2019)
Text-based artefacts	course materials; memos of meetings with collaborators	
Research journals	records of informal conversations and researchers' reflection	

3.3 Data analysis

We analysed the data in three coding rounds (Saldaña, 2013). Before the three rounds of coding, we read through all the data to form a general impression and then entered them into NVivo 11. Informed by the research question, in the first round, we entered codes by reading classroom observation notes (CON) when a piece of data demonstrated or implied a unit of meaning related to the participants' perceptions of and engagement with CT teaching. Then we used the emerged codes to guide the coding of interview, artefacts and research journals which were analysed mainly on their learning processes, outcomes and mediating factors. The preliminary analysis generated from the CON was triangulated with the interview, artefacts and research journals, through which the initial codes were adjusted. This round adopted multiple coding methods such as versus coding and process coding (Saldaña, 2013). For example, to understand the dynamic nature of how teachers learn, *process coding* was used to exclusively connote actions in the data by using gerunds (e.g. "needing to teach the new and difficult textbooks"). As the initial codes emerged, we wrote analytic memos to reflect upon patterns in the data. In the second round, codes sharing similar patterns were combined to produce a meta-code (*pattern coding*)(Saldaña, 2013). The final round reassembled and condensed the codes and generated a main idea to answer the research question. A detailed example of first-round coding can be seen in Table 3.

Table 3 Three rounds of data analysis (examples taken from Linshi's data)

Raw data	1st round	2nd round	3rd round
"After the first year, I felt the content of new textbooks is rather difficult and I encountered many problems ... How can I teach them to my students?" (Interview-Linshi)	Needing to teach the new and difficult textbooks	First tension: Needs vs. Difficulties	From an immersion-approach-oriented practitioner to an infusion-approach-oriented teacher researcher
"I didn't learn the theories of CT, like what proposed by Paul and Elder, and relevant teaching methods before." (Interview-Linshi)	Lacking knowledge base of CT and relevant teaching theories		
"Last year, I spent two hours introducing elements of thought, for the first time, but I just simply introduced it without any strategies. I thought there must be lots of problems ..." (Interview-Linshi)	Reflecting upon existing practice	Reaction: Reflecting and Questioning	
"It's necessary to introduce it explicitly, but the key question is, how?" (Meeting-Linshi-2019/08/30)	Clarifying the key question		
"I did research for improving my teaching, instead of teaching for doing research. I think my intention is quite clear." (Interview-Linshi)	Passion on teaching		

3.4 Researcher positioning

The authors' roles in the study cannot be ignored. The first author served as both the researcher and facilitator in the present study, and she initiated lesson study$_2$. The second author served as one of the research assistants in this project. R1 had met the participants Anhao and Linshi prior to the study. They had participated in lesson study$_1$, and they had known R1 as one of the knowledgeable others. They had worked with R1 on lesson $study_1$ for two years. After lesson $study_1$ finished, R1 initiated lesson $study_2$, and invited the two participants to join lesson $study_2$. R1 offered the two participants lectures, workshops, and one-on-one conferencing on language teaching, CT instruction, methods for conducting practitioner-based research and so on to facilitate them to learn to infuse CT into their language teaching. The second author observed the participants' classrooms and sometimes offered feedback on their teaching as required by them in lesson $study_2$. The relationship that we had developed over the years had the potential to shape the interviews, classroom observation, and other interactions.

Being aware of the risk of self-fulfilling prophecies in reporting the findings, the following measures were taken to ensure the validity and trustworthiness of the study. First, the participants were fully informed of the nature and purpose of the study so that they could openly share their learning processes in interviews. Second, during the interviews, the two authors played the role as qualitative researchers by listening to the participants' professional experiences, bringing up critical questions, sharing their own reflections as well as seeking further input. Third, the authors complied with data triangulation and researcher triangulation (Patton, 2015). They used mutually verifiable data sources including interviews, classroom observation, text-based artefacts and research journals, which revealed consistent findings. They analysed the data individually, and engaged in rounds of discussion to reach a high level of consensus on the final interpretations of the results. Fourth, "member-checking" (Creswell & Poth, 2018: 341) was also conducted by inviting the two participants to comment on the preliminary findings to help refine the final interpretation.

4 Findings

4.1 Anhao: from "a stray soldier" to a theory-informed teacher learner through lesson study on *Characterization*

Before the initiation of the CT-oriented reform, Anhao knew little about theories of CT and relevant pedagogical knowledge. She integrated CT into her classroom unsystematically and implicitly without connecting it to any well-established theories. As the reform highlighted CT development for English majors, she felt the tensions between her individual practice and the institutional demand.

At the initial stage of the reform, Anhao participated in lesson $study_1$ organised by SES. In one workshop organised by lesson $study_1$, a new concept "intellectual standards" of CT was introduced, which made her realise that CT could be interpreted systematically. This cognitive conflict, however, did not lead to her immediate action. Anhao noted the importance of theorising teaching practices. However, she faced difficulties inherent in her teaching experiences, including the lack of knowledge about applied linguistics and pedagogy, little experience in conducting research on applied linguistics, and teaching based on intuition. These difficulties were in tension with her need to theorise her teaching experience. Her resolution to this inherent tension, at that time, was to spend more time teaching while giving up conducting research on English literature, which was her major. Thus, she began her journey of self-exploration by revising classroom activities, offering students more feedback on their writing, and reading literature related to CT, which helped her understand more about teaching CT in writing classes. Years of self-exploration, however, went hand in hand with prominent problems:

> In the past, I was like a "stray soldier". Exploring how to theorize teaching practice by myself was unsystematic ... I used to constantly change some classroom activities. It took great pains and students were exhausted as well. It became out of order because I knew little about pedagogy and lacked the awareness of doing educational research. (Int1)

An impediment to Anhao's self-exploration was her lack of a systematic approach. Without knowledge about pedagogy and awareness of conducting research on teaching, she called herself a "stray soldier", who kept moving, yet without a clear direction. From 2015 a new series of CT-oriented textbooks were introduced to teachers in SES, who were required to use the textbooks. Teachers including Anhao did not know how to use the textbook to teach CT. In 2016, SES initiated lesson study$_1$ which was comprised of members with diverse backgrounds, including researchers in applied linguistics (PL and R1) and teachers who taught different courses in SES, and aimed at helping teachers incorporate CT into their teaching. Anhao's need for learning theories and pedagogy about CT (instruction) and guidance motivated her to join lesson study$_1$. Her decision to join lesson study$_1$ was a turning point for her profession learning. Each teacher in lesson study$_1$ was advised to collaboratively conduct lesson study on integrating CT into language skill courses such as reading and writing. Since then, Anhao's journey of professional learning began.

> With experts of applied linguistics in the lesson study project, I was eager to learn from them, so that I could improve my teaching under the guidance of theories. (Int1)

For Anhao, participating in lesson study$_1$ was her first time to cross the bridge between teaching and conducting educational research. She endeavoured to integrate CT into teaching writing. As a new member in lesson study$_1$, Anhao cooperated with internal and external facilitators (PL and R1) and her colleagues to conduct lesson study centring on improving her practices of teaching CT. In lesson study$_1$, Anhao was given autonomy to decide on a research lesson and propose an initial lesson plan, but she was also supposed to report and discuss her progress in regular meetings and finally write an academic paper based on this lesson study. Driven by the unsolved tension between need and difficulties, Anhao's first action in lesson study$_1$ was to identify issues in her teaching. To choose a research lesson, Anhao compared two critical components of narrative writing (plot and characterisation). Based on an analysis of her teaching experience, she decided on the latter for two reasons: teaching *Characterisation* is more interesting and it was a difficult point for students:

> Students have difficulties in *Characterization*. They think their vocabulary is not enough and they have no idea how to describe a person in English. But with years of teaching, I feel it's not just about vocabulary but also their misconceptions, their lack of insights into human nature, and a lack of CT. (Int2)

Conducting lesson study on teaching *Characterisation* was supported by PL. In her lesson study, the research question was "how a synergistic development of language competence and CT can be achieved in the lesson of *Characterisation*". Inspired by PL, Anhao read relevant literature about socio-cultural theory (SCT), and modelled her lesson plan based on the concepts of activity theory. In her activity system, students were the *subject* in a community comprised of teachers and peers, with the learning objectives (see the following extract) as the *object*. Correspondingly, she aligned classroom activities with the objectives. Then she enacted the lesson in Class A (one of two classes where she taught *Narrative Writing*). By then, Anhao had completed her first cycle of lesson study.

(a) Writing skills
- define "characters"
- compare and balance "telling" and "showing"
- use multiple techniques to write a "round person"

(b) Language
- use concrete details
- use rhetoric devices such as simile, metaphor and personification

(c) Critical thinking

- explain the theme of stories
- interpret thought and actions of characters
- reflect on personal standards of justice

(Text-based artefacts -Anhao)

The first enactment of the research lesson was followed by collecting feedback from students. First, in order to learn about students' learning outcomes, Anhao distributed a questionnaire to Class A and interviewed several students. By collecting and analyzing students' feedback, she was surprised to find a discrepancy between her intentions and students' needs:

> When I was preparing the lesson, I thought the more, the better. In this way, I could say I was responsible for my students and my job ... But I learned from my students that after viewing many slides, they were bored with slides full of words. Then I realized that I should put myself into their shoes. (Int2)

Anhao realised that her lessons imposed an excessive cognitive burden on students. After summarising students' feedback, Anhao brought her questions to the lesson study team where she received similar feedback from PL, who stated her lesson did not achieve many objectives. Based on the feedback, Anhao reflected on her first lesson design referring to SCT:

> I found things went against my will. The cognitive load must match students' levels, so that students can reach their zone of proximal development (ZPD). (Int2)

Anhao's first lesson enactment and reflection enabled her to have a deeper understanding of ZPD, a key concept in SCT. It indicated that another tension between an abstract theoretical concept and years of teaching habits and beliefs had emerged, as the new mediating tool (SCT) was introduced to the teaching activity system. Having identified the mismatch between classroom tasks and her students' ZPD, Anhao continued to analyse the causes from two constituents of the activity system: 1) *Objects* (learning objectives) lacked a focus, were difficult to observe and evaluate, and separated CT from language skills; 2) The selection of *instruments* (such as teaching aids and tasks) failed to connect with students' needs and prior knowledge and skills. Faced with these problems, Anhao remodelled her lesson design. One "critical" inspiration was from a tutorial lecture given by R1:

> R1 introduced the English Disciplinary Competency Framework, which was something new for me because I was always thinking about *Bloom's Taxonomy*. Then I considered that the new framework might be more suitable for Chinese EFL learners. (Int2)

Exposure to the English Disciplinary Competency Framework[1] (Wang & Hu, 2017) directed Anhao to re-construct her teaching objectives. She first identified the focus of her lesson, namely, "concrete language", "telling and showing", and "round person". To tackle each point, three sub-objectives were designed based on the levels of competency ("comprehension", "application", and "innovation"). To fulfill these objectives, Anhao aligned them with another tool, the production-oriented approach (POA)[2] (Wen, 2018), which guided her to re-organise her classroom activities. She also updated some teaching materials in accordance with students' prior knowledge and needs. In general, the whole re-modelling process was an orchestration of theories and practicalities.

After this alteration in lesson design, Anhao implemented the second round of teaching in Class B. It is noteworthy that in her revised research lesson Anhao made fundamental changes. She explicitly used elements of CT to help students analyse characters (Figure 1). She also provided intellectual standards (Figure 1), which she learned in lesson study$_1$, to help learners use specific questions related to the standards to evaluate their writing. The following two PowerPoint slides from classroom observation notes demonstrated that Anhao learned to implement CT-oriented instruction through an explicit focus on elements of thought and intellectual standards. (CON-26/12/2019)

Teaching in Class B was followed by data collection (questionnaires and interviews). By comparing the learning outcomes of both classes, Anhao found that students in Class B outperformed those in Class A regarding their mastery of the three teaching focuses. Although Anhao mentioned that problems such as teacher control still existed, she confirmed that anchoring with SCT and other methods and integrating

---

1 The English Disciplinary Competency Framework consists of three levels of competency, namely, comprehension, application, and innovation. There are nine key components with three for each level, and specific indicators for the nine components were provided.

2 The production-oriented approach (POA) has been developed over ten years to overcome the weaknesses in English instruction in China. The POA tries to integrate the strengths of Western instructional approaches with Chinese contextual features and consists of three phases: motivating, enabling, and assessing.

language and CT development in layered activities were on the right track.

It should be noted that Anhao's learning journey was accompanied by a tension between teaching and doing research. Anhao devoted much time to preparing and delivering lessons and providing feedback on students' writing. As a learner in this reform, she had to keep learning about CT and relevant teaching methods and examining the effectiveness of her learning, which was also why she decided to join lesson study projects. These dual identities (teacher vs. learner) cost her much time and effort:

> Teaching CT is difficult ... For example, how to help students reach intellectual standards? Can I ask a good question in class? When students answer the question, can I give a good response. You see, it's so hard. (Int1)

Tool: Checklist for character analysis (Paul & Elder 2016)

- The most important problem the character faces in the story is____.
- The main purpose of the character in the story is ______.
- The most important information the character uses in his or her thinking in the story is______.
- The main concepts or ideas the character uses in his or her thinking are______.
- The main assumptions the character makes (the things he or she takes for granted) are_______.
- The main conclusions (or inferences) the character comes to are____.
- The main consequences (implications) of the character's behavior are_____.

We take our thinking apart to find problems in our thinking and fix them. Here are the parts:

Parts of Thinking

Points of View we need to consider

Purpose of the thinking

Questions we are trying to answer

Information we need to answer the question

Inferences or conclusions we are coming to

Concepts or key ideas we are using in our thinking

Assumptions or ideas we are taking for granted

Implications and Consequences of our thinking

Universal Intellectual Standards

Clarity	Could you elaborate further? Could you give me an example? Could you illustrate what you mean?
Accuracy	How could we check on that? How could we find out if that is true? How could we verify or test that?
Precision	Could you be more specific? Could you give me more details? Could you be more exact?
Relevance	How does that relate to the issue? How does that bear on the issue? How does that help us with the issue?
Depth	What factors make this a difficult problem? What are some of the complexities of this question? What are some of the difficulties we need to deal with?

Breadth	Do we need to look at this from another perspective? Do we need to consider another point of view? Do we need to look at this in other ways?
Logic	Does all this make sense together? Does your first argument fit in with the your last? Does what you say follow from the evidence?
Significance	Is this the most important aspect to consider? Is this the defining feature to focus on? Which of these facts are most important?
Fairness	Are we considering all relevant viewpoints in good faith? Are we distorting some information to maintain our biased perspective?

Figure 1 Two PowerPoint slides from Anhao's revised research lesson

Handling teaching and learning simultaneously was painstaking for Anhao; however, after "seeing" her own progress through the lesson study, she was more determined to anchor to teaching theories as a solution to boost efficiency:

> Somehow because I was directed by theories, I knew whether to keep or abandon what I have accumulated for years. I felt like, suddenly I improved a lot last year. (Int1)

The impact of theories on Anhao's teaching practice was profound. During the one-year lesson observation, which was after her completion of lesson study$_1$, we constantly noted down how we were impressed by her lesson design that was closely related to concepts in SCT, ranging from the selection of teaching materials to a variety of activities (see Table 4).

Table 4 An example of Anhao's teaching based on SCT (CON- 17/09/2019)

Descriptive notes	Memos
Anhao divides students into six groups (A1, A2, B1, B2, C1, C2) with each taking one topic from the following: A: the smell of the library B: the sound of the pond C: the colour of the garden	This activity is quite close to students' campus life. From students' reactions, I can feel it has kindled their interest and motivation to write.
Anhao arranged different roles for members in each group (leader, observer, recorder, writer, speaker) and explained what they need to do, she also gave each group a question list and vocabulary list of sense to help them write. Then students headed for their destinations. ...	The question list, vocabulary list and checklist are tools for students to handle language and monitor their thinking.
After students came back to the house, Anhao gives them a checklist to examine their group writing. Questions on the checklist: *Have you presented sufficient sensory details? Have you selected best details? Have you organised your description carefully? Have you used concrete words and figure of speech to create the atmosphere?*	I'm quite impressed by Anhao's lesson design. *SCT is everywhere* in her class, from subject, object, tools to division of labour in group work ...

To conclude, Anhao's professional learning was driven by evolving tensions she encountered as she continued to carry out two cycles of lesson study on *Characterisation*. The initial tensions emerged as Anhao reflected upon the gap between her teaching practices and more advanced ones, namely CT-oriented EFL pedagogy. These fundamental tensions became more concrete ones as Anhao started a lesson study cycle and identified a problem in her research lesson on *Characterisation*. To relieve these tensions, Anhao obtained theoretical affordances such as SCT and POA from PL and R1 and in-time feedback from students, which guided her to produce her lesson design and finally shaped her theory-based practices. Her experiences with lesson $study_1$ also ensured her of teaching based on theories as a solution to release the perpetual tension between teaching and doing research.

4.2 Linshi: from an immersion-approach-oriented practitioner to an infusion-approach-oriented teacher researcher through lesson study on *Elements of thought*

At an early stage of the reform, Linshi insisted on her own way of teaching simply because of her ingrained belief in two aspects: 1) Interpreting the text was essentially a process of CT; 2) CT development should be implicitly incorporated into language learning. With an affirmation that CT was integrated into her reading courses implicitly, she found no split between her teaching practice and the newly initiated idea of LaCTIT, and thus no need to change. She was also introduced to the new CT-oriented textbook which embodies LaCTIT. Linshi felt a great tension between the new requirements imposed by the reform and the textbook and her original teaching practice. She experienced an ongoing struggle as she taught Book 1 for the first time, which consists of texts about linguistics and culture such as exposition and argumentation selected from academic books, journal articles, newspapers, and so on. The first challenge was the increased level of language difficulty in the texts which involved many words unknown by the students and difficult sentences. The second challenge was that she, as a major of English literature, knew little about linguistics, which was the disciplinary knowledge being incorporated in the textbook. Her previous experience of implicitly teaching CT failed to help her overcome these difficulties:

> When I first started to teach the new textbooks, I felt it was much harder. We taught CT before, but we did not talk about it explicitly … And we did not have so much argumentative writing … and disciplinary knowledge … After the first year, I had many problems. How could I teach my students such a difficult textbook? (Int)

With these unsolved problems and her eagerness to improve her teaching, she participated in the lesson study projects. Similar to Anhao, Linshi also lacked experience in doing practice-based research as well as knowledge about theories of language teaching and CT (instruction). In this sense, it was her first time to think about learning these related knowledge and theories.

In lesson $study_1$, Linshi chose a unit from Book 1 as a research lesson, which was followed by two cycles of enactment. Linshi formed a lesson preparation pair with another colleague who also taught reading courses. Unlike Anhao who enacted the research lesson in her own class, Linshi taught her research lesson in her colleague's class. This arrangement, exerted considerable influence on her learning experience. Although she received positive feedback from students in her colleague's class, feedback from PL and her own reflection were negative. PL thought that Linshi was over-cautious about the lesson which was full of empty rhetoric and verbosity. She further analysed the reasons and found that conducting lesson study in two different classes with two different language teachers didn't function effectively because the effect of lesson study in two classes could not be compared owing to her colleague's and her different instructional approaches. Without significant improvement in teaching, Linshi decided not to report her first cycle of lesson study, although she learned a valuable lesson from it:

> I think this try was worthy ... I wouldn't change my teaching by comparing the outcomes to another class's and I wouldn't write about my last lesson study, because it was useless for my revision of the research lesson. However, I can improve it based on my own teaching in the last year. (Int)

Linshi's first try assured her of the potential to improve her teaching by conducting practice-based research, although it still did not address the initial tension between her need to "teach such a difficult textbook" and a lack of systematic knowledge about CT and relevant teaching theories. Therefore, she continued her learning by participating in lesson study$_2$. Similar to lesson study$_1$, Linshi selected a research lesson, proposed an initial lesson design, then discussed her questions and progress with the lesson study team.

In lesson study$_2$, she chose "orientation to elements of thought" as a research lesson in the first week of a new academic year. This represented her second cycle of teaching in the research lesson in lesson study$_2$. Before implementing the lesson, she discussed her confusion and plan with R1. During the meeting, she analysed the importance of introducing *Elements of thought* to students:

> Because students are going to read argumentative essays in this semester, these elements are quite suitable to analyze argumentation. And elements of thought are also the content of CT instruction. It is said that one of the most effective approaches was explicit teaching, isn't it? I think my introduction is also a kind of explicit teaching, right?... And these concepts are quite important for students because we are going to use them to analyze every text. (Memos of meeting)

Linshi justified the importance of elements of thought, which would be useful for students to interpret and analyse argumentative texts. Notably, she realised that her lesson was "explicit" CT instruction whose effectiveness was shown by existing empirical studies. Although she recognised the potential of explicit CT instruction, she still encountered difficulties in real practice:

> Last year, I spent two hours introducing these elements. That was my first time to introduce these concepts to students, and I had no idea how to do it. I just put all the concepts there, and introduced them one by one in a plain way. The results were definitely not good. (Memos of meeting)

According to Linshi, she attributed the unsatisfactory learning outcomes to her "plain" introduction to those terms of CT. She also gave evidence collected from students' reading journals, offering examples of their misinterpretations of these elements. After analysis and reflection, she asked a key question: "It should be explicit teaching, but how?" (Memos of meeting).

As the question of how to explicitly teach CT became a new question, Linshi was baffled since she lacked theories to guide her teaching. In need of an underpinning theory, Linshi recalled a meeting held in lesson $study_1$, in which she learned SCT from PL. This "incidental" discussion about SCT kindled Lin's interest in the link between SCT and her practice. Eager to know more, she asked PL questions and read more literature recommended by PL. Through reading she found another language teaching approach derived from SCT, namely concept-based instruction (CBI)(Lantolf & Peohner, 2008). This approach inspired Linshi, who analysed the application of this new approach during her discussion with R1:

> Informed by SCT, concepts are divided into "scientific" and "daily". Obviously, the one (*Elements of thought*) I'm going to teach is a scientific concept. There are five steps in teaching one concept: explanation, materialization, communicative activities, verbalization and internalization. What I did last year was simple "explanation". "Materialization" needs some diagrams to help students understand the concept visually. "Communicative activities" are discussion among students. Then students "verbalize" their understanding, and "internalize" it. So I think the five steps can be used to teach *Elements of thought*. (Memos of meeting)

After reading and analysis, Linshi identified an alignment between the new approach and her teaching elements of thought explicitly. To further confirm her analysis, she discussed the feasibility of applying the new approach with R1. After reaching a consensus with R1, Linshi co-designed the procedure of the research lesson with R1 by employing CBI to teach *Elements of thought*. They first clarified relevant concepts including the eight *elements of thought* and explicit CT instruction. Then, they dealt with the specifics of each step based on practical needs. For instance, they removed the last step (i.e. *internalisation*) from observable classroom teaching and examined the effectiveness of *internalisation* from students' reading journals.

After modelling the teaching procedure, R1 also reminded Linshi of data collection after enacting the research lesson, such as what questions should be included in interviews and reading journals. Having finished her discussion with R1, Linshi designed her lesson including organising the teaching content, collecting examples and photos and preparing PowerPoint slides. Based on her lesson plan, she implemented the research lesson a second time. During Linshi's implementation of the research lesson, R1 came to observe the lesson, so that they could have a post-lesson discussion regarding the research lesson. Linshi also interviewed several students after class to attain feedback on her lesson. She assigned homework to the students, which was related to using *Elements of thought*, so that Linshi could examine students' learning outcomes.

> Linshi could feel that students' internalisation was not as good as she expected. She learned that students still need practice in different situations to understand the concepts, although they were mostly impressed by those examples offered by her. (Research journal-2019/09/17)

A gap existed between what Linshi attempted to achieve and what students learned. The gap resulted from students' insufficient practice, which to some extent was related to Linshi's habitual teaching mode. A worry of "they don't get it" (Research journal-2019/08/30) usually drove her to explain more in the class. This habitual teaching mode coupled with the newly adopted approach CBI. Although problems existed in the second enactment, Linshi still wanted to use CBI for explicit CT instruction. This endeavour facilitated students' CT development as well as reading skills, as she reflected at the end of the autumn semester:

> It cost me a lot of time [to prepare the research lesson], but from students' reading journals and comments, I found that they did much better than last year's students ... I think the orientation should take the credit. (Int).

The teaching effectiveness changed her conceptions of explicit CT instruction in

EFL context (namely an infusion approach) and in return, consolidated her practice. Apart from the explicit introduction to eight elements of thought in the first week, CT instruction was infused in textual analysis in each unit of Book 1. Although focuses of each textual analysis vary (e.g. "assumptions" as one of the eight elements of thought in Table 5), Linshi constantly required students to employ the elements as a tool to analyse and evaluate texts. Additionally, she would deliberately highlight the elements embedded in comprehension questions. Table 5, which is an excerpt from CON, serves as an example.

Table 5 An example of Linshi's teaching based on infusion approach (CON-24/09/2019)

Descriptive notes
Textual analysis of Unit 2 Linshi reviewed the definitions of "assumption", with key words and questions on the slide: • **Assumption**: beliefs taken for granted, unconscious 1. Why does the author say that "one way to understand the early ... and what it finds difficult to express"? 2. What is the assumption behind this? 3. Is the assumption justifiable? 4. Can you give an example to prove it justifiable/unjustifiable?

Table 5 showed the content of one of Linshi's PowerPoint Slides. Questions on the slide vary in terms of difficulty, that is, from identifying the assumption to evaluating it. This is a typical example of how Linshi infused explicit CT instruction and analysed argumentative writings. The following excerpt is a further detailed transcript of Linshi's interaction with her students revealed in Table 5. It showed how Linshi used questions and examples to help students better understand the assumptions that underlay the text.

T reviewed the definition of "assumptions". Then T pointed out that students had found the assumption in Para. 8.

> T: What's wrong with this assumption? How do you prove the argument wrong? The easiest way to prove it wrong is to cite counter examples. Is that so? Can you think of examples that can prove it wrong?
>
> S1: Volunteered to answer these questions, but did not provide specific examples.
>
> T: When I say a specific example, I really want it to be specific about it. If language is good at doing something, then I need to name something. What is the "something"? That is "to be specific". But then you can think of other examples. Forget language here. Any idea?

S2: Uh, the gunpowder. When we first invented, we used it to make bombs, but now we use it more in fireworks.
T: It is just the other way around, actually. Now gunpowder is used to kill, in bullets and bombs. This is what it is good at. But then when it was invented, especially in China, it was not used as weapons. It was used for fireworks. OK? Of course, now we also use it in fireworks. But you see, what it is good at is not necessarily its original purposes. OK? Anything else?
T(holding her mobile phone): What about this? What is it good at doing at present? Everything! Do you use it to make phone calls?
Ss: Yes.
T: Very often?
Ss: No.
T: What was it invented for?
Ss: Making phone calls.
T: OK~[laugh] You see, now we use it to take pictures, to surf on the Internet, to talk on the WeChat. We use it less often to make phone calls. It is still good at making phone calls, but it isn't used that frequently as it was. But then can we say what it is good at is its original purpose?
Ss: No.

(CON-24/09/2019)

In the above lesson excerpt, Linshi first explicitly taught "assumptions", one of the elements of thought. Then she used questions to guide students' thinking and help them better understand and analyse the problem of the assumption they had found. Although content with her teaching improvement, Linshi noted the difficulty of balancing both teaching and learning while conducting research:

> Teaching itself is a bottomless pit. You spend so much time and then you find that you still need more time because you need to keep exploring. I would change some content of my teaching plans and PPT every year because every time I feel like I need to change here and there (Int).

Fortunately, Linshi received help from researchers in lesson study$_1$ and lesson study$_2$. With support and improvement, she decided to keep consolidating her practice:

> Linshi said, "It would be better if I were to teach the [research] lesson one more time, but I need to wait until next year." (Research journal-12/09/2019)

To conclude, although Linshi's learning journey began in a passive manner due to her strong belief in immersion approach of teaching CT, she finally transformed into a teacher-researcher in favour of the infusion approach. It should be noted that, her learning was also driven by evolving tensions marked by the introduction to CT-oriented reform as well as lesson study projects.

5 Discussion

Embedded in lesson study projects, this study explored how two university EFL teachers learned to teach CT through lesson study in a CT-oriented educational reform. The two participants' learning journey had distinctly different beginnings as Anhao embraced new changes brought by the reform while Linshi struggled with the idea of teaching CT implicitly or explicitly. This distinction can be explained by an influential reconceptualization of the knowledge base of teacher learning, namely "the teacher as a person" (Fullan & Hargreaves, 1992: 5). Teachers' reactions to innovations are inevitably influenced by their life experience, beliefs and vision, and thus vary from person to person. Their different reactions to the CT-reform are also in line with Fullan and Hargreaves' (1992) view that teachers are critical agents in educational reforms, whose prior knowledge, beliefs and practices are vital to the realisation of educational innovations.

The two teachers' learning journey, though different at the beginning, shared unexpected commonalities after they joined the lesson study projects, which led them to effectively integrate CT into language teaching. Echoing existing literature on lesson study (Akiba et al., 2019), findings of this study further confirm that lesson study can be an effective way to improve teachers' teaching practices and thus accomplish educational reforms. In line with previous research on CT instruction (El Soufi & See, 2019; Zhang & Yuan, 2022), the present study indicated that the infusion approach proposed by Ennis (1989) turned out to be an effective way to teach CT in EFL contexts. For example, Linshi used to adopt the immersion approach to CT instruction, but after examining the effectiveness of the infusion approach in lesson study projects, she intentionally introduced and utilised elements of thought as instruments for reading instruction in EFL classrooms. Two reasons might account for the effectiveness of "infusion", namely explicitly teaching CT in EFL lessons: 1) constant references and drills arouse students' noticing and awareness and help form thinking habits; 2) explicit teaching equips students with practical thinking tools such as elements of thought, with which students can practice how to read and write critically and regulate their thinking. In this sense, CT is neither an abstract concept nor a faraway destination, but an effective way to facilitate language learning such as reading and writing.

This study also found another noteworthy teaching learning outcome resulting from lesson study projects—reshaped identities (Beijaard et al., 2004; Vermunt et al., 2019). Chiming with Bjuland and Mosvold's (2015) study, this study demonstrated lesson study's potential of transforming a teacher into an autonomous teacher researcher, as shown by Linshi's determination to continue her lesson study. This potential is highly associated with the research-based nature of lesson study. Meanwhile, lesson study could also transform a teacher into an informed theory-based teacher learner, as shown in the case of Anhao, who became a strong believer and practitioner of theories.

The two teachers' journey to obtain the above learning outcomes, as shown by the research findings, can be attributed to three similar significant influencing factors. Firstly, both of their lesson study experiences were stimulated by a fundamental tension between their habitual teaching practices and the new teaching practices required by the CT-oriented reforms. The existence of this tension echoed the existing literature on teachers' perceptions of CT and CT instruction which pointed out the gap between teachers' knowledge and pedagogy of CT and updated theories and methodologies (Zhang et al., 2020). More intriguingly, this study further illustrated this initial tension could evolve into more concrete ones as the lesson study cycle moved on. Moreover, in this case, tensions were not trouble-makers but a motivator instead, which pushed the two teachers to seek help from lesson study projects.

If the fundamental tension counted as an external motivator, the two teachers' strong desire to seek help should be an internal motivator. It should be noted that both Anhao and Linshi were voluntary to join and play an active role in the two lesson study projects. Their strong determination to improve teaching practices is one of the distinctive natures of lesson study—strong focus on improving teaching as well as student learning (Dudley, 2013; Saito & Atencio, 2016). The alignment between teachers' purpose and the motive of lesson study significantly carried the two teachers through tensions encountered in their learning journeys.

The third crucial factor is closely related to the collaborative nature of lesson study, that is, lesson study facilitators, whose importance has already been highlighted by previous studies (Akiba et al., 2019; Huang et al., 2021). Saito and Atencio (2016) noted the difficulty of negotiating power imbalances between "knowledgeable others" and teachers who enact research lessons. The present study generated some insights to address this issue. To begin with, it should be mentioned that all the members in the two lesson study projects were university teachers with different academic backgrounds. The two participants who enacted research lessons majored in literature while PL and R1 were professional researchers in the field of applied linguistics. Their backgrounds benefited the teacher-consultant relationship in two ways. First of all, the power relations were weakened as part of their working experience or social status is similar. More importantly, PL and R1 played multiple crucial roles in the lesson study projects. They were resources providers who brought updated language teaching theories such as SCT, CBI, and POA, and scientific research methodologies into the lesson study teams. These resources were indispensable for the two teachers to conceive new teaching practices and examine their effectiveness. Furthermore, the two facilitators also played the roles of co-designers and co-reflectors whose voices contributed to the advance of the whole lesson study cycle. Second, as project initiators, they were responsible for facilitating and monitoring but not dominating the whole process. These roles helped build a community culture of mutual respect, trust, and "warmth" (Int-Linshi).

6 Conclusion

The findings of the present study contribute to the hitherto limited understanding of teacher learning through lesson study by generating both theoretical and practical insights. Theoretically, this study showed that teacher learning during educational reforms can be profoundly influenced by individual differences, especially at the initial stage when teachers are working and learning separately. However, the impact of individual differences can decrease if formal interventions, such as lesson study projects, are introduced. Furthermore, although teachers naturally encounter evolving tensions as they cross boundaries between daily teaching and conducting educational research, these tensions serve as an important engine for generating learning outcomes.

Apart from theoretical implications, this study also provides practical implications for educational reformers as policy makers, teacher educators and front-line teachers in the current CT-oriented reform. First, lesson study can be an effective approach to mediating teacher learning. The key to generating sustainable teacher learning is to ensure a shared purpose in the lesson study community. Thus, it is also important for policy makers and teacher educators to put the teacher as a learner, i.e. teachers' voices including their beliefs, struggles and purposes, in a central position by observing their classes and interviewing them. Additionally, affordances from lesson study facilitators (e.g. theories and research methods) should be aligned with teachers' practices and needs. Second, a cooperative and supportive community culture can effectively sustain teachers' continuous learning. Therefore, facilitators, leaders or coordinators should help teachers "witness" their learning progress through acknowledgement and encouragement, which can develop their sense of achievement, and ensure sustainable learning. Third, teachers should anchor their instruction to pedagogical theories, conduct teaching-based research such as lesson study and seek help from professional researchers to transform their practice. For instance, for EFL teachers in the CT-oriented reform, the infusion approach can be a worthwhile attempt to improve language learners' critical thinking. To be more specific, teachers are suggested to introduce well-established thinking tools such as elements of thought and intellectual standards to students and offer them constant practices to apply the tools. By doing so, students could have a clearer picture about how to think critically in language activities. Data collected from this process, especially students' voices, are significant references for examining teaching effectiveness and critical sources for improvement.

Against the backdrop of CT-oriented reforms, the present study attempts to unpack the dynamic learning process of two university EFL teachers. Though grounded in the findings gathered from only two teachers in a single context, this study can provide a reference for future studies on lesson study in facilitating teacher learning. To enlarge the knowledge base of teacher learning in educational reforms, future studies could be conducted to further explore the sustainability of integrating lesson study in higher education contexts to promote teacher learning.

References

Abrami, P. C., Bernard, R. M., Borokhovski, E., Waddington, D. I., Wade, A., & Persson, T. (2015). Strategies for teaching students to think critically: A meta-analysis. *Review of Educational Research*, 85(2), 275–314. https://doi.org/10.3102/0034654314551063

Akiba, M., Murata, A., Howard, C., & Wilkinson, B. (2019). Lesson study design features for supporting collaborative teacher learning. *Teaching and Teacher Education*, 77, 352–365. https://doi.org/10.1016/j.tate.2018.10.012

Akiba, M., & Wilkinson, B. (2016). Adopting an international innovation for teacher professional development: State and district approaches to lesson study in Florida. *Journal of Teacher Education*, 67(1), 74–93. https://doi.org/10.1177/0022487115593603

Beijaard, D., Meijer, P. C., & Verloop, N. (2004). Reconsidering research on teachers' professional identity. *Teaching and Teacher Education*, 20(2), 107–128. https://doi.org/10.1016/j.tate.2003.07.001

Bezanilla, M. J., Fernández-Nogueira, D., Poblete, M., & Galindo-Domínguez, H. (2019). Methodologies for teaching-learning critical thinking in higher education: The teacher's view. *Thinking Skills and Creativity*, 33, 1–10. https://doi.org/10.1016/j.tsc.2019.100584

Bjuland, R., & Mosvold, R. (2015). Lesson study in teacher education: Learning from a challenging case. *Teaching and Teacher Education*, 52, 83–90. https://doi.org/10.1016/j.tate.2015.09.005

Cáceres, M., Nussbaum, M., & Ortiz, J. (2020). Integrating critical thinking into the classroom: A teacher's perspective. *Thinking Skills and Creativity*, 37, 1–18. https://doi.org/10.1016/j.tsc.

2020.100674

Creswell, J. W., & Poth, C. N. (2018). *Qualitative inquiry and research design: Choosing among five approaches*. SAGE.

CRITHINKEDU-02. (2018). *A European review on critical thinking educational practices in higher education institutions*. UTAD.

Davies, M., & Barnett, R. (Eds.). (2015). *The Palgrave handbook of critical thinking in higher education*. Palgrave Macmillan.

Dudley, P. (2013). Teacher learning in lesson study: What interaction-level discourse analysis revealed about how teachers utilised imagination, tacit knowledge of teaching and fresh evidence of pupils learning, to develop practice knowledge and so enhance their pupils' learning. *Teaching and Teacher Education*, 34, 107–121.

Elkomy, M. M., & Elkhaial, N. H. (2022). The lesson study approach to professional development: Promoting teachers' peer mentoring and communities of practice and students' learning in Egypt. *Teaching and Teacher Education*, 109, 1–13. https://doi.org/10.1016/j.tate.2021.103538

El Soufi, N., & See, B. H. (2019). Does explicit teaching of critical thinking improve critical thinking skills of English language learners in higher education? A critical review of casual evidence. *Studies in Educational Evaluation*, 60, 140–162. https://doi.org/10.1016/j.stueduc. 2018.12.006

Ennis, R. H. (1989). Critical thinking and subject specificity: Clarification and needed research. *Educational Researcher*, 18(3), 4–10. https://doi.org/10.3102/0013189X018003004

Ennis, R. H. (2015). Critical Thinking: A streamlined conception. In M. Davies & R. Barnett (Eds.), *The Palgrave handbook of critical thinking in higher education* (pp. 31–47). Palgrave Macmillan.

Facione, P. A. (1990). *Critical thinking: A statement of expert consensus for purposes of educational assessment and instruction*. The California Academic Press.

Fullan, M., & Hargreaves, A. (Eds.). (1992). *Teacher development and educational change*. Routledge.

González, G., & Deal, J. T. (2019). Using a creativity framework to promote teacher learning in lesson study. *Thinking Skills and Creativity*, 32, 114–128. https://doi.org/10.1016/j.tsc.2017.05.002

Huang, Y. (1998). The absence of critical thinking. *Foreign Languages and Their Teaching*, (7), 1–19. https://doi.org/10.13458/j.cnki.flatt.001587

Huang, X., Lai, M. Y., & Huang, R. (2021). Teachers' learning through an online lesson study: An analysis from the expansive learning perspective. *International Journal for Lesson & Learning Studies*, 10(2), 202–216. https://doi.org/10.1108/IJLLS-09–2020–0076

Hubers, M. (2020). Paving the way for sustainable educational change: Reconceptualizing what it means to make educational changes that last. *Teaching and Teacher Education*, 93, 1–14. https://doi.org/10.1016/j.tate.2020.103083

Hudson, P. (2016). Forming the mentor-mentee relationship. *Journal of Mentoring and Tutoring: Partnership in Learning*, 24(1), 30–43. https://doi.org/10.1080/13611267.2016.1163637

Janssen, E., Meulendijks, W., Mainhard, T., Verkoeijen, P., Heijltjes, A., Peppen, L., & Gog, T. (2019). Identifying characteristics associated with higher education teachers' Cognitive Reflection Test performance and their attitudes towards teaching critical thinking. *Teaching and Teacher Education*, 84, 139–149. https://doi.org/10.1016/j.tate.2019.05.008

Kavenuke, P. S., Kinyota, M., & Kayombo, J. J. (2020). The critical thinking skills of prospective teachers: Investigating their systematicity, self-confidence and scepticism. *Thinking Skills and Creativity*, 37, 1–11. https://doi.org/10.1016/j.tsc.2020.100677

Ketabi, S., Zabihi, R., & Ghadiri, M. (2013). Critical thinking across the ELT curriculum: A mixed methods approach to analyzing L2 teachers' attitudes towards critical thinking instruction. *International Journal of Research Studies in Education*, 2(3), 15–24. https://doi.org/10.5861/ijrse.2012.189

Lantolf, J., & Peohner, M. (Eds.). (2008). *Sociocultural theory and the teaching of second languages*. Equinox Publishing Ltd.

Leavy, A., & Hourigan, M. (2016). Using lesson study to support knowledge development in initial teacher education: Insights from early number classrooms. *Teaching and Teacher Education*, 57, 161–175. https://doi.org/10.1016/j.tate.2016.04.002

Lewis, C. C., Perry, R. R., & Hurd, J. (2009). Improving mathematics instruction through lesson study: A theoretical model and North American case. *Journal of Mathematics Teacher Education*, 12(4), 285–304. https://doi.org/10.1007/s10857-009-9102-7

Lieberman, A., & Mace, D. (2008). Teacher learning: The key to educational reform. *Journal of Teacher Education*, 59(3), 226–234. https://doi.org/10.1177/0022487108317020

Luk, J., & Lin, A. (2015). Voices without words: Doing critical literate talk in english as a second language. *TESOL Quarterly*, 49(1), 67–91. https://doi.org/10.1002/tesq.161

Ma, L., & Liu, N. (2022). Teacher belief about integrating critical thinking in English teaching in China. *Journal of Education for Teaching*, 49(1), 1–16. https://doi.org/10.1080/02607476.2022.2044267

Ministry of Education. (2018). *China national teaching quality standards for the foreign language and literature major at the Bachelor's level*. Higher Education Press.

Patton, M. Q. (2015). *Qualitative research and evaluation methods* (4th ed.). Sage.

Paul, R., & Elder, L. (2006). *Critical thinking: Learn the tools the best thinkers use*. Pearson.

Puchner, L., & Taylor, A. (2006). Lesson study, collaboration and teacher efficacy: Stories from two school-based math lesson study groups. *Teaching and Teacher Education*, 22(7), 922–934. https://doi.org/10.1016/j.tate.2006.04.011

Saito, E., & Atencio, M. (2016). A conceptual discussion of lesson study from a micro-political perspective: Implications for teacher development and pupil learning. *Teaching and Teacher Education*, 31, 87–95. https://doi.org/10.1016/j.tate.2013.01.001

Saldaña, J. (2013). *The coding manual for qualitative researchers*. Sage.

Schipper, T., Goei, S., de Vries, S., & van Veen, V. (2017). Professional growth in adaptive teaching competence as a result of lesson study. *Teaching and Teacher Education*, 68, 289–303. https://doi.org/10.1016/j.tate.2017.09.015

Skott, C. K., & Møller, H. (2020). Adaptation of lesson study in a Danish context: Displacements of teachers' work and power relations. *Teaching and Teacher Education*, 87, 1–10. https://doi.org/10.1016/j.tate.2019.102945

Sun, Y. (2015). A localized project-based English teaching and learning model. *Foreign Languages in China*, 12(02), 1–23.

Teo, P. (2019). Teaching for the 21st century: A case for dialogic pedagogy. *Learning, Culture and Social Interaction*, 21, 170–178. https://doi.org/10.1016/j.lcsi.2019.03.009

Thomas, K., & Lok, B. (2015). Teaching critical thinking: An operational framework. In M. Davies & R. Barnett (Eds.), *The Palgrave handbook of critical thinking in higher education* (pp. 93–105). Palgrave Macmillan.

Van, L. H., Li, C. S., & Wan, R. (2022). Critical reading in higher education: A systematic review. *Thinking Skills and Creativity*, 44, 1–13. https://doi.org/10.1016/j.tsc.2022.101028

Vermunt, J. D., Vrikki, M., van Halem, N., Warwick, P., & Mercer, N. (2019). The impact of lesson study professional development on the quality of teacher learning. *Teaching and Teacher Education*, 81, 61–73. https://doi.org/10.1016/j.tate.2019.02.009

Wang, Q., & Hu, Y. (2017). Composition and performance of English disciplinary competency. *Journal of Educational Studies*, 13(2), 61–70.

Wen, Q. (2018). The production-oriented approach to teaching university students English in China. *Language Teaching*, 51(4), 526–540. https://doi.org/10.1017/S026144481600001X

Wen, Q., Wang, H., Wang, J., Zhao, C., & Liu, Y. (2010). A comparative study of critical thinking skills between English and other liberal arts majors. *Foreign Language Teaching and Research*, 42(5), 350–355.

Yin, R. K. (2018). *Case study research and applications: Design and methods* (6th ed.). Sage.

Yuan, R., Liao, W., Wang, Z., Kong, J., & Zhang, Y. (2022). How do English-as-a-foreign-language (EFL) teachers perceive and engage with critical thinking: A systematic review from 2010 to 2020. *Thinking Skills and Creativity*, 43, 1–15. https://doi.org/10.1016/j.tsc.2022.101002

Yuan, R., Yang, M., & Lee, I. (2021). Preparing pre-service language teachers to teach critical thinking: Can overseas field school experience make a difference? *Thinking Skills and Creativity*, 40, 1–12. https://doi.org/10.1016/j.tsc.2021.100832

Zhang, H. (2019). Understanding English language major teachers' cognition on language and critical thinking integrated teaching. *Foreign Languages Research*, 36(4), 57–62.

Zhang, H. (2021). Lesson study as a catalyst for university language teacher development. *TESOL Quarterly*, 55(2), 621–632. https://doi.org/10.1002/tesq.3019

Zhang, H., & Yuan, R. (2022). Rethinking the infusion approach to teaching critical thinking in reading in Chinese tertiary English classes. *RELC Journal*, 1–15. https://doi.org/10.1177/00336882221087466

Zhang, H., Yuan, R., & He, X. (2020). Investigating university EFL teachers' perceptions of critical thinking and its teaching: Voices from China. *The Asia-Pacific Education Researcher*, 29(5), 483–493. https://doi.org/10.1007/s40299-020-00500-6

How do English-as-a-foreign-language (EFL) teachers perceive and engage with critical thinking: A systematic review from 2010 to 2020[1]

Rui Yuan, Wei Liao, Zhaoxuan Wang, Jialing Kong & Yi Zhang

Abstract: This article presents a critical review of 25 empirical studies on English-as-a-foreign-language (EFL) teachers' perceptions of and engagement with critical thinking (CT) in a wide range of educational contexts from 2010 to 2020. Through a systematic process of paper selection and review, three central themes were identified, namely, 1) EFL teachers' understanding of CT and CT instruction; 2) EFL teachers' CT instructional models and strategies; and 3) the impacts of EFL teachers' CT instruction on students and themselves with various influencing factors at individual, interpersonal, and environmental levels. The review sheds light on the gap between the curriculum rhetoric and classroom reality due to the lack of attention to CT in current language teacher education. It also provides a critical analysis of the research methodologies adopted in the existing literature and outlines new directions for interested researchers in the fields of language teaching and teacher education.

Keywords: critical thinking; skills and dispositions; English-as-a-foreign-language (EFL) teachers; systematic review

1 Introduction

According to many scholars (Espey, 2018; Wilson, 2016), to be critical means to be discerning in recognizing faulty arguments, hasty generalizations, and ambiguous concepts. More importantly, it means to be self-reflexive and self-regulated so as to act responsibly, truthfully, and ethically in the complex and rapidly shifting world. Recognizing the vitality of CT, this paper offers a critical review on English-as-a-foreign-language (EFL)

---

1 论文原发表于 *Thinking Skills and Creativity* 2022年第43期。

teachers' engagement with CT from 2010 to 2020. A myriad of contextual influences, including the continued trend of globalization, the colonial nature of the English language, and the growing emphasis on CT and other core competencies in education, jointly render this study timely and important. First, CT is not an innate ability but needs to be fostered through individuals' educational experiences to support their full and constructive participation in academic, individual and social lives (Lun, Fischer & Ward, 2010; Tan, 2020). Thus, in many educational systems across the world, critical thinking (CT) has been highlighted as one of the 21st core competencies that students should develop through various subject curriculums in primary, secondary, and tertiary education. In particular, considering the intimate relationship between language, culture, and thinking, there has been a clarion call to infuse CT with English language education (Li, 2016; Luk & Lin, 2015; Yuan, Yang & Lee, 2021). This can be seen in English language curriculum guidelines and textbooks used in EFL contexts, which place a premium on cultivating students' CT in facilitating their decision making, interpersonal communication, and problem solving in real-life situations.

Second, given the continuing consolidation of globalization, the history of English as a colonizing language, as well as its current status as a lingua franca for international trade and intercultural communication, English language education has become a complex and power-laden enterprise, which requires students to learn how to examine diverse sources of information and foster an open, inquiring and critical mind (Wilson, 2016). Furthermore, when implementing CT-oriented pedagogies in language classrooms, students are often guided to discuss and evaluate real life topics and materials, as well as engage in collaborative learning activities, which can expand their exposure to authentic language use and promote their language proficiency (Li, 2016; Stapleton, 2011). In this sense, language learning and CT development can move forward hand in hand as students develop their CT through the process of acquiring English as well as its distinctive culture, customs and values (Tian & Low, 2011). On the other hand, students' CT does not develop automatically as a by-product of language learning, and instead they need explicit instruction and scaffolding to experience and foster CT incrementally in language classrooms (An Le & Hockey, 2022; Yuan et al., 2021). This thus requires special attention and efforts from English language teachers who need to develop both a CT mindset and CT-oriented pedagogies in their daily practice.

Against this background, this paper provides a critical review of existing studies on EFL teachers' perceptions of and engagement with CT teaching from 2010 to 2020. Despite some previous review articles which summarize the available empirical evidence on the impacts of CT instruction on students' academic achievement (e.g., Abrami et al., 2008) or on teachers' own CT development through initial teacher education programs (e.g., Lorencová, Jarošová, Avgitidou & Dimitriadou, 2019), the literature reveals no systematic review of current research on how teachers develop their CT-oriented pedagogies and engage with CT teaching in either general education or EFL education. The present review was thus conducted as an attempt to fill the void by gathering, analyzing, and synthesizing research insights from empirical studies on EFL teachers' engagement with CT. Theoretically, the review can shed light on how CT is perceived and operationalized by EFL teachers in a wide range of institutional and socio-cultural settings with the aim of generating theoretical insights into the complex, dynamic, and situated process of learning to teach CT. Such an understanding can offer practical implications for pre- and in-service teacher education programs about how to develop competent language teachers who can effectively teach CT in potentially complex and challenging contexts. Further, by comparing and contrasting the available studies in terms of their research focuses and methodologies, the review can help identify the gaps in current CT research and point out new directions for interested researchers in the fields of language teaching and teacher education.

2 What is CT?

As one of the most notoriously vague concepts in education, CT has been defined by many scholars in various ways. Some researchers (e.g., Bailin, Case, Coombs & Daniels, 1999; Mulcahy, 2008) have endeavored to explicate the nature and components of CT. For instance, Halpern (1993) defines CT as a set of cognitive skills or strategies involved in solving problems, formulating inferences, calculating likelihoods, and making decisions. Similarly, Mulcahy (2008: 18) conceptualizes CT as an important ability "to rationalize one's inner dialog and thought process with the goal of being able to evaluate thinking, feelings, and actions in a disciplined manner". Other researchers have employed a different approach, shifting attention to critical thinkers and their cognitive and behavior attributes when exercising CT in daily life. For instance, Lipman (1988: 5) argues that CT should be defined "functionally rather than teleologically". Thus, differing from the compositional view of CT mentioned above, he characterizes CT as a type of thinking that is self-corrective, sensitive to context, and must be exercised with reference to formal or informal criteria. Lipman's definition highlights the functionality and practicality of CT in educational settings. He also points out the interconnecting and mutually-advancing relationship between critical thinking and other types of thinking increasingly valued and pursued in education, such as creative thinking and caring thinking (Lipman, 2003). Lipman's work on CT stresses the values and importance of cultivating students' CT in education. Paul and Elder (2019) also adopted a practice-oriented approach to understanding the notion of CT. They outlined a series of practices that a well-cultivated critical thinker should present. The CT practices include:

- raising vital questions and problems, formulating them clearly and precisely;
- gathering and assessing relevant information, using abstract ideas to interpret it effectively;
- coming to well-reasoned conclusions and solutions, testing them against relevant criteria and standards;
- thinking open-mindedly within alternative systems of thought, recognizing and assessing, as need be, their assumptions, implications, and practical consequences;
- communicating effectively with others in figuring out solutions to complex problems;
- and being scrupulously careful not to misrepresent or distort information in developing an argument or position, and seeing through false information and fake news (p. 9).

Whether focusing on the components of CT or the attributes of critical thinkers, existing definitions tend to converge on a general trend emphasizing the dual dimensionality of CT, involving both a set of complex cognitive skills, such as interpretation, analysis, inference, and explanation, as well as important personal dispositions including inquisitiveness, open-mindedness, truth-seeking, as well as flexibility and willingness to consider different perspectives (Facione, 1990; Stapleton, 2011). Worthy of note is the symbiotic relationship between CT skills and dispositions, which tend to interact with and support each other in individuals' learning experiences and social practice (Hashemi & Ghanizadeh, 2012). As shown by Cruz, Payan-Carreira, Dominguez, Silva and Morais (2021), engaging students in critical reflection of their own learning performance creates a space for them to build up CT skills such as comparison and evaluation, which further contributes to their CT dispositions such as curiosity towards new knowledge and self-confidence to embrace challenges in their individual learning. In light of the many definitions reviewed above, critical thinking can be conceptualized as a series of interconnected dispositions, skills, and practices entailed for engaging with learning, work, and life agentically, rationally, and ethically. This is also the definition of CT used in this study.

3 CT in language teaching and teacher education

In the field of language teaching, there is no shortage of research on students' development of CT through various forms of learning experiences in language classrooms. Hashemi and Ghanizadeh (2012), for instance, showed that EFL students' engagement in critical discourse analysis of news stories with follow-up presentations contributed to their CT, particularly their ability to recognize unstated assumptions and make unbiased interpretations. Luk and Lin (2015) explored how a group of low-proficiency students conducted critical literate talk in a Hong Kong secondary school. The findings speak to the value of L1 in helping students critically engage with the texts, through which they displayed evidence of CT (e.g., resisting dominant ideologies and making reasoned judgements).

More recently, Wale and Bishaw (2020) reported an intervention study in which students received inquiry-based argumentative essay writing instruction with an aim to promote their CT. Specifically, under the guidance of the course instructor, the students discovered their own writing topics, brainstormed ideas and gathered information from different sources, wrote up drafts with supporting evidence, discussed with peers and subject area experts for feedback, and finally completed essays to address real-life problems. Such a continuous and collaborative process proved to be highly effective in fostering students' CT skills (e.g., explanation, inference and evaluation) and strengthening their CT dispositions (e.g., a questioning mindset and reflective awareness). From this line of research, it is evident that the cultivation of CT can occur in the teaching and learning of different language skills (reading, writing, speaking and listening) in daily classrooms. Effective CT instruction often entails a combination of both individual practice (e.g., self-evaluation) and collaborative engagement (e.g., critical dialog and discussion). More importantly, CT teaching needs to be content based (i.e., drawing on concrete and meaningful materials) in relation to students' personal life experiences and their social and cultural backgrounds (Bağ & Gürsoy, 2021; Li & Wegerif, 2014).

In addition to the ample research evidence about the positive relationship between language learning and CT, scholars have noted an inadequacy in many language teacher education programs which tend to pay lip service to CT by acknowledging its importance without systemically conceptualizing and actualizing it in teacher education practice (Yuan et al., 2021). This limitation has impeded EFL teachers' learning to teach CT, thus exacerbating the gap between the ongoing curriculum reform which advocates the integration between CT and language teaching and the classroom reality dominated by the traditional teaching approach (i.e., focusing on linguistic knowledge through memorization and mechanic drills) and exam-oriented culture in many EFL contexts. To address these problems, the past years have witnessed a growing body of research examining how CT is taken up by pre- and in-service language teachers in their professional learning and practice. The present review takes stock of this bulk of studies on EFL teachers' understanding of and engagement with CT. A critical synthesis and analysis of the state of research not only can help language teachers become critical in thought and action, but also help them build up practical knowledge and competence to develop language learners' CT skills and dispositions and enlarge the scope of possibilities for their personal and academic development. Two questions inform the present review: 1) What are the main themes of existing studies on EFL teachers' engagement with CT? 2) What research methodologies have been used by previous researchers and what are their strengths and limitations?

4 Research methodology

4.1 The review process

A systematic review usually follows five steps: 1) framing questions for a review; 2) identifying relevant studies; 3) assessing the quality of studies; 4) summarizing the evidence; 5) interpreting the findings (Khan, Kunz, Kleijnen & Antes, 2003). Guided by the research questions, we established a set of selection criteria when searching relevant literature for the review.

First, research topics were required to be relevant and focused on EFL teachers' perceptions of and engagement with CT instruction. Studies focusing on language learners' and/or teachers' CT development were excluded. Second, the studies must be empirical and published between 2010 and 2020. We chose to focus on the time window from 2010 to 2020 for two main reasons. Through our literature search, we managed to identify several review articles (Lai, 2011; Tian & Low, 2011) published around 10 years ago, which focused on CT in language education. Building on their results which were mainly concerned with EFL students' learning experiences and efficacy, the present review makes a continued effort at synthesizing the empirical studies with a shifted focus on EFL teachers. Furthermore, using the past decade as the time frame for literature reviews has been a common practice in social sciences as it can help cover sufficient up-to-date studies while at the same time keeping the number of reviewed studies reasonable and manageable for in-depth analysis (Petticrew & Roberts, 2008). Thirdly, as most journal articles underwent a rigorous peer review process for quality assurance, we only included journal articles in this review. Viewpoint papers, book chapters, conference proceedings and dissertations were excluded. We believe such a scope can allow us to identify a representative and reasonable sample of studies for a systematic and critical review to answer the proposed research questions.

Using the above criteria and following the Preferred Reporting Items for Systematic Review and Meta-Analyses (PRISMA) procedures (Moher, Liberati, Tetzlaff, Altman & Group, 2009), we searched Google Scholar, ERIC, Scopus, JSTOR, ProQuest and the first author's university library for relevant literature. The searches yielded a total of 973 entries of peer-reviewed English journal articles. Then, we conducted the first round of screening and 806 studies that were duplicates, non-empirical studies, or not focused on the EFL context were excluded. The second-round of screening further excluded 370 studies that were not related to teachers' engagement with CT (i.e., perceptions and teaching) or just focused on students' CT only. As a result, 25 studies were left and they formed the pool of literature for review in this study. See Figure 1, Table 1 for details about the searches and screenings of the literature.

These 25 studies came from different EFL settings, including China's mainland (n = 4), China's Hong Kong (n = 1), China's Taiwan (n = 2), Malaysia (n = 3), Iran (n = 5), Latin America[1] (n = 1), Colombia (n = 1), Brazil (n = 1), Chile (n = 1), Turkey (n = 1), Libya (n = 1), the Netherlands (n = 1), Uzbekistan (n = 1), Portugal (n = 1), and Cambodia (n = 1). Therefore, although the review incorporated a relatively small sample, the wide range of geographical settings covered in the review can to some extent provide a holistic profile of EFL teachers' perceptions of and engagement with CT.

Regarding data analysis, the research findings of each study were treated as raw data for critical review. Specifically, the research findings reported in the studies were carefully reviewed and analyzed by the authors to ascertain the major themes in relation to EFL teachers' understandings of and engagement with CT instruction (i.e., the first research question). For instance, through iteratively reading the findings presented in Zhang, Yuan and He's (2020) study, the authors found that the teachers did not have a comprehensive understanding of CT as manifested in the way they defined CT by using fragmented terms and phrases such as "open-minded," "having logical and reasonable thinking," and "be good at analysis." Additionally, their insufficient understanding of CT could be attributed to the shortage of pedagogical training in relation to CT instruction in their situated work environment. The codes derived from each study were integrated into different categories, which were further compared, contrasted and synthesized, leading to three central themes that represent the general trend of the reviewed literature, namely, 1) EFL teachers' understanding of CT and CT instruction,

1 This is a cross-regional study with data collected from participants in over 10 countries in Latin America.

2) their CT instructional models and strategies, as well as 3) the impacts of EFL teachers' CT instruction on students and themselves with the influencing factors at individual, interpersonal, and environmental levels.

In light of the second research question, we also paid attention to the research methodologies adopted by previous research in the review. Specifically, we catalogued the educational levels, participants, as well as the data collection and analytic methods, and further analyzed the strengths and limitations of the research methods in order to outline possible directions for future research. To enhance the validity of the review, the first three authors did the analysis separately, following which, they engaged in rounds of discussion to reach a consensus about the scope and results of the review.

4.2 Limitations

How we conducted the review, as reported above, might have caused several limitations to this study. The first one is the relatively small number (n= 25) of the studies we reviewed as other possibly relevant research works, such as the unpublished dissertations, book chapters, and the literature published outside of our focused time window, were excluded. Second, the review only selected studies that focused on EFL teachers while teachers in other disciplines such as Mathematics and Social Studies were not considered. Third, this review excluded research papers published in other languages (e.g., Chinese) that might be related to the review scope. Thus, we suggest that future review studies expand their scopes to include research works in more diverse formats and languages, about different educational contexts, and were published in longer time windows to address the above limitations.

4.3 Findings

In this section, we present the synthesis and analysis of the 25 studies in light of the two research questions. First, three major themes that represent the general trend of existing literature on EFL teachers' CT-related beliefs and engagement are illustrated. Then, a methodological review is provided to analyze different research approaches adopted by previous researchers with suggestions for future inquiries.

5 EFL teachers' understanding of CT and CT instruction

First of all, the reviewed studies defined CT in different manners (see Table 2). 15 studies drew on existing definitions in the literature to analyze EFL teachers' engagement with CT. Commonly referenced definitions included the ones proposed by Bassham, Irwin, Nardone and Wallace (2007), Ennis (1987), Facione (1990), and Paul and Elder (2008). In contrast, three studies (i.e., Dwee, Anthony, Salleh, Kamarulzaman & Abd Kadir, 2016; Janssen et al., 2019; Toshpulatova & Kinjemuratova, 2020) provided their own definitions of CT based on their critical syntheses of the existing literature. In the seven other studies, the author(s) treated CT as a self-evident concept and thus did not give an explicit definition of it. The variation of how CT was defined confirmed its abstract and elusive nature. It also shows that while some early and influential definitions of CT (e.g., Ennis, 1987; Facione, 1990; Paul & Elder, 2008) have advanced the consensual understandings of CT, new definitions (e.g., Dwee et al., 2016) with new ways of expression and nuanced ideas are being proposed to attend to specific research contexts, features, and needs.

Regardless of how CT was defined in the reviewed studies, we found that the contents of the definitions mainly revolve around the following four aspects of the concept: "nature" (i.e., CT is a type of thinking and a cognitive process), "function and value" (i.e., CT can broaden perspectives, deepen understanding, and improve decision-making), "dimensions and components" (i.e., CT encompasses a set of skills and dispositions), and "features" (i.e., CT is complex, dynamic, and socio-culturally situated). These definitions represented scholarly understandings of CT that were comprehensive, deep, and systemic (Facione, 1990; Paul & Elder, 2019).

As for the EFL teachers surveyed in these studies, many of them presented partial or misconceived understanding of CT. For example, drawing on Thomas and Lok's (2015) work, Zhang et al.'s (2020) study defined CT as a repertoire of knowledge, skills, and disposition. However, many EFL teachers surveyed in this study could only refer to one or two of those dimensions (Zhang et al., 2020). Similarly, Marin and Pava (2017) and Ketabi et al. (2015) found that EFL teachers had deficient understanding of CT.

Regardless of their understanding of CT, the majority of EFL teachers possessed a positive attitude towards CT instruction and thought EFL teachers were responsible for teaching CT (Asgharheidari & Tahriri, 2015; Ketabi, Zabihi & Ghadiri, 2012). They considered that CT was highly relevant to students' academic performance (Veliz & Veliz-Campos, 2019), preparation for work (Jafarigohar, Hemmati, Rouhi & Divsar, 2016), and citizenship education (Piedade, Malafaia, Neves, Loff & Menezes, 2020). This group of teachers thus believed that EFL classrooms had the potentiality of fostering students' CT. For example, Pessoa and Freitas (2012) pointed out that EFL teachers need to transform their language classrooms into a counter-hegemonic place where students' critical awareness and thinking can rise and grow. However, a few EFL teachers doubted the need to teach CT in English classrooms. For instance, the participants in Li's (2016) study argued that some subjects such as science and math were more related to CT

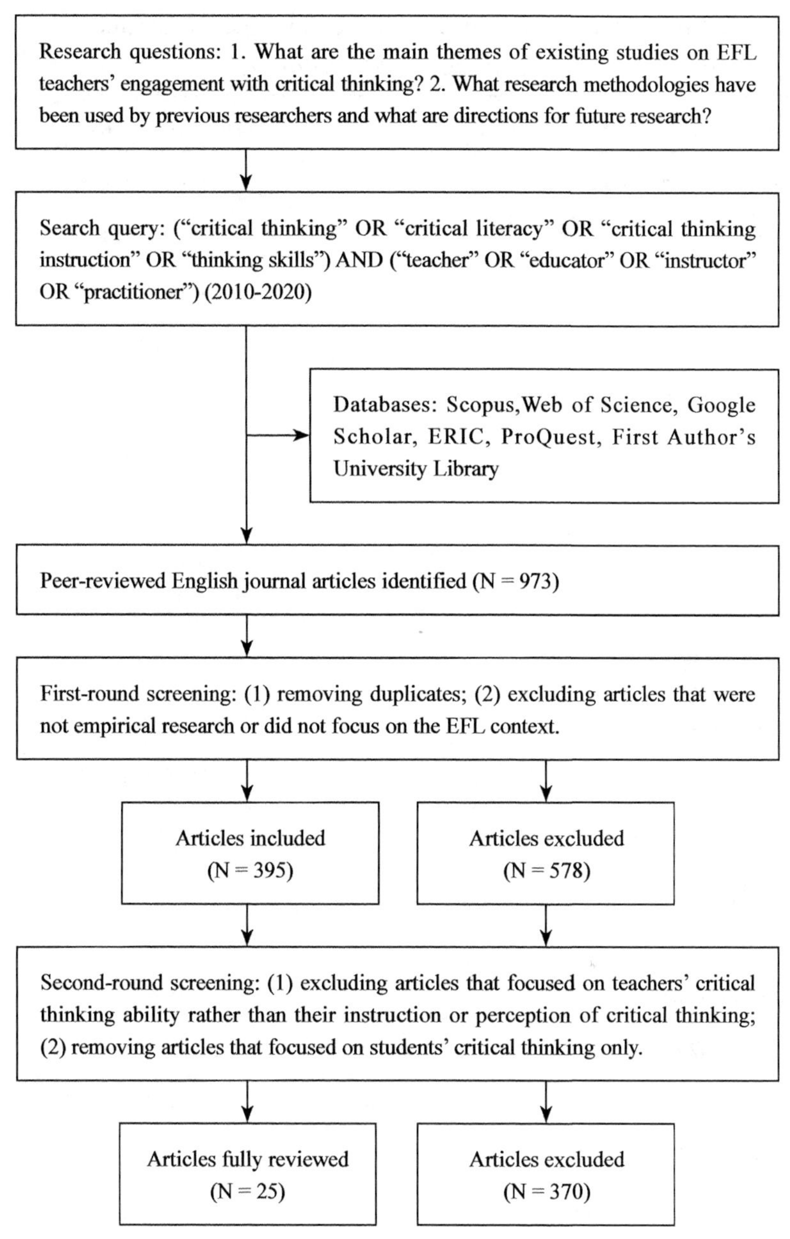

Figure 1　PRISMA flow diagram

than English. Saleh (2019) also reported that EFL teachers questioned the effectiveness of teaching and learning CT in language education because the teachers believed that English language teaching should focus on developing children's linguistic knowledge and communication skills.

Table 1 The overview of research on how EFL teachers perceive and engage with CT

Author(s) & Year	Settings
1. Aliakbari and Sadeghdaghighi (2013)	Iran
2. Asgharheidari and Tahriri (2015)	Iran
3. Cáceres et al. (2020)	Latin America
4. Dwee et al. (2016)	Malaysia
5. Jafarigohar et al. (2016)	Iran
6. Janssen et al. (2019)	the Netherlands
7. Ketabi et al. (2012)	Iran
8. Ko (2013)	Taiwan (China)
9. Li (2016)	China's mainland
10. Lim et al. (2019)	Malaysia
11. Marin and de la Pava (2017)	Colombia
12. Mok (2010)	Hong Kong (China)
13. Omar and Albakri (2016)	Malaysia
14. Pessoa and de Urzêda Freitas (2012)	Brazil
15. Petek and Bedir (2018)	Turkey
16. Piedade et al. (2020)	Portugal
17. Sadeghi et al. (2020)	Iran
18. Saleh (2019)	Libya
19. Sun (2019)	China's mainland
20. Toshpulatova and Kinjemuratova (2020)	Uzbekistan
21. Veliz and Veliz-Campos (2019)	Chile
22. Vong and Kaewurai (2017)	Cambodia
23. Yang (2012)	Taiwan (China)
24. Yuan and Stapleton (2020)	China's mainland
25. Zhang et al. (2020)	China's mainland

Table 2　Definitions of CT in the reviewed studies

Ways of defining CT	Number of studies using this way	Exemplary definitions of CT
1. Using definitions of CT in the existing literature	**15** (Asgharheidari & Tahriri, 2015; Cáceres et al., 2020; Jafarigohar et al., 2016; Lim et al., 2019; Marin & de la Pava, 2017; Mok, 2010; Omar & Albakri, 2016; Piedade et al., 2020; Sadeghi et al., 2020; Saleh, 2019; Veliz & Veliz-Campos, 2019; Vong & Kaewurai, 2017; Yang, 2012; Yuan & Stapleton, 2020; Zhang et al., 2020)	Ennis (1987): "...reasonable, reflective thinking that is focused on deciding what to believe or do" (p. 10). Facione (1990): "a purposeful, self-regulatory judgment which results in interpretation, analysis, evaluation, and inference, as well as explanation of the evidential, and conceptual, methodological, criteriological, or contextual considerations upon which that judgment is based" (p. 2). Bassham et al. (2007): "...critical thinking is the general term given to a wide range of cognitive skills and intellectual dispositions needed to effectively identify, analyze, and evaluate arguments and truth claims, to discover and overcome personal prejudices and biases, to formulate decisions" (p. 58). Paul and Elder (2008): "In general, CT has a twofold nature related to cognitive skills, such as interpreting, analysing, and evaluating, and disposition, e.g., inquisitiveness, open-mindedness, and autonomy (Paul & Elder, 2008)" (p. 41).
2. Defining CT in its own way	**3** (Dwee et al., 2016; Janssen et al., 2019; Toshpulatova & Kinjemuratova, 2020)	Dwee et al. (2016): "Of the many definitions found on critical thinking, critical thinking can be summarised as a skill to assist learners in achieving better understanding by actively thinking about their own learning process and discovering how to solve problems by evaluating different perspectives" (p. 633) Janssen et al. (2019): "Critical thinking means that one engages in reflective reasoning before deciding what to believe or what to do, and that one can explain what those beliefs or decisions are based on" (p. 142).
3. Not giving an explicit definition of CT	**7** (Aliakbari & Sadeghdaghighi, 2013; Ketabi et al., 2012; Ko, 2013; Li, 2016; Pessoa & de Urzêda Freitas, 2012; Petek & Bedir, 2018; Sun, 2019)	N/A

The reviewed studies also identified various challenges that EFL teachers faced in teaching CT. The first challenge was that students often experienced language anxiety (Dwee et al., 2016), which made it difficult for teachers to organize interactive learning activities and develop CT. Owing to such a reason, the EFL teachers in Zhang et al.'s (2020) study pointed out that it was challenging to develop students' language abilities and CT skills simultaneously. The second challenge was that many EFL teachers lacked the pedagogical competence to incorporate CT in their language teaching (Peteka &

Beadier, 2018; Yuan & Stapleton, 2019) and the related training resources were also scarce in their daily work (Asgharheidari & Tahriri, 2015; Piedade et al., 2020). Third, certain context-specific conditions, such as exam-oriented system (Dwee et al., 2016) and lecture-based learning culture (Sun, 2019) also posed impediments to EFL teachers with a CT orientation in classroom teaching.

6 EFL teachers' CT instructional models and strategies

The reviewed studies have reported a wide range of instructional models and strategies for fostering students' CT dispositions and abilities. While some studies have brought up instructional models as practical guidelines for CT teaching, many others focused on one or several specific instructional strategies that we have categorized into four groups as elaborated below.

6.1 Three models of CT instruction

Three models of CT instruction, namely the Created-Creator Model (Lim, Othman & Lo, 2019), the CTIMPT Model (Yang, 2012), and the Eight-Step Model (Vong & Kaewurai, 2017), have emerged from the reviewed studies. In particular, Lim et al.'s (2019) study proposed a model titled "Created-Creator" for facilitating discipline-specific CT. The model contends that leading students to explore 1) personal experiences, 2) author intention, and 3) personal response to texts can enhance students' CT and understanding of the target texts in a critical and in-depth manner. Yang (2012) introduced another model targeted at pre-service teachers—Critical Thinking Instructional Model for Pre-Service Teachers (CTIMPT). CTIMPT consists of eight instructional steps, including 1) identification of instructional goals, 2) instructional analysis, 3) analyzing learner characteristics, 4) critical thinking instruction, 5) micro-teaching, 6) completion of teaching plans, 7) revision of instruction, and 8) summative evaluation. The fourth step (i.e., critical thinking instruction) is the core of this model in which teacher educators directly lecture, model, and conduct case analysis of CT strategies to foster pre-service teachers' CT skills and dispositions. The third model was contributed by Vong and Kaewurai's (2017) study. The model encompasses eight steps that teachers can follow to nurture CT in students. These include 1) triggering activity, 2) identifying problem, 3) investigating related data, 4) discussing findings, 5) evaluating findings, 6) creating solutions, 7) presenting solutions, and 8) reflecting on learning outcomes. As the authors stressed, this model was cognitively fashioned because the eight steps reflected a process of problem-solving-oriented, evidence-based, and reflection-driven inquiry that could engage students in various higher-order cognitive activities.

While these models would be practically helpful in guiding teachers' CT instruction, they all seem to suggest that CT instruction is a linear and technical process—once teachers enact the instructional steps one after another, students' CT dispositions and abilities will naturally be developed. Nevertheless, a robust line of studies (e.g., McKendree, Small, Stenning & Conlon, 2002; Tan, 2017) has concluded that the teaching and learning of CT is a complex and situational process, which entails teachers constantly and iteratively organizing and monitoring student engagement, representing teaching materials, and adjusting instructional activities and their sequences. Therefore, the tension between the linearity and technicality of the above CT instructional models and the fluidity and complexity of classroom realities would pose a challenge for users of those models. Further, Lim et al.'s (2019) Created-Creator Model highlights certain specific features of teaching CT in EFL education (e.g., examining author intention and developing critical responses to learning texts). But in contrast, Yang's (2017) CTIMPT model and Vong and Kaewurai's (2017) Eight-Step model seem too generic to reflect discipline-specific features of CT instruction, which have limited their fitness and practicality in guiding teachers to teach CT in EFL classrooms.

Table 3 CT instructional strategies and methods

Strategy type	Meaning	Specific methods
Triggering	Triggering students' motivation for addressing critical issues	• Selecting meaningful topics (Cáceres et al., 2020; Dwee et al., 2016; Sadeghi et al., 2020) • Focusing on subject "cores" (Cáceres et al., 2020; Marin & Pava, 2017; Pessoa & Freitas, 2012)
Exposing	Exposing students to educatively "messy" information, experiences, and perspectives	• Questioning (Dwee et al., 2016) • Organizing extensive reading (Sadeghi et al., 2020) • Using various forms and scales of discussion (Dwee et al., 2016; Sadeghi et al., 2020; Sun, 2019; Toshpulatova & Kinjemuratova, 2020)
Guiding	Guiding students to form and defend justifiable stances	• Allowing students to recognize the space for personal stance-taking (Toshpulatova & Kinjemuratova, 2020) • Asking students to survey the existing stances (Aliakbari & Sadeghdaghighi, 2013; Omar & Albakri, 2016; Sadeghi et al., 2020) • Pushing students to take and defend their own stances (Sun, 2019; Toshpulatova & Kinjemuratova, 2020)
Extending	Extending students to think beyond contextualized experiences	• Having students reflect on learning (Dwee et al., 2016; Toshpulatova & Kinjemuratova, 2020) • Leading students to take actions to address critical issues in the real world (Cáceres et al., 2020; Sun, 2019) • Creative writing (Sadeghi et al., 2020) • Modeling of CT (Aliakbari & Sadeghdaghighi, 2013; Sun, 2019)

6.2 Four types of CT instructional strategies

Differing from the previous three studies, most of the reviewed studies investigated one or several specific instructional strategies for fostering students' CT in language classrooms. Our inductive analysis has categorized this rich set of CT instructional strategies into four types: 1) triggering students' motivation for addressing critical issues; 2) exposing students to educatively "messy" information, experiences, and perspectives; 3) guiding students to take justifiable stances; and 4) extending students to think beyond contextualized experiences. See Table 3 for specific methods in each type and the mapping of relevant studies on the typology.

6.2.1 Triggering

The first type of CT instructional strategy centers around how to trigger students' curiosity, interest, and motivation for addressing critical issues in language classrooms. First, several studies (e.g., Cáceres, Nussbaum & Ortiz, 2020; Dwee et al., 2016; Sadeghi, Adel, Zareian & Davoudi, 2020) highlighted the importance of selecting learning topics. For instance, Cáceres et al. (2020) argued that the topics that addressed core disciplinary concepts, connected to real-world issues, and attended to students' personal interests were effective in triggering students' motivation because students could easily see meanings in those topics. Then, students were more likely to actively engage with CT-related learning. As a participating teacher in Dwee et al.'s (2016: 635) study shared, "At the beginning, I've asked them [students] to look for issues". By guiding students to select topics that were related to their personal lives, a teacher could prepare students to be motivationally ready for learning to think critically.

Some other studies (e.g., Cáceres et al., 2020; Marin et al., 2017; Pessoa et al., 2012) contended that teachers should leverage the "core" issues of the English subject to trigger students' motivation towards CT development. Pessoa et al. (2012) purposefully focused on five critical themes in EFL education to teach students how to think critically. The themes were "English in the age of globalization," "The power of the body," "Race and racism," "Culture and identity," and "Gender and sexuality."

The participating students in this study reported that engaging with these critical themes in a dialogic and reflective process had enhanced their CT abilities. Cáceres et al.'s (2020) study compared how teachers in different subject areas drew on different core concepts to trigger students' interest. While many natural sciences teachers surveyed in this study used "inquiry"—a core concept valued and practiced in natural sciences—to engage students to think critically, their social sciences counterparts, including EFL teachers, mainly relied on the core concepts of "analyze" (i.e., analyzing texts and socio-cultural objects) and "create" (i.e., bringing up solutions to real-world problems) in their efforts at developing students' CT.

6.2.2 Exposing

The second type is to expose students to the "messiness" of real-life situations in constructing their own knowledge system about language and the world. Based on student motivation resulting from "triggering" strategies, the EFL teachers in some of the reviewed studies used different methods to purposively "mess up" students' existing knowledge and assumptions. First, some teachers used questionings to create an experience of intellectual "messiness" for students. In Dwee et al.'s (2016) study on university EFL teachers' CT instruction, for instance, all five participants asked questions that required students to make judgments or evaluate possible alternatives. But perhaps due to students' low English proficiency, some teachers also had to ask low-order questions (e.g., "what" questions that required factual answers) to reduce learners' anxiety and enhance their participation.

The second method of "exposing" is extensive reading, through which students develop comprehensive, in-depth understanding of a topic while fostering their CT (Sadeghi et al., 2020). By leading students to read more broadly and deeply, teachers could create a larger intellectual space for students to explore, enquire, and develop CT. Students who try to push the boundary of their existing knowledge base may experience a sense of uncertainty, discomfort, or sometimes even messiness as they integrate the newly received information into their existing knowledge structure. This, however, seemed to be an indispensable process that people need to go through for developing their CT (Dwee et al., 2016).

Group discussion serves as another commonly used method for exposing students to "messiness" (Sadeghi et al., 2020; Sun, 2019; Toshpulatova & Kinjemuratova, 2020). The EFL teachers organized various forms of group discussion to foster students' CT, such as brainstorming and debate. For instance, Dwee et al.'s (2016) study found that having students brainstorm in small groups (e.g., five to six students a group) could create and sustain a relaxed, comfortable, and easy-to-participating environment, where students could openly present and analyze a rich and diverse set of perspectives as part of their CT building (Horwitz, 2001). Similarly, Toshpulatova and Kinjemuratova's (2020) study stressed the usefulness of debates in exposing students to different or even competing views. As students chose or were "forced" to choose a side and defend it with supporting evidence, they were likely to identify the hidden and inevitable "messiness" associated with those topics and engage in critical analysis and thinking. Furthermore, Sadeghi et al.'s (2020: 76) study suggested that the whole-class discussion was another effective method in exposing students to differing ideas and perspectives. Just like Ali, a student participant in the study, reflected, "through discussion, we are able to interact with our classmates as well as with our teachers, interpret a subject matter, and express our thoughts and ideas". (p. 76)

6.2.3 Guiding

Guiding students to make justifiable stances towards critical issues is the third type of CT instructional strategy. Some studies described how EFL teachers guided their students to recognize the necessity and possibility of forming their own viewpoints on critical issues. For instance, in Toshpulatova and Kinjemuratova's (2020) study, about half of the seventeen participating EFL teachers considered "distinguishing facts and opinions" an effective method of fostering students' CT. Sun's (2019) study found that asking students to consider the purpose of the learning materials and the author's motive enabled them to recognize the hidden contextuality and subjectivity of the learning materials. In other words, the EFL teachers guided the students to grasp that the information presented in traditionally authoritative sources (e.g., newspapers, textbooks) was contextual and subjective to certain extents. By so doing, the teachers successfully helped students foster a sensitive and open mind and see the need to find their own voice by exercising CT.

Another guiding method is asking students to evaluate existing stances towards critical issues. This strategy took several forms, such as the "Reader-Response" task (Omar & Albakri, 2016) and student-led research project (Sadeghi et al., 2020). For instance, Omar and Albakri's (2016) study showed that using the "Reader-Response" task, which focused on individual students' response to and meaning-making of English literature, enabled the students to clarify, analyze, deconstruct, and reconstruct the author's stance in EFL classes. Having students conduct small research projects could also expand their understanding of a critical issue through learning about various existing stances and the supporting evidence. Meanwhile, students could improve their CT through completing a series of authentic managerial tasks in their research projects, such as allocating time, breaking down tasks, grouping, and handling unexpected problems (Aliakbari & Sadeghdaghighi, 2013). Furthermore, both Sadeghi et al.'s (2020) study and Omar and Albakri's (2016) study found that visual aids (e.g., thinking map, graphic organizers) could help students effectively process and present their synthesis of the existing facts, opinions, and debates around the focal issue.

The third guiding method is having students form and defend their own voices on critical issues. This method was practiced in two main forms—asking students to write argumentative essays and to make stance-taking presentations (Sun, 2019; Toshpulatova & Kinjemuratova, 2020). For instance, the academic English lecturers surveyed in Toshpulatova and Kinjemuratova's (2020) study considered that writing argumentative essays was highly effective in developing students' CT because this activity could push students to use higher-order thinking skills and sources of evidence to establish an argument. Similarly, about two-thirds of the same group of teachers viewed that individual and group oral presentations coupled with peer evaluations effectively guided students to clarify, consolidate, and justify their stances towards a critical issue in EFL classrooms.

6.2.4 Extending

The fourth type of CT instructional strategy is extending students' thinking based on teachers' inputs and contextualized experiences. This entails having students reflect on their learning (Dwee et al., 2016; Toshpulatova & Kinjemuratova, 2020), encouraging students to take actions in the real world (Cáceres et al., 2020; Sun, 2019), creative writing (Sadeghi et al., 2020), and modeling of CT practices (Aliakbari & Sadeghdaghighi, 2013; Sun, 2019).

First, some EFL teachers used reflection as a vehicle to push students to think beyond situated contexts. Dwee et al.'s (2016) study found that by deliberately asking students to reflect on their learning process, teachers could effectively stretch students' thinking. For instance, one participating teacher shared that it was helpful to ask students to constantly revisit the focal question they were working on and consciously monitor their thinking and progress throughout the learning process.

Second, some EFL teachers strived to transform their students' CT into concrete actions to address critical issues in the real world. For instance, Cáceres et al.'s (2020) study pointed out that "create" and "apply" were some of the higher-order cognitive skills that should be emphasized in CT instruction, through which students learned to apply knowledge into their daily life and find solutions to address real-world problems. Sun's (2019) study also underscored the importance of teachers leading their students to examine the practical implications of different world views, values, beliefs, and attitudes for changes in their social life.

Another extending method is creative writing. In Sadeghi et al.'s (2020) study, the teachers presented an unfinished story and then asked the students to finish it based on their imagination. This task mobilized students' existing language repertoire and provided opportunities for students to expand their thinking beyond the current text and context.

The last but not least method of extending students' CT is teachers' directly modeling of CT practices. For instance, Sun's (2019) study showed that teachers articulating, clarifying, or even changing their own values could not only engage students in CT practices but also help them internalize such practices to foster a long-lasting CT disposition that could be transferred to new situations. However, Aliakbari et al.'s (2013) study found that many EFL teachers surveyed did not know how to model CT in their instruction, which called for professional training and resources to develop EFL teachers' awareness, knowledge, and abilities for modeling CT in language classrooms.

7 Impacts and influencing factors of EFL teachers' CT instruction

7.1 Impacts

The reviewed studies identified various types of impact that CT instruction could bring to EFL teachers and their students. First of all, enacting CT rewarded EFL teachers with deepened understanding of the English content knowledge (Sun, 2019), enhanced teaching competencies (Ko, 2013), and developed professional identities (Ko, 2013). Through teaching CT in their classrooms, many EFL teachers changed their teaching approach from banking pedagogy to empowering pedagogy and developed their professional identity from an information giver to a critical facilitator (Ko, 2013; Sun, 2019). Some other teachers also deepened their content knowledge (e.g., English language) and enhanced their critical literacy senses and skills (Sun, 2019).

Some studies in our review also showed positive impacts of CT instruction on students. Due to CT instruction in EFL learning, students became confident to develop personal views and express themselves (Omar & Albakri, 2016; Pessoa & Freitas, 2012). CT instruction also enabled students to build up concrete CT skills and other related abilities, such as creativity, reasoning, and willingness to communicate, which further added vitality to their continuous academic learning (Yang, 2012). Sadeghi et al. (2020) also found that CT instruction cultivated students' CT dispositions (i.e., open-mindedness and preciseness), contributing to their academic competence in identifying questions, evaluating evidence, making inferences, and solving problems. Similarly, Omar and Albakri (2016) found that CT instruction had improved students' comprehension of literary texts, English language skills, and academic performance.

7.2 Influencing factors

The reviewed studies also identified student-, teacher-, and context-related factors that were impactful on EFL teachers' CT instruction. At the student level, studies (e.g., Aliakbari & Sadeghdaghighi, 2013) found that students' individual characteristics, such as attitudes, expectation, self-efficacy, and existing cognitive structure were highly related to the enactment and impacts of EFL teachers' CT instruction. As for teacher-related factors, EFL teachers' educational level, teaching experience, attitude, knowledge of CT, and instructional strategies played significant roles in shaping their CT instruction. In particular, EFL teachers' level of education was significantly positively related to their CT performance. That is, teachers with a higher academic degree tend to present better CT skills than their less educated counterparts would do (Jafarigohar et al., 2016; Janssen et al., 2019). Teaching experience was another important factor. In general, EFL teachers with richer teaching experience would be more familiar with CT, value CT more in their instruction, and enact CT practices more frequently in their classrooms than teachers with less experiences would do (Jafarigohar et al., 2016). Further, teachers' dispositional attributes also mattered (Sun, 2019). As Saleh's (2019) study revealed, EFL teachers with positive attitudes towards CT would be prone to integrating CT into their classroom instruction. Last, EFL teachers' knowledge of CT and techniques to teach CT was another crucial factor. Teachers would teach CT more effectively if they had better understandings of the concept of CT or related methods and techniques (Aliakbari & Sadeghdaghighi, 2013; Li, 2016; Mok, 2010).

The reviewed studies also found that contextual factors, such as institutional conditions and cultural traditions, were influential to EFL teachers' CT instruction. The reviewed studies showed that certain school conditions, such as a lack of time, compulsory curriculums, and fixed textbooks, made it difficult for EFL teachers to perform CT teaching (Li, 2016; Mok, 2010). In addition, some institutional barriers interfered CT instruction. Some EFL teachers thought their schools did not prioritize CT, and the administrators did not support their endeavors to promote CT (Aliakbari & Sadeghdaghighi, 2013). Another obstacle was the examination-oriented and spoon-feeding culture. Such a culture challenged EFL teachers to implement CT in language classrooms in many educational contexts, such as Libya (Saleh, 2019), Malaysia (Dwee et al., 2016), the Chinese mainland (Li, 2016) and China's Hong Kong (Mok, 2010). For example, Dwee et al.'s (2016) study found that students were used to waiting for teachers' guidance and they were not ready to think critically when they came to university classrooms. Therefore, their passive learning habit derived from the entrenched teaching culture put pressure on teachers' implementation of CT. Lastly, opportunities and resources for professional development could influence EFL teachers' CT instruction. As illustrated in the reviewed studies (Lim et al., 2019; Peteka & Bedir, 2018; Vong & Kaewurai, 2017), there generally lacked explicit and well-designed CT training courses or programs that could scaffold EFL teachers to embed CT into their daily teaching.

It is likely that the multiple levels and kinds of influencing factors listed above are interrelated and constantly interact with each other. However, none of the studies in this review has provided a comprehensive and in-depth analysis of the interplay among these factors in shaping EFL teachers' perceptions and practices of CT instruction, which thus calls for more research attention on this matter.

Table 4 Key methodological information of the reviewed studies

Educational level	Participants	Research approaches and methods		Data analysis
		Overarching design	Data collection	
Higher education: 15 (60%) K-12 education: 7 (28%) Higher & K-12 education: 2 (8%) Not specified: 1 (4%)	In-service: 19 (76%) Pre-service: 4 (16%) Both: 2 (8%)	Qualitative: 12 (48%) Quantitative: 6 (24%) Mixed methods: 4 (16%) Action research: 3 (12%)	Interviews: 15 (60%) Questionnaire survey: 14 (56%) Observations: 7 (28%) Teaching artifacts: 6 (24%) Tests: 2 (8%)	Quantitative Descriptive: 13 (52%) Predictive: 2 (8%) Qualitative: Content analysis: 10 (40%) Thematical analysis: 4 (16%) Discourse analysis: 2 (8%) Not specified: 1 (4%)

Notes: 1. In the column of "Data collection," "Interviews" include both formal interviews and informal conversations with individual or a group of participants; "Observations" include observing a lesson in real time or a video-recorded lesson; "Teaching artifacts" include syllabi, lesson plans, reflection journals, and other artifacts produced during teaching; "Tests" refer to the use of standardized instruments and procedures to measure and evaluate participants' performance on interested aspects. 2. An integer in the Table means the count of the studies coded under the corresponding category. A percentage indicates the proportion of the number of studies in a category to the total number of the studies reviewed (i.e., 25). 3. Because some studies use multiple methods to collect and/or analyze data, the sums of the counts in "Data collection" and "Data analysis" are greater than 25.

8 A methodological review

Our review has detected variations in research methodology in terms of research sampling and data collection and analysis among the identified studies. Table 4 shows the distributions of the 25 studies on each of these aspects.

In terms of the educational level, 15 studies (or 60% of the total studies) focused on contexts at the higher education level, including English language courses (e.g., Zhang et al., 2020) and pre-service language teacher education programs based in universities (e.g., Pessoa & Freitas, 2012). Seven studies (28%) investigated EFL teachers' perceptions of and strategies for integrating CT into teaching in K-12 education. Two studies (8%) investigated EFL teachers in both higher education and K-12 education.

Traditionally, CT tends to be emphasized more in higher education for adult students (Wilson, 2016), whereas several studies in our review have shown that children can develop CT when they are young. However, this is far from sufficient and more studies should be initiated to continue exploring and strengthening this line of inquiry to shed light on the complexities of teaching CT to young learners in language classrooms.

As for the participants, 19 studies (76%) focused on in-service EFL teachers, four (16%) on pre-service teachers, and two (8%) on teachers at both the pre- and in-service stage. Such a distribution indicates that limited attention has been paid to pre-service EFL teachers' learning to teach CT. A robust line of research concludes that teacher learning is a long, complex, and challenging process. Given the difficulty of teaching CT revealed in EFL teachers' experiences, systematic support should be in place at the pre-service teacher education stage to prepare them to face the difficult situation in their future practice (Yuan & Stapleton, 2020). Thus, more future studies should be devoted to understanding pre-service EFL teachers' understanding of CT and CT instruction and exploring effective ways of enhancing their awareness and abilities of enacting CT teaching in the process of learning to teach.

Third, in terms of the research approach, most studies (n=12; 48%) adopted the qualitative approach. Some studies used both formal interviews and informal conversations with a small number of teachers. The researchers also collected other sources of data, such as observation and teaching artifacts, to validate the views of EFL teachers. In terms of the qualitative data analysis, content analysis was the dominant analytical technique, and the approach of discourse analysis was also applied. In addition, a few studies (n= 6; 24%) adopted the quantitative approach. The number of participating teachers in these quantitative studies ranged from 17 to 319. The predominant data collection and analysis method was respectively self-reported questionnaire survey and descriptive statistics (e.g., frequency, mean, percentage). Other studies (n= 4; 16%) adopted a mixed-method research design to capitalize on both qualitative and quantitative data generated through various methods and analyzed them using a combination of inductive and deductive pathways.

It is interesting to note that a limited number of studies (n= 3; 12%) used the action research approach, through which the researchers explored how to improve CT instruction in their own classrooms. These practice-based, action-oriented, development-driven studies generated various forms of data within their situated contexts and analyzed the data with the primary focus on identifying practically effective ways of teaching CT to students in EFL classrooms.

Our analysis of the reviewed studies shows that small-scale, qualitatively-oriented, and interpretive research design was the dominant choice of the existing research on EFL teachers' engagement with CT teaching. While such a methodological choice has generated rich and diverse understandings (mainly from teachers' own perspectives) of how EFL teachers engaged with CT instruction in differing contexts, the significantly skewed distribution of methodological approaches and methods towards qualitative research has limited the existing research in offering statistical evidence and policy recommendations for improving CT instruction in EFL settings at a larger scale. Therefore, it is imperative for future studies to pluralize the methodological approaches and methods in studying EFL teachers' engagement with CT instruction. In particular, future scholars could purposively take the advantages of quantitative methodological approaches to further strengthen the knowledge bases of CT instruction in EFL settings. Given the small number of action research studies identified in the review, we also believe that EFL teachers should be encouraged and supported to investigate and reform their own classroom teaching in order to develop practical strategies that promote students' CT with research evidence about the impacts of their classroom-based interventions.

9 Discussion and future directions

In this systematic review, we have analyzed and synthesized research insights from the existing literature that have examined EFL teachers' understanding of and engagement with CT instruction from 2010 to 2020. Our review has generated a "glass half full" picture, showing that many EFL teachers have developed a strong awareness about the symbiotic relationship between language teaching and CT development (Asgharheidari & Tahriri, 2015; Ketabi et al., 2012). Based on such an awareness, they have also made active attempts to integrate CT into their classroom practice (e.g., Cáceres et al., 2020; Dwee et al., 2016; Sun, 2019). This result speaks to some recent studies (e.g., Le et al., 2022) in general education, which show that teachers are able to make use of their autonomy to rearrange and/or modify syllabi to make CT accessible to all students. Specifically, as illustrated in our review, four pedagogical strategies, i.e., triggering, exposing, guiding, and extending, were identified, which could be used in combination to open up students' minds and engage them in CT-focused activities including analysis, comparison, and critique. The four strategies synthesized in the review can therefore make a valuable contribution to current CT research by highlighting and explicating the integrative relationship between content learning and CT development. Specifically, as shown in Sadeghi et al. (2020) and Zhang et al. (2020), students need to be exposed to meaningful topics and content and guided to engage with them through individual and collaborative tasks conducted in English, which can extend their language acquisition, content comprehension, and CT growth.

Despite the positive findings, the review, informed by an integrated view on CT as a composite of diverse skills and dispositions (Facione, 1990; Stapleton, 2011), suggests that some EFL teachers hold a limited, deficient understanding of CT. Given the powerful role of teachers' cognitions in mediating and shaping their daily practice and interactions, it is likely that the teachers without sufficient understanding of CT might be practicing at the surface in their CT instruction (Vong & Kaewurai, 2016). In some extreme cases, they might give up CT teaching due to the lack of pedagogical knowledge and self-efficacy (Yuan & Stapleton, 2020). This problem points to the need for professional training and support available at both pre- and in-service levels to help EFL teachers form a robust, comprehensive understanding of CT and foster CT-oriented pedagogies. Such learning opportunities and support, however, are to a large extent absent, thus constituting another major obstacle for EFL teachers. This reveals a gap between the rhetoric of curriculum reform that advocates the cultivation of CT as an essential skill for students in the 21st century and the classroom and socio-cultural reality where EFL teachers are ill-prepared and under-resourced in CT instruction (Tan, 2017).

From the research perspective, such a gap has not received much attention in the last decade. As illustrated above, while previous researchers (e.g., Aliakbari & Sadeghdaghighi, 2013; Li, 2016; Mok, 2010) should be applauded for their efforts to unveil a range of personal and micro-political factors (e.g., students' proficiency level, school policy and textbooks) that mediate CT teaching, a further step needs to be taken to examine how EFL teachers can be supported to navigate the myriad of influencing forces and close the curriculum-practice divide with a view to promoting the integration between CT and language teaching. To be more specific, in line with Yuan and Stapleton (2020), CT needs to be fully and systematically integrated into current pre-service teacher education programs, particularly their language pedagogy courses, through which student teachers can experience how CT should be taught (e.g., via teacher educators' modeling practice) and acquire relevant CT-oriented teaching strategies and techniques through practice-based tasks. This may require language teacher educators to systematically reflect on and inquire into their own teaching, e.g., through action research and self-studies (Peercy & Sharkey, 2020). In this way, not only can they generate research-informed insights to improve their practice of educating prospective teachers in CT teaching, but they can also enrich and expand the knowledge base of language teacher education pedagogy with a focus on CT.

Equally, for in-service language teachers, they also need scaffolding and support through school-based initiatives to enhance their understanding of and skills about CT instruction (Le et al., 2022; Zhang et al., 2020). As noted by Zou and Lee (2021), ongoing, context-sensitive teaching training is essential to empower teachers to teach

CT in EFL classrooms. It is indeed encouraging to witness the emergence of action research (Lim et al., 2019; Peteka & Bedir, 2018; Vong & Kaewurai, 2017), in which some language teachers tried to investigate and improve their own practice of teaching CT. Such results indicate that language teachers can consider taking up the role of classroom-based researchers in order to seek their professional learning as CT-focused practitioners. Nevertheless, considering the potential cognitive (e.g., limited research competence) and social (e.g., a lack of collegial support) challenges embedded in teacher research (Borg, 2010), a more collaborative approach may need to be promoted to facilitate teachers' active engagement in CT innovations and research within and across their situated communities of practice. For instance, university-school partnerships can go a long way towards helping language teachers approach the notion of CT and its teaching in a systematic and rigorous manner with the sustained input and support from university-based language teacher educators. Such collaborative initiatives, which may involve joint lesson planning, observation, and reflections (Yuan & Lee, 2015), can in turn provide meaningful opportunities for teacher educators to explore and understand how to teach and learn CT in naturalistic EFL classroom settings, thus contributing new knowledge to the field of language education.

Another interesting finding that emanates from the review is the positive impacts of CT instruction on language teachers' professional development. While the field is ripe for relevant literature reporting students' positive gains (e.g., language acquisition and content understanding) from their engagement with CT (e.g., Tian & Low, 2011), it is worth noting that language teachers can also benefit from their CT teaching in terms of enriched pedagogical knowledge and sharpened reflective abilities, as suggested by previous studies (Ko, 2013; Sun, 2019; Yang, 2012). This can possibly be attributed to the unique nature of CT that needs to be manifested and acquired through meaningful, concrete content (Bağ & Gürsoy, 2021; Li & Wegerif, 2014). In other words, when EFL teachers actively try to find ways to teach CT in language classrooms, they may form a better understanding of CT and its multiple dimensions and associated practice, which consequently added to their own CT skills and dispositions. Further, equipped with heightened CT, they may become analytical and reflective in their daily practice, which can facilitate their knowledge building and teaching improvement as language teachers. In this sense, the processes of EFL teachers' CT development and their learning to teach CT became deeply intertwined with one supporting the other. A high level of CT can help language teachers design, organize, and deliver their CT teaching through a systematic, content-based, and collaborative process, whereas a teacher with a low level of CT may not be able to effectively integrate CT with his/her classroom practice.

Following this line of thinking and building on some recent CT research (e.g., Tan, 2017; Zou & Lee, 2021), our review proposes a comprehensive, holistic view to incorporating CT into language teacher education practice and research. Practically, it is important to turn current teacher education programs into a meaningful site for language teachers' CT development. While they are presented with meaningful topics and content about language policy, curriculums, and culture as knowledge input, they can be guided to engage in CT-focused tasks to develop a critical lens to analyze and process such information (Yuan & Stapleton, 2020). Such a lens can be further brought to help them critically engage with pedagogical issues in language education. In many EFL contexts where English is perceived as a form of social, economic, and political capital, language teachers may need to examine the ideological underpinnings and practical implications behind the teaching and learning of English. By fostering and exercising their CT, language teachers can learn to recognize and decipher how different socio-political issues (e.g., race, ethnicity, and gender) are represented and reproduced in language teaching materials (e.g., textbooks) and classroom interactions, based on which they can brainstorm and explore how to promote equitable teaching in their future classrooms (Petek & Bedir, 2018). In this way, CT becomes ubiquitous in teacher education practice, which cuts across various components and topics in order to help language teachers simultaneously develop CT and CT-focused pedagogies.

In terms of research, this holistic perspective calls for ongoing investigations to tap the intertwined relationships between language teachers' CT cultivation and their learning to teach CT. As opposed to previous (e.g., Lorencová et al., 2019; Mok, 2010; Stapleton, 2011), it is meaningful to look into how teachers foster their CT skills and dispositions through their engagement in CT teaching, and how their enhanced CT pedagogical practice may in turn expand and deepen their CT. Admittedly, such an interactive relationship tends to be subtle in practice and may not manifest in a short duration. Therefore, more longitudinal inquiries are needed to collect multiple sources of data through qualitative interviews, classroom observation, and journal writing in authentic classroom settings. Additionally, quantitative research can also be conducted to identify and ascertain the critical components of language teachers' CT-pedagogical competence, its correlation with their CT levels, as well as the influencing factors that mediate their perceptions towards and engagement in CT teaching.

10 Conclusion

This systematic review makes a critical appraisal of current research on EFL teachers' understanding of and engagement with CT. By reviewing and analyzing the findings of the identified literature, the review demonstrates the incomplete understanding of CT held by many EFL teachers and outlines the key strategies for CT teaching adopted in their daily practice. The review also points to the gap between the curriculum rhetoric and classroom reality due to the lack of attention to CT in current language teacher education and other contextual obstacles embedded in institutional and socio-cultural settings. In addition, a methodological review was conducted in the study, which reveals the dominance of the qualitatively-oriented research design in the current studies and offers suggestions (e.g., the adoption of action research approach) for future research endeavors. In light of the findings, the review further proposes a holistic perspective, which integrates language teachers' CT development and CT instruction with directions for future practice and research. We believe that research on CT teaching is a vibrant area that continues to attract attention in both language education and teacher education. It is hoped that our review can be of use to researchers who are interested in this meaningful topic in EFL and other educational settings.

References

Abrami, P. C., Bernard, R. M., Borokhovski, E., Wade, A., Surkes, M. A., Tamim, R., et al. (2008). Instructional interventions affecting critical thinking skills and dispositions: A stage 1 meta-analysis. *Review of Educational Research*, 78(4), 1102–1134.

Aliakbari, M., & Sadeghdaghighi, A. (2013). Teachers' perception of the barriers to critical thinking. *Procedia-Social and Behavioral Sciences*, 70, 1–5.

An Le, D. T. B., & Hockey, J. (2022). Critical thinking in the higher education classroom: Knowledge, power, control and identities. *British Journal of Sociology of Education*, 43(1), 140–158.

Asgharheidari, F., & Tahriri, A. (2015). A survey of EFL teachers' attitudes towards critical thinking instruction. *Journal of Language Teaching and Research*, 6(2), 388–396.

Bağ, H. K., & Gürsoy, E. (2021). The effect of critical thinking embedded English course design to the improvement of critical thinking skills of secondary school learners. *Thinking Skills and Creativity*, 41, Article 100910.

Bailin, S., Case, R., Coombs, J. R., & Daniels, L. B. (1999). Conceptualizing critical thinking. *Journal of Curriculum Studies*, 31(3), 285–302.

Bassham, G., Irwin, W., Nardone, H., & Wallace, J. M. (2007). *Critical thinking: A student's introduction* (5th Ed.). McGraw Hill International Edition.

Borg, S. (2010). Language teacher research engagement. *Language Teaching*, 43(4), 391–429.

Cáceres, M., Nussbaum, M., & Ortiz, J. (2020). Integrating critical thinking into the classroom: A teacher's perspective. *Thinking Skills and Creativity*, 37, Article 100674.

Cruz, G., Payan-Carreira, R., Dominguez, C., Silva, H., & Morais, F. (2021). What critical thinking skills and dispositions do new graduates need for professional life? Views from Portuguese employers in different fields. *Higher Education Research & Development*, 40(4), 721–737.

Dwee, C. Y., Anthony, E. M., Salleh, B. M., Kamarulzaman, R., & Abd Kadir, Z. (2016). Creating thinking classrooms: Perceptions and teaching practices of ESP practitioners. *Procedia-Social and Behavioral Sciences*, 232, 631–639.

Ennis, R. H. (1987). A taxonomy of critical thinking dispositions and abilities. In J. B. Baron, & R. J. Sternberg (Eds.), *Teaching thinking skills: Theory and practice* (pp. 9–26). W H Freeman/Times Books/Henry Holt & Co.

Espey, M. (2018). Enhancing critical thinking using team-based learning. *Higher Education Research & Development*, 37(1), 15–29.

Facione, P. (1990). *Critical thinking: A statement of expert consensus for purposes of educational assessment and instruction (The delphi report)*. The California Academic Press.

Halpern, D. F. (1993). Assessing the effectiveness of critical-thinking instruction. *The Journal of General Education*, 42(4), 238–254.

Hashemi, M. R., & Ghanizadeh, A. (2012). Critical discourse analysis and critical thinking: An experimental study in an EFL context. *System*, 40(1), 37–47.

Jafarigohar, M., Hemmati, F., Rouhi, A., & Divsar, H. (2016). Instructors' attitudes towards the reflection of critical thinking in course syllabi: Evidence from an expanding circle. *Theory and Practice in Language Studies*, 6(1), 59–67.

Janssen, E. M., Meulendijks, W., Mainhard, T., Verkoeijen, P. P., Heijltjes, A. E., van Peppen, L. M., et al. (2019). Identifying characteristics associated with higher education teachers' Cognitive Reflection Test performance and their attitudes towards teaching critical thinking. *Teaching and Teacher Education*, 84, 139–149.

Ketabi, S., Zabihi, R., & Ghadiri, M. (2012). Critical thinking across the ELT curriculum: A mixed methods approach to analyzing L2 teachers' attitudes towards critical thinking instruction. *International Journal of Research Studies in Education*, 2(3), 15–24.

Khan, K. S., Kunz, R., Kleijnen, J., & Antes, G. (2003). Five steps to conducting a systematic review. *Journal of the Royal Society of Medicine*, 96(3), 118–121.

Ko, M. Y. (2013). A case study of an EFL teacher's critical literacy teaching in a reading class in Taiwan. *Language Teaching Research*, 17(1), 91–108.

Lai, E. R. (2011). Critical thinking: A literature review. *Critical Thinking*, (June), 1–49. http://images.pearsonassessments.com/images/tmrs/CriticalThinkingReviewFINAL.pdf.

Li, L. (2016). Integrating thinking skills in foreign language learning: What can we learn from teachers' perspectives? *Thinking Skills and Creativity*, 22, 273–288.

Li, L., & Wegerif, R. (2014). What does it mean to teach thinking in China? Challenging and developing notions of "Confucian education". *Thinking Skills and Creativity*, 11, 22–32.

Lim, J. W., Othman, J., & Lo, Y. Y. (2019). Implementing a discipline-specific reflective critical thinking module for Literature in English in Malaysia. *Innovations in Education and Teaching International*, 56(6), 690–699.

Lipman, M. (2003). *Thinking in education* (2nd Ed.). Cambridge University Press.

Lipman, M. (1988). Critical thinking: What can it be? *Educational Leadership*, 46(1), 38–43.

Lorencová, H., Jarošová, E., Avgitidou, S., & Dimitriadou, C. (2019). Critical thinking practices in teacher education programmes: A systematic review. *Studies in Higher Education*, 44(5), 844–859.

Luk, J., & Lin, A. (2015). Voices without words: Doing critical literate talk in English as a second language. *TESOL Quarterly*, 49(1), 67–91.

Lun, V. M. C., Fischer, R., & Ward, C. (2010). Exploring cultural differences in critical thinking: Is it about my thinking style or the language I speak? *Learning and Individual Differences*, 20(6), 604–616.

Marin, M. A., & de la Pava, L. (2017). Conceptions of critical thinking from university EFL teachers. *English Language Teaching*, 10(7), 78–88.

McKendree, J., Small, C., Stenning, K., & Conlon, T. (2002). The role of representation in teaching and learning critical thinking. *Educational Review*, 54(1), 57–67.

Moher, D., Liberati, A., Tetzlaff, J., Altman, D. G., & Group, Prisma (2009). Preferred reporting items for systematic reviews and meta-analyses: The PRISMA statement. *PLoS Medicine*, 6(7), Article e1000097.

Mok, J. (2010). The new role of English language teachers: Developing students' critical thinking in Hong Kong secondary school classrooms. *The Asian EFL Journal Quarterly*, 12(2), 262–287.

Mulcahy, C. M. (2008). Chapter 1: The Tangled web we weave: Critical literacy and critical thinking. *Counterpoints*, 326, 15–27.

Omar, A., & Albakri, I. S. M. A. (2016). Thinking maps to promote critical thinking through the teaching of literature in the ESL context. *Indonesian Journal of English Language Teaching and Applied Linguistics*, 1(1), 23–35.

Paul, R., & Elder, L. (2019). *The miniature guide to critical thinking: Concepts and tools*. Rowman & Littlefield.

Paul, R., & Elder, L. (2008). *The miniature guide to critical thinking: Concepts and tools*. Foundation for Critical Thinking Press.

Peercy, M. M., & Sharkey, J. (2020). Missing a S-STEP? How self-study of teacher education practice can support the language teacher education knowledge base. *Language Teaching Research*, 24(1), 105–115.

Pessoa, R. R., & de Urzêda Freitas, M. T. (2012). Challenges in critical language teaching. *TESOL Quarterly*, 46(4), 753–776.

Petek, E., & Bedir, H. (2018). An adaptable teacher education framework for critical thinking in language teaching. *Thinking Skills and Creativity*, 28, 56–72.

Petticrew, M., & Roberts, H. (2008). *Systematic reviews in the social sciences: A practical guide*. John Wiley & Sons.

Piedade, F., Malafaia, C., Neves, T., Loff, M., & Menezes, I. (2020). Educating critical citizens? Portuguese teachers and students' visions of critical thinking at school. *Thinking Skills and Creativity*, 37, Article 100690.

Sadeghi, F., Adel, S. M. R., Zareian, G., & Davoudi, M. (2020). Iranian EFL teachers' and learners' perceptions of the principles of critical thinking: A Constructivist Grounded Theory study. *Iranian Journal of Language Teaching Research*, 8(2), 63–81.

Saleh, S. E. (2019). Critical thinking as a 21st century skill: Conceptions, implementation and challenges in the EFL classroom. *European Journal of Foreign Language Teaching*, 4(1), 1–16.

Stapleton, P. (2011). A survey of attitudes towards critical thinking among Hong Kong secondary school teachers: Implications for policy change. *Thinking Skills and Creativity*, 6(1), 14–23.

Sun, L. (2019). Words & Actions: An EFL teacher's critical literacy goals & their enactment in a reading class in China. *Multicultural Education*, 26, 10–16.

Tan, C. (2020). Conceptions and practices of critical thinking in Chinese schools: An example from Shanghai. *Educational Studies*, 56(4), 331–346.

Tan, C. (2017). Teaching critical thinking: Cultural challenges and strategies in Singapore. *British Educational Research Journal*, 43(5), 988–1002.

Thomas, K., & Lok, B. (2015). Teaching critical thinking: An operational framework. In Davies M., & Barnett R. (Eds.), *The palgrave handbook of critical thinking in higher education* (pp. 93–105). Springer.

Tian, J., & Low, G. D. (2011). Critical thinking and Chinese university students: A review of the evidence. *Language, Culture and Curriculum*, 24(1), 61–76.

Toshpulatova, D., & Kinjemuratova, A. (2020). Teacher perceptions on developing students' critical thinking skills in academic English module. *International Journal of Psycho-Educational Sciences*, 9(1), 48–60.

Veliz, L., & Veliz-Campos, M. (2019). An interrogation of the role of critical thinking in English language pedagogy in Chile. *Teaching in Higher Education*, 24(1), 47–62.

Vong, S. A., & Kaewurai, W. (2017). Instructional model development to enhance critical thinking and critical thinking teaching ability of trainee students at regional teaching training center in Takeo province, Cambodia. *Kasetsart Journal of Social Sciences*, 38(1), 88–95.

Wale, B. D., & Bishaw, K. S. (2020). Effects of using inquiry-based learning on EFL students' critical thinking skills. *Asian-Pacific Journal of Second and Foreign Language Education*, 5(1), 1–14.

Wilson, K. (2016). Critical reading, critical thinking: Delicate scaffolding in English for Academic Purposes (EAP). *Thinking Skills and Creativity*, 22, 256–265.

Yang, Y. T. C. (2012). Cultivating critical thinkers: Exploring transfer of learning from pre-service teacher training to classroom practice. *Teaching and Teacher Education*, 28(8), 1116–1130.

Yuan, R., & Lee, I. (2015). Action research facilitated by university–school collaboration. *ELT Journal*, 69(1), 1–10.

Yuan, R., & Stapleton, P. (2020). Student teachers' perceptions of critical thinking and its teaching. *ELT Journal*, 74(1), 40–48.

Yuan, R., Yang, M., & Lee, I. (2021). Preparing pre-service language teachers to teach critical thinking: Can overseas field school experience make a difference? *Thinking Skills and Creativity*, 40, Article 100832.

Zhang, H., Yuan, R., & He, X. (2020). Investigating university EFL teachers' perceptions of critical thinking and its teaching: Voices from China. *The Asia-Pacific Education Researcher*, 29(5), 483–493.

Zou, M., & Lee, I. (2021). Learning to teach critical thinking: Testimonies of three EFL teachers in China. *Asia Pacific Journal of Education*. https://doi.org/10.1080/02188791.2021.1982674. Advance online publication.

English Abstracts

Toward a critical thinking-oriented curriculum for English majors

Sun Youzhong 5

Abstract: Enhancing the quality of teaching will become one of the key themes of the reform and development of Chinese higher education in the coming 5 to 10 years. And one of the most important indicators of the quality of teaching is critical thinking training. In order to strengthen their position among other disciplines in the university and to improve the competitive edge of the English majors in the job market, the English departments ought to carry out an all-round critical thinking-oriented reform in educational objectives, curriculum, teaching methods, assessment, teaching materials designing and teacher development. This will put the English departments in an advantageous position in universities and ensure their sustainable development.

Keywords: critical thinking; English departments; teaching reform

A Theory of Liberal English Education

Sun Youzhong 21

Abstract: This paper aims to propose and elaborate on "Liberal English Education" as a new paradigm in English teaching. It highlights constructing an inquiry-based collaborative learning community in college language skills courses for English majors through the integrated learning of language and knowledge, which contributes to the simultaneous enhancement of language proficiency, critical thinking, intercultural competence, and humanistic literacy. This teaching paradigm is based on three fundamental principles: 1) language courses should be closely integrated with Liberal English Education; 2) language proficiency encompasses critical thinking competence and intercultural competence; 3) language teaching is a sociocultural construction process of cooperative participation. The paper argues that the notion of language teaching being contradictory to the teaching of knowledge and intercultural critical thinking should be updated.

Keywords: intercultural critical thinking; Liberal English Education theory; language proficiency; critical thinking competence; intercultural competence

Principles of language and critical thinking integrated teaching

Sun Youzhong 34

Abstract: One of the top priority issues in the pedagogical reform of the English departments and college English teaching in Chinese higher education is how to develop critical thinking in language teaching, or how to develop language proficiency and critical thinking at the same time. This paper proposes eight teaching principles including Targeting, Evaluating, Routinizing, Reflecting, Inquiring, Fulfilling, Integrating, and Content (TERRIFIC) in order to provide strategies and guidelines for the teaching design of language and critical thinking integrated instruction. It is hoped that implementing these principles will lead to English language teaching innovation and quality improvement.

Keywords: language and critical thinking integrated teaching; critical thinking competence; second language acquisition; foreign language teaching; College English

On students' critical thinking development in College English classes

Lin Xiao & He Lianzhen 49

Abstract: Critical thinking is fundamental to higher education and is presented to students as an integral part of their learning at university (Moore 2011). In order to realize the wholistic foreign language education, adjust itself to the increasingly complex international communication environment and rebuild its relationship with liberal education, College English should keep students' critical thinking development as the focus of its present reform. Critical thinking development in College English classes include two goals, e. g. to promote the development of students' language skills and the integration of the three main content areas of College English, whose full realization is to be guaranteed by encouraging students to probe into the relationship between linguistic forms and perspectives intellectually. Based on the theoretical models of Moore (2011) and Alnofaie (2013), a framework of developing critical thinking in College English classes is put forward, whose goals are in congruence with those of the whole university and the whole College English program. Also five specific tasks for critical thinking development in College English classes are elaborated on, in order to promote the transfer of the critical thinking developed in College English and the mutual realization of its instrumental and humanistic values.

Keywords: College English; critical thinking development; higher education; liberal education

An integrated development of students' language and cognition under the CLIL pedagogy

Zhang Lian & Li Dongying 64

Abstract: The study reports on why and how the implementation of the CLIL pedagogy in traditional intensive reading classes can positively impact EFL majors' language and cognitive development. The study adopts a mixed method to trace a group of sophomore EFL majors' intensive reading learning experiences over a semester in one of the key foreign studies universities in China. Multiple sources of data are collected, including videotaped classroom teaching and observation, written language production, learners' self-evaluation of learning effects, reflective journals and in-depth interviews. Results suggest that CLIL-framed intensive reading classes helped spur an integrated development of language, cognitive and disciplinary abilities among the learners, specifically in terms of: 1) the acquisition of advanced vocabulary and development of academic language awareness and literacy as manifested in a significant increase in their academic lexical complexity, density and variety; 2) the development of their cognitive abilities as manifested in a significant increase in the occurrence of higher-order thinking activities, a gradual demonstration and adoption of multiple perspectives and discipline-specific concepts; and 3) potential mutual mediation between language, cognitive and disciplinary ability facilitating an integrated development. The study not only helps enrich the pedagogical practice of CLIL, but also sheds light on the ongoing EFL major curriculum reform in the context of the study and elsewhere in China.

Keywords: CLIL; language, cognitive and disciplinary ability; integrated development

Critical thinking sub-skills in EFL public speaking: The case of persuasive speeches

Sun Min, Yu Lu & Wang Jing 78

Abstract: Incorporating the existing theoretical models of critical thinking, this paper proposes an analytical framework for making persuasive speeches in a Chinese EFL context. The framework divides the process of speech-making into six stages: topic selection, research, argumentation, reflection, rehearsal, and presentation. Each stage requires different critical thinking skills and sub-skills. Based on the data collected from 24 participants in an English public speaking class, this paper also investigates the challenges faced by the learners when developing an effective speech, which are paralleled by discussion of corresponding classroom instruction.

Keywords: critical thinking; critical thinking sub-skills; EFL public speaking; persuasive speech

The impact of peer evaluation on the evaluators in critical thinking infused English learning

Abstract: This article analyzed the content of peer feedback on speeches made in English debate class, with a course-end questionnaire, to examine the students' learning process and the impact of peer evaluation on the evaluators' English learning. It found that during debate learning students' attention to claims and evidence in arguments gradually decreased and more attention was given to reasoning, debate strategies, and refutation skills. It also found that peer evaluation would induce self-reflection and require a change of perspective, which enabled the students to better learn from their peers' performance, thus contributed to their debate learning. It shows that the nature of peer evaluation lies in learning, and the students made greater progress in the aspects that they paid more attention to.

Key words: critical thinking infused English learning; peer evaluation; English debate

Exploring the effects of a reading journal task in an intensive reading course to cultivate students' critical thinking dispositions

Abstract: This paper presents the design and implementation of a reading journal task in an intensive reading course for first-year English majors and discusses its effect on cultivating students' critical thinking dispositions. Borrowing the eight elements of thought conceptualized by Richard Paul and Linda Elder, the researchers raise specific questions in the journal about the texts to engage students in critical reading. The results show that the journal task facilitates students' critical thinking and enhances their CT dispositions, and that the development of the dispositions of truth-seeking, open-mindedness, analyticity and CT confidence is more obvious than that of the others.

Keywords: CT dispositions; critical thinking; reading journal; teaching reading

An action research study into the role of Socratic Circle in improving English writing and critical thinking

Qiu Jin 115

Abstract: Taking the unit of "Definition" in expository writing as an example, this action research study explored the effectiveness of employing Socratic Circle as a method to help students enhance their English writing and critical thinking. It is found that, to enhance teaching, the teacher can take measures including providing scaffolding, improving the activity design, clarifying the rules and division of labor, etc.

Keywords: Socratic Circle; action research; English writing; critical thinking

Thinking critically and writing creatively: A student-centered model and its effectiveness

Mu Congjun 128

Abstract: Previous studies on teaching critical thinking (CT) focused on innovating the content and pedagogy with insufficient consideration of students' needs. From students' perspectives, we proposed a new feasible model with a reading-to-write construct and tested its effectiveness. This model is composed of three elements including knowledge about CT, the framework for CT, and CT practice following the principles of CT teaching, aiming to develop students' CT ability and English writing proficiency. With the triangulated methods of quasi-experiments, assignments, retrospections, and interviews, it was found that: 1) the participants have made breaking-through progress regarding such visible CT indicators as target, criticism, and response, intermediate progress in the CT indicators like background, controversy, and evidence but insignificant progress in such indicators as thesis and conclusion; 2) the critical thinking quality of their English writing and their English writing proficiency have been significantly improved after being trained with the newly proposed model.

Keywords: reading-based creative writing; critical thinking ability; cultivation model; empirical research

An empirical study on how to remedy absence of critical thinking in the training of industry translators

Abstract: A cognitive mechanism model of translation-related critical thinking was constructed in the paper at first. Then an empirical study was conducted with this model as the theoretical framework on how to enhance industry translators' critical thinking abilities, which lasted for six months with 20 local in-service translators taken as the participants. The study consisted of portfolio-based translation critical thinking skills training, and workshop-based meta-translation critical thinking abilities training, which involved many specific translation-related critical thinking development strategies such as reflective journals and translator's notes. The results showed that the trainings effectively improved the critical translation-related critical thinking abilities particularly reasoning, evaluation and planning, and made the translators more open, perseverant and responsible.

Keywords: absence of critical thinking; translation critical thinking skills; meta-translation critical thinking abilities; affective disposition

Exploring a context-specific adaptive model of critical thinking intended for doctoral EAP teaching reform

Abstract: Against the initiative of innovation-driven development strategy in China, top-notch talents training mode reformation has been well-recognized for its key role in higher education. This exploratory study is conducted to upgrade doctoral EAP course design from international academic exchanges and professional genre competence to high-order critical thinking cognitive development in academic context. On the basis of relevant studies on general critical thinking models in the existing literature, a tentative context-specific adaptive model is proposed, comprising essential critical thinking skills identified via Delphi method and verified through a further questionnaire. The model helps develop a framework intended to analyze and assess critical thinking in the trial of a new doctoral EAP teaching paradigm featuring discipline-based and critical-thinking-oriented teaching approach, in which the training of critical thinking is integrated into disciplinary content and language use. The results yielded in this study may offer insights, both theoretical and pedagogical, into the ongoing EAP course teaching reforms for non-English major PhD candidates in China.

Keywords: critical thinking; context-specific adaptive model; EAP course teaching; teaching paradigm; non-English major PhD candidates

Exploring the critical thinking patterns in college English-major textbooks *Think*—corpus linguistics approach

Liu Yanhong & Lawrence Jun Zhang 332

Abstract: The latest National Teaching Quality Standards for Foreign Languages and Literature promulgated by the Ministry of Education states that students should have critical thinking, innovative ability, and extensive knowledge. Meantime, the Guidelines for Ideological and Political Education in Universities and Colleges put forward a concept of flexible ideological and political education system according to the characteristics of different disciplines. Given that English language teaching materials provide learners with basic learning resources and that they are also closely related to the social, economic, and educational development, this study uses corpus-linguistics research methods to examine the critical-thinking patterns in the English-major textbook, *Think*, and its influence on university students' ideological and political education. It is found that the textbook deconstructs, compares and reflects Chinese and Western cultures and actively guides students to explore the ideas of benevolence, harmony, unity and the pursuit of great equality, which is conducive to cultivating the core socialist values and strengthening the education of China's excellent traditional culture.

Keywords: critical-thinking patterns; English textbooks; corpora; curricula of integrated ideology and politics

Integrating critical thinking in EFL reading tasks: Insights from the comparison of Chinese and German EFL textbooks

Abstract: Through the lens of critical thinking, this study compared the reading tasks and questions of two sets of EFL textbooks for junior high in China and Germany. The results show that two sets of EFL textbooks both progressively incorporate critical thinking into their reading tasks, but the proportion and types of critical thinking dimensions are different. Textbook writers, therefore, need to pay more attention to the ratios and types of analysis-, inference- and evaluation-related tasks in reading to facilitate students' in-depth understanding and critical thinking based on the national curriculum and students' cognitive levels.

Keywords: critical thinking; EFL textbooks; analysis; inference; evaluation

Constructing a conceptual framework for assessing the critical thinking skills of Chinese college students majoring in foreign languages

Abstract: Having reviewed the research on college students' thinking skills and evaluated the three relevant models, the authors propose a conceptual framework for assessing Chinese college students' critical thinking skills. The frame-work consists of two levels. On the higher level are the meta-critical thinking skills and on the lower level are the critical thinking skills with the former governing the latter. The critical thinking skills comprise two components: cognitive and affective. The cognitive component includes the cognitive skills and the standards which the cognitive skills are supposed to meet and the affective component possesses some typical emotional attributes. The cognitive skills include analysis inference and evaluation while the standards are clarity, preciseness, relevance, logic, depth and flexibility.

Keywords: foreign language major; college students' thinking skills; critical thinking skills; assessing critical thinking skills

The effect of critical thinking on the performance of integrated speaking assessments

Yin Shengkai & Jin Yan 369

Abstract: The development of the critical thinking ability is now an educational philosophy implemented worldwide. Research has shown that critical thinking can be practiced and perfected through language learning and use. There is, however, a notable paucity of research on how critical thinking can be measured in language assessments. The aim of this study was to explore how the critical thinking ability can be measured in integrated speaking assessment tasks, so as to provide justifications for incorporating critical thinking into the construct of integrated speaking assessments. First, a framework of discourse analysis was set up based on a review of literature on critical thinking. Speech samples of 48 test takers on the integrated speaking tasks of TOEFL iBT were then collected and coded on two dimensions: "textualization" and "reproduction of input material units". Through correlation and multiple regression analyses, and supported by rater interview data, the study revealed that the critical thinking ability, in particular the abilities to comprehend, analyze, generalize and make inferences on the input materials, exerted a significant effect on test takers' speaking performances. The study underscores the important role of critical thinking in integrated speaking performances and sheds light on the rating scale development in speaking assessment as well as the instruction and assessment of English speaking.

Keywords: critical thinking; speaking construct; spoken discourse analysis; integrated speaking assessment